本书列入

2017年国家社会科学基金重大委托项目
"十三五"国家重点图书出版规划项目

中华传统文化百部经典

文史通义（节选）

章学诚 著

陈其泰 解读

国家图书馆出版社

图书在版编目（CIP）数据

文史通义：节选／（清）章学诚著；陈其泰解读． —
北京：国家图书馆出版社，2022.6（2025.8重印）
（中华传统文化百部经典／袁行霈主编）
ISBN 978-7-5013-7507-3

Ⅰ．①文… Ⅱ．①章… ②陈… Ⅲ．①文史－研究－
中国－清前期②《文史通义》－注释 Ⅳ．① K092.49

中国版本图书馆 CIP 数据核字 (2022) 第 009874 号

国家图书馆出版社官方微信

书　　名	文史通义（节选）
著　　者	（清）章学诚　著　陈其泰　解读
责任编辑	潘肖蔷
特约编辑	张爱芳
封面设计	敬人设计工作室

出版发行	国家图书馆出版社（北京市西城区文津街 7 号　100034）
	010-66114536　63802249　nlcpress@nlc.cn（邮购）
网　　址	http://www.nlcpress.com
印　　装	北京科信印刷有限公司
版次印次	2022 年 6 月第 1 版　2025 年 8 月第 2 次印刷

开　　本	710×1000　1/16
印　　张	34.75
字　　数	439 千字
书　　号	ISBN 978-7-5013-7507-3
定　　价	104.00 元（精装）

中华传统文化百部经典

顾　问

饶宗颐	冯其庸	叶嘉莹	章开沅	张岂之
刘家和	乌丙安	程毅中	陈先达	汝　信
李学勤	钱　逊	王　蒙	楼宇烈	陈鼓应
董光璧	王　宁	李致忠	杜维明	

编委会

主任委员

袁行霈

副主任委员

饶　权　韩永进　熊远明

编　委

瞿林东	许逸民	陈祖武	郭齐勇	田　青
陈　来	洪修平	王能宪	万俊人	廖可斌
张志清	梁　涛	李四龙		

本册审订

瞿林东　　陈祖武　　黄爱平

中华传统文化百部经典
编纂办公室

张　洁　　梁葆莉　　张毕晓　　马　超　　华鑫文

编纂缘起

　　文化是民族的血脉，是人民的精神家园。党的十八大以来，围绕传承发展中华优秀传统文化，习近平总书记发表了一系列重要讲话，深刻揭示出中华优秀传统文化的地位和作用，梳理概括了中华优秀传统文化的历史源流、思想精神和鲜明特质，集中阐明了我们党对待传统文化的立场态度，这是中华民族继往开来、实现伟大复兴的重要文化方略。2017 年初，中共中央办公厅、国务院办公厅印发《关于实施中华优秀传统文化传承发展工程的意见》，从国家战略层面对中华优秀传统文化传承发展工作作出部署。

　　我国古代留下浩如烟海的典籍，其中的精华是培育民族精神和时代精神的文化基础。激活经典，熔古铸今，是增强文化自觉和文化自信的重要途径。多年来，学术界潜心研究，钩沉发覆、辨伪存真、提炼精华，做了许多有益工作。编纂《中华传统文化百部经典》（简称《百部经典》），就是在汲取已有成果基础上，力求编出一套兼具思想性、学术性和大众性的读本，使之成为广泛认同、传之久远的范本。《百部经典》所选图书上起先秦，下至辛亥革命，包括哲学、文学、历史、艺术、科技等领域的重要典籍。萃取其精华，加以解读，旨在搭建传统典籍与大众之间的桥梁，激活中华优秀传统文化，用优秀传统文化滋养当代中国人的精神世界，提振当代中国人的文化自信。

这套书采取导读、原典、注释、点评相结合的编纂体例，寻求优秀传统文化与社会主义核心价值观之间的深度契合点；以当代眼光审视和解读古代典籍，启发读者从中汲取古人的智慧和历史的经验，借以育人、资政，更好地为今人所取、为今人所用；力求深入浅出、明白晓畅地介绍古代经典，让优秀传统文化贴近现实生活，融入课堂教育，走进人们心中，最大限度地发挥以文化人的作用。

《百部经典》的编纂是一项重大文化工程。在中宣部等部门的指导和大力支持下，国家图书馆做了大量组织工作，得到学术界的积极响应和参与。由专家组成的编纂委员会，职责是作出总体规划，选定书目，制订体例，掌握进度；并延请德高望重的大家耆宿担当顾问，聘请对各书有深入研究的学者承担注释和解读，邀请相关领域的知名专家负责审订。先后约有 500 位专家参与工作。在此，向他们表示由衷的谢意。

书中疏漏不当之处，诚请读者批评指正。

2017 年 9 月 21 日

凡　例

一、《中华传统文化百部经典》的选书范围，上起先秦，下迄辛亥革命。选择在哲学、文学、历史、艺术、科技等各个领域具有重大思想价值、社会价值、历史价值和学术价值的一百部经典著作。

二、对于入选典籍，视具体情况确定节选或全录，并慎重选择底本。

三、对每部典籍，均设"导读""注释""点评"三个栏目加以诠释。导读居一书之首，主要介绍作者生平、成书过程、主要内容、历史地位、时代价值等，行文力求准确平实。注释部分解释字词、注明难字读音，串讲句子大意，务求简明扼要。点评包括篇末评和旁批两种形式。篇末评撮述原典要旨，标以"点评"，旁批萃取思想精华，印于书页一侧，力求要言不烦，雅俗共赏。

四、原文中的古今字、假借字一般不做改动，唯对异体字根据现行标准做适当转换。

五、每书附入相关善本书影，以期展现典籍的历史形态。

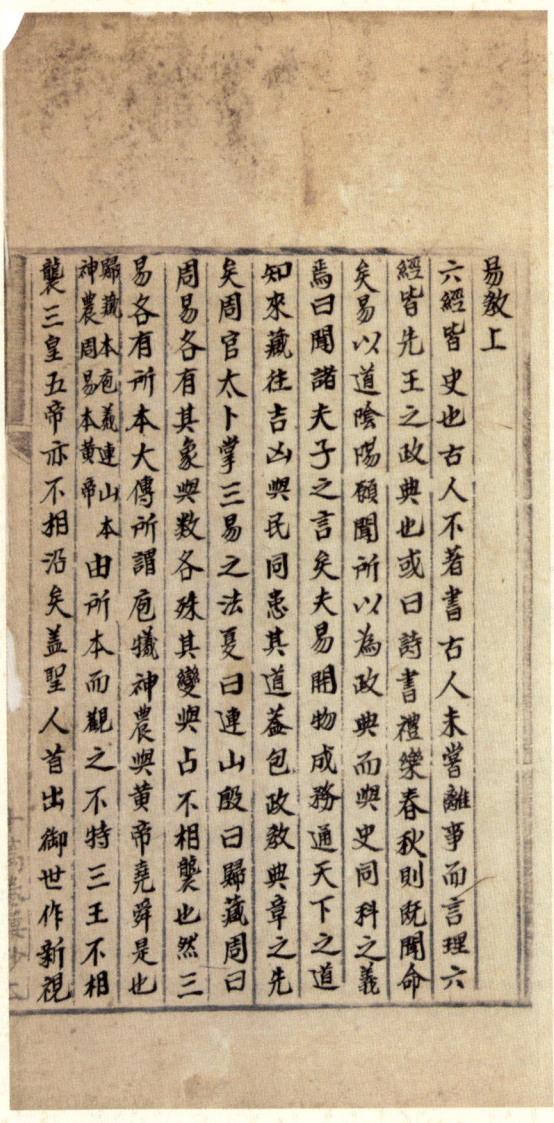

易敎上

六經皆史也古人不著書古人未嘗離事而言理六
經皆先王之政典也或曰詩書禮樂春秋則旣聞命
矣易以道陰陽顧聞所以為政典而與史同科之義
焉曰聞諸夫子之言矣夫易開物成務通天下之道
矣周官太卜掌三易之法夏曰連山殷曰歸藏周曰
知來藏往吉凶與民同患其道蓋包政教典章之先
易各有其象與數各殊其變與占不相襲也然三
周易各有其本大傳所謂庖犧神農與黃帝堯舜是此
易各有所本大傳所謂庖犧神農與黃帝堯舜是此
歸藏本羲連山本由所本而觀之不特三王不相
神農周易本黃帝
襲三皇五帝亦不相沿矣蓋聖人首出御世作新視

文史通义八卷 （清）章学诚撰　清王氏十万卷楼抄本
国家图书馆藏

章氏遺書卷第八

文史通義外篇二

萧山王宗炎編次　吳興劉承幹校訂

三史同姓名錄序

遼金元三史人多同名如前人所論元有五伯顏四脫
脫金有兩婆盧火二婁室遼有兩蕭韓家奴其類甚多
汪上湖韓門綴學嘗論及之且云或謂譯無定字同名
者不妨易換同音之字若遼之耶律撻不也與耶律塔
不也撻塔異文阿里海牙與阿禮海牙里禮異文可以
示別汪氏以謂同者太多勢難盡變是固然矣抑有未
也譯取同音本無定字史官以私意改易字形取其易

章氏遗书　（清）章学诚撰　民国十一年（1922）
吴兴刘氏嘉业堂刻本　国家图书馆藏

目　录

导　读

一、章学诚生平

　　《文史通义》作者是清代著名史学理论家章学诚（乾隆三年—嘉庆六年，1738—1801），字实斋，浙江会稽（今绍兴）人。父亲章镳，乾隆七年（1742）进士，十六年（1751）授湖北应城知县，后因事免官，贫不能归，仍居应城。喜史学，并注重有自己的见解，对清代浙东学派学者邵廷采（著《思复堂文集》）的学问很推崇，自己则曾删润五代十国杂史数种，题为《章氏别本》。这些都对学诚产生了影响。学诚少时因天资鲁钝，又常生病，一日读书才百十字，就又犯病中止。十四岁那年，父亲官湖北应城知县，学诚随他到应城。十五六岁时，资质仍然呆滞，却知道用功，曾拿《左传》加以删节。父亲见了告诉他，这样对编年之书仍按编年删节，无有创意，不如试一试按纪传体裁重编一下。于是他在课余将《左传》《国语》的材料打乱，重按纪、传、表、志的体裁编为《东周书》，近一百卷。此举虽属"少年儿戏之作"，却使他对辨析史书体例有所领悟，因而影响到一生的治学。青少年时期所受的庭训使他体会到：读书要"能别出意见，不为训诂牢笼"。这一条，乃是他一生治学的宗旨。

从青年时期起，章学诚就不顾生活贫困，一心向学，为此一生砥砺践行。他曾回忆说：二十岁以前很鲁钝，读过的书记不住，写文章不会用虚字。以后才渐渐开窍，经训他不懂，读史部书却有特殊领会，能道出其中得失。他独自思索，认为史书在纪表志传外还应有图，要有史官传。又因协助父亲修《天门县志》，初步有了自己的修志主张，如：体例上应设纪、谱、考（典制）、传；应另外整理保存有价值的地方文献；议立"志乘科"。学诚于二十三岁、二十五岁两次应顺天乡试，均落选，遂进国子监学习。

二十八岁（乾隆三十年，1765）以后，他进入确立治学方向、丰富学术思想的时期。这一年，章学诚在北京向朱筠问学，对他影响最为重大。朱筠是当时著名学者，数年后清廷开四库馆的盛举，就是他任安徽学政时奏请开馆校书而引起的。听了学诚讲读书的心得，朱筠甚加赞许，鼓励他"由子之道，任子之天"，必有成就；并劝他科举时文非君所长，也不足学。大庭广众之中，学诚议论滔滔不绝，众宾客相视愕然，朱筠却微笑欣赏。朱筠的指点，使学诚确立了治学贵识"古人大体"，重"别识心裁"，"辨章学术、考镜源流"的志向。他不去效法考据家们作训诂、制度这些问题的研究，而要从大的方面探求学问的义理、学术的源流。他生活无着，寄居朱筠家，却得以时常接触当时的学者名流，阅读朱筠丰富的藏书，大开了眼界，学问显著增进。次年，他写信给族孙章汝楠说，他写的文章，除朱先生一人外，"朋辈征逐，不特甘苦无可告语，且未有不视为怪物、诧为异类者"。但是他不动摇，因为他相信："学者祈向，贵有专属。"① 应该有自己的方向和志趣。久居国子监，穷兀无闻。至此年，欧阳瑾摄国子监祭酒，首次擢拔学诚名列第一，引起全体生员诧怪而哄笑，欧阳先生则称誉"是子当求之古人，固非一世士也"。次年秋，国子监修志，遂令学诚专司笔削。

乾隆三十六年（1771）秋，朱筠任安徽学政，由章学诚、邵晋涵等随同，离京同到太平使院②。次年春至秋，学诚仍从朱先生游，中间曾到宁波访问宁绍台兵备道冯廷丞。学诚著《文史通义》实始于此年，其于秋冬间致国子监司业朱棻元（字春浦）信中云："是以出都以来，颇事著述。斟酌艺林，作为《文史通义》。书虽未成，大指已见辛楣先生候牍所录内篇三首，并以附呈。先生试察其言，必将有以得其所自。"③辛楣即钱大昕，他长学诚十岁，当时以精于考据名著士林，学诚在朱筠处与之相识。在其致钱大昕信中同样告知撰著中的《文史通义》的宗旨，并附上三篇诚恳地征求意见，信云："然赖其书（按，指《汉书·艺文志》），而官师学术之源流，犹可得其仿佛。故比者校雠其书，申明微旨，又取古今载籍，自六艺以降讫于近代作者之林，为之商榷利病，讨论得失，拟为《文史通义》一书。分内、外、杂篇，成一家言。虽草创未及什一，然文多不能悉致，谨录三首呈览，阁下试平心察之，当复以为何如也？"④章学诚在宁波台署曾遇见戴震，两人在修方志体例上意见不合。其后学诚过杭州，听说戴震与人谈话间痛诋郑樵《通志》，便撰《读〈通志〉叙书后》（后改为《申郑》），肯定郑樵"发凡起例，绝识旷论"。学诚对戴震虽有批评，但又对他作了充分的肯定："求能深识古人大体，进窥天地之纯，惟戴氏可与几此。"⑤

学诚曾五次参加乡试，三十九岁才中举人。至四十一岁中进士，但又自以为"迂拘"难以在官场周旋，终未进入仕途。为了一家生计，他到处奔走，短期谋得书院教职，或主修方志，获得微薄收入，之后又陷入家无隔夜粮的困境。四十四岁那年（乾隆四十六年，1781），他到河南谋事受挫，归途中遇盗，狼狈地穿着短葛衣走投同年张维祺。所带四十四岁以前文稿也荡然无存。经张维祺介绍，暂时得到清漳书院教席。当时，他一家十五口寄居北京，嗷嗷待哺，冬季将至，寒衣无着，境况十分凄凉。但是，学诚人穷而志弥坚，除认真教学外，还写了《通说》《策问》等文，精辟地论述应以"专"为基础，然后求"通"，治学应当根据自己的特点、发挥本人之所长，启发学生选择"入识最先而程功较易者"，以求逐步发展。

五十岁以后，学诚的学术思想臻于成熟，许多总结性论述都在此后撰成。这一年，他又失去书院讲席，全家寄居保定旅店。年底，经友人周震荣介绍，他到开封投河南巡抚毕沅，后来他写诗追述说："戟门长揖不知惭，奋书自荐无谦让"，生活所迫只好如此。毕沅待之颇厚，学诚开始编辑《史籍考》，生活也稍得安定。然而不到一年，毕沅升任湖广总督，学诚打算到湖北依附他，遂将家眷搬到安徽亳州，托知州裴振照顾。乾隆五十四年（1789），在亳州为裴振修《亳州志》。春末，曾到太平安徽学政署中小住，二十多天中撰写了《文史通义》内外二十三篇，自称"生平为文，未有捷于此者"。据胡适考证，《原道》上中下，《原学》上中下，《博约》上中下，《经解》上中下等篇，均为此时所作 ⑥。一生著述以这段时间为最畅快。他尖锐地批评当时学者沉溺于烦琐考据的风气，说："学与功力，实相似而不同。""指功力以谓学，是犹指秫黍以谓酒也。"（《文史通义》内篇《博约中》）这些议论，都切中当时学者弊病。在《答沈枫墀论学》中，他批评当时学者随波逐流，"不问天质之所近，不求心性之所安，惟逐风气所趋而徇当世之所尚，勉强为之"。而在针砭当日学风积弊的同时，他又肯定考据有一定的作用，认为立言之士与专门考索，"二者之于大道，交相为功"。

乾隆五十六至五十七年（1791—1792），学诚先后撰写《史德》、《与邵二云论修〈宋史〉书》、《书教》上中下篇、《方志立三书议》、《史篇别录例议》等论文。这些论著最突出的贡献，是他对两千年来历史编撰作了纵贯分析，提出了史书编撰改革的方向。其设想是，发挥后起的纪事本末体"因事命篇，不为常格"的优点，"仍纪传之体而参本末之法"。近代史家章太炎认为章学诚提出这一改革方向是"大势所趋"，并参照这一原则来设想《中国通史》的体例。

学诚撰著《文史通义》的工作一直持续到其晚年，不少篇章都经过反复修改。还著有《校雠通义》（今存三卷，十八篇），其中阐发的见解往往与《文史通义》相发明。又曾先后主修过多部地方志，除上面提到的外，还有《和州志》《永清县志》。学诚在毕沅幕时，又主修《湖北通志》，体例很有独创性。分纪、图、表、考、政略、传；传则将记事和记人贯通起来；另外有《掌故》《文征》《丛谈》，与《通志》相辅而行。当时章学诚还花费很大精力编《史籍考》，计划宏大，要仿朱彝尊《经义考》，将史部典籍区分为十二类，考其存亡、流传、版本情况；收集各书序、跋、评论，以概括内容；再加评价。

乾隆六十年（1795），学诚经过四十年颠沛流离，最后回到会稽老家，"茸居仅足容身，器用尚多不给，而累累书函乃为长物"。尽管如此穷困潦倒，他想到的仍是完成《史籍考》，在向朱筠弟朱珪（两广总督）写信中说："今则借贷俱竭，典质皆空，万难再支。只得沿途托钵，往来于青、徐、梁、宋之间，惘惘待傥来之馆谷……则课诵之余得以心力补苴《史考》。"⑦其后，得谢启昆、阮元之力，在杭州续修《史籍考》，但未最后完成，稿也散失。嘉庆三年（1798），学诚曾致书钱大昕，冷静地对自己一生治学的特点作了总结，表明他顶住了当时风气所趋的巨大压力，不顾达人显贵、聪明之士的轻蔑和讥笑，自觉地担负起纠正学风流弊的时代责任，为此作出了毕生的努力。这正是章学诚精神可贵之处，他的著述，毕竟预示着学术风气要出现新变化。

嘉庆四年（1799），老皇帝乾隆病故，嘉庆帝独秉朝政，责令大权奸和珅自杀，这个专横二十多年、作恶多端的权臣的倒台使人心一振。

学诚已是六十二岁的老人，几十年足迹遍南北，目睹种种社会弊端，心中郁积着许多不平。他满怀愤怒，一反平日不谈政事的习惯，一连写了《上执政论时务书》等六篇文字，抒发他对贪官污吏残酷剥削百姓的抗议，痛陈"巧取于民"是问题的根源，上下相蒙，惟事娄赃黩货，始蚕食，渐至鲸吞，整个官僚集团狼狈为奸、腐朽不堪。这些直斥赃官墨吏的正直言论，反映出当时严重的社会问题，这同他勇敢批评学风流弊的精神同样可贵，不啻是开了后来龚自珍、魏源激烈抨击时政的先声。在生命的最后两年，学诚双目失明，疾病日侵，犹事著述。嘉庆六年（1801）逝世，年六十四岁。临终前，将文稿托萧山王宗炎校定。

二、《文史通义》成书经过

乾隆三十六年（1771），三十四岁　开始撰著《文史通义》。此年秋冬间致朱棻元信云："是以出都以来，颇事著述。斟酌艺林，作为《文史通义》。书虽未成，大指已见辛楣先生候牍所录内篇三首，并以附呈。"同时附给钱大昕（辛楣）信中亦云："拟为《文史通义》一书。分内、外、杂篇，成一家言。"

乾隆五十四年（1789），五十二岁　春末在太平安徽学政署中小住，二十多天中撰写了《文史通义》二十三篇，其中应有《原道》上中下、《原学》上中下、《经解》上中下等。

乾隆五十六年（1791），五十四岁　此年及次年，先后撰有《史德》《与邵二云论修〈宋史〉书》《书教》上中下等篇。

嘉庆元年（1796），五十九岁　《文史通义》始刊刻一部分。此年夏，致朱珪信中云："近刻数篇呈诲。题似说经，而文实论史。"所指应为《易教》三篇、《书教》三篇、《诗教》二篇，均为已刊篇章。

章学诚卒后，其次子华绂于道光十二年（1832）首次编印成《文史通义》。至民国十一年（1922），浙江嘉业堂刻成《章氏遗书》。

三、版本及选用

《文史通义》的通行本有两种。一是"大梁本"，是章学诚次子华绂于道光十二年（1832）在开封编印的。他在序中说："道光丙戌（1826），长兄杼思自南中寄出原草并谷塍先生（即王宗炎）订定目录一卷，查阅所遗尚多，亦有与先人原编篇次互异者，自应更正，以复旧观。"中华书局1983年出版的叶瑛撰《文史通义校注》采用的就是"大梁本"（《校注》完成时间为1948年）。

另一种通行本是"《章氏遗书》本"。章学诚在临终前数月，将所著文稿委托友人萧山王宗炎代为校定。王宗炎收到文稿以后，为了早日给章学诚回信，便先行提交了一份编排目录。他在回信中说，这份编排目录尚是初步的，欲待"遍览一二过，方能定其去取"。不过现今我们未能确知他其后是否对此作了修改。民国十一年（1922），吴兴嘉业堂主人刘承幹依据王氏所定之目录，搜罗增补，刊行了《章氏遗书》五十卷。除《文史通义》之外，尚包括《校雠通义》《方志略例》《文集》《湖北通志检存稿》等。1956年古籍出版社的点校排印本《文史通义》，采用的就是《章氏遗书》本。1985年，文物出版社据嘉业堂刻本并从抄本中增选若干篇，加句读后影印，书名为《章学诚遗书》，是至今搜集章学诚著作最全的一个本子。

比较"《章氏遗书》本"与"大梁本"《文史通义》，二者不同之处是：（一）内篇的排列次序及分卷，"大梁本"为五卷，"《章氏遗书》本"为六卷。（二）在所收篇目上，"大梁本"少了《礼教》《书〈朱陆〉篇后》《所见》《士习》《书坊刻诗话后》《同居》《感赋》《杂说》八篇，而多了《〈妇学〉篇书后》。在文字上，"大梁本"《原道》篇中有的文字作了改动，影响了读者对章学诚原意的理解。（三）两本的外篇虽都分为三卷，内容则完全不同。"大梁本"所收是论述方志之文。"《章氏遗书》本"则为"驳议序跋书说"，其内容足以与内篇互相发明，甚可珍贵。

这本《文史通义》解读，采用的就是嘉业堂"《章氏遗书》本"，选了自《易教上》至《家书六》一共三十六篇文章，分别作了注释、旁批和点评，并为《文史通义》全书写了导读。仓修良先生于1993年在上海古籍出版社出版的《文史通义新编》和于2003年在浙江古籍出版社出版的《文史通义新编新注》，均是在将"大梁本"和"《章氏遗书》本"加以整合的基础上重新编成印行的，颇便参考。

四、《文史通义》主要内容和学术成就

《文史通义》的命名，体现了全书探讨的范围和著述的宗旨。它包涵三层意义：

先标"文史"，突出地表明书中探讨的范围包括"文史著作之林"，即整个学术领域，突破经、史、子、集的畛域。

然后是强调"通"。昌言要继承司马迁"通古今之变"的优良传统，作贯通古今的探讨，求"通"求"变"，并将文史的不同门类打通研究，强调与只作狭窄范围研究者不同的治学路数。

最后亮明旗帜，归结到"义"，揭示出要以思想、观点、哲理作为贯穿全书的灵魂，彰显其与当时盛行的以训诂考据为追求目标根本不同的学术旨趣。

由此决定了，《文史通义》与《史通》虽然同被评价为古代史学评论的双璧，时人也每将章学诚刘知幾相比拟，而实际上两书有同有不同。《文史通义》论述的范围既包括历史编纂理论的探讨，同时又有更广泛的范围，包括探讨古代学术的源流演变和其时学术趋向隐藏的严重弊病，

并且考论儒家经典的真价值，从哲理的高度予以阐释。

《文史通义》（《章学诚遗书》本）共有内篇六卷，外篇三卷。其主要内容和学术成就有以下三个方面。

（一）对传统儒家经典的阐释和对"道"的探索

打开《文史通义》全书目录，首先列在"内篇一""内篇二"的，便是《易教》（上中下）、《书教》（上中下）、《诗教》（上下）、《礼教》、《经解》（上中下）和《原道》（上中下）、《原学》（上中下）、《博约》（上中下）、《浙东学术》、《朱陆》等篇，这正证明对儒家经典价值的阐释和哲理的探索，在章氏学术中占着极重要的地位。这些篇章实际上是围绕"六经皆史"说和"道在事中"两大核心论题而展开。

首篇《易教上》开宗明义提出：

"六经皆史也。古人不著书，古人未尝离事而言理，六经皆先王之政典也。"

章氏首倡"六经皆史"说，其深刻的理论意义是鲜明地提出"儒家经典究竟是圣人头脑制造出来的，还是古代治国实践的产物"的问题。关键在于，"六经皆史"说讨论的是"儒家经典是如何生成的"这一具有根本意义的问题，这在全书中实有理论基石的意义。章氏理论中的诸多重要命题的立论基础正在于此，这正是他将此置于全书首倡之说的深意所在。他明确提出："六经"是古代治理国家的制度和智慧的记载，"六经皆先王之政典"。儒家经典虽然地位很高，但不是古代圣贤周公、孔子有意专门写出一部包含极其高深的"道"的书，古人没有离开具体活动、闭门写书的事情。六经中的"道"和"理"，都是与古代社会生活、人伦日用密切相联系的，六经乃先王治理国家的历史记载，所以，"六经皆史也"。章学诚又提出，六经是先王之政典，以《诗》《书》《礼》《乐》《春秋》等经典的内容言，应当容易理解，而《易》是讲阴阳变化

的，为何也是"先王之政典"呢？答曰："其道盖包政教典章之所不及"，
"其教盖出政教典章之先矣"。故《易》不但与五经同为政典、具有"与
史同科"之义，而且，《易》之道是具体典章制度之本原。庖羲、神农、
黄帝有"三《易》"，都是根据"天理之自然"，即对自然现象观察、总
结而得的规律性知识来教民。章学诚又引孔子所说之义："我观夏道，杞
不足征，吾得夏时焉。我观殷道，宋不足征，吾得坤乾焉。"可证《易经》
究明阴阳道理，与观象授时、制定历法同为一代法宪，故也是有关治世
之记录；此又足以说明《易经》并不是圣人"空言著述"，有意专门写一
部讲抽象的"道"的书。章氏认为《左传》昭公二年所载韩宣子聘鲁，"观
书于太史氏，得见《易》象、《春秋》，以为周礼在鲁"这一史实很有意
义。"夫《春秋》乃周公之旧典，谓周礼之在鲁可也，《易》象亦称周礼，
其为政教典章，切于民用而非一己空言，自垂昭代而非相沿旧制，则又
明矣。"以往研究者曾言"六经皆史"的论点是扩大了史学的范围，或
有抹去儒家经典神圣光环的意义，这些看法对于理解章氏观点有积极的
意义。但认识仅限于此显然是很不够的，须要大大向前推进。"六经皆史"
这一理论创造的深刻意义在于：首次提出和辨析古代经典不是圣人头脑
演绎、构建出来的，而是古代国家治理、社会生活的产物这一哲学根本
性范畴的命题。处于乾嘉时期考证之风盛行、理论思维相对弱化的现实
条件下，章氏的论点便具有别树一帜、引导学者向哲理探索的正确方向
努力的重要意义。至于有的文章曾经争"六经皆史"是谁首创的问题，
这显然并不重要。如明代王阳明、王世贞曾讲过"五经亦史"一类的话，
但即使能找到很早的出处，也不会降低章学诚这一命题的意义。因为前
人都只是行文中涉及，并无专门论述。而章学诚是作为重要理论主张提
出来，深入地加以论证，并且是针对时弊而发，是与他强调学术必须"经
世"的主张密切相联系的。

　　对"道"的探索是章学诚理论创造的重点，他本人对此有极充分的

自信，云："其所发明，实从古未凿之窦。"其深刻论述集中在《原道》上中下三篇，挈其要旨，有以下三项。

一是，论"道出自然"，"渐形渐著"，存在"不得不然"的客观演进趋势。这是明确阐述"道"的客观性和历史渐进性。

《原道上》的开篇，章学诚即提出本篇主要论点："道"并不是玄妙、神秘的，作为根本原理和社会法则的"道"，是随着社会生活逐步发展的，有其客观的演进过程，国家制度等等都是后起的。其论云："天地生人，斯有道矣，而未形也。三人居室，而道形矣，犹未著也。人有什伍而至百千，一室所不能容，部别班分，而道著矣。仁义忠孝之名，刑政礼乐之制，皆其不得已而后起者也。"

章学诚发问："天难道真的是不知疲倦地指挥号令着吗？"通过回答，逐层递进，强调"道"是客观趋势推演形成的，否定了是由有意志的"天"的安排的神秘观念。首先，当混沌之初，刚刚有了人类时，天地阴阳变化，四时运行的"道"就存在了，但作为社会生活的"道"却未出现。这是鲜明地亮出其唯物的、发展的观点：未有圣人之前，"道"就存在了，可见"道"不是圣人头脑里创造出来的，而是由社会一步步演变而产生和发展的。其次，当远古人类数量很少，即群居生活（原始社会）的最初阶段，规定社会生活法则的"道"的最早形态已经出现。再次，群居的人类数量越来越多，社会越来越复杂，不同的部落、部族，不同的阶层、等级出现了，作为社会生活法则性的"道"便越来越复杂、显著。最后归结说：仁、义、忠、孝这些观念，刑、政、礼、乐各种制度，都是由于客观趋势的推动而在后来逐步形成的。《原道上》对此有更为深入、生动的展开讨论，证明章氏继承了传统思想如《周易》《荀子·礼论》中有关礼制起源和国家制度的观点，而又大大向前推进。由此应当理解：后圣效法前圣，并不是效法前圣的具体做法，而是效法前圣依据客观的理、势所推动，把制度创制得更加显著、更加完善的道理，所以，客观趋势（或言"事物法则性"）的道，好比是车轮永远转动、向前发展，而具体的制度、事物，则好比车轮留下的一段一段的轨迹。"一阴一阳往复循环者，犹车轮也。圣人创制，一似暑葛寒裘，犹轨辙也。"章学诚就是这样以极其形象、极其简洁明了的语言，解答了"道"与各种国家制度、"圣人制作"二者的关系。

二是，"言圣人体道可也，言圣人与道同体不可也"。千百年来儒生对经书极度崇奉，认为圣人和儒家经典就是"道"的化身，圣人—六经—"道"三位一体，成为根深蒂固、牢不可破的观点。章氏却振聋发聩，提出针锋相对的观点："道"与圣人不能等同。所论极为有力："道"是客观进程的演进，仿佛是无意志、无知觉的，圣人是对理与势的需要有所认识而创设。言"圣人体道"符合实际，言"圣人与道同体"则大错特错，表面上只是字句稍有不同，实质上是非正相反。圣人不是"道"的化身，圣人只是对当时理势的需要有正确的认识，历代儒者却因为错误地把圣人以及六经当作"道"的化身，所以忘记了认识新事物、总结理势的新变化、创设新制度的责任，这正是问题的症结所在，这个根本性的是非不可不辨！

为了澄清千百年来视圣人为"天纵之才"，神秘莫测，众人是芸芸众生，只能盲目服从的糊涂观念，他进而提出"圣人学于众人"的新观点。因为圣人的作为只是体现了客观理势的需要，圣人如果不从众人的行为、欲望中得到正确认识，就不能成其为"圣人"。这一观点在将圣人视为万世师表、视众庶为愚昧无知的时代，更不愧为石破天惊的伟论。

三是，"道"与事功密切相连，六经不能尽"道"，事变之出于后者，六经不能言，立言之士的责任是总结出新的"道"。

对此，章氏分三层进行论证。第一层是：孔子未尝离开三代之政教，而以空言存其私说。章氏作了酣畅的论证，指出：欲学孔子而离开事功，是不知孔子。世儒欲学孔子而摒弃事功，抱着经书而不作为，这恰恰违背了孔子的学说。六经是明道之器，政教典章人伦日用之外，更无别出著述之道。后代儒者却视六经为圣人专门言"道"的书，把"道"与社会生活相割裂，将"道"与"器"相割裂，这是完全错误的。**而最具有实际行动意义的是：事物不断发展，"道"也要发展，当代学者应担负"约六经之旨，而随时撰述以究大道"的时代责任，对后世事变予以总结，以推进对社会生活演进法则性之认识。这是《原道下》篇的核心观点，也是章学诚在哲学探讨上远远高于同时代学者之处！**章氏强调当时考证学者以训诂章句专攻一经为学问的极致，实则只得一隅，未能认识古人学问的全体。古代圣贤是由于总结出客观社会生活的规则性而后不得不发之为言，那么，当今学者也应当具有高度的使命感，担负阐明穷变通久，总结六经之后社会生活发生的变化，推进和究明大道的时代责任："事变之出于后者，六经不能言，固贵约六经之旨，而随时撰述以究大道也。"因此，当今对待六经、对待学术的正确态度是，改变以为凭训诂章句即能获得古人学术真谛的错误态度，树立"道"与社会生活密切联系、因事物发展"道"也向前发展的正确观点，明确学者的责任是针对现实社会中"有所需""有所郁""有所弊"的问题，着力探究、总结出哲理性的新认识，勇于创造，回答时代的要求。

　　其他关于对儒家经典创造性阐释，如《诗教上》篇中论述战国之文多出于《诗》教，后世文章各种体裁其发端皆在战国；又《书教》三篇中，强调发挥《尚书》"因事命篇"、灵活变化的特点：在当时都具有"化腐朽为神奇"的重要意义。

　　（二）对学术史演变的审视和对当时盛行的醉心考据、不问世事的学风流弊作有力针砭。

　　《浙东学术》即为评论宋代以来学术变迁的名文。章学诚提出，浙东学术的远源，是在朱熹（号婺源）之学，但从南宋三袁（袁燮及其子袁肃、袁甫）之后，宗陆九渊"本心"的学说。章学诚首次揭示出，自明末至清初"浙东学派"的统绪，是刘宗周—黄宗羲—万斯大、万斯同—全祖望。从理学学派关系言，浙东学者主要尊陆王之学，但对朱学并不诋斥，"宗陆而不悖于朱"，故一向有不争门户的传统。章学诚梳理出"浙东学术"的源头和传习，揭示出自刘宗周、黄宗羲以下，其学术特征是"宗陆而不悖于朱"，既重视个人修养，又重视通过研治史学以总结治国的经验。自刘宗周、黄宗羲以下，至万斯同、全祖望，学术前后相承，而又能摆脱门户之见。他认为，清代浙东学术源远流长，以及传承人物摒弃门户之见而尊其他学派成就这两大特点，实在值得揭示和发扬。章学诚进而总结浙东学术的精髓所在是：言天人性命必切于人事；讲性理与精研史学相结合，"言性命者必究于史"。他所针对的就是当时盛行的"舍今而求古"的烦琐考证学风和"舍人事而言性天"的理学空谈。对于当时不为人们所知的浙东学派人物邵廷采，章学诚积极予以表彰。总之，章学诚在此篇中首次阐述的清代"浙东学派"，对于 20 世纪学者产生了很大影响，梁启超、何炳松、钱穆等学者都赞同并引申章氏的见解。

　　书中对于当世沉溺于考证学风的有力针砭，更凸显出章学诚的远见卓识和使命意识。当时的学术风气，是考证盛行，由考经而考史。大多数学者穷年累月，所做的是版本校勘、训诂注解、排比材料、辨伪辑佚等一类工作。如梁启超云："家家许、郑，人人贾、马，东汉学烂然如日中天。"[8] 而章学诚所确立的原则，是治学要别出己见，"不为训诂牢笼"，他注重的是"史义"，讲纵贯分析，讲别识心裁，强调观点、思想，强调变通、改革，因而在学术方向上，治学方法上，价值认识上，都与当时的学术风气相对立，"颇乖时人好恶"。但是他不随波逐流，顶住了巨大的压力，并且旁观者清，看准了烦琐考据的弊病而大力针砭，以救挽学风流弊为己任。

　　围绕"究竟治学的根本目的是什么？""究竟考据在治学中应占据

什么地位？"这些根本性问题，章学诚从多方面针砭了烦琐考据学风的流弊，鲜明地提出一系列与流行观念对立的价值认识。**首先，他倡导学术经世的思想。**对于治学的根本目的何在的问题，章学诚作出精辟的回答："君子苟有志于学，则必求当代典章，以切于人伦日用；必求官司掌故而通于经术精微；则学为实事，而文非空言，所谓有体必有用也。不知当代而言好古，不通掌故而言经术，则鼙帨之文，射覆之学，虽极精能，其无当于实用也审矣。"⑨他明确主张学术要密切联系当代社会生活，坚持反对脱离实际的无用空谈，是对清初进步思潮的继承。清初顾炎武等思想家，痛责明代理学空谈，主张经世致用，提倡"实学"。章学诚接过清初学者的经世旗帜，批评当时学者埋头考据，"尊汉学，尚郑、许，今之风尚如此，此乃学古，非即古学也，居然唾弃一切"，是自炫所得寸木，以为胜过别人的高楼，满足于细小的收获，忘记了根本的目的，形式上学古而抛弃了古人学术的精华。章学诚进一步把文章著述比作"药石"，必须针对社会的弊病而发："学问经世，文章垂训，如医师之药石偏枯，亦视世之寡有者而已矣。以学问文章，徇世之所尚，是犹既饱而进粱肉，既暖而增狐貉也。"⑩他反对逐于时趋，人云亦云，贬斥沽名钓誉，私心胜气。他在书中反复提出告诫："学业将以经世，当视世所忽者而施挽救焉，亦轻重相权之义也。"⑪到他晚年所写《上尹楚珍阁学书》中，对自己一生"经世"和"救弊"的宗旨作了这样深刻的总结："学诚……读书著文，耻为无实空言，所述《通义》，虽以文史标题，而于世教民彝，人心风俗，未尝不三致意，往往推演古今，窃附诗人义焉。"⑫"耻为无实空言"，正是他与脱离实际学风相对立的独特风格。

其次，章学诚提出区分"功力"与"学问"的著名命题，确切地说明考据只是做学问的基础，它在学术工作中只能居于较低的层次。章学诚认为，同是治学，按其性质和造诣，有两种不同的境界。"学与功力，实相似而不同。学不可以骤几，人当致攻乎功力则可耳，指功力以谓学，是犹指秫黍以谓酒也。"⑬考据家们搜集、考订材料固然有一定的价值，但只是罗列现象，属于表层的东西，只能称之为"功力"；不能停留在这一步，还要从材料中提出独到的见解，这才是真正的"学问"。他的分析深刻地说明了搜集原始材料与加工提炼出精品二者质的不同。他进而指出，真正的学问，是在掌握丰富材料之后，再深入进去，以求明白其所以然的道理。他说，"记诵名数，搜剔遗逸，排纂门类，考订异同，途辙多端，实皆学者求知所用之功力尔。即于数者之中，能得其所以然，因而上阐古人精微，下启后人津逮，其中隐微可独喻，而难为他人言者，乃学问也"⑭。他指出误把功力当做学问，造成了学术方向的迷误，告诫人们不要盲目地跟着风气跑，都切中了当时学风弊病的症结所在。

　　再次，章学诚郑重地指出：**如果沉溺于烦琐考据而忘掉治学的目的，那么下功夫越大，离开正确的方向也就越远**。《申郑》篇云："记诵家精其考核，其于史学，似乎小有所补，而循流忘源，不知大体，用功愈勤，而识解所至，亦去古愈远而愈无所当。"他认为必须冲破琐屑考订的束缚，发扬《史记》《汉书》成一家之言的传统，史学才能发展。他把考证恰当地譬作治学的舟车。"记诵者，学问之舟车也。人有所适也，必资乎舟车，至其地，则舍舟车矣。"⑮人要达到目的地需要乘坐车船，但是人不能一辈子无目的地永远坐在车船里。同样道理，做学问需要以考据作为手段，但是不能沉溺于考据而忘记经世的目的。他辛辣地嘲讽把烦琐考证误认为最高学问的人：你们把搜求、考证古代零星材料当作"足尽天地之能事"，你们算是幸运，生在秦焚书以后，有这些"襞绩补苴"修修补补的工作可做，如果生在焚书以前，古籍完整保存下来，那你们还有什么事情可干呢！⑯清代学术的发展充分证明：章学诚上述从学术方向、价值认识、治学方法等方面对脱离实际的考证学风的针砭，都切中肯綮，具有重大的进步意义。章学诚对烦琐学风的批判很坚决，批评又是讲道理的，因而打中要害。更为难得的是，他对学风流弊的针砭，已达到自觉的程度，他是有意识地以逆时趋而持风气为己任。他曾写信给钱大昕，很深沉、很痛切地披露自己的心迹："惟世俗风尚必有所偏，达人显贵之所主持，聪明才隽之所奔赴，其中流弊必不在小。载笔之士不思救挽，无为贵著述矣。苟欲有所救挽，则必逆于时趋，时趋可畏，甚于刑曹之法令也。"⑰章学诚是把挽救风气流弊视为不可推卸的时代责任，自觉地担负起来。在考据的习尚风靡于世、人人倾倒的情况下，他却看到危害，所以不顾从达官显贵到整个学者社会所构成的巨大压力，即使感到像刑狱那样的威胁，他也毫无顾惜。烦琐考据的学风既然脱离实际的需要，违反学术发展的规律，那么它终将被抛弃。章学诚的批判针砭，毕竟预示着学术风气变化的新趋势。所以，《文史通义》一书的价值超过史学的范围，对于整个思想史和文化史都有重大的意义。

　　章学诚观察当时学术问题眼光之敏锐，见解之深刻，还从他对戴震的评论中突出反映出来。章学诚与戴震在修地方志和评论郑樵等问题上存在分歧，但他对戴学之"绝诣"确有卓见，评论中肯。章学诚对戴震的总评价是："戴君学问，深见古人大体，不愧一代巨儒。"⑱"求能深识古人大体，进窥天地之纯，惟戴氏可与几此。"给予高度的推崇，毫不顾及个人的恩怨。但许多考据家认为，考据才是戴学的"绝诣"。而戴氏著《原善》《论性》一类哲学著作，则"空谈义理，可以无作"，甚至指责为"精神耗于无用之地"。这正说明当时学术界的偏见是多么根深蒂固！大学者朱筠、钱大昕也持这种看法，"群惜其有用精神耗于无用之地"⑲。戴震《原善》等篇与《孟子字义疏证》相联系，都是反理学进步著作，揭露"以法杀人者人犹怜之，以'理'杀人者有谁怜之"。是对理学杀人爆发出来的抗议。章学诚恰恰是戴震的知音，他认为《原善》诸篇，"于天人理气者，实有发前人未发者"，"能识古人大体，进窥天地之纯"。围绕评价戴震这些事实，说明了两个很紧要的问题：1.乾嘉时期那种崇尚考据的风气怎样把最有进步意义的学问精华掩盖了，把成就卓著的学者的形象扭曲了。2. 充分说明章学诚见识卓越，比起当时众多的考据家们来不知要高出多少倍。章学诚有关戴震的评论，见《文史通义·书〈朱陆〉篇后》《章学诚遗书·佚篇·答邵二云书》等篇中，很值得再作深入的研究。

（三）历史编纂理论

《文史通义》对此作了广泛深入的探索，其成就构成了传统史学理论的又一高峰。举其影响最大者有：

1. 以"史义"为指导，纵贯分析三千年史学的演变

章学诚以纵贯的眼光分析了三千年史学的演变。他认为，史学是发展进化的。由《尚书》变为《春秋》的编年体，由编年体到纪传体，都是史学的重大进步。纪传体本是三代以后之良法，司马迁发凡起例，具有卓见绝识，纪、表、书、传互相配合，足以"范围千古，牢笼百家"，具有很大的包容量。又因为司马迁对体例的运用能够灵活变通，不愧为撰述的典范。加上《汉书》《后汉书》《三国志》，都是"各有心裁家学"的上乘之作。降而《晋书》《隋书》《新唐书》等，"固不出于一手，人并效其能"。所以能够修成有价值的史书。后来的修史者墨守成规，不知根据需要变通，结果史才、史识、史学都反过来成为史例的奴隶。"人至千名，卷盈数百"，"溃败决裂，不可救挽，实为史学之河、淮、洪泽，逆河入海之会，于此而不为回狂障瀑之功，则滔滔者何所底止！"以上论述集中见于《书教下》《史篇别录例议》《与邵二云论修〈宋史〉书》等篇。这些论述，相当中肯地总结了中国史学演变的主要趋势，更指出了传统史学后期严重积弊的所在。

2. 提出改革历史编纂的方向

既然正史编纂的末流已到了酿成灾难性的局面，至此亟须有清醒的

认识，努力开创新局，探求历史编纂的新路。

首先，章学诚不但看到正史末流表明的史家创造才能反而成为史例奴隶的严重病态，而且独具见识地分析纪传体本身存在的问题。一方面，他重视《史记》的伟大创造力，称其体裁"范围千古，牢笼百家"，是三代以后著史之良法。另一方面，他又中肯指出纪传体本身存在的缺陷是"类例易求而大势难贯"[20]。这正抓住了关键之处。历史事件和趋势本来复杂，而到了正史编纂的末流，修史者难以驾驭，官修制度更严重限制史家表达独到见识，所以"本纪"部分便失去如《史记》中的纲领作用，成为如"胥吏之簿书"。如此观者茫然、人杂体猥、繁不可删的局面，已到了非革除不可的地步。

其次，章氏目光如炬，他发现并大力彰显纪事本末体在历史编纂的独特作用。纪事本末体虽然至明清甚为流行，以至形成了用它撰成的史书上自春秋下至明代自相连续的记载，但理论上的认识却大大落后于这种实际。章学诚是第一个对这些重要问题作出深刻阐述的史家。他说："按本末之为体也，因事命篇，不为常格；非深知古今大体，天下经纶，不能网罗隐括，无遗无滥。文省于纪传，事豁于编年，决断去取，体圆用神，斯真《尚书》之遗也。""夫史为记事之书。事万变而不齐，史文屈曲而适如其事，则必因事命篇，不为常例所拘，而后能起讫自如，无一言之或遗而或溢也。"[21]

因此，他提出改革历史编纂的方向，总的主张是："仍纪传之体而参本末之法。"[22]并且提出过两种设想：一种是设立包含多种内容、具有多种功能的"传"，可用来记人，用来记事，用来代替书志；一种是采用"别录"，在全书前面标出一个时代最主要的事件，在每一事件之下将有关的篇注明。其主张，详见《书教》篇和《史篇别录例议》。这是章学诚很大胆的设想，实是综合了他一生辨析体例的真知灼见。他将表面上似乎不相干的两大体裁打通了，让它们互相补充。既保留了纪传体范围广阔，兼备几种体裁，包容量大，可以反映社会各方面情状的优点；又发挥了纪事本末体线索清楚，起讫自如，记载方法随着历史事件的变化而伸缩变化的优点，而用来补救后期正史体例庞杂、历史大势难以贯通的弊病。因此是在史学发展上打开了一条新路。

3. 区分古今著述为"撰述""记注"两大类，二者居于不同层次，但又互相补充。论述"圆而神"与"方以智"二者不可偏废

古今著作浩如烟海，章学诚却独创性地直截了当区分为"撰述"与"记注"两大类，也即区分为两个不同的层次。他说："撰述欲其圆而神，记注欲其方以智"，"记注欲往事之不忘，撰述欲来者之兴起，故记注藏往似智，而撰述知来拟神也。"[23]"撰述"居于较高层次，它体现了高明的史识，抉择去取，灵活变通，对历史作出阐释，帮助人们预见未来。"记注"则居于较低层次，它的任务是汇集丰富的历史知识，有一定的体例，兼备各方面的记载。章学诚这种崭新的独创的分类法，突出地说明历史家的见识高低决定了史书不同的价值。同样体现这一指导思想，他在别的地方具体的提法略有不同。在《报黄大俞先生》一文中，他又用"著述"与"比类"对两大类加以概括，指出二者相辅相成，"本自相因而不相妨害"，"盖著述譬之韩信用兵，而比类譬之萧何转饷，二者固缺一而不可"[24]。其标准，同样以是否体现了"史义""史识"来衡量。章学诚认为史部著作中能称得上"史学"者是不多的，而更有意义和更加需要的正是"史学"。所以他曾一再强调区分"史学"与"史考""史选""史纂"之间的不同："整辑排比，谓之史纂；参互搜讨，谓之史考，皆非史学。"[25]只有贯串了"史义""史识"作为指导，才能称为"史学"，否则，只能属于较低的层次。

4. 善于从学术史演进及当前现实需要中提炼出一系列范畴、命题，成为18世纪史学理论领域珍贵的标志性成果

章氏为此作了自觉的努力，曾在书信中提出与友人共勉，务必要使

精心提炼而得的命题体现出"闻见之择执，博综之要领"，达到"一言蔽而万绪该"。㉖如上文所论及的"六经皆史""道出自然，渐形渐著""道在事中""开发前蕴""圣人学于众人""约六经之旨，而随时撰述以究大道""别识心裁""学贵著述成家""持世救偏""逆于时趋""功力与学问""撰述与记注""圆而神与方以智""仍纪传之体而参本末之法"等都在此列。限于篇幅，这里仅再举出三项。一是"通史家风"。以此表彰司马迁著《史记》贯通古今、成一家之言的杰出成就，并概括历代史家如李延寿、杜佑、司马光、郑樵等相继撰成上下贯通的史著而形成的优良传统。又总结了通史之作有"六便"和"二长"。二是"史德"论，指出："能具史识者，必知史德。德者何谓？著书者之心术也。""尽其天而不益以人"，务必秉持鉴空衡平的原则，不因个人的好恶或情绪等因素，造成对史实的曲解或掩盖真相。三是"文德"论，强调临文必敬，评论适度，知人论世。"是则不知古人之世，不可妄论古人文辞也；知其世矣，不知古人之身处，亦不可以遽论其文也。"书中这一类精心提炼的范畴、命题，或是对优良传统作了创造性阐发，或是对面临的困境提出切中要害的救弊办法，或是预示了未来演进的方向，均给后人以宝贵的启示。

　　书中还有多篇论治学方法和培养人才的文章、书信；"大梁本"《文史通义》中有《方志立三书议》，提出"仿纪传正史之体而作志，仿律令典例之体而作掌故，仿《文选》《文苑》之体而作文征"：凡此皆为切中肯綮之论，具有很高的学术价值。

五、历史地位和当代价值

　　章学诚有开阔的视野，他打通文史，进行广泛探索，他不仅对传统学术精华有极高的造诣，同时对于时代变迁的特点有敏感的观察，因此《文史通义》一书具有继承往哲、回应当代、预示未来的宝贵价值，堪称是中华文化的瑰宝。

　　首先是在历史哲学探索上具有时代觉醒的意义。章学诚对学术史演进有全局性的看法，所以自觉探讨社会演进和学术发展的根本问题，努力阐释经典的现代价值。与只会背诵儒家经典词句、因循守旧的儒生根本不同，他集中探讨的是经典中的"道"与社会生活的联系，发扬了实事求是、勇于革新的创造进取精神，在哲学的根本问题上提出"道"在事中，"道"随着客观情势的发展而发展，立言之士要直面"有所需""有所郁""有所弊"的现实需要，而勇于创造出新的"道"。这些正是长期受到忽视、而处于时代大变动前夜亟须大力倡导、立言之士应当勇于担当的重要命题，闪射着18世纪哲学探索理性主义的光芒。章学诚对此有充分的自信，在《与陈鉴亭论学》中说："其所发明，实从古未凿之窦。"至20世纪初，梁启超处于近代学术潮流之中，对章氏的新观点有深切的体会，因而在《清代学术概论》中称誉他"为晚清学者开拓心胸"。钱穆对此也提出卓见，他在《中国近三百年学术史》中指出：章实斋与戴东原都主张"道"在六经，而章实斋认为六经合乎道而并非等同于道，自然变则圣人之不得不然者也亦将随而变，时会不同，固六经不足以尽夫道也。

　　其次，他勇于"持世救偏"，激烈批判考证学末流的琐屑饾饤、无益世事，已经预示学术风气行将转变。乾嘉考证之学有其价值和成就，但是从乾隆末年起社会危机已日益暴露，学者们难道还能久居于"象牙之塔"？当时考证阵营中也已有学者认识到士人群集于脱离实际的考证之学究竟不是治学的正途。赵翼著《廿二史札记》，倡言要探究"有关于治乱兴衰之故者"，钱大昕读后大为赞许，称此书是"儒者有体有用之学"。《说文解字注》作者段玉裁，晚年即作了深刻的反思，后悔自己一生只作具体问题考证，未能达到深一层的学问，说："喜言训故考核，寻其枝叶，略其本根，老大无成，追悔已晚。"[27]有的考证学者的著作已关注到一些与现实关系密切的问题，俞正燮撰《癸巳类稿》书中有多篇与"经世"密切相关，如撰写有《驻扎大臣原始》《俄罗斯事辑》《总河近事考》等。此后继起的是以龚自珍、魏源、林则徐为代表的鸦片战争时期"经世"思潮的勃兴。事实证明，章学诚大力针砭烦琐考证学风的主张，恰恰符合时代的需要，反映了学术前进的客观要求。

复次，章学诚将传统史学理论探索推向新阶段，"自信发凡起例，多为后世开山"[28]。《文史通义》与《史通》并称为古代史学评论之杰作，而两部书所面临要解决的任务不同，关注的重点有别。刘知幾处在纪传体正史纂修的高峰时期，他承担的主要使命是总结以往，他的任务是对于众多的纂修成果，进行总结和提出编纂的范式，厘清体裁、体例。而章学诚处于正史末流在编纂上陷于困境阶段，其冗繁芜杂不可究诘，他承担的主要任务是开出新路，即：大声疾呼正史编纂陷入严重积弊，史识、史学、史才都成为史例的奴隶，史家的别识心裁被严重压抑，反映客观历史、再现演进大势的要求根本无法实现；而救治这种积弊的办法，就是重视并吸收后出的纪事本末体因事命篇、恰当叙述史事的因果始终的优点，主张对纪传体大力加以改造，"化腐朽为神奇"，创立新的体裁。章氏揭示出传统史学后期历史编纂的内在逻辑发展方向，其论述具有深刻的哲理性和明显的超前性。

今天深入研读这部文化经典，我们能获得诸多宝贵的启示。

一是增强"文化自信"。章学诚一生刻苦钻研，涵泳于丰富的文化典籍之中，广收博取，尤能运用其别识心裁，撷取其精华，抽其芬芳，振其金石。《文史通义》在义理、思想层面的出色创造，使乾嘉时期不仅有考证学的鼎盛局面，同时在史学理论领域又绽放出异彩。以此新的成果，再次证明中华文化源远流长、博大精深，每一个时代都因独特的环境和思想家、学问家的智慧而有新的创造，因此永葆其常青的活力。当前我国现代化事业正在迅速发展，努力发掘这部文化经典继承性、创造性、时代性的价值和深邃智慧，定能增强我们的民族自尊心和自信力，激发我们创造社会主义文化的热情，并且让中国精神、中国风格传播到世界。

二是树立勇于担当的精神。章学诚处于极其艰难的条件之下，从事理论探索，一生困顿，遑遑升斗，到处奔波。尤其是，当时考证之风正炽，他倡言义理、史识的指导作用，而长期遭受歧视。但他顶住巨大压力，心怀高远的目标，以"持世救偏"自任，因而在"道"的探索、转变学术风尚、辨析体例、提出改革历史编纂方向、培养人才的道路等问题上，都提出了适应时代要求、符合前进方向的主张。当前我们推进现代化大业和学术创新，正需要大力发扬这种志向坚定的使命担当精神。

三是发扬"通史家风"，撰成无愧于时代的精品力作。章学诚褒扬司马迁的著史宗旨是"通古今之变""成一家之言"[29]，将"古"与"今"贯通起来，而着重记载各个阶段历史时势之"变"和"变"的原因。同时，又大处落笔，对社会政治、经济各重要领域和人物活动，作全方位叙述，具有"范围千古，牢笼百家"[30]的宏大气魄。章氏又指出，"通史家风"对于撰写其他体裁的史著同样有指导意义，并举出《汉书》诸志、《南史》、《北史》等为显著例证。而《释通》篇中所概括的通史之修有"六便""二长"，更是学术史上第一次试图对历史编纂这一优良传统作总结。要之，通史在各个史书体裁中分量最重、最受关注，通史著作中提出的许多问题，往往与当代历史运动的关键之处相联系。章学诚论"通史家风"集中体现其要求从发展和全局把握历史，重视记载历史演进之大趋势及大关节点，重视历史编纂的创造精神等理论精华。其理论主张，对于我们当前胸怀远大目标，实现"立时代之潮头，通古今之变化，发思想之先声，推出一批有思想穿透力的精品力作"[31]，具有宝贵的启示意义。

四是加强运用辩证思维的自觉性。辩证分析方法是认识事物、总结法则性规律性、预见未来走向的思想利器和钥匙。自《尚书》《左传》

《老子》《论语》起中国古代就有发达的辩证智慧。章学诚对此发扬光大，《文史通义》书中从倡言"六经皆史"，总结历代学术风气，辨析史书体例及其演变，到与友人论学，对学生、子弟传授治学经验，都体现出其透彻的辩证分析思维。研读其书，即能体会到他何以见识卓越、辨析问题高于别人的原因所在。珍视这份极其宝贵的思想遗产，将辩证法更加自觉和熟练地运用到做学问、办事情的各个方面，我们必能取得更大的创获。

五是提高文章写作技巧。章学诚努力发扬中国学术"文""史"兼通的优良传统，高度重视文章观点的提炼和结构、修辞的运用，书中大量篇章，不论是解经论史、学术随笔，或是友朋论学及家书，无不精心撰写，既在义理上给人以深刻启示，又有很高的审美价值，堪称是有清一代难得的学术美文。借鉴其认真负责的著述态度和娴熟的写作技巧，对于我们做到增强文章的说服力和可读性，实有极大的裨益。

① 《与族孙汝楠论学书》，《章学诚遗书》卷二十二，文物出版社 1985 年版，以下同。
② 安徽太平府，治所在当涂，为安徽学政衙署所在。
③ 《候国子司业朱春浦先生书》，《章学诚遗书》卷二十二。
④ 这封信原为《章学诚遗书》佚文，经由仓修良根据黄云眉《史学杂稿续存》附录，收入《文史通义新编》之中。黄氏注曰："上二书录自陈监先在太原书肆所钞得之乾嘉学者等致汾阳曹慕堂父子手迹中。见一九四六年十一月六日《大公报·文史》。"惟钱大昕见信与否则不清楚。
⑤ 《章学诚遗书·佚篇·答邵二云书》。
⑥ 胡适：《章实斋年谱》"乾隆五十四年"条，安徽教育出版社 1999 年版，第 98 页。
⑦ 《上朱中堂世叔书》，《章学诚遗书》卷二十八。
⑧ 梁启超：《清代学术概论》，《饮冰室合集》专集之三十四，中华书局 1989 年版，第 53 页。
⑨ 《文史通义》卷五《史释》，《章学诚遗书》本，以下同。
⑩ 均见《文史通义》卷四《说林》。

⑪ 《文史通义》卷九《答沈枫墀论学》。

⑫ 《章学诚遗书》卷二十九。

⑬ 《文史通义》卷二《博约中》。

⑭ 《章学诚遗书》卷二十九《又与正甫论文》。

⑮ 《文史通义》卷三《辨似》。

⑯ 见《文史通义》卷二《博约中》。

⑰ 《章学诚遗书》卷二十九《上辛楣宫詹书》。

⑱ 《文史通义》卷二《书〈朱陆〉篇后》。

⑲ 《章学诚遗书·佚篇·答邵二云书》。

⑳ 《文史通义》卷七《史篇别录例议》。

㉑ 《文史通义》卷一《书教下》;《文史通义》卷七《史篇别录例议》。

㉒ 《文史通义》卷九《与邵二云论修〈宋史〉书》。

㉓ 《文史通义》卷二《书教下》。

㉔ 《文史通义》卷九。

㉕ 《文史通义》卷二《浙东学术》。

㉖ 《文史通义》卷九《与邵二云论学》。

㉗ 段玉裁:《经韵楼集》卷八《博陵尹师所赐朱子小学恭跋》,上海古籍出版社 2008 年版。

㉘ 《文史通义》卷九《家书二》。

㉙ 《文史通义》卷四《答客问上》。又见于《书教中》《史德》。

㉚ 《文史通义》卷一《书教下》。

㉛ 《习近平致中国社会科学院中国历史研究院成立的贺信》,《人民日报》2019 年 1 月 3 日。

文史通义

易教上

六经皆史也[1]。古人不著书,古人未尝离事而言理[2],六经皆先王之政典也[3]。或曰:《诗》《书》《礼》《乐》《春秋》,则既闻命矣。《易》以道阴阳,愿闻所以为政典,而与史同科之义焉。曰:闻诸夫子之言矣。"夫《易》开物成务[4],冒天下之道。""知来藏往,吉凶与民同患。"其道盖包政教典章之所不及矣。象天法地,"是兴神物,以前民用"[5]。其教盖出政教典章之先矣。《周官》太卜掌三《易》之法[6],夏曰《连山》,殷曰《归藏》,周曰《周易》,各有其象与数,各殊其变与占,不相袭也。然三《易》各有所本,

首句开宗明义,精心提出新观点,是全书阐释儒家经典各篇之总纲。

《大传》所谓庖羲、神农与黄帝、尧、舜[7]，是也。（《归藏》本庖羲，《连山》本神农，《周易》本黄帝。）由所本而观之，不特三王不相袭[8]，三皇、五帝亦不相沿矣[9]。盖圣人首出御世[10]，作新视听，神道设教，以弥纶乎礼乐刑政之所不及者，一本天理之自然，非如后世托之诡异妖祥，谶纬术数，以愚天下也。

【注释】

[1] 六经皆史：章学诚开宗明义提出的重要观点，也是有关经典阐释各篇的纲领。经与史，是古代学问最重要的两大领域，因为儒家经典是历代王朝提倡的指导思想，其地位长期被神圣化看待，现在章学诚提出新的命题，论证儒家经典是古代治国制度的记载，是历史的产物。这一命题的提出，在当时有很强的针对性。　[2] 古人未尝离事而言理："事"与"理"是一对范畴，是主张理在事中，还是主张理在事外，形成了唯物主义和唯心主义两种不同的认识路线，章学诚明确主张前一种观点，"古人未尝离事而言理"，也是对"道"在"器"中认识路线的发展。古人，指文王、周公、孔子这些古代圣贤。　[3] 六经皆先王之政典也：指出儒家经典《诗》《书》《礼》《易》《春秋》《乐》是古代国家治理、社会生活的记载，明确批评视六经为古代圣人头脑中所固有、不经社会实践而得的观点，落实了前面所讲"六经皆史"的命题。　[4] "'夫《易》开物成务'"以下五句：引文均出自《周易·系辞上》。意为《易》通万物之志，成天下之务，其道可以覆盖天下。《易》的内容虽然比较抽象，不像《诗》《书》那样具

体,但它可以涵盖政教典章之所不及。冒,覆盖。 [5]是兴神物,以前民用:见《周易·系辞上》。《注》:"定吉凶于始也。"指《易》能预卜吉凶,为民所用,故其教能出政教典章之先。 [6]"《周官》太卜掌三《易》之法"以下七句:郑玄《易论》云:"夏曰《连山》,商曰《归藏》,周曰《周易》。"按,《周易》八卦分阴爻阳爻,阳爻称九,阴爻称六;《连山》《归藏》称阳爻为七,阴爻为八,三《易》各有变化。 [7]《大传》:指《周易·系辞》。 [8]三王:指夏禹、商汤、周文王。 [9]三皇:传说时代人物,说法各有不同,以《尚书大传》伏羲(即庖羲)、神农、燧人为三皇。五帝:指黄帝、颛顼、帝喾、尧、舜。 [10]"盖圣人首出御世"以下八句:《周易》的功效和精髓在于,像文王、周公这样的开国圣贤,为了形成新建朝代的新气象,重视天道,引用卦、爻变化表达神妙的道理,以助教化。《周易》有关政治和社会变化的讲解,能够涵盖礼乐刑政所不及者,而依据的是天理之自然,这同后世方士利用谶纬一类神怪、迷信说法来愚弄百姓,是根本不同的。神道设教,神道犹言天道,谓古圣先王引用神妙莫测之理,以助教化。《周易·观·彖辞》:"观天之神道,而四时不忒,圣人以神道设教,而天下服矣。"弥纶,包括,统摄。《周易·系辞上》,"易与天地准,故能弥纶天地之道。"谶纬,指两汉之际盛行的种种迷信说法。谶是方士编造的神秘性预言。纬是方士化儒生编集的用迷信说法附会经书的各种杂著。术数,指以星占、堪舆、占候等类方法观察自然或社会现象,来推测国家及个人的气数和命运。按,本节提出"六经皆史"的新命题。指出《易》总结阴阳,象天法地,与民生民用关系至大,能涵盖政教典章之所不及,而且是"先王政典"之起源。

夫子曰:"我观夏道[1],杞不足征,吾得夏时焉。我观殷道，宋不足征，吾得坤乾焉。"夫夏时[2]，夏正书也。坤乾，《易》类也。夫子憾夏、商之文献无所征矣，而坤乾乃与夏正之书同为观于夏、商之所得，则其所以厚民生与利民用者，盖与治历明时，同为一代之法宪，而非圣人一己之心思，离事物而特著一书，以谓明道也。夫悬象设教[3]，与治历授时，天道也。《礼》《乐》《诗》《书》，与刑、政、教、令，人事也。天与人参[4]，王者治世之大权也。韩宣子之聘鲁也[5]，观书于太史氏，得见《易》象、《春秋》，以为周礼在鲁。夫《春秋》乃周公之旧典，谓周礼之在鲁可也，《易》象亦称周礼，其为政教典章，切于民用而非一己空言，自垂昭代而非相沿旧制[6]，则又明矣。夫子曰："《易》之兴也[7]，其于中古乎？作《易》者，其有忧患乎？"顾氏炎武尝谓《连山》《归藏》[8]，不名为"易"。太卜所谓三《易》，因《周易》而牵连得名。今观八卦起于伏羲，《连山》作于夏后，而夫子乃谓《易》兴于中古，作《易》之人独指文王，则《连山》《归藏》不名为"易"，又其征矣。[9]

呼应开头"古人不著书，古人未尝离事而言理"之论断。

韩宣子称《易》象、《春秋》，以为周礼在鲁，亦更证明《周易》是周代典章，切于民用。

【注释】

[1] "我观夏道"以下六句：见《礼记·礼运》。　[2] "夫夏时"以下十二句：孔子所访得的夏时，是夏代历法的典籍，所访得的坤乾，是与《易》同类、有关天地阴阳的典籍。孔子憾于夏、商文献不足，访求的结果恰恰同时得到了有关天地阴阳、与《易》同类的典籍和夏代历法的典籍，这正证明，《易》类的天地坤乾的典籍，与治历明时的夏正典籍，两者同样具有厚民生、利民用的功用，因此同为一代之法宪，而并非凭着圣人个人的才智，与社会实践毫无关系而特意著书，来揭示出所谓的"道"。夏正书，夏代历法的典籍。坤乾，《易》类也，讲天地阴阳、与《易》同类的典籍。　[3] 悬象设教：语出《周易·系辞上》："悬象著明，莫大乎日月。"意为究明天象、制定历法，以指导农事生产和社会生活。悬象，天象。　[4] "天与人参"二句：指天道与人事互相结合，是帝王治理国家的主要法宝。大权，指基本措施、主要法宝。　[5] "韩宣子之聘鲁也"以下四句：《左传》昭公二年："春，晋侯使韩宣子（起）来聘，且告为政而来见，礼也。观书于太史氏，见《易》象与鲁《春秋》，曰：'周礼尽在鲁矣。吾乃今知周公之德，与周之所以王也。'"　[6] 自垂昭代：此处用指明并非沿用旧制。垂，流传。昭代，清明的时代。古代人们多用来称颂本朝。　[7] "《易》之兴也"以下四句：语出《周易·系辞下》。周文王处于商、周之际，距离孔子时代不太远，故称"中古"。其时文王受拘于羑（yǒu）里（今河南汤阴北），亲见商纣王暴虐，商朝气运已尽，而具有初兴势头的周又正遭遇艰难，因此心中充满忧患。　[8] 顾氏炎武：顾炎武，字宁人，号亭林，明清之际思想家、史学家。所论见其所著《日知录》卷一"三易"条。　[9] 按，本节进一步说明《易》究明天地阴阳的道理，是与观象授时、制定历法同为一代法宪，此正说明儒家经典不是圣人有意写一部专

门讲抽象的"道"的书。

进一步释疑，以设问句引出，讨论更加深入。

　　或曰[1]：文王拘幽，未尝得位行道，岂得谓之作《易》以垂政典欤？曰：八卦为三《易》所同，文王自就八卦而系之辞，商道之衰，文王与民同其忧患，故反覆于处忧患之道，而要于无咎，非创制也。周武既定天下，遂名《周易》，而立一代之典教，非文王初意所计及也。夫子生不得位，不能创制立法，以前民用，因见《周易》之于道法[2]，美善无可复加，惧其久而失传，故作《彖》《象》《文言》诸传，以申其义蕴。所谓述而不作[3]，非力有所不能[4]，理势固有所不可也。

【注释】

[1]"或曰"以下十二句：文王演《周易》，见于《周易·系辞下》："《易》之兴也，其当殷之末世，周之盛德邪？当文王与纣之事邪？是故其辞危。危者使平，易者使倾，其道甚大，百物不废，惧以终始，其要无咎，此之谓《易》之道也。"无咎，避免祸灾。　[2]"因见《周易》之于道法"以下五句：孔子整理《周易》，见《史记·孔子世家》："孔子晚而喜《易》，序《彖》《系》《象》《说卦》《文言》。"又据《周易正义》，《彖》者："断也。断定一卦之义，所以名为彖也。"《象》者："万物之体，自然各有形象，圣人

设卦，以写万物之象。"《文言》者："夫子赞明《易》道，申说义理，释《乾》《坤》二卦经文之言，故称《文言》。" [3] 述而不作：《论语·述而》："述而不作，信而好古。"朱熹注："述，传旧而已，作，则创始也。……孔子删《诗》《书》，定《礼》《乐》，赞《周易》，修《春秋》，皆传先王之旧而未尝有所作也。故其自言如此。" [4] "非力有所不能"二句：同样强调孔子赞《周易》，"述而不作"是理势所决定的。按，本节再以文王演《周易》和孔子赞《周易》为例证，说明经书并非圣人特意为讲述抽象的"道"而写作，而是有关典章制度和社会生活的历史记载。

后儒拟《易》，则亦妄而不思之甚矣！彼其所谓理与数者[1]，有以出《周易》之外邪！无以出之，而惟变其象数法式[2]，以示与古不相袭焉，此王者宰制天下，作新耳目，殆如汉制所谓色黄数五[3]，事与改正朔而易服色者为一例也[4]。扬雄不知而作[5]，则以九九八十一者，变其八八六十四矣。后代大儒，多称许之，则以其数通于治历，而蓍揲合其吉凶也[6]。夫数乃古今所共，凡明于历学者，皆可推寻，岂必《太玄》而始合哉？蓍揲合其吉凶，则又阴阳自然之至理。诚之所至，探筹钻瓦[7]，皆可以知吉凶，何必支离其文[8]，艰深其字，然后可以知吉凶乎？

褒贬分明，对于后人妄托《周易》，或支离其文，或臆度附会者，予以严肃批评。

《元包》妄托《归藏》[9]，不足言也。司马《潜虚》[10]，又以五五更其九九，不免贤者之多事矣。故六经不可拟也。先儒所论仅谓畏先圣而当知严惮耳，此指扬氏《法言》，王氏《中说》[11]，诚为中其弊矣。若夫六经，皆先王得位行道，经纬世宙之迹，而非托于空言，故以夫子之圣，犹且述而不作。如其不知妄作，不特有拟圣之嫌，抑且蹈于僭窃王章之罪也[12]，可不慎欤！

再度申论六经是先王经纬世宙之历史纪录，而非托于空言，作有力的结束。

【注释】

[1] 理与数：指《周易》中蕴涵的义理和数字变化。 [2] 象数：《周易》中凡言天日山泽之类为象，言初上九六之类为数。《左传》僖公十五年："龟，象也；筮，数也。物生而后有象，象而后有滋，滋而后有数。"注："言龟以象示，筮以数告，象数相因而生，然后有占，占所以知吉凶。" [3] 色黄数五：《史记·孝武本纪》："（元封七年）夏，汉改历，以正月为岁首，而色上黄，官名更印章以五字，因为太初元年。"汉代崇尚黄色，旗帜、服饰等以黄色为尊；数字以五为定制，作为度量衡的标准。 [4] 改正朔而易服色：据《礼记·大传》所载，改正朔、易服色是帝王建国登位表示其正统地位和革新气象而采取的重大措施。改正朔，是颁布新历法，确定一年和每月之始。易服色，改换车马舆服、牺牲礼器的颜色，象征改朝换代。 [5] 扬雄：西汉末辞赋家、学者，晚年仿《论语》作《法言》，仿《周易》作《太玄》。 [6] 蓍揲（shī shé）：用蓍草占卜。蓍，草名。揲，数蓍，手持蓍草而数

之。　[7]探筹钻瓦：古人使用的占卜方法。探筹，在覆盖的容器内抓取筹码。钻瓦，在瓦片上钻洞，再用火烧烤，观察瓦片上的裂痕解释吉凶。　[8]支离：分散。　[9]《元包》：北周卫元嵩所撰，假托《归藏》，变乱八卦，被称为臆度附会。　[10]"司马《潜虚》"二句：北宋政治家、史学家司马光模仿扬雄《太玄》，撰《潜虚》。《太玄》变《周易》八八六十四卦为九九八十一首，《潜虚》又变《太玄》九九八十一首，以五行为本，五行相乘，为五五二十五首。　[11]王氏《中说》：隋朝王通弃官退居河汾，以讲学著述为业，卒后被门人谥为"文中子"。其子根据门人所记王通生前言论，模仿《论语》，成问答体语录，名为《中说》，又名《文中子》。　[12]王章：朝廷的典礼制度。语出《左传》僖公二十五年："晋侯朝王，王飨醴，命之宥，请隧，弗许，曰：'王章也。'"

【点评】

嘉庆元年（1796），章学诚五十九岁，是年有《上朱中堂世叔书》云："近刻数篇呈诲，题似说经，而文实论史。"此数篇即应包括《易教》上中下、《书教》上中下、《诗教》各篇，本篇即为当年《文史通义》自刻本部分篇目之一。

章学诚提出的"六经皆史"命题，实具深刻的哲理性和明确的针对性。自从儒学确立为独尊地位以来，因封建帝王的提倡、世代儒生的鼓吹传播，儒家经典已被神圣化。本篇则开宗明义提出："六经皆史也。古人不著书，古人未尝离事而言理，六经皆先王之政典也。"这些论断乃是长期深入研究、千锤百炼而得，是章学诚对一向被视为神圣的"六经"的根本见解，也是他对于学术与社会生活二者关系的根本见解。诚如民国时期学者刘咸炘所言："《通义》全书以三教篇（按，即《易教》《书教》《诗教》）为纲，三篇又以此篇首三句为纲。"（《文史通义·识语》）

章学诚"六经皆史"说的主要价值是，在"儒家经典是如何生成的"这一具有根本意义的问题上，对长期形成的经书神秘化观点提出了挑战。他明确提出："六经"是古代治理国家的制度和智慧的记载，"六经皆先王之政典"。儒家经典虽然地位很高，但不是古代圣贤周公、孔子有意专门写出一部包含极其高深的"道"的书，古人没有离开具体活动、闭门写书的事情。六经中的"道"和"理"，都是与古代社会生活、人伦日用紧密联系的，六经乃先王治理国家的历史记载，所以，"六经皆史也"。

六经是先王之政典，以《诗》《书》《礼》《乐》《春秋》等经典的内容言，应当容易理解，而《易》是讲阴阳变化的，为何也是"先王之政典"呢？章学诚回答曰："其道盖包政教典章之所不及"，"其教盖出政教典章之先矣"。故《易》不但与五经同为政典、具有"与史同科"之义，而且，《易》之道是具体典章制度之本原。庖羲、神农、黄帝有"三《易》"，都是根据"天理之自然"，即对自然现象观察、总结而得的规律性知识来教民。章学诚又引孔子所说："我观夏道，杞不足征，吾得夏时焉。我观殷道，宋不足征，吾得坤乾焉。"可证《易经》究明阴阳道理，是与观象授时、制定历法同为一代法宪，故也是有关治世之记录；此又足以说明《易经》并不是圣人"空言著述"，有意专门写一部讲抽象的"道"的书。

　　"六经皆史"说要求"从反映社会实践的产物"的角度来评价儒家经典，是章学诚思想的重要部分，具有近代色彩，因而产生了深远的影响。在当时，还有其他卓有见识的学者提出应当以理性态度评价儒家经书，如钱大昕为赵翼《廿二史札记》作序，即明确地批评自宋明以来形成的"经精而史粗""经正而史杂"的观点，而认为赵翼史评之作是"有体有用"之学。在章学诚之后，嘉道年间的龚自珍撰《古史钩沉论》，提出："六经者，周史之宗子也。《易》也者，卜筮之史也。《书》也者，记言之史也。"则明显地认为"史"的范围比"经"更大，正好与"六经皆史"说相呼应，同样是要求摒弃对儒家经典顶礼膜拜的陈旧观点。到了20世纪初年，随着学术近代化的展开，学者们更强烈地主张将儒家经典置于历史考察的范围之内，并且用历史分析的方法研究它，最典型的是王国维的"以史治经"（王国华：《海宁王静安先生遗书序》）。至1956年出版的侯外庐著《中国早期启蒙思想史》，更对章学诚的观点作了高度评价，说："他大胆地把中国封建社会所崇拜的六经教条，从神圣的宝座拉下来，依据历史观点，作为古代的典章制度的源流演进来处理，并把它们规定为'时会使然'的趋向。他反对人们崇拜那样'离事而言理'的经，更反对离开历史观点而'通'经。""是他被后人所最注意的学旨"，"更有其进步的意义"。在乾嘉时期，章学诚的思想学说预示着学术风气将向近代转变，"六经皆史"说就是其中很有光彩的组成部分。

书教下

精当地概括全部载籍分为撰述与记注两大类，分别具有圆而神、方以智两大特点。撷取经典中人们熟悉的词语，却注入丰富的新内容。

《易》曰："蓍之德圆而神[1]，卦之德方以智。"间尝窃取其义[2]，以概古今之载籍，撰述欲其圆而神，记注欲其方以智也。夫智以藏往[3]，神以知来，记注欲往事之不忘，撰述欲来者之兴起，故记注藏往似智，而撰述知来拟神也。藏往欲其赅备无遗，故体有一定，而其德为方；知来欲其决择去取，故例不拘常，而其德为圆。《周官》三百六十[4]，天人官曲之故可谓无不备矣[5]。然诸史皆掌记注[6]，而未尝有撰述之官；（祝史命告[7]，未尝非撰述，然无撰史之人。如《尚书》誓诰，自出史职，至于帝典诸篇，并无应撰之官。）则传世行远之业，不可拘于职司，必待其人而后行；非圣哲神明[8]，深知二帝三王精微之极致[9]，不足以与此。此《尚书》之所以无定法也[10]。

《尚书》《春秋》[11]，皆圣人之典也。《尚书》无定法，而《春秋》有成例。故《书》之支裔，折入《春秋》，而《书》无嗣音。有成例者易循，而无定法者难继，此人之所知也。然圆神方智[12]，自有载籍以还，二者不偏废也。不能究六艺之深耳，未有不得其遗意者也。史氏继《春秋》而有作，莫如马、班，马则近于圆而神，班则近于方以智也。

段末以《尚书》无定法作结，为下文论述其"体圆用神"作铺垫。

对《史记》《汉书》的不同特点作了精当的概括。

【注释】

[1]"著之德圆而神"二句：语出《周易·系辞上》。晋韩康伯注："圆者，运而不穷；方者，止而有分。""著以圆象神；卦以方象知。"唐孔颖达《正义》："著之变通则无穷，神之象也；卦列爻分有定体，知之象也。"著，原文作筮。 [2]"间尝窃取其义"以下四句：以"撰著"与"记注"将全部载籍区分为两大类，是章学诚史学理论的一项重要贡献。撰述，是创作性的、有体例的著作；记注，是史料性的文字、书籍。"撰述欲其圆而神，记注欲其方以智"，是借用经典中熟悉的词语，在总体上对两大类载籍提出应达到的要求。 [3]"夫智以藏往"以下十二句：章学诚同样借用经

典上的词语，而运用卓识加以创造性的阐释，要求具有不同特点的两大类著作应当提高水平，以更加充分地发挥其作用。"方，是说要有一定的体例，使其可以具备各方面的记载。这需要记载者有一定的知识水平，也表达了或储存了很多的知识，所以说是'似智'，说'智以藏往'。圆，是说作者有'别识心裁'，不为成例所拘，而能运用自如。因为表现了撰述者的远见，所以说是'拟神'，说'神以知来'。"（白寿彝：《谈史书的编撰》）章学诚又以辩证的观点指出，"体圆用神"和"体方以智"二者并非截然分开，互不相关，"体圆用神"需要有一定的"体方以智"为基础，而于"近方近智"之中，也仍有圆且神者为之裁制。智以藏往，神以知来，语出《周易·系辞上》。 [4]《周官》三百六十：《礼记·明堂位》载，周代官制三百。郑玄注："周之六卿，其属各六十，则周三百六十官也。"《周礼》专记周代官制，其官属有三百六十。 [5]天人官曲之故可谓无不备矣：意为人居其官，各有所能；万物委曲，各有所利。天人官曲，语出《礼记·礼器》："人官有能也，物曲有利也。" [6]诸史：指《周礼》记载的太史、小史、内史、外史、御史等史官名称。 [7]祝：指《周礼·春官》记载的太祝，职掌祭祀祈祷，撰写祠、命、告、会、祷、诔六词。史：指内史，凡天子册封诸侯、公卿、大夫，即作册命。 [8]神明：语出《周易·系辞上》，指人的精神智慧。 [9]二帝：指唐尧、虞舜。三王：指夏禹、商汤、周文王。 [10]《尚书》之所以无定法：在周代未有撰述之官，未有撰成有体系的、能够传世行远的成熟史著，因此《尚书》抉择去取、体圆用神的神韵尚未充分体现出来，这就要等待后代史学的发展了。 [11]"《尚书》《春秋》"以下七句：《尚书》《春秋》都经过孔子整理、编定，而在编纂学上各有特点。《春秋》晚出于《尚书》，部分地继承了《尚书》的好传统，但充分地体现《尚书》精髓的著作却尚未产生。支裔，分支，后代。嗣音，继承前人的事业、美德。　[12]"然圆神方智"以下九句：体圆用神和体方以智，是对于两大类型载籍的概括，二者不能偏废。在作为古代经典的六经之中，都有所体现。而在史部范围内，继《春秋》之后最为成功的著作，则首推《史记》和《汉书》。对这两部名著的成就和特点作最简要的概括，就是：《史记》则近于圆而神，《汉书》则近于方以智。马、班，指司马迁《史记》、班固《汉书》。

　　《尚书》一变而为左氏之《春秋》，《尚书》无成法而左氏有定例[1]，以纬经也[2]。左氏一变而为史迁之纪传[3]，左氏依年月而迁书分类例，以搜逸也。迁书一变而为班氏之断代[4]，迁书通变化，而班氏守绳墨，以示包括也。就形貌而言[5]，迁书远异左氏，而班史近同迁书，盖左氏体直，自为编年之祖，而马、班曲备，皆为纪传之祖也。推精微而言[6]，则迁书之去左氏也近，而班史之去迁书也远；盖迁书体圆用神，多得《尚书》之遗；班氏体方用智，多得官礼之意也。

不仅要观察其外貌，更要进而把握其实质。

【注释】

[1]左氏有定例：依晋杜预《春秋左氏传序》所归纳，《左传》有五例：一曰微而显；二曰志而晦；三曰婉而成章；四曰尽而不污；五曰惩恶而劝善。　[2]纬经：《春秋》记载简略，只有事目，《左传》则以详细史实加以展开、补充，故称"纬经"。　[3]"左氏一变而为史迁之纪传"以下三句：司马迁《史记》分为本纪、表、

书、世家、列传五体，各类史实都可以组织进去，故称"类例"。以前编年体史书只能记载与军国大事相关，并且有年月日可系的事件，现在依《史记》五体可以将各种史料包括进去，不使遗漏，故称"搜逸"。　[4]"迁书一变而为班氏之断代"以下四句：《史记》是通史体裁，《汉书》则起自高祖、终于王莽，断西汉一代为史。《史记》各篇传记笔法灵活，变化多，如刘咸炘《文史通义·识语》所言："马书初变编年之传为分篇之传，而一气卷舒，多因事附见，未严类例。故曰：去《左氏》近，得《尚书》之遗，不甚拘拘于题目，故传少而事该。"《汉书》各篇传的写法则比较相近，变化少，故称其"守绳墨"。言《汉书》把已有各种史料都恰当地归到各类之中，故称"示包括"。　[5]"就形貌而言"以下七句：从表象来说，《史记》与《左传》差别很大，而《汉书》则与《史记》同为纪传体，因为《左传》按年代顺序记事，是编年体的开创者，而《史》《汉》诸体配合，一同是纪传体的典范。编年体按照先后记事，上下相贯，故称"体直"。纪传体可以将各种史料囊括到诸体之中，没有遗漏，故称"曲备"。　[6]"推精微而言"以下七句：从实质来说，《史记》与《左传》的精神很相近，而《汉书》与《史记》距离则甚远。这是因为，《史记》达到体圆用神，大量继承了《尚书》的神韵，而《汉书》体方用智，大量保留了《周礼》的意蕴。官礼，即《周礼》。按，以上为第一段落，论述全部史籍，分为撰述、记注两大类，分别具有圆而神和方以智两种不同的要求和特点。其源头，在《尚书》和《周礼》。前者体圆用神，本无成法；后者记载详备，例有一定。至汉代，马则近于圆而神，班则近于方以智，二者不可偏废。

迁书纪、表、书、传，本左氏而略示区分，不甚拘拘于题目也。《伯夷列传》[1]，乃七十篇之序例，非专为伯夷传也。《屈贾列传》所以恶绛、灌之谗[2]，其叙屈之文，非为屈氏表忠，乃吊贾之赋也。《仓公》录其医案[3]，《货殖》兼书物产[4]，《龟策》但言卜筮[5]，亦有因事命篇之意，初不沾沾为一人具始末也。《张耳陈馀》[6]，因此可以见彼耳。《孟子荀卿》[7]，总括游士著书耳。名姓标题[8]，往往不拘义例，仅取名篇，譬如《关雎》《鹿鸣》，所指乃在嘉宾淑女，而或且讥其位置不伦，（如孟子与三邹子。）或又摘其重复失检，（如子贡已在《弟子传》，又见于《货殖》。）不知古人著书之旨，而转以后世拘守之成法，反訾古人之变通[9]，亦知迁书体圆而用神，犹有《尚书》之遗者乎？[10]

懂得"迁书近于圆而神"，才能明白其体例灵活变化。

【注释】

[1] "《伯夷列传》"以下三句：《伯夷列传》为《史记》七十列传之首篇，全篇议论多而事实少，故章氏称其为七十列传之序例。《章氏遗书》外编三《丙辰札记》："太史《伯夷传》盖为七十列传作叙例。惜由、光让国无征，而幸吴太伯、伯夷之经夫子论定，以明己之去取是非，奉夫子为折衷。篇末隐然以七十列传窃比夫子之表幽显微。传虽以伯夷名篇，而文实兼七十篇之发凡起例。" [2] "《屈贾列传》所以恶绛、灌之谗"以下四句：《屈原贾

生列传》为《史记》列传第二十四篇，两人时代不同，一在战国，一在西汉，但因同样忠公爱国，同样善作词赋，又同样到过长沙，所以司马迁作灵活处理，立为合传，凸显其共性。汉文帝时，诸侯王专横擅政，影响中央集权，贾谊建议迁诸侯王于封国就食，遭到当权人物周勃、灌婴的反对，被黜为长沙王太傅。谊渡湘水，作赋吊屈原，以发泄自己的苦闷。绛，绛侯周勃。灌，灌婴。　[3]《仓公》录其医案：《仓公》是《史记》列传的篇名。仓公，太仓公淳于意，传中原原本本记载医治病人的医案。　[4]《货殖》兼书物产：《货殖》是《史记》列传的篇名，《货殖列传》除记工商业人物外，兼载各地区物产。　[5]《龟策》但言卜筮：《龟策》是《史记》列传的篇名，《龟策列传》除记载宋元王与博士卫平，又备载龟卜的方法、征兆吉凶的判断等。　[6]"《张耳陈馀》"二句：《张耳陈馀列传》是《史记》设立的一篇合传。张耳的事迹多附述于陈馀传中。　[7]"《孟子荀卿》"二句：《孟子荀卿列传》是《史记》设立的又一篇合传，主体部分载孟子和荀卿，同时记载战国学者邹忌、邹衍、淳于髡、慎到、环渊、接子、田骈、邹奭的事迹学说。　[8]"名姓标题"以下五句：《关雎》列在《诗经·国风·周南》第一篇，是描写男女相恋的诗歌。《鹿鸣》列在《小雅》第一篇，是描写宴请宾客与亲睦宗族的篇章。前者旨在淑女宜以君子为配，后者旨在宴乐嘉宾，而标题都很灵活。　[9]訾（zī）：诽谤，非议。　[10]按，本节举出多项例证，说明《史记》对列传题目与内容的处理不拘成法，灵活变通，体现了《尚书》体圆用神的精髓。

对班书的概括充分体现出辩证思维的睿智，成为广被引用的名句。

迁《史》不可为定法，固《书》因迁之体，而为一成之义例，遂为后世不祧之宗焉[1]。三代以下，史才不世出，而谨守绳墨，待其人而后行，势之不得不然也。然而固《书》本撰述而非记注，则于近方近智之中，仍有圆且神者，以为之裁制[2]，是以能成家，而可以传世行远也。后史失班史之意，而以纪表志传，同于科举之程式[3]，官府之簿书[4]，则于记注撰述，两无所似，而古人著书之宗旨，不可复言矣。史不成家，而事文皆晦[5]，而犹拘守成法，以谓其书固祖马而宗班也[6]，而史学之失传也久矣！[7]

墨守成规，致使史学失去活力。

【注释】

[1] 不祧之宗：即永远奉祀而不迁的宗庙。这里指《汉书》为后世正史的体裁体例和编纂方法树立了典范。祧，远庙曰祧。古代祖庙之数，依贵贱亲疏而有定制。远祖世次，超过定制，则迁神主于祧庙。　[2] 裁制：编纂的指导思想和取舍标准。　[3] 科举之程式：指呆板的格式，明清时期科举考试规定作文必须按照八股文格式，分破题、承题、起股、后股等八个部分写作，形式机械刻板，内容空洞无物。　[4] 官府之簿书：指如同官府各部门案卷、表册，繁琐枯燥，互相没有内在联系。　[5] 晦：晦暗不明。　[6] 固祖马而宗班：还认为本来就是继承《史记》和效法《汉书》撰写的。固，本来。　[7] 按，以上为第二段落，对比分析《史记》的特点是体圆用神，善于灵活变通，《汉书》则体例严整、规矩分明，但在近方近智之中仍有圆而神者为之裁制。贬责后代正史，抛弃了古代史家的优良传统，结果于撰述记注，两无所似。

长期沿袭不敢变通，造成严重弊病。洞察利害，又恰当运用比喻、排比的修辞方法，说理形象，具有充沛的气势。

历法久则必差[1]，推步后而愈密，前人所以论司天也。而史学亦复类此。《尚书》变而为《春秋》，则因事命篇，不为常例者，得从比事属辞为稍密矣[2]。《左》《国》变而为纪传[3]，则年经事纬，不能旁通者，得从类别区分为益密矣。纪传行之千有余年，学者相承，殆如夏葛冬裘[4]，渴饮饥食，无更易矣。然无别识心裁，可以传世行远之具；而斤斤如守科举之程式，不敢稍变；如治胥吏之簿书[5]，繁不可删。以云方智，则冗复疏舛，难为典据[6]；以云圆神，则芜滥浩瀚，不可诵识。盖族史但知求全于纪表志传之成规[7]，而书为体例所拘，但欲方圆求备，不知纪传原本《春秋》，《春秋》原合《尚书》之初意也。《易》曰[8]："穷则变，变则通，通则久。"纪传实为三代以后之良法，而演习既久，先王之大经大法，转为末世拘守之纪传所蒙，曷可不思所以变通之道欤？

众人习以为常，而章氏慧眼独识，倡言改革，如洪钟、大吕。

【注释】

[1]"历法久则必差"以下三句：古代天文学不够精密，天文历法应用已久，就会产生误差；推算日月、星辰、节气的变化，

都是愈后愈密。推步，推算历法。《左传》文公元年疏："日月转运于天，犹如人之行步，故推历谓之步历。"司天，主管观测天象、制定和颁行历法的官员。　　[2]比事属（zhǔ）辞：语出《礼记·经解》，原作"属辞比事，《春秋》教也"，指连缀文辞排比史事以明史义。　　[3]《左》《国》：即《左传》《国语》。　　[4]夏葛冬裘：夏天要穿葛布衣，求轻便凉快，冬天要穿皮毛制作的衣服，求厚重保暖。比喻纪传体成为历朝历代纂修史书所必须采用，不能更改。　　[5]胥吏：官府中办理文书的小吏。　　[6]冗复疏舛（chuǎn），难为典据：繁杂重复疏漏错乱，不能成为有价值的典籍和依据。　　[7]"盖族史但知求全于纪表志传之成规"以下五句：因为众史只知设法全部符合纪、表、志、传的现有规矩，因而纂修史书完全受体例所束缚；只知在形式上处处模仿，没有遗漏，而不知纪传体原本继承了《春秋》，《春秋》本来符合《尚书》因事命篇、灵活变通的初心。此讲《尚书》之初意"，即为后面所言"先王之大经大法"。族史，众史。　　[8]"《易》曰"以下九句：引语出《周易·系辞下》，阐发因面临艰难的困境而寻求变革，找到了出路，而使事物能长久兴旺，这是事物发展的客观规律。章氏引用《周易》上的话，鼓励人们面临历史编纂的困境，要勇敢地探求改革的出路。

　　左氏编年，不能曲分类例[1]，《史》《汉》纪表传志，所以济类例之穷也[2]。族史转为类例所拘[3]，以致书繁而事晦；亦犹训诂注疏，所以释经，俗师反溺训诂注疏而晦经旨也。夫经为解晦，当求无解之初；史为例拘，当求无例之始。例自

回到原点。史为例拘，当求无例之始。

《春秋》左氏始也，盍求《尚书》未入《春秋》之初意欤[4]？

【注释】

[1] 曲分：周全区分。　[2] 济类例之穷：救助因为没有类例而形成的困境。济，救助。穷，困境。　[3] "族史转为类例所拘"以下五句：这是批评俗儒终日沉溺于训诂注疏中细小问题的考证，对于经典的大旨反而茫然无知。如同于后代正史为体例所拘，但知求全于纪表传的成规，缺乏别识心裁，致使史书不能反映历史大势一样。此处所论，也是对当时学风不良倾向的针砭。训诂，解释古书上的词语。注疏，对经书作解释。溺，沉溺于。晦经旨，指由于沉溺于训诂注疏而不明白经典的大旨。晦，不明。旨，大旨。　[4] 盍（hé）：何不。按，以上为第三段落，严肃批评后世正史无别识心裁，以致刻板芜滥，强烈呼吁史书编纂已到了非改革不可的地步！并指出问题的症结是拘于成例，而致使书繁而事晦。

神奇化臭腐[1]，臭腐复化为神奇，解《庄》书者，以谓天地自有变化[2]，人则从而奇腐云耳。事屡变而复初，文饰穷而反质[3]，天下自然之理也。《尚书》圆而神，其于史也，可谓天之至矣[4]。非其人不行，故折入左氏，而又合流于马、班，盖自刘知幾以还，莫不以谓书教中绝，史官不得衍其绪矣。又自《隋·经籍志》著录[5]，以纪传为正史，编年为古史，历代依之，遂分正附，莫不甲纪传而乙编年。则马、班之史[6]，以支子而嗣《春秋》，荀悦、袁宏，且以左氏大宗，而降为旁庶矣。司马《通鉴》病纪传之分，而合之以编年。袁枢《纪事本末》又病《通鉴》之合[7]，而分之以事类。按本末之为体也，因事命篇，不为常格；非深知古今大体，天下经纶[8]，不能网罗隐括[9]，无遗无滥。文省于纪传，事豁于编年，决断去取，体圆用神，斯真《尚书》之遗也[10]。在袁氏初无其意，且其学亦未足与此，书亦不尽合于所称。故历代著录诸家，次其书于杂史。自属纂录之家[11]，便观览耳。但即其成法，沉思冥索，加以神明变化，则古史之原[12]，隐然可见。书有作者甚浅，而观者甚深，此类是也。故曰：神奇化臭腐，而臭腐复化为神奇，本一理耳。

至明清时期，纪事本末体在历史编纂上多被采用。实践向前发展了，理论工作却滞后。章氏对纪事本末体优点的概括，正为时代所迫切需要。

【注释】

[1]"神奇化臭腐"二句：语出《庄子·知北游》。章氏借此表达在一定时代条件下，原先被认为神奇的东西会成为臭腐，反之亦然的看法。在当时这是很难得的辩证见解。　[2]"以谓天地自有变化"二句：由于时代条件变化，人们的看法随之产生或认

为神奇、或认为臭腐的变化。奇、腐，原是形容词，这里用作动词。云耳，语助词。 [3]文饰穷而反质：文章崇尚华丽词藻到极点，就要反过来提倡质朴。文，辞采。饰，用华美的词藻装饰。质，质朴，与"文"相对。 [4]天之至：天生的最高境界。这是章氏对史书"体圆用神"的大力褒扬。 [5]"又自《隋·经籍志》著录"以下六句：自《隋书·经籍志》以后，都认为纪传体地位在前，编年体在后。甲纪传而乙编年，区分甲、乙，是表示次序先后，更表示地位高下。 [6]"则马、班之史"以下五句：纪传体《史记》《汉书》，本来是旁支，却直接继承了《左传》的地位；荀悦、袁宏撰著的编年体史书，本是《左传》正传，却降为旁支的地位。支子，古代宗法制度下，正妻次子以下，及妾所生之子，称为支子。荀悦，字仲豫，东汉末史学家，撰有《汉纪》三十卷。袁宏，字彦伯，东晋史学家，撰有《后汉纪》三十卷。大宗，正妻所生长子为嫡长子，称为宗子，继承父业。大宗，即宗子。旁庶，即支子。"正"与"旁"、"嫡"与"庶"相对。 [7]"袁枢《纪事本末》又病《通鉴》之合"二句：袁枢，字机仲，南宋史学家，撰有《资治通鉴本末》四十二卷。袁枢喜读《通鉴》，但又苦于内容过于浩博，难以抓住头绪，遂加以改作，以事立目。一共设立了二百三十九个事目，以一事为一篇，各详起讫，以大事件为线索，上下条贯，经纬分明。内容全抄《通鉴》，却由此开创了纪事本末体的重要体裁，至明清时期继起者甚众。 [8]经纶：治国的大经大法。原意为整理丝缕，引申为处理国家大事。 [9]隐括：指钩稽、剪裁。 [10]斯真《尚书》之遗：这真是继承了《尚书》的遗教。遗，遗教，遗产。 [11]纂录：编辑排比。 [12]古史之原：古史的本原。章氏认为《尚书》因事命篇、体圆用神，是古史最有价值的内核。

夫史为记事之书。事万变而不齐，史文屈曲

而适如其事[1]，则必因事命篇，不为常例所拘，而后能起讫自如，无一言之或遗而或溢也。此《尚书》之所以神明变化，不可方物。降而左氏之传，已不免于以文徇例[2]，理势不得不然也。以上古神圣之制作，而责于晚近之史官，岂不悬绝欤[3]！不知经不可学而能，意固可师而仿也。且《尚书》固有不可尽学者也，即《纪事本末》，不过纂录小书，亦不尽取以为史法，而特以义有所近，不得以辞害意也[4]。斟酌古今之史[5]，而定文质之中[6]，则师《尚书》之意[7]，而以迁《史》义例，通左氏之裁制焉，所以救纪传之极弊，非好为更张也。

归结为史书编纂发展的必然。既能洞察古今演变趋势，又具有出色的辩证思维。

【注释】

[1]屈曲：曲折变化。　[2]以文徇例：拿内容、史文去迁就文例。徇，曲从。　[3]悬绝：相差悬殊。　[4]以辞害意：因字句表达不严密而带来对内在意义的错误理解。　[5]斟酌：综合衡量。　[6]定文质之中：确定内容和形式相结合最为恰当之处。文质，这里指体例形式的技巧与实际历史记载二者。　[7]"则师《尚书》之意"以下五句：那么应当学习《尚书》的意蕴，而采用《史记》的结构、体例，并且参照《左传》的剪裁、取舍，三者结合，这是为了救治后世纪传体长期形成的严重积弊，并非我喜欢重起炉灶，改变编纂史书的宗旨和方法。更张，本意

为调整琴弦，使乐曲和谐，这里引申为改变方针、办法。按，以上为第四段落，论述改革的出路是回到"史书的任务是记载复杂史事"这一基本出发点，师《尚书》之意，发挥纪事本末体因事命篇的优点。保留纪传体规模、结构、体例之所长，创造出新的史书体裁。

纪传虽创于史迁，然亦有所受也。观于《太古年纪》《夏殷春秋》《竹书纪年》[1]，则本纪编年之例，自文字以来，即有之矣。《尚书》为史文之别具，如用左氏之例，而合于编年，即传也。以《尚书》之义，为《春秋》之传，则左氏不致以文徇例，而浮文之刊落者多矣[2]。以《尚书》之义，为迁《史》之传，则八书三十世家，不必分类，皆可仿左氏而统名曰传。或考典章制作，或叙人事终始，或究一人之行，（即列传本体。）或合同类之事，或录一时之言，（训诰之类。）或著一代之文，因事命篇，以纬本纪[3]。则较之左氏翼经，可无局于年月后先之累[4]；较之迁《史》之分列，可无歧出互见之烦。文省而事益加明，例简而义益加精，岂非文质之适宜，古今之中道欤[5]？至于人名事类，合于本末之中，难于稽检，

以"因事命篇"为指导，设立各种类型的"传"，用来辅翼、补充"本纪"的记载。

本节连续用了五组排比句式，酣畅地论述长期思考而得的设计方案。

则别编为表，以经纬之；天象地形，舆服仪器[6]，非可本末该之[7]，且亦难以文字著者，别绘为图，以表明之。盖通《尚书》《春秋》之本原，而拯马《史》、班《书》之流弊，其道莫过于此。至于创立新裁，疏别条目，较古今之述作，定一书之规模，别具《圆通》之篇[8]，此不具言。[9]

【注释】

[1]《太古年纪》《夏殷春秋》《竹书纪年》：三书均为古代编年史，前两书早佚，已不可考。《竹书纪年》是晋武帝太康年间在魏襄王（一说魏安釐王）墓中发现，共十三篇。记夏、殷以来至周幽王被犬戎所杀；后接述魏国史事，到安釐王二十二年止。系魏国史书。本书已佚，今传本系后人伪托。近人王国维辑有《古本竹书纪年辑校》；又另撰《今本竹书纪年疏证》二卷，考证今本的伪托。　[2]浮文：无实际内容、多余的文字。刊落：删削。　[3]以纬本纪："纬"是织物的横线，与"经"线纵横交织。这里指撰成各种灵活设置的"传"，以辅翼、补充"本纪"的记载。下文"翼经"意思相同。　[4]可无局于年月后先之累：可以避免局限于按年月先后叙述所造成的弊病。局，受局限。累，负担，弊病。　[5]中道：正确的道路。中，不偏斜，方向正确。　[6]舆服：车乘和冠服的总称，按照使用者身份地位分为不同种类。仪器：观测天象、宗庙祭祀、日用器皿等各种器物的总称。　[7]该：包括，备全。　[8]《圆通》之篇：此篇未完成。　[9]按，本节为第五段落，提出用《尚书》"以事命篇"的精神改造纪传体的设想，要点是设立各种类型的"传"，同时

用"表"和"图"相配合。

邵氏晋涵云[1]："纪传史裁，参仿袁枢，是貌同心异。以之上接《尚书》家言，是貌异心同。是篇所推，于六艺为支子，于史学为大宗；于前史为中流砥柱，于后学为蚕丛开山[2]。"

【注释】

[1] 邵氏晋涵（1743—1796）：邵晋涵，字与桐，号二云。乾隆三十六年（1771）年进士，授四库全书馆编修，精于史学及考据，著有《尔雅正义》。是章学诚的挚友。 [2] 蚕丛：相传为古代蜀王之先祖。蚕丛开山即指开创者。

【点评】

乾隆五十七年（1792），章学诚有《与邵二云论修〈宋史〉书》，云："近撰《书教》之篇，所见较前似有进境，与《方志三书》之议，同出新著。"《书教》三篇当撰成于此年，实可代表其晚年（时年五十五）成熟的史学见解。

本篇堪称是清代学术史的重要文献。其主要理论价值是，从历史编纂学的角度总结出首先在《尚书》中运用、再由《史记》《汉书》发展的"体圆用神"、灵活运用体例的精神，对于后世修史者长期形成的因循保守、拘守成例而造成的严重弊病是救治的良药。指出对此应当大力发扬，重振创造精神，为史学的发展开辟新路。

章学诚具有宏大的气魄和贯通上下的发展眼光，他区分古今全部载籍为"撰述"和"记注"两大类，"撰述欲其圆而神，记注欲其方以智"，二者有不同的要求和特点。他论述由《尚书》到《春秋》《左传》，再到《史记》《汉书》，都是发展的重要阶段，史书内容不断丰富、编纂体例逐步加密和完善。《史记》《汉书》的内容广阔、类例分明，为纪传体这一重要体裁奠定了规模和格局，两书又有不同风格，"迁书通变化，而班氏守绳墨"，"迁书体圆用神"，"固《书》本撰述而非记注，则于近方近智之中，仍有圆而神者，以为之裁制"，因而成为后代"不祧之宗"。然则，纪传体沿用已久，却产生严重积弊，后世修史者缺乏别识心裁，拘守成法，不知变通，结果修成的史书竟"同于科举之程式，官府之簿书，则于记注撰述，两无所似"。因此他大声疾呼："史学之失传也久矣"，已经到了非改革不可的地步！

章学诚在理论上的卓著建树乃是得力于自觉运用辩证思维的方法和对于学术发展所怀有的强烈使命意识。辩证法思维是从普遍存在的事物内在发展法则而得到的，它并不神秘，更不必等到近代人物才发现，传统学术中早就存在大量的辩证分析的思想精华，章学诚就是其中一位出色的人物。正是由于成功地运用辩证思维，使他能够具有睿思，远远超越俗儒之见。他在论述撰述与记注、圆而神与方以智、马班的共性与各自的特性，以及纪传体的"类例"原本能够济编年体之穷，但因后人墨守旧规、反而成为史学之累：对此他都提出迥异于流俗的创新见解。尤其是，袁枢《通鉴纪事本末》本属抄书之作，有人视为"杂史"，章学诚却独具慧眼，透过表象，发现、总结此书具有"因事命篇，不为常格"，体现了《尚书》圆而神之遗教的宝贵价值。而对纪传体与纪事本末体这两种本来似乎不相关的体裁，他却异乎寻常地得出振聋发聩的新看法，可以将二者的优点糅合起来，化腐朽为神奇，"师《尚书》之意，而以迁《史》义例，通左氏之裁制"，创造出一种新的体裁，以此"救纪传之极弊"。运用辩证法，为改革史书编纂指出了方向！以上正是他以发展眼光贯通分析、运用辩证思考和"学术经世"思想结出的硕果。所有这些，不正恰恰证明本篇乃是学术史上的珍贵文献吗？

章学诚的思想、主张，当时不被众人所理解，但他对此却有充分的信心，因此一再表明："自信发凡起例，多为后世开山"（《家书二》），"纪传流弊至于极尽，而天诱仆衷，为从此百千年后史学开蚕丛"（《与邵二云论修〈宋史〉书》）。果不其然，到了近代，他的主张启发了梁启超、章太炎编纂《中国通史》的实践，太炎平素罕有称誉别人，但他高度评价章学诚的主张"亦大势所趋，不得不尔也"（《訄书·哀清史附中国通史略例》）。至20世纪末，白寿彝先生主编大型《中国通史》，体裁的确定也受此启发，可见章氏主张影响之深远！

精湛、有创见的观点需要用精彩的文字来表达。本篇大量采用了对偶、排比句式，大大增强了说理的生动和文章的气势，其他如比喻、递进、设问、反诘、引用、反复、呼应等修辞手法也都有恰当的运用，因而充分加强了文章的论辩性和说服力，对此我们也要仔细品味，并从中得到启发。

诗教上

言简意赅，提挈本篇主要论点。运用连环句式，更加不同凡响。

周衰文弊，六艺道息[1]，而诸子争鸣。盖至战国而文章之变尽，至战国而著述之事专，至战国而后世之文体备，故论文于战国，而升降盛衰之故可知也。战国之文，奇邪错出，而裂于道[2]，人知之；其源皆出于六艺[3]，人不知也。后世之文，其体皆备于战国，人不知；其源多出于《诗》教[4]，人愈不知也。知文体备于战国，而始可与论后世之文。知诸家本于六艺，而后可与论战国之文；知战国多出于《诗》教，而后可与论六艺之文。可与论六艺之文，而后可与离文而见道[5]；可与离文而见道，而后可与奉道而折诸家之文也^[6]。

【注释】

[1] 六艺：即六经。《史记·滑稽列传》："孔子曰：'六艺于治一也。'《礼》以节人，《乐》以发和，《书》以道事，《诗》以达意，《易》以神化，《春秋》以义。"刘歆《七略》著录六经典籍，称为《六艺略》。 [2] 裂于道：古代道术被弄得支离破碎。《庄子·天下篇》："后世之学者，不幸不见天地之纯，古人之大体，道术将为天下裂。" [3] 其源皆出于六艺：《汉书·艺文志》言诸子之学出于六经，属于六经的分支和流传。章学诚又论述诸子文章同出于六经，《章氏遗书》补遗《论课蒙学文法》云"论事之文，疏通致远，《书》教也。传赞之文，抑扬咏叹，辞命之文，长于讽谕，皆《诗》教也。叙例之文与考订之文，明体达用，辨名正物，皆《礼》教也。叙事之文，比事属辞，《春秋》教也。五经之教，于是得其四矣。若夫《易》之为教，系辞尽言，类情体撰，其要归于洁净精微，说理之文所从出也"。 [4] 其源多出于《诗》教：此指春秋行人，因深明《诗》义而善于辞令，由此直接影响战国纵横家的言说，因而导致各种文体的产生。下节对此更有详论。 [5] 离文：分析文章。 [6] 奉道：尊奉六经大旨。道，指六经大旨。折：折中，恰当评论。按，本节是全篇概括，论述古代文章之流变，其枢纽乃在战国。

战国之文，其源皆出于六艺，何谓也？曰：道体无所不该，六艺足以尽之。诸子之为书，其持之有故而言之成理者，必有得于道体

"曰"以下第一句是大前提，第二句是小前提，第三句是提出论断。由此更可见章氏著文论证逻辑严密之特点。

之一端，而后乃能恣肆其说^[1]，以成一家之言也。所谓一端者，无非六艺之所该，故推之而皆得其所本，非谓诸子果能服六艺之教^[2]，而出辞必衷于是也。《老子》说本阴阳^[3]，《庄》《列》寓言假象^[4]，《易》教也。邹衍侈言天地^[5]，关尹推衍五行^[6]，《书》教也。管、商法制^[7]，义存政典，《礼》教也。申、韩刑名^[8]，旨归赏罚，《春秋》教也。其他扬、墨、尹文之言^[9]，苏、张、孙、吴之术^[10]，辨其源委，挹其旨趣^[11]，九流之所分部^[12]，《七录》之所叙论^[13]，皆于物曲人官^[14]，得其一致，而不知为六典之遗也。

【注释】

[1] 恣肆：放纵酣畅。　[2]"非谓诸子果能服六艺之教"二句：不是说诸子果真能服膺六经的教化，发表言辞必定与六经符合。服，服膺，心悦诚服。衷，恰当，符合。　[3]《老子》：又名《道德经》，春秋时期道家创始人老聃的著作，为其后学根据他的学说所编定。共八十一章。　[4]《庄》：庄子是春秋时期哲学家，宋国人。《庄子》一书是他和他的后学所著，发挥了《老子》和道家学说。原有五十二篇，仅留下三十三篇。《列》：《列子》，相传为战国时列御寇撰。《汉书·艺文志》著录有《列子》八篇，早佚。今本可能是晋人作品，内容多为民间故事、寓言和神话

传说，其中《杨朱》篇反映了个人享乐的颓废思想。唐天宝年间诏令《列子》为《冲虚真经》，为道教的经典之一。 [5]邹衍：也称驺衍，战国晋人，阴阳家代表人物，称天下有八十一州，九州为一个单元，有小海环绕，称为大九州；九个大九州又有大海环绕，以外就是天际，时人称为"谈天衍"。著有《邹子》，已佚。 [6]关尹：相传为春秋时人，曾经做过函谷关尹，故名。老子出关时，随之而去，不知所终。著有《关尹子》九篇，已佚。今本系后人伪托。 [7]管：管仲，名夷吾，春秋时期齐国政治家，辅助齐桓公成就霸业。著有《管子》一书。商：商鞅，春秋时卫人，又称卫鞅、公孙鞅。入秦得到孝公重用，封于商（今陕西商州东南），故号商君，主张变法强国。著有《商君书》二十九篇，今存二十四篇。 [8]"申、韩刑名"以下三句：此因《春秋》重正名、主赏罚，有纲在天下之作用，故云《春秋》乃战国刑名之学所以从出。申，申不害，战国时期郑国人，后为韩昭侯相，实行变法，助韩国强盛。著有《申子》六篇，今存辑本《大体》一篇。韩，韩非，战国时期韩国贵族，屡次上书国王言变法，不被重用，其书传入秦国，受到秦王激赏，邀韩非入秦。后遭李斯陷害，自杀于狱中。其学说兼采"法""术""势"，成为先秦法家思想的集大成者。著有《韩非子》一书。 [9]扬：指杨朱。墨：指墨子。尹文：指尹文子。皆战国时期学者。 [10]苏、张：指苏秦、张仪，皆战国纵横家。孙：指孙武，战国兵家。吴：指吴起，主变法，战国法家人物。 [11]抴（yì）：牵引，援引。 [12]九流：《汉书·艺文志》把战国时期儒、墨、道、法、名、杂、农、阴阳、纵横九家，称为九流。与小说家合称九流十家。后人也作为各种学术流派的泛称。 [13]《七录》：南朝梁阮孝绪撰，内篇分为经典录、记传录、子兵录、文集录、术伎录；外篇为佛法录、仙道录，共七篇。收书六千二百八十八种。是继《七略》后一部重要的目录分类学专著，现已失传。　[14]"皆于物曲人官"以下三句：都能与各种物产、各部门官员的专门才能互相契合，但自己却不明白是继承了周代官府掌管的六大部类典籍的遗绪。物曲人官，《礼记·礼器》："是故天时有生也，地理有宜也，人官有能也，物曲有利也。"孔颖达疏："物曲有利也者，谓万物委曲各有所利。""人居其官，各有所能。"一致，相同。《周易·系辞下》："天下同归而殊涂，一致而百虑。"注："虑虽百，其致不二。"六典，《周礼·天官·大宰》："掌建邦之六典，以佐王治邦国。"六典即治典、教典、礼典、政典、刑典、事典。按，本节论述战国之文，其源皆出于六艺。

对于春秋行人应对与战国纵横家腾说，既论述其前后联系，更对比因时代条件变化而风格悬殊不同，分析鞭辟入里。

战国之文，既源于六艺，又谓多出于《诗》教，何谓也？曰：战国者，纵横之世也。纵横之学，本于古者行人之官[1]。观春秋之辞命，列国大夫[2]，聘问诸侯，出使专对，盖欲文其言以达旨而已。至战国而抵掌揣摩[3]，腾说以取富贵，其辞敷张而扬厉[4]，变其本而加恢奇焉[5]，不可谓非行人辞命之极也。孔子曰："诵《诗》三百[6]，授之以政，不达；使于四方，不能专对，虽多奚为？"是则比兴之旨，讽谕之义，固行人之所肄也[7]。纵横者流，推而衍之，是以能委折而入情，微婉而善讽也。九流之学，承官曲于六典[8]，虽或原于《书》《易》《春秋》，其质多本于礼教[9]，为其体之有所该也。及其出而用世，必兼纵横，所以文其质也。古之文质合于一[10]，至战国而各具之质。当其用也，必兼纵横之辞以文之，周衰文弊之效也。故曰：战国者，纵横之世也。[11]

【注释】

[1]行人：使者，奉国君之命出使聘问。　[2]大夫：周代官名，位置在卿之下、士之上。　[3]抵（dǐ）掌：击掌以助谈兴。　[4]敷（fū）张：铺陈扩张。扬厉：本意为威武奋发，后用作发扬光大之意。　[5]恢奇：壮伟特出。　[6]"诵《诗》三百"以下六句：语出《论语·子路》。虽多奚为，原文作"虽多奚以为"。　[7]肆：讲习。　[8]官曲：即上文所言"物曲人官"。　[9]"其质多本于礼教"二句：它们的质性大多原本于《周礼》的教益，因为它们的内容能够包括。质，质性，与下文"文"（文采）相对，强调质性的朴实，"文"则强调其文采的华美。　[10]"古之文质合于一"以下五句：在古代，本来文与质合于一，到战国则诸子百家各自显示出独具的质性。但当其在争鸣中要有用于世，那就必须兼用纵横家铺张恢奇的文词来装饰自己，这正是周末社会衰落而文章弊端严重所导致的结果。　[11]按，本节论述战国之文多出于《诗》教。

后世之文，其体皆备于战国，何谓也？曰：子史衰而文集之体盛，著作衰而辞章之学兴。文集者，辞章不专家，而萃聚文墨，以为蛇龙之菹也[1]。（详见《文集》篇。）后贤承而不废者，江河导而其势不容复遏也。经学不专家，而文集有经义[2]；史学不专家，而文集有传记；立言不专家[3]，（即诸子书也。）而文集有论辨。后世之文集，舍经义与传记、论辨之三体，其余莫非辞章之属也。而辞章实备于战国[4]，承其流而代变其体制焉。学者不知，而溯挚虞所裒之《流别》[5]，（挚虞有《文章流别传》。）甚且以萧梁《文选》[6]，举为辞章之祖也，其亦不知古今流别之义矣。

【注释】

[1] 蛇龙之菹（zū）：语出《孟子·滕文公下》："驱蛇龙而放之菹。"蛇龙，比喻才能不凡之人。菹，水草多的沼泽地，原意指龙蛇生活的大泽，用来比喻非常人才展示才能的舞台。　[2] 经义：此指解经之文。　[3] 立言：即著书立说，成一家之言。古人把立言与立德、立功并列为三不朽的事业。语出《左传·襄二十四年》："太上有立德，其次有立功，其次有立言。"孔颖达疏："立言，谓言得其要，理足可传……其身既没，其言尚存。"并举

出老、庄、荀、孟、屈原、司马迁、班固、扬雄"制作文章，使后世学习"的思想家、著作家。　[4]"而辞章实备于战国"二句：诗文的各种体裁在战国时已经齐备，此后是承续这种趋势，而在体例、形制上有所变化而已。按，章氏即据此论断"后世文体备于战国"，这是本篇的一个重要观点。代变，变更。　[5]挚虞所裒（póu）之《流别》：挚虞，字仲洽，西晋人，郎官出身，官至光禄勋、太常卿。曾编集古代文章，分类编录成《文章流别集》十卷。裒，聚集。　[6]萧梁：南朝梁太子萧统编有《昭明文选》，分三十八类，共七百余首，为现存最早的诗文选。

今即《文选》诸体[1]，以征战国之赅备。（挚虞《流别》，孔逭《文苑》[2]，今俱不传，故据《文选》。）京都诸赋[3]，苏、张纵横六国，侈陈形势之遗也。《上林》《羽猎》[4]，安陵之从田，龙阳之同钓也。《客难》《解嘲》[5]，屈原之《渔父》《卜居》[6]，庄周之惠施问难也[7]。韩非《储说》[8]，比事征偶，连珠之所肇也[9]。（前人已有言及之者。）而或以为始于傅毅之徒[10]，（傅玄之言[11]。）非其质矣。孟子问齐王之大欲[12]，历举轻暖肥甘，声音采色，《七林》之所启也。而或以为创之枚乘[13]，忘其祖矣。邹阳辨谤于梁王[14]，江淹陈辞于建平，苏秦之自解忠信而获罪也。《过秦》《王命》《六代》

各体诗文如数家珍，上下观照精当分析，发前人所未发，诚为名家手笔。

《辨亡》诸论[15]，抑扬往复，诗人讽谕之旨，孟、荀所以称述先王，儆时君也。（屈原上称帝喾，中述汤、武，下道齐桓，亦是。）淮南宾客[16]，梁苑辞人，原、尝、申、陵之盛举也。东方、司马[17]，侍从于西京，徐、陈、应、刘，征逐于邺下，谈天雕龙之奇观也。遇有升沉[18]，时有得失，畸才汇于末世，利禄萃其性灵，廊庙山林，江湖魏阙，旷世而相感，不知悲喜之何从，文人人情深于《诗》《骚》，古今一也。

【注释】

[1]"今即《文选》诸体"二句：现在依据《文选》中包括的各种体裁，来证明战国时期文体已经兼备。即，拿，依据。征，证明。赅备，兼备，齐全。   [2]孔逭（huàn）：南朝齐人，善词赋，时人以才士视之。据《隋书·经籍志》总集类著录：《文苑》一百卷，孔逭撰。   [3]"京都诸赋"以下三句：后世赞美京都的各篇名赋，是苏秦、张仪用言辞在六国纵横驰骋，夸张指陈形势的遗绪。京都名赋，指班固《两都赋》、张衡《西京赋》《东京赋》《南都赋》、左思《三都赋》。   [4]"《上林》《羽猎》"以下三句：《上林赋》《羽猎赋》，是类似于《国语》记载安陵君跟随楚王田猎、《战国策》陈述龙阳君陪同魏王钓鱼的风格。按，司马相如有《上林赋》，扬雄有《羽猎赋》。安陵之从田，《战国策·楚策一》载，楚王在云梦泽狩猎，极尽欢娱，而感叹死后将与谁一起行乐。幸臣缠进言愿意陪葬楚王地下行乐，楚王大喜而封他为安

陵君。龙阳之同钓,《战国策·魏策四》载,龙阳君钓到十几条大鱼后突然哭泣。魏王询问,龙阳君说自己钓到大鱼后就想扔掉前面钓到的小鱼,由此联想到如果魏王有了更加貌美的宠臣就会抛弃他,所以痛哭。魏王立即传令有敢进言貌美宠臣者,杀其全家。 [5]《客难》《解嘲》:东方朔撰有《答客难》,扬雄撰有《解嘲》,都是问答体。 [6]《渔父》《卜居》:《楚辞》中的两篇,都是设为问答之辞。 [7]庄周之惠施问难:据《庄子·秋水》记载,庄周与惠施相友善,相约游于濠梁之上,彼此有问答之辞。庄周,《庄子》的作者,战国时期道家学派代表人物。惠施,战国时期宋人,曾任魏惠王相,后受张仪排挤离开魏国。著有《惠子》一篇,已佚。 [8]《储说》:《韩非子》中的篇名,以排比故事讲究对偶为特点。其中《内储说》分上下两篇,《外储说》分左上、左下、右上、右下四篇。 [9]连珠:一种文体,内容简短而有寓意,文字骈偶,音韵和谐。《魏书·李先传》中有魏明元帝命李先读《韩子连珠》的记载,后人以为或指内外《储说》。 [10]傅毅:字武仲,东汉章帝时为兰台令史,著有诗、赋、连珠二十八篇。 [11]傅玄:字休奕,西晋官员,先后任散骑常侍、司隶校尉,著有《傅子》一书(今存辑本)。《文选》卷五十五《连珠》李善注引傅玄言,称《连珠》为汉章帝时班固、贾逵、傅毅三子受诏所作。 [12]"孟子问齐王之大欲"以下四句:孟子问齐宣王的最大愿望,一一列举轻软暖和的衣服、肥美甘甜的食物、美妙的音乐、华丽的色彩,是《七林》各篇的起始。孟子问齐宣王事,见《孟子·梁惠王上》。《七林》,西汉枚乘假设吴客用七事游说吴太子,题为《七发》。此后"七"成为汉赋的一种形式。东汉傅毅作《七激》、张衡作《七辩》等。西晋傅玄编集为《七林》。 [13]枚乘:字叔,汉景帝时为吴王刘濞郎中,知吴王蓄意谋反,上书劝谏,吴王不听,遂去之,从梁孝王游。后景帝拜为弘农都尉。善作赋，《七发》为其名作。   [14]"邹阳辨谤于梁王"以下三句：邹阳写信向梁孝王辩白自己受到诽谤，江淹写信向建平王陈说本人受冤的实情，这两篇著名的书信，是苏秦向燕王解释自己心怀忠信反而获罪的动人言论的继响。邹阳辨谤于梁王，西汉人邹阳写有著名的书信《狱中上书自明》，他投靠梁孝王，却遭人陷害下狱，在狱中向梁孝王上书，获释。江淹陈辞于建平，江淹是南朝宋人，他追随厚待士人的建平王，却因事牵连下狱，江淹上书乃得辩明。苏秦之自解忠信而获罪，《战国策·燕策一》载，有人向燕昭王进谗言说苏秦毫无信用，苏秦因而遭到冷遇，他用讲故事的方式向燕王辩解。   [15]"《过秦》《王命》《六代》《辨亡》诸论"以下五句：西汉贾谊《过秦论》、东汉班彪《王命论》、三国魏曹冏《六代论》、西晋陆机《辨亡论》，这些"论"的篇章，言词抑扬，反复论证，体现诗人用委婉的言词讽谏的意旨，这是孟子、荀子表彰先王功业，告诫当代君主的遗意。   [16]"淮南宾客"以下三句：淮南王刘安聚集宾客，梁孝王刘武筑东苑延揽四方，这是仿效平原君、孟尝君、春申君、信陵君广招门客的盛举。   [17]"东方、司马"以下五句：东方朔、司马相如在西汉担任文学侍从，徐幹、陈琳、应玚、刘桢曹魏时在邺下过从吟咏，这是延续邹衍阆肆谈天的奇观。   [18]"遇有升沉"以下十句：士人的际遇有升有降，时机有得有失，不合流俗的文人才子当衰乱的时代汇集在一起，思绪灵感关注于利禄，其身或在京都或在偏远地方，感情或寄于君主或忧于民众，虽然世代相隔却互相感应，不知悲喜从何而来却感慨无限，后代文人无不对《诗经》《离骚》怀有深深的感情，这更是古今相同的景象啊。按，本节论述由《文选》中的各种体裁，证明战国时期文体已经兼备。

至战国而文章之变尽，至战国而后世之文体备，其言信而有征矣。至战国而著述之事专，何谓也？曰：古未尝有著述之事也，官师守其典章，史臣录其职载。文字之道，百官以之治，而万民以之察，而其用已备矣。是故圣王书同文以平天下[1]，未有不用之于政教典章，而以文字为一人之著述者也。（详见外篇《校雠略·著录先明大道论》。）道不行而师儒立其教[2]，我夫子之所以功贤尧、舜也。然而"予欲无言"[3]，"无行不与"[4]，六艺存周公之旧典，夫子未尝著述也。《论语》记夫子之微言，而曾子、子思，俱有述作以垂训，至孟子而其文然后闳肆焉，著述至战国而始专之明验也。（《论语》记曾子之没，吴起尝师曾子，则曾子没于战国初年，而《论语》成于战国之时明矣。）春秋之时，管子尝有书矣，（《鬻子》《晏子》[5]，后人所托。）然载一时之典章政教，则犹周公之有《官礼》也。记管子之言行，则习管氏法者所缀辑，而非管仲所著述也。（或谓管仲之书，不当称桓公之谥，阎氏若璩又谓后人所加[6]，非《管子》之本文，皆不知古人并无私自著书之事，皆是后人缀辑，详《诸子》篇。）兵家之有《太公阴符》[7]，医家

以上四段论证，每段均以设问句带出，更引起读者注意。这是本篇论证技巧的特点。

《论语》成于战国，至孟子之时才有恢宏畅达的著作，以及至战国才有依托古人的《太公阴符》等书出现——凡此都证明至战国才有专门著述之事。

之有《黄帝素问》[8]，农家之《神农》《野老》[9]，先儒以谓后人伪撰，而依托乎古人，其言似是，而推究其旨，则亦有所未尽也。盖末数小技，造端皆始于圣人，苟无微言要旨之授受，则不能以利用千古也。三代盛时，各守人官物曲之世氏[10]，是以相传以口耳，而孔、孟以前，未尝得见其书也。至战国而官守师传之道废，通其学者，述旧闻而著于竹帛焉。中或不能无得失，要其所自，不容遽昧也[11]。以战国之人，而述黄、农之说，是以先儒辨之文辞，而断其伪托也。不知古初无著述，而战国始以竹帛代口耳，（外史掌三皇五帝之书，及四方之志，与孔子所述六艺旧典，皆非著述一类，其说已见于前。）实非有所伪托也。然则著述始专于战国，盖亦出于势之不得不然矣。著述不能不衍为文辞，而文辞不能不生其好尚。后人无前人之不得已，而惟以好尚逐于文辞焉，然犹自命为著述，是以战国为文章之盛，而衰端亦已兆于战国也。[12]

【注释】

[1] 书同文：语出《礼记·中庸》："今天下车同轨，书同文。" [2] 师儒立其教：指有德行担任教职的人传授儒家学说大

旨。　[3]予欲无言：《论语·阳货》："子曰：'予欲无言。'"意为"我不想说话"。　[4]无行不与：《论语·述而》："吾无行而不与二三子者，是丘也。"意为"我所做的事没有不和各位相一致，这就是我孔丘的本色"。　[5]《鬻子》：鬻子名熊，西周人，相传为周文王师，楚国先祖。著有《鬻子》三十二篇，已佚。《晏子》：晏婴，字平仲，春秋时期齐人，著有《晏子春秋》八篇。　[6]阎氏若璩：阎若璩，字百诗，号潜丘，清代考据家，著有《尚书古文疏证》等书。　[7]《太公阴符》：《汉书·艺文志》未载录。《隋书·经籍志》著录《太公阴谋》《太公阴符钤录》，已佚。　[8]《黄帝素问》：《隋书·经籍志》著录为九卷，内容汇集各家医论，托名黄帝与岐伯问答，是我国最早的中医学典籍。　[9]《神农》：《汉书·艺文志·诸子略·农家》载：《神农》二十篇。原注："六国时，诸子疾时怠于农业，道耕农事，托之神农。"《野老》：《汉书·艺文志·诸子略·农家》载：《野老》十七篇。已佚。　[10]世氏：官府按其职守世袭。　[11]遽昧：随便暗昧无知。遽，急忙，匆促。此处指不经意，随便。　[12]按，本节论述学术史上的一项规律性现象，至战国而著述之事专。

【点评】

　《诗经》是影响最为深远的儒家经典之一，历代学者有关的笺注评论难以尽数，章氏却独具慧眼，从学术源流和文体学的角度提出独到见解，举证恰当，论述深刻，发前人之所未发，因而具有深刻的启示意义。

　本篇的核心观点是：战国之文多出于《诗》教，后世文章各种体裁，其发端在战国。由此也可证明古代未尝有著述之事，至战国而著述之事专。章学诚认为，从文章体裁演变史考察，战国为一关键时期，"至战国而后世之文体备"，"至战国而著述之事专"。战国诸子争鸣，他们都得六艺道体之一端，而后能恣肆其说，以成一家之言。如"《老子》说本阴阳，《庄》《列》寓言假象，《易》教也。邹衍侈言天地，关尹推衍五行，《书》教也。管、商法制，义存政典，《礼》教也。申、韩刑名，旨归赏罚，《春秋》教也"。

章氏进而提出，战国之文，"其源多出于《诗》教"。何以见得呢？他认为，从春秋、战国典籍的大量记载说明，春秋行人，深明《诗》之比兴、讽谕之义，列国大夫聘问诸侯，出使专对，熟习诗篇而又灵活运用以达其旨；战国纵横之士，推衍而敷张扬厉，正是行人辞令运用之极致。"孔子曰：'诵《诗》三百，授之以政，不达；使于四方，不能专对，虽多奚为？'是则比兴之旨，讽谕之义，固行人之所肄也。纵横者流，推而衍之，是以能委折而入情，微婉而善讽也"。从学术史的演进言，战国是一大关键。战国以前，"未尝有著述之事"，官、守、史、册合一。故说，"官师守其典章，史臣录其职载。文字之道，百官以之治，而万民以之察，而其用已备矣"。至战国而著述之事专，"《论语》记夫子之微言，而曾子、子思，俱有述作以垂训，至孟子而其文然后闳肆焉，著述至战国而始专之明验也"。

原道上

"道之大原出于天[1]。"天固谆谆然命之乎[2]？曰：天地之前，则吾不得而知也。天地生人[3]，斯有道矣，而未形也。三人居室，而道形矣，犹未著也。人有什伍而至百千，一室所不能容，部别班分[4]，而道著矣。仁义忠孝之名，刑政礼乐之制，皆其不得已而后起者也。

以生动的设问，表示对有意志的"天"的怀疑，引出以下内容深刻、层层递进的说理。

【注释】

[1] 道之大原出于天：语出《汉书·董仲舒传》"天人三策"。"道"与"天"都是古代学术的重要概念。"道"指法则、规律。"原道"即对于事物发展变化的法则性、规律性的深入探讨。在当时理论思维相对薄弱的社会环境下，章氏却以罕见的勇气和睿智深入探讨历史哲学问题，而且论述极具针对性，对于乾嘉学术

史，以至整部中国学术史都有重要意义。"天"在古代学术中有多种含义，其中最为重要的是两种，一种认为"天"是有意志、有目的的存在，等于"天神"；一种认为"天"是表示客观的存在，自然而然形成的。章学诚的主张属于后者，《原道》三篇论证的中心就是：事物的法则、儒家学说中的"道"，是由客观趋势、自然而然地形成的。大原，本原。　[2]天固谆谆然命之乎："天"确实是不知疲倦地、有意志地指挥、号令着吗？固，固然，确实。谆谆，教诲不倦貌。　[3]"天地生人"以下三句：天地间有了人类，从这时起就有了最早的人与人相处的道理，不过尚未成型。　[4]"部别班分"二句：逐步区分、形成最早的人群或原始的氏族，这个时候"道"就显著了。"部"和"班"，都是区分各个部分、门类之意，指形成最早的原始人群或原始氏族。

人之生也[1]，自有其道，人不自知故未有形。三人居室，则必朝暮启闭其门户，饔飧取给于樵汲[2]，既非一身，则必有分任者矣。或各司其事，或番易其班，所谓不得不然之势也，而均平秩序之义出矣[3]。又恐交委而互争焉[4]，则必推年之长者持其平，亦不得不然之势也，而长幼尊卑之别形矣。至于什伍千百，部别班分，亦必各长其什伍[5]，而积至于千百，则人众而赖于干济[6]，必推才之杰者理其繁[7]，势纷而须于率俾[8]，必推德之懋者司其化，是亦不得不然之势也，而作

君作师 [9]，画野分州，井田、封建、学校之意著矣。故道者 [10]，非圣人智力之所能为，皆其事势自然，渐形渐著，不得已而出之，故曰"天"也。

由上述层层深入论证，得出此核心论点，掷地有声。

【注释】

[1]"人之生也"以下三句：自从人类出现，就有了最早的相处的道理、规矩，不过那时人类还未意识到，因此"道"尚未成型。 [2]饔飧（yōng sūn）取给于樵汲：早晚用餐要依靠砍柴挑水。饔，早饭。飧，晚饭。樵，砍柴。汲，汲水。 [3]均平秩序之义：负担平均、安排合理有序的观念。 [4]交委：互相推卸。 [5]长：带领，主持。作动词用。 [6]干济：指出力办事，协调救助。干，办事。济，救助。 [7]理其繁：处理纷繁的事务。 [8]"势纷而须于率俾"二句：情势纷扰而需要统领担当，就必须推举德望崇高者负责引导、教化。率，统领。俾，使担当。懋（mào），崇高，隆盛。 [9]"而作君作师"以下三句：设立君主、延请教师，划定地界、分设各州，划井田、行封建、办学校的意愿明显了。野，指地域。意，指意愿，设想。 [10]"故道者"以下六句：因此所谓"道"并不是圣人的聪明才智所设想、主导，而实际上都是随着事物、情势自然而然的趋势，逐渐成型、逐渐显著，是由于客观需要的推动、不得已而出现，故此称其本原是"天"。

《易》曰："一阴一阳之谓道 [1]。"是未有人而道已具也 [2]。"继之者善 [3]，成之者性"。是天著于人 [4]，而理附于气。故可形其形而名其名者^[5]，皆道之故，而非道也。道者^[6]，万事万物之所以然，而非万事万物之当然也。人可得而见者，则其当然而已矣。人之初生，至于什伍千百，以及作君作师，分州画野，盖必有所需而后从而给之^[7]，有所郁而后从而宣之，有所弊而后从而救之。羲、农、轩、颛之制作^[8]，初意不过如尔。法积美备^[9]，至唐、虞而尽善焉，殷因夏监，至成周而无憾焉。譬如滥觞积而渐为江河，培塿积而至于山岳^[10]，亦其理势之自然，而非尧、舜之圣，过乎羲、轩，文、武之神，胜于禹、汤也。后圣法前圣^[11]，非法前圣也，法其道之渐形而渐著者也。三皇无为而自化，五帝开物而成务，三王立制而垂法，后人见为治化不同有如是尔。当日圣人创制^[12]，只觉事势出于不得不然，一似暑之必须为葛，寒之必须为裘，而非有所容心，以谓吾必如是而后可以异于前人，吾必如是而后可以齐名前圣也。此皆一阴一阳往复循环所必至，而非可即是以为一阴一阳之道也。一阴一阳往复循环者^[13]，犹车轮也。圣人创制，一似暑葛寒裘，犹轨辙也。

讲客观需要如何推进制度的变革。道的演进如同车轮，具体制度的创制如同辙印。运用排比句，更有说服力。需→给；郁→宣；弊→救：三层主谓结构，用词十分贴切。

值得再三品味，道的演进如同车轮，具体制度的创制如同辙印。

【注释】

[1]一阴一阳之谓道：语出《周易·系辞上》。　[2]具：存在，具备。　[3]"继之者善"二句：语出《周易·系辞上》。孔颖达疏："继之者善也者，道是生物开通，善是顺理养物，故继道之功者唯善行也。成之者性也者，若能成就此道者，是人之本性。"　[4]"是天著于人"二句：这就是：事势自然、体现道的演进的"天"，是借助于"人"的行为来体现的。事物规律性的"理"，是依附于不同事物的"器"来表明的。"道"与"器"是一对重要的哲学范畴。"道"指事物发展，演化的法则、规律；"器"指具体事物或名物制度。"道在器中"，是章学诚所坚持的唯物论的哲学观点。　[5]"故可形其形而名其名者"以下三句：因此，可以形容其形状和指称其名称的，都是"道"演进而出现的事物，而不是"道"本身。故，事物，结果。　[6]"道者"以下三句："道"就是万事万物演化的原因，而不是万事万物存在的形状。所以然，存在的原因。当然，存在的形状。　[7]"盖必有所需而后从而给之"以下三句：必定是客观上有需要然后设法供给，出现了郁滞然后设法通导，出现了弊病然后设法挽救。章学诚是哲学上的发展论者，这段话阐发的重要道理也是他观察事物规律的重要表达。盖，发语词。　[8]羲、农、轩、颛：此以代表五帝时代。轩，黄帝轩辕氏。颛，颛顼高阳氏。　[9]法积美备：治法积累，达到美胜完备。　[10]培塿（lǒu）：小土丘。　[11]"后圣法前圣"以下三句：后代圣人取法于前代圣人，其实并不是前圣的具体措施，而是取法于前圣代表的时期"道"如何向前运行，而推进事物的变革。　[12]"当日圣人创制"以下七句：当时圣人创设制度、发明器物，只是觉得事势出于不得不然，就好像人到盛夏就要换上葛衫、到了寒冬就要穿上裘衣一样，自然而然，而不是圣人想方设法，认为我必须这样做然后才可以不同于前代圣人，我

必须这样做然后才可以和前代圣贤同样荣耀。容心，存心，想方设法。   [13]"一阴一阳往复循环者"以下五句：一阴一阳、无休止运行的"道"，好比是永远向前转动的车轮。圣人创设制度，发明器物，则完全像夏穿葛衣、冬穿裘衣随之变化，正如同车轮留下的辙印。这是章学诚对"法则""规律"是客观产生、永远运动变化这一抽象哲理的形象化比喻，是宝贵的理论遗产。按，以上三节为第一段落，论述"道"出于自然，"渐形渐著"，呈现客观地产生、不得不然的演进趋势；反对把"道"视为圣人有意创设、垂法万世的主观僵化的观点。由此提出了《原道》三篇立论的主要依据。

道有自然[1]，圣人有不得不然，其事同乎？曰：不同。道无所为而自然[2]，圣人有所见而不得不然也。故言圣人体道可也[3]，言圣人与道同体不可也。圣人有所见，故不得不然；众人无所见[4]，则不知其然而然。孰为近道？曰：不知其然而然，即道也。非无所见也，不可见也。不得不然者[5]，圣人所以合乎道，非可即以为道也。圣人求道[6]，道无可见，即众人之不知其然而然，圣人所藉以见道者也。故不知其然而然，一阴一阳之迹也。学于圣人，斯为贤人。学于贤人，斯为君子。学于众人[7]，斯为圣人。非众可学也，求道必于一阴一阳之迹也。自有天地，而至唐、

石破天惊之伟论！破除千百年来视六经为万古不变的教条、圣人神秘莫测一类根深蒂固的迂见。

周公集大成，是历史进程所决定，而不是凭由周公个人天纵之圣。

虞、夏、商，迹既多而穷变通久之理亦大备。周公以天纵生知之圣，而适当积古留传，道法大备之时，是以经纶制作，集千古之大成，则亦时会使然，非周公之圣智能使之然也。盖自古圣人[8]，皆学于众人之不知其然而然，而周公又遍阅于自古圣人之不得不然，而知其然也。周公固天纵生知之圣矣，此非周公智力所能也，时会使然也。譬如春夏秋冬，各主一时，而冬令告一岁之成[9]，亦其时会使然，而非冬令胜于三时也。故创制显庸之圣[10]，千古所同也。集大成者，周公所独也。时会适当然而然，周公亦不自知其然也。[11]

【注释】

[1]"道有自然"二句：道是自然而然、因客观事物的变化而演进，圣人是因客观趋势的推动而创制。这是章氏的重要观点，故须在此再加辩明。　[2]"道无所为而自然"二句：道主观上并不意识到做什么，是因为适应客观趋势推进而演化，圣人看到了客观趋势的需要而创制。　[3]"故言圣人体道可也"二句：因此，讲圣人对于事势自然的"道"有体会是恰当的，因为能根据众人的行为总结出法则。但是讲圣人是"道"的化身就不对了，因为圣人并非凭其脑子天生演绎出一套"道"的人。按，如此关键的十八个字，在"大梁本"中竟被删去了。　[4]"众人无所见"二句：众人，没有圣人的识力、并未认识到客观趋势的需要，他们

做了什么自己并不知晓。 [5]"不得不然者"以下三句：适应客观趋势不得不然去做了，圣人的作为合乎道的演进，但不可认为这是"道"的本身。 [6]"圣人求道"以下四句：圣人冀求获得"道"即事物根本道理的认识，不过"道"是无形的，那就依据众人并未意识到其原故、却因客观趋势而采取的做法，圣人就是从这里看出事物的根本道理即"道"的演进提供助力。按，章氏此论同样十分深刻，说明圣人不能凭空创制，圣人的高明之处，是依据众人无意识的做法而得来的，由此引出"圣人学于众人"的精采观点。 [7]"学于众人"二句：由于向众人学习，所以成为圣人。 [8]"盖自古圣人"二句：古代圣人，都是从众人在生产生活中因客观趋势而采取，却不意识其原故的做法中学习到的。 [9]冬令：冬季节令，即冬季。 [10]"故创制显庸之圣"二句：因此创制新规为民立功的圣人，自古以来都是相同的。显庸，为民立功。庸，功劳。《国语·晋语七》："无功庸者不敢居高位。"韦昭注："国功曰功，民功曰庸。" [11]按，本节为第二段落，论证"道"与圣人不能等同，"言圣人体道可也，言圣人与道同体不可也"，"圣人学于众人"等重要观点，大力破除长期形成的视"圣人—六经—道"万古不变、三位一体，因而阻碍社会和理论进步的错误观点。

孟子曰："孔子之谓集大成[1]。"今言集大成者为周公，毋乃悖于孟子之指欤？曰：集之为言，萃众之所有而一之也。自有天地，而至唐、虞、夏、商，皆圣人而得天子之位，经纶治化[2]，一出于道体之适然。周公成文、武之德[3]，适当帝全王备，殷因夏监[4]，至于无可复加之际，故得藉为制作典章[5]，而以周道集古圣之成，斯乃所谓集大成也。孔子有德无位，即无从得制作之权[6]，不得列于一成，安有大成可集乎？非孔子之圣逊于周公也，时会使然也。孟子所谓集大成者，乃对伯夷、伊尹、柳下惠而言之也[7]，意为伯夷、尹、惠皆古圣人，恐学者疑孔子之圣与三子同，公孙丑氏尝有"若是其班"之问矣[8]，故言三子之偏与孔子之全[9]，无所取譬，譬于作乐之大成也。故孔子大成之说，可以对三子，而不可以尽孔子也。以之尽孔子，反小孔子矣。何也？周公集羲、轩、尧、舜以来之大成，周公固学于历圣而集之[10]，无历圣之道法，则固无以成其周公也。孔子非集伯夷、尹、惠之大成，孔子固未尝学于伯夷、尹、惠，且无伯夷、尹、惠之行事，岂将无以成其孔子乎？夫孟子之言，各有所当而已矣，岂可以文害意乎？

【注释】

[1]孔子之谓集大成：语出《孟子·万章下》。　[2]"经纶治化"二句：用大经大法治理国家、实施教化，完全出于"道"的

系统的适应性。道体，指道已经有体系、成规模。　[3]"周公成文、武之德"二句：周公成就了文王、武王的德政，正当五帝三王时代都已提供了治国的成果而加以继承。　[4]殷因夏监：此指又继承了殷代拿夏朝的盛衰当作一面镜子的经验。监，同"鉴"，比喻用作镜子以正得失。　[5]"故得藉为制作典章"以下三句：（因周公继承了唐、虞、夏、商治国的经验，并辅助成功了文王、武王的功德，）因此得以凭借制定典章制度，使周的政教汇集古代圣王的成果，这才达到所谓的集大成。按，"集大成"又是古代奏乐终曲达到高潮的引申义，故孟子言"集大成也者，金声而玉振之也"（《孟子·万章下》）。朱熹注："犹作乐者集众音之小成而为一大成也。成者，乐之一终，《书》所谓箫韶九成，是也。"故下文又称"譬于作乐之大成也"。　[6]"即无从得制作之权"二句：即无从掌握制作典章的权力，无法列举出一项具体的成果。　[7]伯夷：商末贤人，与弟叔齐二人不继任其父孤竹君的职位而投奔周。反对武王伐纣，义不食周粟，饿死首阳山。孔子表彰其"求仁而得仁"。伊尹：商汤王辅佐大臣，助其灭夏。柳下惠：即展禽，春秋时期鲁人，曾任士师，以讲究礼节著称。　[8]若是其班：语见《孟子·公孙丑上》："伯夷、伊尹于孔子，若是班乎？"班，地位相当。　[9]故言三子之偏与孔子之全：因此说伯夷等三人的德行声望只居于某一项，而孔子则占有全部。　[10]"周公固学于历圣而集之"以下三句：周公确实是学习了历代圣王、汇集了他们的贡献，如果没有历代圣王治国之道和典章制度，就确实没有条件成为周公。

达巷党人曰[1]："大哉孔子！博学而无所成名。"今人皆嗤党人不知孔子矣[2]，抑知孔子果成何名乎？以谓天纵生知之圣[3]，不可言思拟议，而为一定之名也，于是援天与神，以为圣不可知而已矣。斯其所见，何以异于党人乎？天地之大，可一言尽。孔子之大，亦天地也，独不可以一言尽乎？或问何以一言尽之，则曰：学周公而已矣。周公之外，别无所学乎？曰：非有学而孔子有所不至，周公既集群圣之成，则周公之外，更无所谓学也。周公集群圣之大成[4]，孔子学而尽周公之道，斯一言也，足以蔽孔子之全体矣。"祖述尧、舜"[5]，周公之志也。"宪章文、武"[6]，周公之业也。一则曰："文王既没[7]，文不在兹。"再则曰："甚矣吾衰[8]，不复梦见周公。"又曰："吾学《周礼》[9]，今用之。"又曰："郁郁乎文哉[10]！吾从周。"哀公问政，则曰："文、武之政[11]，布在方策。"或问"仲尼焉学"？子贡以为"文、武之道，未坠于地"[12]。"述而不作"，周公之旧典也。"好古敏求"[13]，周公之遗籍也。党人生同时而不知，乃谓无所成名，亦非全无所见矣。后人观载籍，而不知夫子之所学，是不如党人所见矣。而犹嗤党人为不知[14]，奚翅百步之笑五十步乎？故自古圣人，其圣虽同，而其所

明确反对神化孔子，显示出近代理性精神。

经过以上充分论证，然后自然得出结论，水到渠成。

以为圣，不必尽同，时会使然也。惟孔子与周公，俱生法积道备无可复加之后，周公集其成以行其道[15]，孔子尽其道以明其教，符节吻合[16]，如出于一人，不复更有毫末异同之致也。然则欲尊孔子者，安在援天与神，而为恍惚难凭之说哉？

【注释】

[1]"达巷党人曰"以下三句：这位乡人说："孔子真伟大！学识很广博，可惜没有足以成名的专长。"引语见《论语·子罕》。《集解》引郑注曰："达巷者，党名也。五百家为党。" [2]嗤（chī）：讥笑。 [3]"以谓天纵生知之圣"以下五句：是说孔子是天赋才能、生而知之的圣人，不应该苦心思虑提出主张，获得专长而成名，于是就拉上天和神，把他想象成神秘莫测的圣人而已！ [4]"周公集群圣之大成"以下四句：周公汇集了众位圣王的大成，孔子通过学习而全面掌握了周公之道，这一句话，足以包括孔子功德的全部。按，章氏所论，主要着眼于历史进程，由"道"的演进、渐形渐著的观点而来，因此下文称"周公集其成以行其道，孔子尽其道以明其教"。刘咸炘《识语》："孟子言孔集大成，是言气质天德。此言周公集大成，是言制作王道。分别自无疑，惜先生言之未明。" [5]祖述尧、舜：语出《礼记·中庸》。 [6]宪章文、武：语出《礼记·中庸》。 [7]"文王既没"二句：语出《论语·子罕》。 [8]"甚矣吾衰"二句：语出《论语·述而》。原文为："甚矣吾衰也！久矣吾不复梦见周公。" [9]"吾学《周礼》"二句：语出《礼记·中庸》。 [10]"郁郁乎文哉"二句：语出《论语·八佾》。 [11]"文武之政"二句：语出《礼记·中庸》。方，书写文字的木板。策，书写文字的竹简。 [12]文、武之道，未坠于地：语出《论语·子张》。 [13]好古敏求：语出《论语·述而》。 [14]"而犹嗤党人为不知"二句：

而竟然还讥笑达巷党人不了解孔子，这何止是逃跑一百步的士兵讥笑逃跑五十步的士兵呢？奚翅，何止，岂但。《孟子·梁惠王上》："兵刃既接，弃甲曳兵而走，或百步而后止，或五十步而后止。以五十步笑百步则何如？"章氏对句式作灵活处理，更加强对"今人"不了解孔子的讽刺。　[15]"周公集其成以行其道"二句：周公汇集先前圣王的成功以施行治国之道，孔子透彻地掌握这些治国之道以宣明其教化。　[16]符节：古代用竹木或金属制成虎兽等形状的信物，上书写文字，剖分为二，君王与派出将领各执一半，使用时以相互吻合作为验证。

或曰：孔子既与周公同道矣，周公集大成，而孔子独非大成欤？曰：孔子之大成，亦非孟子仅对夷、尹、惠之谓也；又不同于周公之集也。孟子曰："集大成也者[1]，金声而玉振之也。"窃取其义以拟周、孔，周公其玉振之大成，孔子其金声之大成欤！周公集羲、轩、尧、舜以来之道法[2]，而于前圣所传，损益尽其美善，玉振之收于其后者也；孔子尽周公之道法，不得行而明其教，后世纵有圣人，不能出其范围，金声之宣于前者也[3]。盖君师分而治教不能合于一，气数之出于天者也。周公集治统之成，而孔子明立教之极，皆事理之不得不然，而非圣人异于前人，此道法之出于天者也[4]。故隋唐以前，学校并祀周、

证明"道"是永不休止地向前演进，而创设制度、立言施教都是一定时势所产生的。

孔，以周公为先圣，孔子为先师，盖言制作之为圣，而立教之为师。故孟子曰："周公、仲尼之道一也[5]。"然则周公、孔子，以时会而立统宗之极，圣人固藉时会欤？宰我以为夫子"贤于尧、舜"[6]；子贡以为"生民未有如夫子"[7]；有若以夫子较古圣人[8]，则谓"出类拔萃"，三子得毋阿所好欤？曰：朱子之言尽之矣："语圣则不异，事功则有异也。"然而治见实事，教则垂空言矣。立言必折衷夫子，大贤而下，其言不能不有所偏矣。宰我、子贡、有若，孟子并引其言，以谓知足知圣矣。子贡之言固无弊，而宰我"贤于尧、舜"，且曰"远"，使非朱子疏别为事功，则无是理也。夫尊夫子者，莫若切近人情，虽固体于道之不得不然，而已为生民之所未有矣。盖周公集成之功在前王，而夫子明教之功在万世也；若歧视周、孔而优劣之[9]，则妄矣。故欲知道者，在知周、孔之所以为周、孔。[10]

全篇对"时会使然""事理之不得不然"反复论说。

【注释】

[1]"集大成也者"二句：语出《孟子·万章下》。金，指钟；玉，指磬。以钟发声，启奏引领，以磬收韵，合奏达到高潮，集众音

之大成。下文章氏以此作譬喻，周公汇集了先前圣王道法的成果，故称"玉振之收其后"；孔子全面继承、透彻究明周公之道法，创立了教化的思想学说，有如"金声之宣于前"。　[2] 道法：治国之道和根本大法。　[3] 宣于前：在前面宣示、传播。　[4] 此道法之出于天者：这些治国之道、根本大法是由客观趋势推动、自然而然地产生的。　[5] 周公、仲尼之道一也：语出《孟子·滕文公上》："陈良，楚产也，悦周公、仲尼之道，北学于中国。"和《孟子·离娄下》："先圣后圣，其揆一也。"　[6] 贤于尧、舜：语出《孟子·公孙丑上》："宰我曰：'以予观于夫子，贤于尧舜远矣。'"宰我，名予，字子我，春秋末年鲁人。孔子学生，善于言辞。　[7] 子贡以为"生民未有如夫子"：《孟子·公孙丑上》引子贡曰："自生民以来，未有夫子也。"子贡，即端木赐，春秋末卫人，孔子弟子，为言语科高材生。又善经商，家累千金。尝任鲁、卫相。　[8] "有若以夫子较古圣人"二句：《孟子·公孙丑上》引有若曰："圣人之于民，亦类也。出于其类，拔乎其萃。"有若，字子有，孔子弟子，躬行孝悌。　[9] 歧视：视为互相歧异，即认为周公与孔子功德互不相同。　[10] 按，以上三节为第三段落，论述"周公集群圣之大成，孔子学而尽周公之道"，"周公集治统之成，而孔子明立教之极"。而周、孔的道法、功德又相一致，不相歧异。

【点评】

　　本篇撰著时间为乾隆五十四年（1789）。是年春，章氏访安徽学政徐立纲于太平使署，遂小住（受托为徐筹划宗谱之事）。宜人的季节，安静的环境，使他得以畅意写作，自四月十一日至五月初八日，共撰成《文史通义》内外二十三篇，自言"生平为文，未有捷于此者"。其中就包括《原道》三篇、《原学》三篇、《博约》三篇等重要论文。《原道》篇所论因迥异于流俗之见解，著成之后颇受责难。但章氏态度坚定，对此充满自信，自称"其所发明，实从古未凿之窦"(《与陈鉴亭论学》)。随着时光的磨洗，我们今天更能发现其重要的理论意义。

《原道》篇不平常的意义在于，它凸显出章学诚的学术使命意识，不同凡响地提出深入探讨"道"与社会生活的关系问题，勇敢地冲破当时浓厚的脱离实际、因循守旧的风气，呼吁树立崭新的哲学观和价值观。章学诚所处的特殊学术环境，是乾嘉考证学极盛时期，当时士林人物醉心于训诂考据，视文献整理注释为学问之全部，而章学诚却要苦苦探求人类社会的法则性、规律性等问题。章学诚的哲学探索，又有很强的实践性。他不作纯理论的探讨、经院式的玄思默想，而是与社会实践，尤其与学术风气的健康偏枯、治学宗旨的明确与否直接相联系，因而其探索和主张有鲜明的批判性、创新性和超前性。正因为如此，章氏具有的闪光思想在当时的遭遇确实令人慨叹，当时主流学术界几乎无人理解其价值。邵晋涵与章氏交往多年，他坦言连章学诚的朋友中的人士都对《原道》篇的内容不满，认为"陈腐取憎"，题目太熟，没有新意，"谓蹈宋人语录习气"，"至有移书相规诫者"。大家都跟着风气跑。章氏却具有自觉的意识，敢于顶着压力，进行真理性的探索。还有一件更能说明问题的事实：章学诚身后，其次子华绂在河南编辑刊刻《文史通义》版本，竟对《原道》篇中的一些关键语句作了删改。证明篇中的议论在当时惊世骇俗，华绂因而感受到压力，而作了删改。

由此更可明白章学诚著书时具有何等的理论勇气！他是一位具有强烈时代责任感的出色思想家。所谓"题目太熟"，意为与前人所论势必雷同，难有新意，实际情况却大为不然。前人确实有过同名的三篇，但章学诚的立意很明确，他不仅不重复前人见解，而且是为了提高、辨正和探源。《淮南子·原道》篇主要讲道家的无为、清静、寡欲为"太上之道"，"是故大丈夫恬然无思，澹然无虑"。万物之变不可究也，圣人处事原则为："不虑而得，不为而成"，主张消极避世，反对任何干预措施。刘勰《文心雕龙·原道》意为"本乎道"，主张文章和写作，应以"道"为依据，篇中明确论述写作和衡量文章，要以儒家的"道"作为根本标准为指导，而非讲"道"的生成、发展。韩愈的《原道》篇也是一篇重要文献，所论的核心，是总结、确认儒家自尧、舜、禹、汤、文、武、周公、孔子至孟子一脉相传的"道统"，即儒家思想的正统，拿出来与当时盛行的佛老思想相对抗，韩愈维护儒家"正统"，辟除佛老，在当时有进步意义，但此篇恰恰又宣扬道、理、纲常都是圣人头脑中先天所固有的，不需经过社会实践，"无圣人，人之类灭久矣"。这是唯心主义的说教。章学诚恰恰要批驳这种观点。故前人之作，与章学诚撰写的《原道》，篇名相同，旨趣却殊异，论证的问题各不相同。正如其《与陈鉴亭论学》信中所言："古人著《原道》者三家，淮南托于空蒙，刘勰专言文指，韩昌黎氏特为佛老塞源……鄙著宗旨，则与三家又殊。""其所发明，实从古未凿之窦。"这个"窦"正是古代学术之关键，是早该凿开的通向真理性认识源头的洞口，也是立言之士必须努力破解、澄清和阐明之处。而章学诚《原道》三篇的撰著就是为了论证作为哲学根本和理论核心的"道"，如何与社会生活密切相联系，发挥其推动社会进步和学术进步的作用。

本篇主旨讲"道"出于自然，渐形渐著，由简单到复杂。"道"的演进趋势，以及周公成为制作的圣人，孔子成为立教之圣人，都是时会使然。围绕这一核心观点，篇中的论证层层深入，逻辑严密，很有说服力。如，前三节为第一段落，中心论述未有圣人以前，先有道，六经和其中所载治国设施，都是客观趋势推动所形成的。围绕此，分三节逐层阐释。（一）概括描述道逐步演化，国家制度等等都是后起的。（二）进而论述道在不同阶段如何渐形渐著，道因事势自然不断演进，不是圣人智力所为。（三）万事万物、圣人制作都是在理和势的条件下产生的结果，是道在不同阶段的表现和形式。第四节为第二段落，论述道与圣人不能等同。围绕这一重要观点分两层作论证。（一）阐释圣人是总结出法则的人，而非其头脑天生演绎出一套"道"的人。"故言圣人体道可也，言圣人与道同体不可也。"（二）阐释"圣人学于众人"，周公之圣是时会使然。后三节为第三段落，中心论述"周公集治统之成，而孔子明立教之极"。对此分三个层次论证。（一）周公之谓集大成，是从对历史进程的作用而言。（二）辨明孔子学周公而尽用周公之道，指出将孔子神秘化的错误所在。（三）论述周公与孔子之不同，一为治统，一为立教，都因事理之不得不然。而周、孔的功德是一致的。

　　以上证明章氏对全篇作了周密细致的安排，观点独创，论证周密充分，条理层次清晰，一再恰当运用比喻、排比、设问、呼应等修辞方法，气势充沛，极具感染力。同时，诸多重要的命题均属精当的提炼，用语简练而又内涵很丰富。如，"三人居室"，"渐形渐著"，"道者，非圣人智力之所能为，皆其事势自然"，"盖必有所需而后从而给之，有所郁而后从而宣之，有所弊而后从而救之"，"一阴一阳往复循环者，犹车轮也。圣人创制，一似暑葛冬裘，犹轨辙也"，"故言圣人体道可也，言圣人与道同体不可也"，"学于众人，斯为圣人"，"周公集成之功在前王，而夫子明教之功在万世也"。像这类精心提炼的命题，无不涵义深刻，丰富了传统学术的哲学范畴、术语，而且很有独特风格，值得仔细体味。以上两项，论证的严密、畅达和命题的精当提炼，堪称为后人提供了论说文写作的成功范例。

原道中

由韩愈的话，引出"事功"与"学说"二者关系的问题。

　　韩退之曰："由周公而上[1]，上而为君，故其事行；由周公而下，下而为臣，故其说长。"夫说长者[2]，道之所由明，而说长者，亦即道之所由晦也。夫子尽周公之道而明其教于万世，夫子未尝自为说也。表章六籍，存周公之旧典，故曰[3]："述而不作，信而好古。"又曰："盖有不知而作之者，我无是也。""子所雅言，《诗》《书》执《礼》。"所谓明先王之道以导之也。非夫子推尊先王，意存谦牧而不自作也[4]，夫子本无可作也。有德无位，即无制作之权。空言不可以教人，所谓无征不信也。教之为事，羲、轩以来，盖已有之。观《易·大传》之所称述[5]，则知圣人即身示法，因事立教，而未尝于敷政出治之外，别有所谓教法也。虞廷之教[6]，则有专官矣，司徒之所敬敷[7]，典乐之所咨命[8]，以至学校之设，通于四代[9]，司成、师、保之职[10]，详于《周官》[11]。然既列于有司[12]，则肄业存于掌故，其所习者，修齐治平之道，而所师者，守官典法之人。治教无二，官师合一，岂有空言以存其私说哉？儒家者流，尊奉孔子，若将私为儒者之宗师，则亦不知孔子矣。孔子立人道之极，未可以谓立儒道之极也。儒也者[13]，贤士不遇明良之盛，不得位而大行，于是守先王之道，以待后之学者，出于势之无可如何尔。人道所当为者，广矣，大矣。岂当身皆无所遇，而必出于守先待后，不复涉于人世哉？学《易》原于羲画[14]，不必同其卉服野处也。观《书》始于虞典，不必同其呼旻号泣也。以为所处之境，各有不同也。然则学夫子者[15]，岂曰屏弃事功，预期道不行而垂其教邪？

刘咸炘《识语》言："即身示法，因事立教"二句最精。

启发人们心胸宽广，目光远大，敢于大有作为。

【注释】

[1]"由周公而上"以下六句：语出《韩昌黎全集》卷十一《原道》。故其说长，因此臣下擅长于讲说。长，擅长。 [2]"夫说长者"以下四句：由于擅长讲说，六经的道由此得以阐明；但也由于讲说太多了，才造成六经的道被遮盖了。晦，隐藏，遮盖。 [3]"故曰"以下八句：此三处所引均据《论语·述而》。子所雅言，《诗》《书》执《礼》，据杨伯峻《论语译注》解释："孔子有用普通话的时候，读《诗》，读《书》，行礼，都用普通话。"春秋时期各地区语言不统一，孔子教授学生用普通话。雅言，当时的普通话。执，施行。 [4]谦牧：谦让有涵养。语出《周易·谦卦》："谦谦君子，卑以自牧也。"牧，修养。 [5]"观《易·大传》之所称述"以下五句：阅读《易·大传》中所记载，就明白圣人以身体作譬喻演示法则，依据事物讲授道理，而不曾在敷陈政事、施行治策之外，另外再有所谓教化。按，此强调三代圣人因事立教，治与事合一，故无托空言以讲"道"者。《易·大传》，指《易·系辞》的解释。《系辞》中即有"近取诸身，远取诸物，于是始作八卦，以通神明之德，以类万物之情"等内容。敷，施，布。出治，施行治理政事。 [6]虞廷：即虞舜。 [7]司徒：执掌教化之官。敬敷：恭敬颁行。 [8]典乐之所咨命：指典乐官的发令和寄意深切的叹息。咨，嗟，叹息（以表示寄意深切）。 [9]通于四代：指虞、夏、商、周四代直接相承。 [10]司成、师、保：均为执掌教育贵族子弟的官职。 [11]《周官》：即《周礼》。 [12]"然既列于有司"以下六句：既然教职都名列官府各部门，则讲习的内容由专职部门保管，承教者所学习的，就是修身、持家、治国、平天下的道理，而他们的教师，就是掌管官职、典藏律法之人。按，这是强调古代因事立教，官师合一，世袭担任教职者就是各部门治国理政的人，故无托空言以著述者。此为章氏所持的重要

观点。掌故，原为主故事的太常官属，此指各部门典藏的文书、档案。　[13]"儒也者"以下六句：身为儒家学者，身怀才能如果遇不到重用贤才的盛世，未得官职以大力推行其抱负，于是采取守先王之道、以等待后来有奉行效法者的态度，这只是因为时势不顺利而无可奈何而已啊！章氏此语是严肃批评儒者只讲"守先待后"、消极避世，为自己无所作为找借口。　[14]"学《易》原于羲画"以下四句：学习《易》懂得其本原从伏羲画八卦开始，但没必要同样采用洪荒时代穿着草编衣服、居住在洞穴；诵读《尚书》从《舜典》开始，但没必要像舜那样呼天哭泣。按，章氏此处用两个生动的比喻，说明读古书、学古人，应当结合当世学习积极进取的东西，抛弃消极避世的东西。羲画，指伏羲始画八卦。卉服，语出《禹贡》"岛夷卉服"，指海岛上文化落后的人穿着草织的衣服。野处，指居住在洞穴。语出《周易·系辞下》："上古穴居而野处。"旻（mín），天。　[15]"然则学夫子者"以下三句：那么学习孔子的人，难道应该摒弃事业和功劳，只是期望大道不能实行、而将其学说空留到后世吗？此用反诘句，责备一味借口时运不好、要"守先待后"，甘于无所作为的人。按，本节论述孔子未尝离开三代政教，而以空言存其个人特创的学说。欲学孔子而离开事功，是不了解孔子。

　　《易》曰："形而上者谓之道[1]，形而下者谓之器。"道不离器，犹影不离形。后世服夫子之教者自六经，以谓六经载道之书也，而不知六经皆器也。《易》之为书[2]，所以开物成务，掌于《春官》太卜，则固有官守而列于掌故矣。《书》

昌言其重要观点：道不离器，而六经皆器也。孔子整理六经，是保存先王政典以立教，而不以空言著述。舍天下事物，而以六经即为道之化身，是认识根源上的严重失误。

在外史，《诗》领太师，《礼》自宗伯，《乐》有司成，《春秋》各有国史[3]。三代以前，《诗》《书》六艺，未尝不以教人，非如后世尊奉六经，别为儒学一门，而专称为载道之书者。盖以学者所习，不出官司典守、国家政教，而其为用，亦不出于人伦日用之常，是以但见其为不得不然之事耳[4]，未尝别见所载之道也。夫子述六经以训后世，亦谓先圣先王之道不可见，六经即其器之可见者也[5]。后人不见先王，当据可守之器而思不可见之道。故表章先王政教与夫官司典守以示人，而不自著为说，以致离器言道也。夫子自述《春秋》之所以作，则云："我欲托之空言[6]，不如见诸行事之深切著明。"则政教典章、人伦日用之外，更无别出著述之道，亦已明矣。秦人禁偶语《诗》《书》，而云"欲学法令，以吏为师"[7]。夫秦之悖于古者，禁《诗》《书》耳。至云学法令者，以吏为师，则亦道器合一，而官师治教，未尝分歧为二之至理也。其后治学既分，不能合一，天也。官司守一时之掌故，经师传授受之章句，亦事之出于不得不然者也。然而历代相传，不废儒业，为其所守先王之道也。而儒家者流[8]，守其六籍，以谓是特载道之书耳。夫天下岂有离器言道，离形存影者哉？彼舍天下事物、人伦日用，而守六籍以言道，则固不可与言夫道矣[9]。

【注释】

[1]"形而上者谓之道"二句：语出《周易·系辞下》，意为没有形体的东西称为道，有形体的东西称为器。道与器，是一对重要的哲学范畴。道是无形的，含有规律和法则的意义；器是有形的，指具体事物或名物制度。道器关系即指抽象道理与具体事物之间的关系。章学诚明确主张"道不离器"，明确坚持唯物主义的认识路线，对于克服认为儒家的"道"脱离社会实践而存在、并且万古不变的错误观点，有重要的进步意义。　　[2]"《易》之为书"以下七句：《周礼·春官》云："外史掌三皇五帝之书。"又云："大师教六诗：曰风，曰赋，曰比，曰兴，曰雅，曰颂。"宗伯为春官之首，主管宗教礼仪。　　[3]《春秋》各有国史：春秋时期各诸侯国有国史，《墨子·明鬼》篇载有"百国春秋"。又杜预《春秋左氏传序》："《周礼》有史官掌邦国四方之事，达四方之志，诸侯亦各有国史。"　　[4]"是以但见其为不得不然之事耳"二句：所以三代学者只见到因客观趋势自然而然演进的制度、事物，而未曾另外见到特别载有论"道"的书。按，章氏此处又呼应和进一步申论"古人不著书，古人未尝离事而言理"这一基本命题。　　[5]六经即其器之可见者：六经就是载有三代"道"的演进之迹的"器"（外在形式）。　　[6]"我欲托之空言"二句：语出《史记·太史公自序》，原文为："我欲载之空言，不如见之于行事之

深切著明也。"　[7] 欲学法令，以吏为师：语出《史记·秦始皇本纪》。　[8] "而儒家者流"以下三句：结果历代儒家，世代相承传习六经，就认为这是专门记载至高无上、万古适用的"道"的书。　[9] 则固不可与言夫道：则根本无法同他们讨论究竟什么是"道"。按，本节阐述"道不离器"，六经皆明道之器。批驳儒者舍天下事物、人伦日用，而专守六经以为即是"道"的化身，这是对客观演进、显示事物不断变化的"道"，根本不能理解。

　　《易》曰："仁者见之谓之仁[1]，智者见之谓之智，百姓日用而不知。"道之所由隐也[2]。夫见而谓之，则固贤于日用不知矣。然而不知道而道存[3]，见谓道而道亡。大道之隐也，不隐于庸愚，而隐于贤智之伦者纷纷有见也。盖官师治教合[4]，而天下聪明范于一，故即器存道，而人心无越思。官师治教分[5]，而聪明才智不入于范围，则一阴一阳入于受性之偏，而各以所见为固然，亦势也。夫礼司乐职，各守专官，虽有离娄之明，师旷之聪[6]，不能不赴范而就律也。今云官守失传，而吾以道德明其教，则人人皆自以为道德矣。故夫子述而不作，而表章六艺，以存周公旧典也，不敢舍器而言道也。而诸子纷纷，则已言道矣。庄生譬之为耳目口鼻[7]，司马谈别之

为六家 [8]，刘向区之为九流，皆自以为至极，而思以其道易天下者也 [9]。由君子观之，皆仁智之见而谓之，而非道之果若是易也。夫道因器而显，不因人而名也。自人有谓道者，而道始因人而异其名矣。仁见谓仁，智见谓智，是也。人自率道而行 [10]，道非人之所能据而有也。自人各谓其道，而各行其所谓，而道始得为人所有矣。墨者之道 [11]，许子之道 [12]，其类皆是也。夫道自形于三人居室，而大备于周公、孔子，历圣未尝别以道名者 [13]，盖犹一门之内，不自标其姓氏也。至百家杂出而言道，而儒者不得不自尊其所出矣。一则曰尧、舜之道，再则曰周公、仲尼之道，故韩退之谓"道与德为虚位"也 [14]。夫"道与德为虚位"者，道与德之衰也。 [15]

法则、规律（道）是通过具体事物（器）显示出来，而不是靠人来命名的。

【注释】

[1]"仁者见之谓之仁"以下三句：语出《周易·系辞上》。 [2]"道之所由隐也"以下三句：这是"道"隐匿的原因。仁者智者见到道的形迹并给予它称谓，这本来胜过"百姓日用而不知"那种情形。隐，隐蔽，隐匿。贤于，胜过。 [3]"然而不知道而道存"二句：可是当不意识到有"道"之时"道"是存在的，而当人见到其形迹并加了称谓，这"道"却消亡了。亡，消亡，

消失。　[4]"盖官师治教合"以下四句：官员与教师、治国与教化相一致，天下人的才智限制在统一的格式，因此反映规律的"道"就存在于制度措施的"器"之中，而人的思想就不会越界了。范，铸造器物的模具，引申为规范、格式。越思，超出常规的想法。　[5]"官师治教分"以下三句：到了官员与教师、治理与教化相分离，人的聪明才智不再限制在统一格式之中，则一阴一阳不断演化的"道"，就遭遇到接受者各自性情的偏好。章氏以此解释统一的"道"何以有诸子百家各自命名、各有独到理解的原因，值得品味。　[6]离娄之明，师旷之聪：见《孟子·离娄上》。朱注："离娄，古之明目者。"赵注："师旷，晋平公之乐太师也。"以耳聪著名。　[7]庄生譬之为耳目口鼻：《庄子·天下》："譬如耳目鼻口，皆有所明，不能相通，犹百家众技也，皆有所长，时有所用。"　[8]司马谈别之为六家：《史记·太史公自序》引司马谈《论六家要指》，列阴阳、儒、墨、法、名、道为六家。　[9]而思以其道易天下者：而考虑拿本人命名的"道"来改变天下人的看法。易，改易，变换。　[10]人自率道而行：人自然地遵循道行事。率，遵循。　[11]墨者：即墨翟。《孟子·滕文公下》："杨朱、墨翟之言盈天下。"　[12]许子：即许行。《孟子·滕文公上》："有为神农之言者许行。"　[13]历圣未尝别以道名者：历代圣人都未曾给"道"加上自己的称名的。名，加上名称。　[14]虚位：无实际意义的虚号。　[15]按，本节论述自官师、治教分开之后，诸子和儒家纷纷舍器而言道，各家各执一方之见，致使道的真正意义晦而不明。

【点评】

本篇主旨是：围绕"道"与"器"这一对带有根本性意义的哲学范畴，论述六经皆明道之器。学者如舍天下事物、人伦日用，而拘守六经以言"道"，固不足与言"道"，即永远不懂得"道"。

《原道上》篇中提出："理附于气"；"道者，万事万物之所以然，而非万事万物之当然也"。所以然，是道的演化过程，即事物生成的原理、原因；所当然，是演化的结果，是具体的形式、形态。对于这样重要的命题，十分需要加以深入的阐释、充分的展开，这正是章氏为《原道中》确定的任务。本篇首先强调孔子未尝离开三代典章政教，而托之空言以立说，欲学孔子而离开事功，是不知孔子。孔子的贡献，在于"表章六籍，存周公之旧典"。并重申三代"治教无二，官师合一，岂有空言以存其私说哉？"章氏又精辟地概括为："圣人即身示法，因事立教。"民国初年学者刘咸炘对此很有体会，云："此八字最精。"（刘咸炘《识语》）因此若欲学孔子而摒弃事功，则根本违背孔子即器以明道的宗旨。章氏阐发"道不离器，犹影不离形"同样十分精彩。篇中指出：六经皆明道之器，绝不是道的本身。古代所教、所学，皆不出人伦日用之常，这是客观的理、势所造成的，不存在另外专门载道之书。"后世服夫子之教者自六经，以谓六经载道之书也，而不知六经皆器也。""夫子述六经以训后世，亦谓先圣先王之道不可见，六经即其器之可见者也。后人不见先王，当据可守之器而思不可见之道。故表章先王政教与夫官司典守以示人，而不自著为说，以致离器而言道也。"

本篇还有一段鼓励立言之士开阔心胸、勇于担负起时代责任的论述："人道所当为者，广矣，大矣。岂当身皆无所遇，而必出于守先待后，不复涉于人世哉？""然则学夫子者，岂曰屏弃事功，预期道不行而垂其教邪？"儒者的际遇，确实会有明良俊彦，未能遭逢盛世、不受重用的时候，由此而有"守先待后"的说法。章氏严肃地质问：这难道能成为轻视事功的借口吗？立言之士应当放开眼界，看得长远，天地这么广阔，难道就没有士人报效当世的时机吗？那种把紧抱经典而不作为，将"守先待后"当作最高理想的人，其实是抛弃了自己的时代责任，也违背了"道""器"结合的根本原理。篇末又提出："道因器而显"，法则、规律是要通过具体事物显示出来。并要求士人警惕舍器而言道，各家各执一方之见，将致使道的真正意义晦而不明。

选用"《章氏遗书》本"有利于更准确地反映出章学诚的学术见解，我们在前面已指明了一些显著的例证，从本篇中也可举出明证。第二节有一句："三代以前，《诗》《书》六艺，未尝不以教人，非如后世尊奉六经，别为儒学一门，而专称为载道之书者。"此处用"非如"，意思是"不像"，准确地表达出章氏的一个基本观点：在古代，官师治教合一，因此古圣人周公、孔子并没有另外特别著成专门载道之书，道即体现于古代政典之中。到了后世不明了这段重要历史事实，结果造成"道"与治国理政、人伦日用相脱节，因而把"道"神秘化、凝固化了。但"大梁本"顾忌这种观点会遭到世俗人士的非难，因此将"非如"径改为"不如"，意为"比不上"。如此一改，便与章氏原意相反了。真是"差之毫厘，失之千里"。

原道下

人之萃处也[1]，因宾而立主之名；言之庞出也，因非而立是之名。自诸子之纷纷言道，而为道病焉[2]，儒家者流，乃尊尧、舜、周、孔之道，以为吾道矣。道本无吾[3]，而人自吾之，以谓庶几别于非道之道也。而不知各吾其吾[4]，犹三军之众，可称我军，对敌国而我之也，非临敌国，三军又各有其我也。夫六艺者，圣人即器而存道，而三家之《易》[5]，四氏之《诗》[6]，攻且习者，不胜其入主而出奴也[7]。不知古人于六艺，被服如衣食[8]，人人习之为固然，未尝专门以名家者也。后儒但即一经之隅曲[9]，

首先提出主与宾、是与非两对范畴。全篇即由此展开，多方举证，论述必须根除热衷于自立为"主"而造成偏狭理解，和盲目自以为"是"，而立生门户之见的弊病，才能达到"究明大道"，推进大道的目的！

而终身殚竭其精力，犹恐不得一当焉[10]，是岂古今人不相及哉[11]？其势有然也。古者道寓于器，官师合一，学士所肄，非国家之典章，即有司之故事，耳目习而无事深求[12]，故其得之易也。后儒即器求道，有师无官，事出传闻，而非目见，文须训故而非质言[13]，是以得之难也。夫六艺并重，非可止守一经也；经旨闳深，非可限于隅曲也。而诸儒专攻一经之隅曲，必倍古人兼通六艺之功能，则去圣久远，于事固无足怪也。但既竭其心思耳目之智力，则必于中独见天地之高深，因谓天地之大，人莫我尚也，亦人之情也。而不知特为一经之隅曲，未足窥古人之全体也[14]。训诂章句，疏解义理，考求名物，皆不足以言道也。取三者而兼用之[15]，则以萃聚之力，补遥溯之功，或可庶几耳。而经师先已不能无牴牾[16]，传其学者，又复各分其门户，不啻儒墨之辨焉。则因宾定主，而又有主中之宾，因非立是，而又有是中之非，门径愈歧，而大道愈隐矣。[17]

【注释】

[1]"人之萃处也"以下四句：人们聚集在一起，相对于"宾客"而产生了"主人"的称名；言论庞杂地出现，相对于"错误"而标立了"正确"的称名。萃，聚集。庞，庞杂。　[2]而为道病：而造成"道"的困境。病，担忧，患苦。此指因意见矛盾分歧造成困境。　[3]"道本无吾"以下三句：道本来不能私有，但是人却自称是"我的"道，认为这样做也许可以区别于那些不能称为道的"道"。庶几，也许可以，表示希望。　[4]各吾其吾：各自标榜其自称的"吾道"。前一"吾"作动词用，意为标榜，为"我"扬名。后一"吾"作名词用，意为"吾道"。　[5]三家之《易》：汉代治《易》者，有施雠、孟喜、梁邱贺三家。　[6]四氏之《诗》：汉代治《诗》者，有鲁（申培公）、齐（辕固生）、燕（韩太傅），及赵人毛亨、毛苌四家。　[7]入主而出奴：语出韩愈《原道》："入者主之，出者奴之。"指崇信一种说法就会排斥另一种说法，以自己所信奉的为主人，以所排斥的为奴仆。　[8]被服如衣食：衷心信奉，像穿衣吃饭一样不可缺少。被服，服膺，心悦诚服地信奉。　[9]后儒但即一经之隅曲：后代儒生只钻研一部经书的局部问题。隅曲，局部。隅，原意为角落，此指局部。曲，局部，亦指复杂隐秘之处。　[10]不得一当：不能得到全面正确的把握。一，全，满。当，正确，恰当。　[11]岂古今人不相及：难道今人比不上古人。及，比得上，达到。　[12]耳目习而无事深求：耳濡目染素常熟悉而不需要深入钻研。习，熟悉。　[13]文须训故而非质言：古代的词语须要用通俗的话来解释，并非直白易懂的文字。训故，即训诂，用通俗的话解释古代词语。质言，原意为实言，诚实的话，此指语意直白易懂。　[14]未足窥古人之全体：达不到能够窥见古人学说总体的要义。"古人之全体"是章氏学说的重要命题，又作"古人之大体"，指古人学说有关大局的

道理，重要的义理。　[15]"取三者而兼用之"以下四句：把握这三项（指训诂章句、疏解义理、考求名物）综合地运用，那么凭借汇聚的力量，补上向上溯远求源的功夫，也许有希望能达到目的。遥溯，因为离古代遥远，需要向上溯远求源。　[16]牴牾：抵触，互相矛盾分歧。　[17]按，本节论述古代学术道寓于器、理与事结合，六经互相贯通，后世儒者见解歧出，分立门户，大道愈隐。

"上古结绳而治[1]，后世圣人易之以书契，百官以治，万民以察。"夫文字之用，为治为察，古人未尝取以为著述也。以文字为著述，起于官师之分职，治教之分途也。夫子曰："予欲无言。"欲无言者，不能不有所言也。孟子曰："予岂好辨哉[2]？予不得已也。"后世载笔之士[3]，作为文章，将以信今而传后，其亦尚念欲无言之旨，与夫不得已之情，庶几哉言出于我，而所以为言者，初非由我也。夫道备于六经[4]，义蕴之匿于前者，章句训诂足以发明之。事变之出于后者，六经不能言，固贵约六经之旨，而随时撰述以究大道也。太上立德，其次立功，其次立言，立言与功德相准[5]。盖必有所需而后从而给之，有所郁而后从而宣之，有所弊而后从而救之，而非

"随时撰述以究大道"句，是章氏精深义旨所在。

此处又重申《原道上》篇的警句，与前呼应，正表明章氏之实践观、变革观始终一以贯之。

徒夸声音采色，以为一己之名也。《易》曰："神以知来，智以藏往。"知来，阳也。藏往，阴也。一阴一阳，道也。文章之用，或以述事，或以明理。事逆已往，阴也。理阐方来，阳也。其至焉者[6]，则述事而理以昭焉，言理而事以范焉，则主适不偏，而文乃衷于道矣。迁、固之史，董、韩之文，庶几哉有所不得已于言者乎？不知其故[7]，而但溺文辞，其人不足道已。即为高论者，以谓文贵明道，何取声情色采以为愉悦，亦非知道之言也。夫无为之治而奏薰风[8]，《灵台》之功而乐钟鼓，以及弹琴遇文，风雩言志，则帝王致治，贤圣功修，未尝无悦目娱心之适；而谓文章之用，必无咏叹抑扬之致哉！但溺于文辞之末，则害道已！

【注释】

[1]"上古结绳而治"以下四句：见《周易·系辞下》。　[2]"予岂好辨哉"二句：见《孟子·滕文公下》。　[3]"后世载笔之士"以下八句：后世握笔立言的士人，撰写文章，本来冀求藉以取信今人并且流传后世，他如果也能谨记"予欲无言，却不能不有所言"的宗旨，以及"予岂好辨哉？予不得已非讲出来不可"的心情，那么也许他就能做到话是由我讲出来的，但是我之所以讲这

些话，本来并不是出于我私己的需要啊！按，所以为言，初非由我，乃出于客观情形的需要、出于公心，此亦是章氏重要的学术宗旨。故刘咸炘《识语》云："此二语是先生论文之大义。""非由我者，切时切事也，其根本在风气。"　[4]"夫道备于六经"以下七句：古代的道详载在六经中，文本中的义理尚有隐匿、以前未曾揭示出来的，如今靠文字训诂功夫足以把它阐明。后代客观事实变化发展了，那么，根本的要务就是提炼六经的宗旨，而随着时代条件的变化提出新说，来探究推动社会进步、意义重大的"道"。按，此二句针对当日弥漫士林的烦琐考据和空谈性理的空疏学风而发，是《原道》篇又一理论闪光点，突出体现了章氏的理论创造精神和"学术经世"宗旨。约，检束，紧缩。引申为集中、提炼。　[5]立言与功德相准：创立新学说的贡献与"立德""立功"相等同。按，此句虽然只有简短七个字，却明确地讲出章氏对创立新学说的价值的高度重视，因而肯定其与立德、立功相等同。但"大梁本"也因顾虑所言异乎流俗之见，将"功德"二字改为"立功"。　[6]"其至焉者"以下五句：文章能达到极致的，通过叙事而道理就明白显示出来，通过说理而事情的规范也能知晓，这样主旨和立论不会偏差，文章就恰当地符合道了。至焉，达到很高造诣，极致。主，主旨。适（dí），专主，此指立论正确。《论语·里仁》："君子之于天下也，无适也，无莫也，义之与比。"朱熹注："适，专主也。"衷，正中不偏。　[7]"不知其故"以下三句：不明白前人成功的原故，而一味沉溺于堆砌华美的词藻，这样的人是不值一提的。按，此语同样为了矫正当时一些人撰写文章的不良倾向，很有针对性，而"大梁本"将本节之末"但溺于文辞之末，则害道已"句删掉。故，原故。但，只，仅。溺，沉溺。　[8]"夫无为之治而奏薰风"以下九句：在舜无为而治之时，奏起了愉悦的薰风乐曲，周文王有功于民，演奏《灵台》的欢庆乐章，孔子向琴师学弹琴，进入到庄严悠远的境界，仿佛遇见了周文王，曾点表达自己向往在沂水之旁沐风歌舞的心愿，受到孔子的赞许。这些恰恰说明，帝王治国达到最佳境界，圣贤人物修炼功德，并非没有悦目娱心、舒适欢畅的时刻，那又怎么能认为文章的写作和运用，就一定要去掉吟咏赞叹抑扬起伏的韵致呢！无为之治而奏薰风，薰风即和风，指夏初时的东南风。薰风之诗又称《南风》。据《孔子家语·辩乐解》载：舜弹五弦之琴，造《南风》之诗。其诗曰："南风之薰兮，可以解吾民之愠兮。南风之时兮，可以阜吾民之财兮。"薰，和煦。《灵台》之功而乐钟鼓，据《诗经·大雅·灵台》载，周文王受命而民归附，作灵台演奏乐章。弹琴遇文，据《史记·孔子世家》载，孔子向师襄子学琴，弹到肃穆悠远的境界，仿佛见到周文王。此曲遂命名为《文王操》。风雩（yú）言志，据《论语·先进》载，孔子与子路、曾皙、冉有等弟子闲谈，孔子让各人谈谈自己的愿望。轮到曾皙，他说我的愿望同别人有些不同，孔子说："何伤乎？亦各言其志也。"鼓励他讲出来。曾皙说："暮春者，春服既成，冠者五六人，童子六七人，浴乎沂，风乎舞雩，咏而归。"孔子很赞许他，说："吾与点也。"曾皙又名点，曾参的父亲，也是孔子学生。雩是古代祈雨的祭祀仪式。

子贡曰："夫子之文章[1]，可得而闻也。夫子之言性与天道，不可得而闻也。"盖夫子所言，无非性与天道，而未尝表而著之曰，此性此天道也。故不曰性与天道，不可得闻；而曰言性与天道，不可得闻也。所言无非性与天道，而不明著此性与天道者，恐人舍器而求道也。夏礼能言，殷礼能言，皆曰"无征不信"[2]，则夫子所言，必取征于事物，而非徒托空言，以为明道也。曾子真积力久[3]，则曰："一以贯之。"子贡多学而识[4]，则曰："一以贯之。"非真积力久与多学而识，则固无所据为一之贯也。训诂名物[5]，将以求古圣之迹也，而侈记诵者，如货殖之市矣。撰述文辞，欲以阐古圣之心也，而溺光采者，如玩好之弄矣。异端曲学，道其所道，而德其所德，固不足为斯道之得失也。记诵之学[6]，文辞之才，不能不以斯道为宗主，而市且弄者之纷纷忘所自也。宋儒起而争之，以谓是皆溺于器而不知道也。夫溺于器而不知道者[7]，亦即器而示之以道，斯可矣。而其弊也，则欲使人舍器而言道。夫子教人博学于文[8]，而宋儒则曰[9]："玩物而丧志。"曾子教人辞远鄙倍[10]，而宋儒则曰[11]："工文则害道。"夫宋儒之言，岂非末流良药石哉？然药石所以攻脏腑之疾耳。宋儒之意[12]，似见疾在脏腑，遂欲并脏腑而去之。将求性天，乃薄记诵而厌辞章，何以异乎？然其析理之精，践履之笃，汉唐之儒，未之闻也。孟子曰："义理之悦我心[13]，犹刍豢之悦我口。"义理不可空言也，

概括宋儒之过失，是舍器而言道、空谈性理而轻视事功；而可贵之处是析理至精，践履至笃。切中肯綮发人深省。突出地显示章氏见识之高，持论之公。

博学以实之，文章以达之，三者合于一，庶几哉周、孔之道虽远，不啻累译而通矣[14]。顾经师互诋，文人相轻，而性理诸儒，又有朱、陆之同异[15]，从朱从陆者之交攻，而言学问与文章者，又逐风气而不悟，庄生所谓"百家往而不反，必不合矣"[16]，悲夫！[17]

【注释】

[1] "夫子之文章"以下四句：见《论语·公冶长》。　[2] 无征不信：《论语·八佾》："子曰：'夏礼吾能言之，杞不足征也；殷礼吾能言之，宋不足征也。文献不足故也。足，则吾能征之矣。'"又《礼记·中庸》："上焉者，虽善无征，无征不信，不信民弗从。"　[3] "曾子真积力久"以下三句：《论语·里仁》："子曰：'参乎！吾道一以贯之。'……曾子曰：'夫子之道，忠恕而已矣。'"　[4] "子贡多学而识"以下三句：《论语·卫灵公》："子曰：'赐也！女以予为多学而识之者与？'对曰：'然。非与？'子曰：'非也。予一以贯之。'"　[5] "训诂名物"以下八句：解释古籍文字、考订古代名称器物，目的是借此探求古代圣贤的历史遗迹，可是夸大搜集材料作用的人，却像商贾摆摊卖货，就自感满足了。写文章运用词语，目的是借此阐明古代圣贤的思想，可是沉溺于华丽词藻的人却像玩耍者掉弄花样。迹，历史遗迹。侈，夸大。市，交易，做买卖。溺光采，沉溺于华美词语。玩好，指玩耍者。弄，技法，花样。　[6] "记诵之学"以下四句：搜集材料的学问和运用文辞的才能，都不能以我们重视的这个道作为归向，可是摆摊卖货和耍弄花样的人的种种做法，却忘记了其本来的目的。

宗主，众人仰望、归往的人。宗，尊崇，归往。所自，本来的出发点。　[7]"夫溺于器而不知道者"以下五句：对于沉溺于器而不理解道的人，本来应该结合着器而指明其中所包含的道，这样做就行了。而宋儒的弊病，则是要让人抛开器去讲道，抛开有形的事物去讲抽象的道理、法则。　[8]夫子教人博学于文：《论语·雍也》："子曰：'君子博学于文，约之以礼，亦可以弗畔矣夫！'"　[9]"而宋儒则曰"二句：朱熹、吕祖谦编：《近思录》卷二："明道先生以记诵博识为玩物丧志。"明道先生，指程颢。　[10]曾子教人辞远鄙倍：《论语·泰伯》："曾子言曰：'……所贵乎道者三：动容貌，斯远暴慢矣；正颜色，斯近信矣；出辞气，斯远鄙倍矣。'"倍，通"背"，指背理。　[11]"而宋儒则曰"二句：程颢、程颐《二程遗书》卷十八："问：'作文害道否？'曰：'害也，凡为文，不专意则不工。若专意，则志局于此，又安能与天地同其大也？《书》云：玩物丧志。为文，亦玩物也。'"　[12]"宋儒之意"以下六句：宋儒的意思，像是发现脏腑生病了，治病便要连同脏腑都去掉。为了探求性理、天命，便轻视搜集材料的功夫和排斥写作文章的技巧，这种做法难道有什么不同吗？性天，指宋儒最为重视的性理、天命等问题。　[13]"义理之悦我心"二句：语出《孟子·告子上》。刍豢，泛指家畜。　[14]不啻累译而通矣：无异于经过辗转翻译而通晓了。不啻，无异于。累译，经过多种语言辗转翻译。　[15]朱、陆：宋代理学以朱熹和陆九渊为代表分为两大学派。　[16]百家往而不反，必不合矣：语出《庄子·天下》。反，通"返"。　[17]按，本节主要论述学者不应盲目追逐风气，为了担负起究明大道的责任，应当把义理、考据、文章三者结合起来，并且摒弃宗派门户之见。

邵氏晋涵曰："是篇初出，传稿京师，同人素爱章氏文者皆不满意，谓蹈宋人语录习气，不免陈腐取憎，与其平日为文不类，至有移书相规诚者。余谛审之，谓朱少白（名锡庚。）曰：此乃明其《通义》所著一切创言别论，皆出自然[1]，无矫强耳。语虽浑成，意多精湛，未可议也。"

族子廷枫曰[2]："叔父《通义》，平日脍炙人口，岂尽得其心哉？不过清言高论，类多新奇可喜，或资为掌中之谈助耳。不知叔父尝自恨其名隽过多[3]，失古意也。是篇题目，虽似迂阔，而意义实多创辟。如云道始三人居室，而君师政教，皆出乎天；贤智学于圣人，圣人学于百姓；集大成者，为周公而非孔子，学者不可妄分周、孔；学孔子者，不当先以垂教万世为心；孔子之大，学《周礼》一言，可以蔽其全体；皆乍闻至奇，深思至确，《通义》以前，从未经人道过，岂得谓陈腐耶？诸君当日诋为陈腐，恐是读得题目太熟，未尝详察其文字耳。"

"名隽过多"很值得品味。又言《通义》以前，从未经人道过"，恰恰反映出章氏的话语体系多有新创。

【注释】

[1] 创言别论，皆出自然：此论表明邵晋涵对章氏学术确有见到的地方。所言"皆出自然"有两层含义：一为，指章氏探究道的本原，核心是论述因客观时势的推动而演进，"道出自然"；二为，章氏是为了阐述符合于客观时势需要的道理，"不能不有所

言"，不得已而言之。　[2] 族子：本族兄弟之子。　[3] 名隽：谓所用词语与众不同，涵义深刻。这是指章氏所用的话语体系颇多新创，与众人不同。明显地是对古人词语的发展，故自谦说"失古意也"。名，文字称名，引申为词语。隽，特出，出名，意味深长。

【点评】

章学诚精心撰写的《原道》三篇围绕道的诸多重要问题作了深刻的阐释，三篇逐步推进，各篇结构完整而又互相联贯，堪称是乾嘉时期历史哲学领域的瑰玮篇章。此《原道下》篇精辟地论述了一系列极具启发意义的重要问题：道是客观事物演进的法则，不存在诸子百家各自标榜、互相独立的道，后世研经者不懂得"即器而言道"，结果客观标准被遮蔽了，学者见解歧出，大道愈隐；若要求道，需贯通六经，不能孤立地限制于一经之局部，专攻一经则只得一隅之见，未能窥见古人之全体；道并非悬空存在，非固定不变，六经的记载反映了古代圣人对道的体认，六经当然不能穷尽道，历史变化了，客观事势已大不相同了，立言之士必须总结出新的道，这才符合历史的实际、认识的真谛，也是当代学者必须自觉担当的责任；批评佚言记诵者如商贾摆摊，追求文辞者则徒炫华丽的色彩，二者都忘记了求道的根本；治学的正途应当是义理、考据、文辞三者互相综合，而以义理的阐释为主导（"宗主"）；宋儒空谈性理，其弊病与佚言考据和溺于文辞并无不同，但宋儒的长处是析理甚精，践履甚严，这是应当予以肯定和发扬的。

在当时的学术环境中，章学诚确实是见识远大的特立独行者。如邵晋涵附言中所说，《原道》篇撰成后，同人"皆不满意"，贬责为"不免陈腐取憎"。但他毫不气馁，相信其论述具有重要的价值，"其所发明，实从古未凿之窦"，正由于其意志坚定，才为我们留下宝贵的学术文献。对于"义理"与"文辞"二者的关系，他所持的辩证态度对我们也很有启发。他反对溺于文辞，而主张撰述应服务于探求义理。宋儒认为"工文则害道"，他则明确主张"义理不可空言也，博学以实之，文章以达之，三者合于一"。并以孔子与弟子"风雩言志"等典故，证明古代圣贤恰恰主张写文章应恰当运用"咏叹抑扬之致"。他本人重视理论的创新，又重视写作的文采，恰当地安排层次、结构，又精心锤炼字句，讲究运用修辞手法，因而做到妙理佳句，联翩而出，使读者心服其说理，又欣赏其文采，不由得反复吟咏。如言："古者道寓于器，官师合一，学士所肄，非国家之典章，即有司之故事，耳目习而无事深求，故其得之易也。后儒即器求道，有师无官，事出传闻，而非目见，文须训故而非质言，是以得之难也。夫六艺并重，非可止守一经也；经旨闳深，非可限于隅曲也。……而不知特为一经之隅曲，未足窥古人之全体也。"连用多组排比句，作对比分析，得出固守一经之局部而失去古人学说之大旨的结论，正中当时烦琐考证风气的要害。又如："文章之用，或以述事，或以明理。事逆已往，阴也。理阐方来，阳也。其至焉者，则述事而理以昭焉，言理而事以范焉，则主适不偏，而文乃衷于道矣。"连用三组简练而精致的排比句，揭示两种文体的不同功用，以及如何达到"衷于道"的理想境界。再如："夫子教人博学于文，而宋儒则曰：'玩物而丧志。'曾子教人辞远鄙倍，而宋儒则曰：'工文则害道。'夫宋儒之言，岂非末流良药石哉？然药石所以攻脏腑之疾耳。宋儒之意，似见疾在脏腑，遂欲并脏腑而去之。将求性天，乃薄记诵而厌辞章，何以异乎？"则巧妙地运用引用、排比、比喻、反诘等修辞手法，有力地针砭宋儒因走向极端、离器而言道、空言性理的严重弊病，用字不多而说理深刻，笔势畅达。读着这样的充满睿思而又具有堪称完美的表现形式的文章，我们很自然地会联想到《世说新语·言语》篇所言"从山阴道上行，山川自相映发，使人应接不暇"（东晋王献之语）的境界。

"良史必工文。"中国古代史家有运用凝练、优美、生动的语言以叙事、说理的优良传统，章学诚是这一传统的出色实践者，这也是这部名著的显著特色。

原学上

《易》曰：“成象之谓乾[1]，效法之谓坤。”学也者[2]，效法之谓也。道也者[3]，成象之谓也。夫子曰：“下学而上达[4]。”盖言学于形下之器，而自达于形上之道也。士希贤，贤希圣，圣希天[5]。希贤希圣，则有其理矣。“上天之载[6]，无声无臭”，圣如何而希天哉？盖天之生人，莫不赋之以仁义礼智之性，天德也[7]；莫不纳之于君臣、父子、夫妇、兄弟、朋友之伦，天位也[8]。以天德而修天位，虽事物未交隐微之地[9]，已有适当其可，而无过与不及之准焉，所谓成象也。平日体其象，事至物交，一如其准以赴之，所谓

开篇提出“学习就是效法”的命题，并且置之“道就是成象”之前，正寄托了章氏之深意所在。

效法也。此圣人之希天也，此圣人之下学上达也。伊尹曰："天之生斯民也[10]，使先知觉后知，使先觉觉后觉也。"人生禀气不齐，固有不能自知适当其可之准者，则先知先觉之人，从而指示之，所谓教也。教也者，教人自知适当其可之准，非教之舍己而从我也。故士希贤[11]，贤希圣，希其效法于成象，而非舍己之固有而希之也。然则何以使知适当其可之准欤？何以使知成象而效法之欤？则必观于生民以来[12]，备天德之纯而造天位之极者，求其前言往行，所以处夫穷变通久者而多识之，而后有以自得所谓成象者，而善其效法也。故效法者，必见于行事。《诗》《书》诵读，所以求效法之资，而非可即为效法也。

语句极精警。赞同诵习《诗》《书》是效法古圣人的凭借、途径，又强调它并非学习的全部内容。"效法"对于体认"道"，更有重要的意义。

【注释】

[1]"成象之谓乾"二句：语出《周易·系辞上》。 [2]"学也者"二句：学习，就是《系辞》中所讲的效法。上一篇《原道》讲"道出自然"和不断演化发展，本篇讲必须正确解决学习的内容和方法，才能达到对"道"有深刻的体认和恰当的把握。由于要强调"学"对于体认"道"的重要，故此将这一命题提到前面来阐发。 [3]"道也者"二句：事物演进的道理、法则的"道"是通过事物的形象和实在内涵来体现的。《系辞上》《正义》对"成象之谓

乾"解释曰:"谓画卦成乾之象,拟乾之健,故谓卦为乾也。"指明通过六十四卦不同的卦形来象征天地间事物的变化,更寓涵生生不息、刚健自强的发展动力。　[4]下学而上达:《论语·宪问》:"子曰:'不怨天,不尤人,下学而上达,知我者其天乎!'"朱熹注引程子曰:"学者须守下学上达之语,乃学之要。盖凡下学人事,便是上达天理,然习而不察,则亦不能以上达矣。"指明必须通过学习具体的事物去体会道理,又须重视"体察"的功夫。　[5]圣希天:指圣人希望深刻把握天地万物演化、运行的道理、法则。希,仰慕,希望达到。　[6]"上天之载"二句:语出《诗经·大雅·文王》。臭(xiù),气味。　[7]天德:语出《礼记·中庸》:"苟不固聪明圣知,达天德者,其孰能知之?"指天生之德性,即仁、义、礼、智。　[8]天位:语出《孟子·万章下》:"弗与共天位也。"原意指自然地形成的等级爵位。章氏借以言社会等级结构和伦理道德。　[9]未交隐微之地:指对遇到的事物尚未达到洞悉其中隐蔽、微妙的道理。交,接合,达到,遇到。　[10]"天之生斯民也"以下三句:语出《孟子·万章上》。　[11]"故士希贤"以下四句:因此士人仰慕贤者,贤者仰慕圣人,是仰慕他如何从事物外在形象的变化去体认道理、法则,而不是抛弃本人所原有的才识那样的不恰当的仰慕。既要努力学习更新、更高明的知识、本领,同时不抛弃本人所原有的才识、特质,这是章氏对待修身、处事、治学独具特色的重要主张。　[12]"则必观于生民以来"以下六句:就必须认真考察自有民众以来,那些具备天生的纯粹的德性、并且达到自然形成的社会等级结构顶点的古圣人,探究他们如何处于历史的困境却又找到了变革办法、实现了长久的兴盛,总结他们的言论、行动,学习其智慧、经验,然后本人确实体认到事物演进的道理、法则,这样才能做到善于效法古圣人的榜样。前言往行,语出《周易·大畜·象传》:"君子以多识前言往行,以畜其德。"畜,同"蓄"。

　　然古人不以行事为学，而以《诗》《书》诵读为学者，何邪？盖谓不格物而致知[1]，则不可以诚意，行则如其知而出之也。故以诵读为学者[2]，推教者之所及而言之，非谓此外无学也。子路曰[3]："有民人焉，有社稷焉，何必读书，然后为学？"夫子斥以为佞者[4]，盖以子羔为宰，不若是说，非谓学必专于诵读也。专于诵读而言学，世儒之陋也。

【注释】

[1]"盖谓不格物而致知"以下三句：这是说，如果不通过诵习《诗》《书》、穷究事物的原理而获得知识，做出的行为就像他所体认的毫不走样。格物而致知，语出《礼记·大学》："欲诚其意者，先致其知。致知在格物。"朱熹《补注》云："所谓致知在格物者，言欲致吾之知，在即物而穷其理也。"按，章氏阐明诵习《诗》《书》的重要目的，正在于从中总结出古圣人如何做到"穷变通久"的实践经验。　[2]"故以诵读为学者"以下三句：因此讲诵习《诗》《书》是学习，是列举教师教学所应包括讲到的内容，并不是就除此之外再无其他学习内容了。推，拿出，列举。　[3]"子路曰"以下五句：《论语·先进》："子路使子羔为费宰。子曰：'贼夫人之子！'子路曰：'有民人焉，有社稷焉，何必读书，然后为学？'子曰：'是故恶夫佞者！'"子路，孔子弟子，春秋末期鲁人，名由，一字季路。在孔门"四科"中，他擅长"政事"，又性格率直，勇而有信。曾任季孙氏之宰。随孔子

周游列国，任卫国大夫孔悝之宰。后在卫国内乱中，为遵守礼法，在交战中停手结缨，遭攻击而死。子羔，孔子弟子，春秋时期卫人（一说齐人），曾任卫国士师，掌管刑狱。后任鲁国费邱等三邑之宰。宰是春秋时期卿大夫采邑或县一级长官。贼，伤残，伤害。这里指损害。佞，本意为用花言巧语谄媚人，此指巧语利舌掩饰自己过错。　[4]"夫子斥以为佞者"以下四句：老先生之所以斥责子路所言是巧语利舌以掩饰己非，是因为前面子路提出使子羔为宰而并未这样严斥，有意识前后作个对比，正以此证明学习并不只限于诵读书本。按，章氏引用《论语》中"使子羔为宰"这一典故进行阐释，很有深意。是讲：子羔在诵读《诗》《书》方面有欠缺，因此孔子批评说"让他任邑宰会害了人家子弟"，还只是就事情本身而论；但对后一事，在孔子则严厉训斥子路的表现是"佞"，是属于品德上的大毛病。二者相对比，说明诵习经书固然重要，但在实际处事上的表现如何则更加重要！而修养、行事的提高则主要依靠"效法"。

【点评】

《原学》篇撰于乾隆五十四年（1789），与《原道》同时，同样代表了章氏成熟的学术见解，章氏本人对此篇如同对《原道》篇一样的重视，故在《与陈鉴亭论学》中曰："《原学》之篇，即申《原道》未尽之意。以其学而不思，为俗学之因缘；思而不学，为异端之底蕴，颇自喜其能得要领。"显然此篇是对《原道》篇理论主张的补充和发展，需要将两篇联系起来理解。

本篇主旨是：必须正确解决学习的内容和方法，强调从"行事"中学习，才能达到对"道"有深刻的体认和恰当的把握；同时严肃地贬责"专于诵读而言学"的不良学风。章氏借用《周易》的说法提出命题：客观事物的演化（借用《周易》中的"成象"来指称）其中蕴涵着"道"（法则性），如何体认和把握"道"的方法就是"效法"。"效法"就必须依赖于体察客观事物的演进，而不能悬空进行。此乃是问题之关键。"下学"（普通人）要"上达"（达到体认、把握道），就必须通过客观事物（"器"），即器而体认道。圣人如何能够掌握事物运行的法则呢？就是凭借人认识事物的能力、人类向上的努力（"天德"），去体察人间事物、等级制度、社会秩序等，去把握客观存在的"适当其可，而无过与不及"的标准。必须明确把握这一点，"圣人体道"就不神秘了，人们要如何"效法"也就可以清楚地认识了，"下学而上达"的道理也就明白无疑了。这是章氏论证的第一层，提出命题，阐发基本观点。以下又进一层，针对长期以来士林中存在的认识误区，有力地申明，固然人们的认识能力有高有低，对事物真知的认识有早有迟，但人们却都有天生的认识能力和向善向上的品性，因此，施教者的任务是开导与启发，提高人处理事务"适当其可"的能力，而不是使人死背教条、墨守成规。应当让人发挥独立思考，保持自己的特点和优势，而不是舍弃个人特长，刻板服从。对于如何学习古圣人，则应强调学习应从"求其前言往行"中，是怎样做到顺应时势而实现"穷变通久"，这样做就是"效法"，学习其怎样行事，怎样进行变革，怎样开出新路。这样的学习，才真正把握了"道"的神髓，而像《原道》篇所说："事变之出于后者，六经不能言，固贵约六经之旨，而随时撰述以究大道也。"针对当时弥漫士林的轻视行事（即实践）、醉心于烦琐考据和空谈性理的严重痼疾，章学诚大声疾呼："故效法者，必见于行事。《诗》《书》诵读，所以求效法之资，而非可即为效法也。"实有振聋发聩的力量！最后一层，是回应和总结，引了《论语》中的两则典故，证明诵习经书仅是学习的一种途径，而在实际处事上做得怎样则更加重要，这就必须靠学习"行事"，来达到提高道德修养和治国理政能力的目的。明乎此，就应当自觉地摒弃不良学风，真正从"行事"中学习，担负起总结"道"的时代责任，并警醒自己："专于诵读而言学，世儒之陋也。"本篇确是内容精粹之作，其创新的观点，清晰严密的论证层次，发人深省的辩证分析，和其理论主张的鲜明针对性，都值得我们反复体味。

原学下

以极其简洁明了的文字，概括早先的奖励儒术如何走向反面，直至乾嘉当日三种不良学术倾向又是如何形成，足证章氏深能把握学术变迁的内在规则性，而又包含辩证的哲理。

诸子百家之患[1]，起于思而不学；世儒之患，起于学而不思；盖官师分而学不同于古人也。后王以谓儒术不可废，故立博士，置弟子[2]，而设科取士[3]，以为诵法先王者劝焉[4]。盖其始也，以利禄劝儒术，而其究也[5]，以儒术徇利禄，斯固不足言也。而儒宗硕师，由此辈出，则亦不可谓非朝廷风教之所植也[6]。

【注释】

[1]"诸子百家之患"以下四句：章氏以孔子所言作为立论依据，按其见解，诸子百家有许多不符合儒学标准的，即属于"思而不学则殆"；而其重点是放在针砭世俗儒生只是诵习典籍，而不善于思考，结果是兼收杂陈，失去治学的正确方向，而此项正是

本篇要评析的问题。思而不学，与下文"学而不思"均出于《论语·为政》。原文作："子曰：'学而不思则罔，思而不学则殆。'"意谓：只是读书，却不思考，就会迷茫杂收、不知别择；只是空想，却不读书，就会只凭臆测、导致乖误。罔，迷惑，此指迷茫不知抉择。殆，危险，不安，此指乖误。 [2]立博士，置弟子：始于汉武帝。《汉书·儒林传·赞》："自武帝立五经博士，开弟子员，设科射策，劝以官禄，讫于元始，百有余年，传业者浸盛，支叶蕃滋，一经说至百余万言，大师众至千余人，盖禄利之路然也。" [3]设科取士：唐代开始创设的制度，分秀才、明经等多种科目取士，谓之"科举"。其后宋用帖括，明清用八股试士，亦沿用称为科举。 [4]以为诵法先王者劝焉：以此作为对诵习儒家经典者的勉励。先王，此指记载三代先王治国制度和功绩的儒家经典。劝，勉励，提倡。 [5]"而其究也"二句：而到了终极，却把诵习、解释六经作为追逐利禄的手段。究，终极。徇，曲从，追求。 [6]植：培植，指由于朝廷的提倡、教喻所培植的结果。

夫人之情，不能无所歆而动[1]，既已为之，则思力致其实，而求副乎名。中人以上[2]，可以勉而企焉者也。学校科举[3]，奔走千百才俊，岂无什一出于中人以上者哉？去古久远[4]，不能学古人之所学，则既以诵习儒业，即为学之究竟矣。而攻取之难，势亦倍于古人，故于专门攻习儒业者[5]，苟果有以自见，而非一切庸俗所可几，吾无责焉耳。学博者长于考索，侈其富于山海，岂

"侈其富于山海""矜其艳于云霞"两句,是章氏对当日沉溺于空疏学风两种类型的严肃批评,切中要害,立言有据,且又形象生动、对偶和谐。但"大梁本"却将之删掉,不但有损于生动协调,致使文章大为逊色,而且相比之下见识之高下立见!

非道中之实积[6]?而骛于博者[7],终身敝精劳神以徇之,不思博之何所取也。才雄者健于属文,矜其艳于云霞,岂非道体之发挥?而擅于文者,终身苦心焦思以构之,不思文之何所用也。言义理者似能思矣,而不知义理虚悬而无薄[8],则义理亦无当于道矣。此皆知其然,而不知所以然也。程子曰:"凡事思所以然[9],天下第一学问。"人亦盍求所以然者思之乎?

【注释】

[1]歆:羡慕。 [2]中人以上:中等智力以上。 [3]"学校科举"以下三句:众多奔走于科举考试的才学之士中,难道没有少数优秀者从中等才质以上的人中涌现出来吗?什一,十中取一,此指其中的少数人,非确数。 [4]"去古久远"以下四句:指世俗儒生埋头读书,竟将诵习六经当作学习的终极目标和学问的全部。章氏指出此项正是造成空疏不切实际的学风流弊的根源。究竟,穷极,终止。 [5]"故于专门攻习儒业者"以下四句:因此对于那些专门刻苦研习儒学著作的人,如果确实有能够显示出独到见解,而不是那班庸俗儒生所能相比照者,我是不会加以责备的。自见,本人独到之见。几,相近,可相比照。焉,之,此指前"果有以自见"者。耳,语气词,相当于"矣"。 [6]实积:指学问的切实积累。 [7]骛:追求。 [8]薄:附着,依附。 [9]"凡事思所以然"二句:此是章氏对宋代理学家程颢言论的概括。程颢、程颐《二程粹言》卷一《论学篇》曰:"善学者,当求其所以然之故,不当诵其文,过目而已也。"

天下不能无风气，风气不能无循环，一阴一阳之道，见于气数者然也[1]。所贵君子之学术[2]，为能持世而救偏，一阴一阳之道，宜于调剂者然也。风气之开也，必有所以取，学问、文辞与义理，所以不无偏重畸轻之故也[3]。风气之成也[4]，必有所以敝，人情趋时而好名，徇末而不知本也。是故开者虽不免于偏[5]，必取其精者，为新气之迎；敝者纵名为正，必袭其伪者，为末流之托。此亦自然之势也。而世之言学者，不知持风气[6]，而惟知徇风气，且谓非是不足邀誉焉，则亦弗思而已矣。

【注释】

[1]气数：原指季节和节气，亦指迷信说法的运气、命运。此指社会风气、学术风气之变迁。　[2]"所贵君子之学术"以下四句：应该表彰的有修养的人对待学术的态度，就是当着风头正盛的时候坚持正确的方向，挽救偏差的弊病，懂得把握一种倾向取代另一种倾向的规律性，适当做出调整、应变。持世，在世事纷扰、议论庞杂之中坚持正确态度。者然，语助词，指上述持世而救偏、掌握一阴一阳之道的态度。　[3]畸（jī）轻：偏于轻。畸，不居中，偏于（重或偏于轻）。　[4]"风气之成也"以下四句：风气一旦盛行了，其中必定存在弊病，人的常情是赶着时髦、希望出名，在这种情形下就曲从于末流而忘记学术的本原了。敝，坏，

破败。此指弊病。　[5]"是故开者虽不免于偏"以下六句：因此说，风气开始形成时，虽然其中可能隐藏着后来会出现的偏向，但有识见的人必定会把握其最有价值的精华，主动迎接来开创新的时代风气；等到风气盛行出现弊病了，纵然依旧顶着原先正确的名目，守旧者必然沿袭其中陈腐的东西，作为甘当末流、苟且从事的依据。按，这些议论正证明章氏对当日考证学风盛行背后存在严重弊病有着难能可贵的清醒认识。　[6]持风气：清醒对待士林中盛行的风气，洞察其中存在的弊病，坚持正确态度。按，"持风气"与"徇风气"，是章氏痛感于学术界存在着烦琐考证风气的严重积弊而总结出来的一对命题，借此呼唤士人回到"学术经世"、推进有利于社会和学术的"道"的正确道路。内涵深刻，切中时弊。

【点评】

本篇文章不长，但它又是一篇出色显示章学诚的卓荦见识和可贵学术担当精神的重要文献。《原学上》篇要旨是：对于"学"，必须破除长久以来形成的根深蒂固的认识误区，要建立起通过"行事"来学习，总结古圣人如何做到"穷变通久"的实践，这样才能体认"道"，发展"道"。本篇则顺理成章地重点评论当代的学术风气，他指出：应当洞察学术风气的变迁存在着"风气之开也，必有所以取""风气之成也，必有所以敝"的规律性。他以罕见的魄力，尖锐地批评当时离开学问真谛的三种不良倾向：沉溺考据、夸为文辞、耽于性理空谈。强调君子所贵学术，在于持世而救偏，在滔滔潮流中坚持正确方向。当时考证学风处于极盛，他被视为"异类"，本篇不啻是章氏顶着巨大压力下写成的本人学术宣言书。

本篇文字看似简约、质朴，实则寓含着深刻的洞察力和睿智的辩证思维。他所面对的情形是考证之学如日中天，争相搜求、排比资料，考订枝节问题，人人乐此不疲，认为这就是学问的终极目标，至于学术的大方向，社会发展的经验教训，"道"的揭示和推进，都被弃置脑后。章学诚看到问题的症结，看到流行学风中存在的严重积弊，他呼吁必须回到学术的正途。即便承受巨大的压力，他也无所避忌，而敢于昌昌大言，讲出烦琐考证学风的严重积弊和救治的办法。本篇乃是他精心构撰而成，将历史教训的总结、精深的哲理、利害的分析，浓缩于简练的文字之中，而且议论精辟，逐层递进。第一层，首先提出世儒之患，起于学而不思，致使不知别择、失去方向的论题。总结古代提倡儒术、本欲讲求先王治国理政之大经大法，结果俗儒却把儒术作为追逐利禄的工具，造成严重的教训。第二层，是论述的重点。先申明历代学习儒术者确有才俊之士，能够有自得之见，而非庸俗者之可比，这是好学且勤于思的人物。而严肃批评当前学风出现的严重积弊，有的醉心于烦琐考证，有的将文辞华美作为夸耀的手段，有的则空悬义理、不与民生日用相结合。这些空疏浮泛的风气为患日久，都违背了为学的初心，都阻碍实现"究明大道"的任务，必须大力矫正。第三层，根据上述论证，得出"所贵君子之学术，为能持世而救偏"的重要结论。面对浮泛学风滔滔于世，学者必须明白"风气之开也，必有所以取""风气之成也，必有所以敝"的学术变迁规律，破除"人情趋时而好名"的陋习。勇于自觉地"持风气",有效地摒弃"徇风气"。全篇首尾贯通,一气呵成,具有深刻的说服力。

本篇把气势充沛地阐释道理与结构层次、文章技巧二者完美地相结合,这也是希望有力地矫正时弊、引起士林重视而采取的手法。如第二段中所申论:"学博者长于考索,侈其富于山海,岂非道中之实积?而骛于博者,终身敝精劳神以徇之,不思博之何所取也。才雄者健于属文,矜其艳于云霞,岂非道体之发挥?而擅于文者,终身苦心焦思以构之,不思文之何所用也。"语句警策,说理深刻,而且运用排比、对偶句式,譬喻生动,状写被批评的对象,可谓入木三分。这样写,更能引起士人的重视和醒悟,增强文章的感染力。

博约上

沈枫墀以书问学^[1]，自愧通人广座^[2]，不能与之问答。余报之以学在自立，人所能者，我不必以不能愧也。因取譬于货殖^[3]，居布帛者，不必与知粟菽，藏药饵者，不必与闻金珠；患己不能自成家耳，譬市布而或阙于衣材，售药而或欠于方剂，则不可也。或曰：此即苏子瞻之教人读《汉书》法也^[4]，今学者多知之矣。余曰：言相似而不同，失之毫厘，则谬以千里矣。

重视为学贵有独到之见、别识心裁，反对随波逐流、人云亦云，是章氏的一贯见解，他不仅以此自励，亦以此教人。

【注释】

[1] 沈枫墀：名在廷，乾隆举人。其父沈业富，号既堂，乾隆进士。乾隆三十年（1765）章学诚至京师，应顺天乡试，沈业富

时任分校考官，欣赏章学诚试卷，向主考官举荐，未能中榜。沈极惋惜，因器重之，聘为家庭教师，故此后沈枫墀屡有书信向章学诚请教。章学诚在撰写此文之前后写有《答沈枫墀问学》及《答沈枫墀书》，内容均与申论此篇之宗旨相关。 [2]通人：知识广博、议论宏通的人。 [3]"因取譬于货殖"以下九句：因而拿做生意作比方，从事卖布匹丝绸的人，不须要知道粮食的行情，卖药的人，不须要了解金银珠宝的事，你只要操心自己能不能成为行家就够了。再譬如卖布匹却每每缺乏缝制衣服的材料，卖药品却时时缺乏病人需要的药材制品，那样就不允许了。 [4]苏子瞻：苏轼，字子瞻，北宋文学家，史论家。神宗时初任祠部员外郎，密州、徐州等地知州，后官至礼部尚书，中间又两度受贬至黄州及惠州、儋州。与父苏洵、弟苏辙合称"三苏"。其文汪洋恣肆，明白畅达，为"唐宋八大家"之一，又以诗词、书法著名。

或问苏君曰[1]："公之博赡，亦可学乎？"苏君曰："可，吾尝读《汉书》矣，凡数过而尽之。如兵、农、礼、乐，每过皆作一意求之，久之而后贯彻。"因取譬于市货，意谓货出无穷，而操贾有尽[2]，不可不知所择云尔。学者多诵苏氏之言，以为良法，不知此特寻常摘句，如近人之纂类策括者尔[3]。问者但求博赡，固无深意。苏氏答之，亦不过经生决科之业[4]，今人稍留意于应举业者，多能为之，未可进言于学问也。而学者以为良法，则知学者鲜矣[5]。夫学必有所专，苏氏之意，将以班书为学欤？则终身不能竟其业也，岂数过可得而尽乎？将以所求之礼、乐、兵、农为学欤？则每类各有高深，又岂一过所能尽一类哉？就苏氏之所喻，比于操贾求货，则每过作一意求，是欲初出市金珠，再出市布帛，至于米粟药饵，以次类求矣。如欲求而尽其类欤？虽陶朱、猗顿之富[6]，莫能给其贾也。如约略其贾[7]，而每种姑少收之，则是一无所成其居积也。苏氏之言，进退皆无所据，而今学者方奔走苏氏之不暇，则以苏氏之言，以求学问则不足，以务举业则有余也。举业比户皆知诵习，未有能如苏氏之所为者，偶一见之，则固矫矫流俗之中[8]，人亦相与望而畏之，而其人因以自命，以谓是学问，非举业也，而不知其非也。苏氏之学[9]，出于纵横，其所长者，揣摩世务，切实近于有用，而所凭以发挥者，乃策论也。策对必有条目，论锋必援故实，苟非专门夙学[10]，必须按册而稽，诚得如苏氏之所以读《汉书》者尝致力焉，则亦可以应猝备求[11]，无难事矣。

此申明"夫学必有所专"，应作为终身的事业，分门类读《汉书》之法，只可作为应考和临文撷拾之用。

【注释】

[1]"或问苏君曰"以下十句：此见于杨慎《丹铅余录》卷十所言："尝有人问于苏文忠公（苏轼谥号文忠）曰：'公之博洽可学乎？'曰：'可。吾尝读《汉书》矣，盖数过而始尽之。如治道、人物、地理、官制、兵法、货财之类，每一过专求一事，不待数过，而事事精核矣。'"   [2]操贾：手里掌握的资金。贾，同"价"（下同），指市场价格或商家资金。   [3]纂类：区分门类纂辑有关资料。策括：指士人为科举备考所编辑的材料。策，对策。括，帖括。   [4]经生决科：应考士子对付科举考试。经生，为应考熟读经书的士子。   [5]鲜（xiǎn）：少。   [6]陶朱、猗顿：陶朱即范蠡，春秋末期楚人。先入越，助越王勾践灭吴。后游齐，至陶（今山东定陶），改名陶朱公，因善于经商而致富。《史记·货殖列传》《集解》引《孔丛子》："猗顿，鲁之穷士也，耕则常饥，桑则常寒。闻朱公富，往而问术焉。朱公告之曰：'子欲速富，当畜五牸。'于是乃适西河，大畜牛羊于猗氏之南，十年之间，其息不可计。赀拟王公，驰名天下。以兴富于猗氏，故曰猗顿。"后世以陶朱公、猗顿譬喻巨富。   [7]"如约略其贾"以下三句：如果大约根据掌握的资金，对每种货物都少量收购，结果就是没有一种货物能够形成积贮的规模。   [8]则固矫矫流俗之中：那就在平常人群中显得很特出了。固，本来，此用作加重语气。矫矫，翘然出众貌。流俗，此指平常人群。   [9]"苏氏之学"二句：苏轼的文章风格，是从战国时从事合纵、连横的谋士苏秦、张仪学来的。苏、张用说词打动列国君主，其手法是专就某一事项作夸张陈说，极言其利害，反复博辩，以怂动人君之心，使之采纳自己的主张。故刘师培《论文杂记》云："子瞻之文，以粲花之舌，运捭阖之词，往复卷舒，一如意中所欲出，而属词比事，翻空易奇，纵横家之文也。"自注："子瞻之文，说理多未确，惟工于博辩，层出不穷，

皆能自圆其说，于苏、张之学殆有得也。"[10]专门夙（sù）学：平素专门研习。夙学，素常专攻，亦指饱学之士。 [11]应猝（cù）备求：为应对考试临场需要准备好资料。猝，突然，出其不意。

韩昌黎曰[1]："记事者必提其要[2]，纂言者必钩其玄。"钩玄提要，千古以为美谈，而韩氏所自为玄要之言，不但今不可见，抑且当日绝无流传，亦必寻章摘句，取备临文撷拾者耳[3]。而人乃欲仿钩玄提要之意而为撰述，是亦以苏氏类求[4]，误为学问，可例观也[5]。或曰：如子所言，韩、苏不足法欤？曰：韩、苏用其功力，以为文辞助尔，非以此谓学也。

强调应区分韩、苏两大家的功力与学问之所在，值得深思！

【注释】

[1]韩昌黎：韩愈，字退之，又称昌黎先生，唐代文学家、思想家。幼孤而苦学，尽通六经百家之学，擢进士第。以行军司马随裴度讨淮西军，以功升任刑部侍郎。次年因谏阻宪宗迎佛骨，贬为潮州刺史。穆宗即位，召回任国子祭酒、兵部侍郎。著有《昌黎先生集》。在文学上与柳宗元一同倡导古文运动，力反六朝骈偶文风。为文富有创新气象，气势雄健，被列为"唐宋八大家"之首。 [2]"记事者必提其要"二句：语出韩愈《进学解》。 [3]取备临文撷（zhí）拾者耳：只是拿来预备撰文时摘用而已。撷拾，摘取，拾用。 [4]类求：分类摘录备用。 [5]例观：比照看待，视为相同类型。例，比照。

【点评】

本篇撰写的时间和环境与《原道》篇、《原学》篇等相同，系同在安徽太平使院。其学术主旨亦与上述篇章有着紧密的逻辑联系。本篇论述"博"与"约"的关系，不应理解为通常意义的有关学习的方法、步骤或以何者为重点的问题，而实际上是直接针对当时流行的学风问题。面对当日学者们终日埋头于细小问题考证的风尚，章学诚看得更为长远，他也肯定考证之学自有其价值，但他强调更应当"思其所以然"，考察学术演变和社会生活演进的规则性问题，把握学术的方向。这就需要发挥独立思考的精神，贵有自得之见；同时要选择与自己性情相近、能够发挥本人专长的领域，作长期的深入钻研，提出系统、深刻的见解，成为专家。因此切忌盲目地跟着风气跑，跟着别人亦步亦趋。而应当树立自主意识，重视别识心裁，使整个学坛形成各具特色、勇于创造的风气。本篇的主旨是，借回答沈枫墀所困惑的问题，论述为学所重在于有独得之见，不应当盲目追逐风气，要通过长期努力使自己成为专家。对于当时被人过于夸大的苏轼读《汉书》法，章氏如实地指出它实际上是类求待问之资，分类搜集材料以备用，而并非学问。叶瑛先生所言章学诚撰写本篇意图的一段话，对我们很有启发："按实斋论学，以为必习于事而后乃能经世而致用。然博综须归乎自得，从入多本于情性，性有所偏，则所长不能兼备，极其所致，则以专家为归，故曰：'道欲通方，而业归专一'，此《博约》所为作也。"（《文史通义校注》，《博约上》注1）

　　放在当时学术背景下考察，更能体会到：本篇所论为学贵在自立，贵在独创，贵在成为专家，应当对流行的学术风尚保持清醒的态度，应当革除醉心于枝枝节节、离开"学术经世"大道的积弊，形成重视理论创造、争相"究明大道"的良好风气，由于论题深刻，又极具时代感，因此在章氏学术思想体系中确实占据着重要地位。正因为章氏充分地认识到这些论题关系重大，故此在他撰写本篇之前和其后，又特意写有两篇书简，我们联系起来研读，对上述问题就会有更透彻的理解。其一是《答沈枫墀论学》，作于乾隆五十四年（1789）十一月，是章氏在赴太平使院之前写于安徽亳州，信中对学之所重在于本人应有独到之见，道应于"万事万物之所以然"中求之，学问应从本人性情之所近者入手，经过"博览""习试""旁通"等阶段，最后找到适合自己的领域；然后究心探索、逐步取得进境，应力戒追逐当世风尚、对于不适合自己特性者勉强为之等项，均有中肯的阐发。其论云："足下所问节目虽多，其要则可一言而蔽，曰：学以求心得也。""足下欲进于学，必先求端于道。道不远人，即万事万物之所以然也。道无定体，即如文之无难无易，惟其是也。人生难得全才，得于天者必有所近，学者不自知也。博览以验其趣之所入，习试以求其性之所安，旁通以究其量之所至，是亦足以求进乎道矣。""人生有能有不能，耳目有至有不至，虽圣人有所不能尽也。立言之士，读书但观大意。专门考索，名数究于细微。二者之于大道，交相为功，殆犹女余布而农余粟也。"沈枫墀得书后又提出问题请教，遂引起《博约上》篇的写作。

章氏深知阐释这些道理，不仅关乎沈枫墀一人为学之进境，更是有关辨明治学方向的问题，于是又有另一篇《又答沈枫墀》继续解答。后一信中进一步告诫切不可浮泛博杂、有如江湖游士，而须切实做到"反求诸己"，通过钻研获得真知灼见。并提出"学欲其博，守欲其约"的治学要领，曰："足下自谓通人广座不能与之问答，因而内愧，此由自信未真，不免气夺于外也。人心不同如面，彼有所能而吾不解，情理之常，何足愧哉？但学人必有所以自恃，如市廛居货，待人求索，贵于不匮，不贵兼也。居布帛者不必与知米粟，市陶冶者不必愧无金珠。是以学欲其博，守欲其约。学而不博，是货乏而不足应人求也。守而不约，是欲尽百货而出于一门也。"两封书信所论均切中肯綮，足与《博约》篇互相发明。

苏轼是文章高手和渊博学者，其教人读《汉书》之法，自宋代以后广为流传，甚至被夸大为读书之"秘诀"。而章学诚所重是治学在某一领域成为有系统、精深见解的专家。因为"夫学必有所专"，他提出质疑："苏氏之意，将以班书为学欤？……又岂一过所能尽一类哉？"因此认为苏氏之法仅是下功夫分类熟悉材料而已，只可作为应考和临文摭拾之用。韩愈也是著名人物，所言"提要钩玄"，也千古传为美谈，但章氏也提出质疑："韩氏所自为玄要之言，不但今不可见，抑且当日绝无流传。"由此指出，对韩、苏两大家，应区分其"功力"与"学问"之所在。而这正是《博约》中、下篇所要深入探究的论题。

博约中

或曰：举业所以觇人之学问也 [1]。举业而与学问科殊 [2]，末流之失耳。苟有所备以俟举，即《记》之所谓博学强识以待问也，宁得不谓之学问欤？余曰：博学强识 [3]，儒之所有事也。以谓自立之基，不在是矣。学贵博而能约 [4]，未有不博而能约者也。以言陋儒荒俚，学一先生之言以自封域，不得谓专家也。然亦未有不约而能博者也 [5]。以言俗儒记诵漫漶，至于无极，妄求遍物，而不知尧、舜之知所不能也。博学强识，自可以待问耳，不知约守 [6]，而只为待问设焉，则无问者，儒将无学乎？且问者固将闻吾名而求吾

实也^[7]；名有由立，非专门成学不可也，故未有
不专而可成学者也。

【注释】

[1] 觇（chān）：窥视，测试。   [2]"举业而与学问科殊"以
下五句：科举考试却与学问列为不同等级，这是后世不良风气造
成的过错罢了。如果做好准备来等待应考，这就是《礼记》中所
说广博学习、牢固记忆以等待询问，难道能不称为学问吗？科
殊，等级（或门类）不同。末流，指不良的风气，亦指末世或最
低的等列。《记》，即《礼记》。博学强识以待问，语出《礼记·曲
礼上》："博闻强识而让。"又《礼记·儒行》曰："夙夜强学以待
问。"   [3]"博学强识"以下四句：广学牢记，是儒生本来所应做
到的。我指的是自己成才的根基，并不是在这里的呀。   [4]"学
贵博而能约"以下五句：学问所贵在基础广博而又能提炼要旨，
没有不具备丰富知识而能概括出要旨的。我指的是浅陋的儒生知
识荒疏低下，学了某位教师所讲的就把自己封闭起来，这是不可
能成为专家的。陋儒，浅陋的儒生。荒俚，荒疏低下。俚，鄙
俗，不文雅。以自封域，把自己封闭在小范围，即把自己局限起
来。   [5]"然亦未有不约而能博者也"以下五句：但是也没有
不做到提炼要旨而能达到学识广博的。我这里针对是世俗儒生一
味搜辑材料不加别择，以至广泛无有边际，不切实际地冀求懂遍
万物，却不知道这是古圣人尧、舜的智慧之所不能达到的。漫漶
（huàn），模糊不可辨识，此指材料驳杂泛滥，不知别择。尧、舜
之知所不能，语出《孟子·尽心上》："尧、舜之知而不遍物，急
先务也。"知，指智慧。   [6]"不知约守"以下四句：但如果不
懂得提炼要旨以统帅知识，而只是准备回答别人的提问而已，那

么如果没有提问的人，学者就不拥有学问吗？约守，用提炼的要旨统帅知识。儒，儒生，此指学者。　[7]"且问者固将闻吾名而求吾实也"以下四句：况且询问的人是因为听闻我的名声而要获得我实在的知识，名誉是由于学术根柢才树立的，如果不是专家的成就是不能达到的，因此如果没有专门领域的造诣是不能成为专家的。按，本节论述"学贵博而能约"，既指出博是约的基础，更强调"未有不约而能博者"，提炼出学术之要旨才能统摄分散的知识，才能成为专家。

　　或曰：苏氏之类求，韩氏之钩玄提要，皆待问之学也，子谓不足以成家矣。王伯厚氏搜罗摘抉[1]，穷幽极微[2]，其于经传子史，名物制数，贯串旁骛，实能讨先儒所未备。其所纂辑诸书，至今学者资衣被焉[3]，岂可以待问之学而忽之哉？答曰：王伯厚氏盖因名而求实者也。昔人谓韩昌黎因文而见道，既见道，则超乎文矣。王氏因待问而求学，既知学，则超乎待问矣。然王氏诸书，谓之纂辑可也，谓之著述则不可也；谓之学者求知之功力可也，谓之成家之学术，则未可也。今之博雅君子，疲精劳神于经传子史，而终身无得于学者，正坐宗仰王氏[4]，而误执求知之功力，以为学即在是尔。学与功力，实相似而不

其时考证学风靡于世，章氏却指出纂辑与著述居于不同层次，功力不等于学问，确实发人深省，且论述精警有力。故叶瑛先生评价为："义最精美。"

同。学不可以骤几^[5]，人当致攻乎功力则可耳。指功力以谓学，是犹指秫黍以谓酒也。

【注释】

[1] 王伯厚氏：王应麟，字伯厚，号深宁居士，南宋学者，官至礼部侍郎。文献学家，以学识渊博，善于考证著名。著有《深宁集》一百卷、《困学纪闻》二十卷，又编有《玉海》二百卷。搜罗摘抉：搜集罗列、摘录挑选。抉，挑出，挑选。　[2] 穷幽极微：将幽隐、微妙之处都囊括无余。　[3] 至今学者资衣被焉：到现今学者们仍旧作为重要的凭借。比喻其论著嘉惠学林甚多。资，凭借，依赖。作为……之资。衣被，此比喻不可缺少的凭借。焉，语气词，犹"然"，作加重分量用。　[4] "正坐宗仰王氏"以下三句：正由于尊崇、仰慕王应麟，而错误地把研求知识应下的功夫，当做学问就在这里而已。坐，由于，因为。执，拿。学，学问。尔，而已。　[5] "学不可以骤几"以下四句：学问不可能快速达到，讲人应当尽力下大功夫是对的。但是如果把功夫说成是学问，那就等于指着用来酿酒的高粱、谷子说这就是酒了。骤几，即刻达到。几，接近，等于。致攻，尽力研求。致，尽，极。攻，此指治学，用功。秫黍（shú shǔ），秫是高粱，黍是黄米（又称黍子），均为粮食作物，多用来酿酒。按，本节论述学问与功力，实相似而不同，把琐屑考证视为学问，是犹指秫黍以谓酒。

夫学有天性焉^[1]，读书服古之中，有入识最初，而终身不可变易者是也。学又有至情焉^[2]，读书服古之中，有欣慨会心，而忽焉不知歌泣何从者是也。功力有余^[3]，而性情不足，未可谓学问也。性情自有，而不以功力深之，所谓有美质而未学者也。夫子曰："发愤忘食[4]，乐以忘忧，不知老之将至。"不知孰为功力，孰为性情。斯固学之究竟，夫子何以致是？则曰："好古敏以求之者也[5]。"今之俗儒，且憾不见夫子未修之《春秋》[6]，又憾戴公得《商颂》[7]，而不存七篇之阙目，以谓高情胜致，至相赞叹。充其僻见[8]，且似夫子删修，不如王伯厚之善搜遗逸焉。盖逐于时趋，而误以襞绩补苴谓足尽天地之能事也[9]。幸而生后世也，如生秦火未毁以前，典籍具存，无事补辑，彼将无所用其学矣。[10]

篇末对俗儒终日埋头于琐屑考证、离开治学之正途予以辛辣的讽刺，更加意味深长。

【注释】

[1]"夫学有天性焉"以下四句：求学问与天生悟性是有直接关系的，在研读古代典籍过程之中，有的问题刚刚进入脑识便最有体会，而且终身不可改变就是证据。天性，天生悟性。焉，犹"然"，语助词，加强语气。读书服古，研读古代典籍。服古，泛指学习、思考古代典籍及历史。服，从事。入识，进入脑识。是，作代词用，犹"这"，表示强调。下一句之"是"相同。　[2]"学又有至情焉"以下四句：求学问又是与真挚强烈的感情有直接关系的，在研读古代典籍过程之中，有欣喜感慨、从心底发生共鸣，而突然间不明白因为什么欢歌悲泣就是证据。至情，最真诚热烈的感情。会心，引起内心共鸣。忽焉，突然间，倏忽。　[3]"功

力有余"以下三句：下了大功夫搜求材料、甚至用功过头，但是没有触发本人的悟性和灵感，没有投入本人真挚的感情，如果那样是做不到获得真学问的。　[4]"发愤忘食"以下三句：语见《论语·述而》。　[5]好古敏以求之者也：《论语·述而》："子曰：'我非生而知之者，好古敏以求之者也。'"　[6]夫子未修之《春秋》：据《公羊传·庄公七年》载："不修《春秋》曰：雨星不及地尺而复。君子修之曰：星陨如雨。"先秦时期各诸侯国国史大都称为《春秋》，故墨子有"百国《春秋》"之语。今传本《春秋》按照传统说法是孔子根据《鲁春秋》笔削而成，后人故称《鲁春秋》为未修《春秋》。　[7]"又憾戴公得《商颂》"以下四句：又遗憾宋戴公之时得到《商颂》，却没有保存其中七篇的篇目，认为谈论这些是高雅的情趣，甚至互相赞叹。戴公得《商颂》，指《国语·鲁语下》所载，春秋宋戴公时，宋国大夫正考父从周太师处得到十二篇《商颂》，以《那》为首。孔子整理《诗经·商颂》仅收录五篇，七篇亡佚，并不知其篇目。　[8]"充其僻见"以下三句：按照他们偏僻的见解加以发挥，将好像孔夫子对古代典籍删削整理，还不如王应麟善于搜辑佚文哩。按，王应麟善于搜集汉代经学家遗文，辑有《周易郑氏注》一卷、《三家诗考》一卷，开后世辑佚学之先河。　[9]襞（bì）绩补苴（jū）：搜集辑补。襞绩，原意是衣裙上的褶子，引申为掇拾、编辑。补苴，原意为缝补衣服和用草垫鞋底，引申为补缀、辑佚。　[10]按，本节进一步强调逐于时趋，视琐屑考证为尽天地之能事，是离开了治学的正途。由此更彰显出章氏之理论勇气。

【点评】

"博"与"约"的问题，古代思想家、学问家早予关注，并有过不少重要议论。如孔子言："博学于文，约之以礼，亦可以弗畔矣夫！"（《论语·颜渊》）孟子又作了发挥，曰："博学而详说之，将以反说约也。"（《孟子·离娄下》）孔孟所论在学术史上有开创性意义，然则其着重点是在关注人的素质，提高道德修养，对于治学领域如何对待"博"与"约"并未提出具体看法。后儒如朱熹所言："博文乃道问学之事"，"约礼乃尊德性之事"。（《论语集注》）所重也在增强人格修养，而对于推进治学方法并未加以阐发。

　　而处在乾嘉时期，关于治学领域如何看待"博"与"约"，则有着迫切性的意义。这是因为，由于考证之学盛行于世，流风所及，学者们无不好繁骛博，群相追逐，因而把集聚材料，终日从事烦琐考证，文字训诂、版本互勘和辑佚等类工作，视为学问的全部和学者的终极目标，人人乐此不疲。而章学诚由于对学术史有系统的考察，善于探究其中带规律性的问题，总结学术风尚的利弊，因此别树一帜，从学术根本方向的高度提出有力的针砭，《博约》三篇所论述的主旨便具有重构治学价值观的意义，对于当日士林所形成的认识误区大力予以澄清。

　　本篇的议论深刻而犀利。首先，章氏针对士林普遍存在的一味求博、片面追求广搜资料的偏向，明确地指出博与约二者之间的辩证关系："博学强识，儒之所有事也。以谓自立之基，不在是矣。学贵博而能约，未有不博而能约者也。""然亦未有不约而能博者也。以言俗儒记诵漫漶，至于无极，妄求遍物，而不知尧、舜之知所不能也。"这里明确包括两层意思：治学必须以博为基础，欲求学问，不能孤陋寡闻，局限于偏狭的知识范围。

这是务必做到的一个方面。同时又必须用"约"来指导"博"，对于所学的散漫的知识，必须做到善于概括，提炼出其中的要领、宗旨。也只有这样，才能将有关知识统领起来，成为有系统的学问。所以，"约"是治学更高的要求，能够掌握实质性的认识，才能真正做到"博"。务必彻底改变盲目求"博"、以搜求博杂的材料作为炫耀手段的不良风气；应当提出更高的要求，确立起使自己成为专家的目标，"未有不专而可成学者也"。以上的辩证分析，是在理论上对于如何界定"博"与"约"的关系做出重大的推进。其次，结合如何评价王应麟，明确提出重构治学价值观的主张。乾嘉考证之风极盛，其远源是宋代学者的考证成就，而王氏著有《困学纪闻》等书，善于从事纂辑、考订、辑佚等项工作，便成为乾嘉考证学者钦仰的对象。对于这样一位"焦点人物"，章学诚评价说："然王氏诸书，谓之纂辑可也，谓之著述则不可也；谓之学者求知之功力可也，谓之成家之学术，则未可也。"因此，治学的标准必须重新确立，才能端正方向，不再重蹈"宗仰王氏，而误执求知之功力，以为学即在是尔"的老路。章氏大声疾呼：应当明确区分"纂辑"与"著述"、"功力"与"学问"两个不同的层次。"学与功力，实相似而不同。学不可以骤几，人当致攻乎功力则可耳。指功力以谓学，是犹指秬黍以谓酒也。"所论切中要害，掷地有声。诚如叶瑛先生所评论的："义最精美。"（《文史通义校注》，《博约中》注 11）再次，章氏进而论述，做学问还得结合自己的悟性与智力的特点，"有入识最初，而终身不可变易者是也"；治学还应重视与本人至情相共鸣之处，"有欣慨会心，而忽焉不知歌泣何从者是也"。孔子之所以到了晚年还能保持"发愤忘食，乐以忘忧，不知老之将至"的精神状态，就是因为其从学和追求与本人的"天性"和"至情"密切相联系。章氏所言，既是为学者的普遍现象，更是他本人一生为学的真切体会！发挥本人悟性和智力的特点，投入自己的真感情，才能探求到分散资料背后更为本质的东西，也即作为"史事""史文"背后的"史义"，这才是典籍的精华和灵魂。故此章氏认为那些视孔子笔削《春秋》中所贯串的"史义"反不如散佚的零篇片简重要的人，他们"误以襞绩补苴谓足尽天地之能事也"，是很鄙陋可笑的。并讽刺他们幸而生于后世，如果生在秦朝焚书之前，"典籍具存，无事补辑，彼将无所用其学矣"！以上无论是正面论述，或是讽刺的笔法，目的都是为了让士人迅速摆脱认识的误区，回到正确方向，遵循"由博返约"的规律，促进学术的健康发展。

博约下

或曰：子言学术，功力必兼性情，为学之方，不立规矩，但令学者自认资之所近与力能勉者，而施其功力，殆即王氏良知之遗意也[1]。夫古者教学[2]，自数与方名，诵诗舞勺，各有一定之程，不问人之资近与否，力能勉否，而子乃谓人各有能有所不能，不相强也，岂古今人有异教与？答曰：今人为学，不能同于古人，非才不相及也，势使然也。自官师分，而教法不合于一，学者各以己之所能私相授受，其不同者一也。且官师既分[3]，则肄习惟资简策，道不著于器物，事不守于职业，其不同者二也。古学失所师承[4]，六书九数，古人幼学皆已明习，而后世老师宿儒，专门名家，殚毕生精力求之，犹不能尽合于古，其不同者三也。天时人事，今古不可强同，非人智力所能为也。然而六经大义，昭如日星，三代损益，可推百世。高明者由大略而切求[5]，沉潜者循度数而徐达。资之近而力能勉者，人人所有，则人人可自得也，岂可执定格以相强欤？王氏致良知之说，即孟子之遗言也。良知曰致，则固不遗功力矣。朱子欲人因所发而遂明[6]，孟子所谓察识其端而扩充之[7]，胥是道也[8]。而世儒言学，辄以良知为讳，无亦惩于末流之失，而谓宗指果异于古所云乎？[9]

指出"高明""沉潜"两大途径，有力地澄清为学惟出于考证之一途的认识误区。

【注释】

[1] 王氏良知：王氏即王守仁，明代哲学家，世称阳明先生，是"致良知"之说创始人。早年因反对宦官刘瑾，被贬为贵州龙场驿丞。后因平定"宸濠之乱"，封新建伯，官至南京兵部尚书。其"良知"之说本于孟子。《孟子·尽心上》曰："人之所不学而能者，其良能也。所不虑而知者，其良知也。"阳明以此与《大学》格物致知相联系，而创"致良知"之说，曰："孟子云：'是非之心，人皆有之。'即所谓良知也。孰无是良知乎？但不能致之耳。"主要著作有《传习录》《大学问》。　[2] "夫古者教学"以下四句：古代对学童进行教学，从记数和四方的名称，到诵读诗和学

习勺舞，都分别有一定的课程、进度。关于课程、进度见于先秦文献。数与方名，语出《礼记·内则》："六年，教之数与方名……十有三年，学乐，诵诗，舞勺。"舞勺，古代适合儿童学习的一种文舞。　[3]"且官师既分"以下四句：自从官职与教师相区分，学习和训练的内容就只是凭借简牍和书册的记载，不再是通过附着于制度器物来体会"道"，也不再限于世袭的职业来熟习行事。简，指竹简或木简上书写的文字。策，即书册，用绳子将分散的简牍编联而成。　[4]"古学失所师承"以下三句：古代的教学方法没有传承下来，六书、九数的内容，古代学童进学以后都学懂了。按，"古学"别本作"故学"，今据王宗炎校本改。王《校》云："'古'，各本皆作'故'，孙隘堪谓以'古'为是。所谓古学者，即下'六书九数'也。盖言书数古学，后人失所师承，故下文古人幼学皆已明习，犹不能尽合于古，即承此句而言；似钞本作'古'，于义为长。"六书九数，据《周礼·地官》记载，保氏教国子六艺，内容为五礼、六乐、五射、五驭、六书、九数。郑玄注"六书"为象形、会意、转注、处事、假借、谐声。按，处事即指事，谐声即形声，是古人分析汉字总结出的六种造字方法。郑玄注"九数"为方田、粟米、差分、少广、商功、均输、方程、赢不足、旁要。分别属于计算百分法、立方圆锥体积、勾股方程等九种计量方法。　[5]"高明者由大略而切求"二句：性格豁达、善于贯通的人从宏纲大旨去探求要领，性格沉静含蓄的人则按部就班细密推进而稳步到达。高明，与下文"沉潜"均出《尚书·洪范》："沉潜刚克，高明柔克。"伪孔安国《传》：曰："沉潜谓地……高明谓天。"后世以此称两种不同性格的人。　[6]朱子欲人因所发而遂明：朱子即朱熹，其《孟子集注》卷三《公孙丑章句上》曰："四端在我，随处发见。知皆即此推广，而充满其本然之量，则其日新又新，将有不能自已者矣。能由此而遂充之，则四海虽远，亦吾度内，无难保者；不能充之，则虽事之至近而不能矣。"
意谓每个人只要尽量发挥仁、义、礼、智的本能，由此而遂充之，
就能达到日新又新的境界。　[7] 察识其端而扩充之：语出《孟
子·公孙丑上》："恻隐之心，仁之端也；羞恶之心，义之端也；辞
让之心，礼之端也；是非之心，智之端也。人之有是四端也，犹
其有四体也。有是四端而自谓不能者，自贼者也；谓其君不能者，
贼其君者也。凡有四端于我者，知皆扩而充之矣，若火之始然，
泉之始达。苟能充之，足以保四海；苟不充之，不足以事父母。"
意谓每个人均应将其好的品质、能力发现和尽量扩充，才能成就
其大事业。朱子"因所发而遂明"的议论，即对此的阐发。　[8] 胥
（xū）：皆，都。　[9] 按，本节进一步论述学术功力应与各人的天
性、至情相兼，发挥其特点和潜能，而不应作刻板的规定相强求；
高明者从学术大旨去探求，沉潜者从细密处去推究，都是成功的
路径。并指出学问应结合性情的主张，与孟子的"扩充说"，朱
熹的"因所发而遂明"和王阳明的"致良知"，都是相通的。

　　或曰：孟子所谓扩充，固得仁义礼智之全体
也。子乃欲人自识所长[1]，遂以专其门而名其家，
且戒人之旁骛焉，岂所语于通方之道欤？答曰：
言不可以若是其几也[2]。道欲通方[3]，而业须专
一，其说并行而不悖也。圣门身通六艺者七十二
人[4]，然自颜、曾、赐、商，所由不能一辙。再
传而后[5]，荀卿言《礼》，孟子长于《诗》《书》，
或疏或密，途径不同，而同归于道也。后儒途径

所由寄[6]，则或于义理，或于制数，或于文辞，三者其大较矣。三者致其一，不能不缓其二，理势然也。知其所致为道之一端[7]，而不以所缓之二为可忽，则于斯道不远矣。徇于一偏[8]，而谓天下莫能尚，则出奴入主，交相胜负，所谓物而不化者也。是以学必求其心得，业必贵于专精，类必要于扩充，道必抵于全量[9]，性情喻于忧喜愤乐，理势达于穷变通久[10]，博而不杂，约而不漏，庶几学术醇固[11]，而于守先待后之道，如或将见之矣。[12]

此堪称章氏八句治学箴言，志存高远，综观上下左右，提挈要领，议论精辟。是对传统学术精华的创造性继承、发扬，更是章氏一生治学的经验总结。

【注释】

[1]"子乃欲人自识所长"以下四句：您却要求人们自己发现所擅长之处，顺此发展成为一个领域的专家，并且告诫人们可不能过多涉猎，这难道是讲贯通全体的道理吗？通方，指贯通全体。方，方位，方向。此指四面八方。　[2]言不可以若是其几（jī）：语出《论语·子路》。杨伯峻《论语译注》解释为："说话不可以像这样地简单机械"，并将"几"注释为"拘泥"。宜可依从。　[3]"道欲通方"以下三句：在道理上要做到贯通全体，而在业务上又要专心致志在一个领域深入钻研，这两个方面互相并不违背。道，指道理、识见、观点，亦指对事物发展的规则性、规律性的把握。悖（bèi），违反，违背。　[4]"圣门身通六艺者七十二人"以下三句：孔子门下弟子中身通六经的有七十二

人，但是从最有名的颜渊、曾参、子贡、子夏，各人成功的途径就并不相同。按，据《史记·孔子世家》载："孔子以《诗》《书》《礼》《乐》教，弟子盖三千焉，身通六艺者七十有二人。"最有名的四人，颜即颜回，字子渊，在德行之科；曾即曾参，字子舆，学最笃实；赐即端木赐，字子贡，在言语之科；商即卜商，字子夏，在文学之科。故言其所成材途径各不相同。辙，本意为车辙，车轮轧过的痕迹。引申为治学途径。　[5]"再传而后"以下六句：孔子学说再传到其后，荀卿专讲《礼》学，而孟子则擅长于《诗》《书》。两人对孔子学说的不同领域，体会各有差别，成就各有特点，但又一同符合儒学的大道。荀卿，名况，战国时期与孟子同为儒家大学者，赵人。《荀子》书中讲"礼"甚为突出，《礼论》尤为名篇，故后世学者称"荀子所主在礼"（黄震语）。孟子长于《诗》《书》，孟子治学特点则如赵岐《孟子题辞》所云："师孔子之孙子思，治儒者之道，通《五经》，尤长于《诗》《书》。"　[6]寄：凭借，寄托。　[7]"知其所致为道之一端"以下三句：明白他所专攻的领域乃是学问大体的一个方面，同时对于不能努力研治的其他两个方面又不忽视，那么他的作为就与学问全体的"道"相差不远了。按，两个"道"，都是指应该努力把握的学问全体的大道，强调专攻于三项中之一端，而对其他两项不能忽视，必须互相兼顾。　[8]"徇于一偏"以下五句：片面埋头从事于一个局部，认为天下再无有人能超出于我，则是宗派门户之见，互相争胜、轻视对方，这就是不达变通、处事偏狭了。出奴入主，亦作"入主出奴"，此指持有派别上的成见。物而不化，《庄子·齐物论》以"物化"一词喻变幻、变化。此以"物而不化"指不达变通、不知变化。　[9]道必抵于全量：对"道"的把握必须能够包括事物的方方面面。　[10]穷变通久：语出《周易·系辞下》："穷则变，变则通，通则久。"　[11]醇（chún）固：

纯粹牢固。 [12] 按，本节强调为学者道欲通方，而业须专一，根据本人禀性之所宜，对于义理、考证、文辞三者致力于其一，而对其他二者又不能忽视，摈弃门户之见。最后总结出治学应达到的高境界，以砥砺学者，并以自砺。

【点评】

本篇是对《博约》上、中两篇论题的进一步阐发和精当的总结。篇中尤为精彩之处有以下三项。一是，进一步论述治学应当与本人的禀赋、爱好（即"天性"和"至情"）相结合，并且提出了"高明者由大略而切求，沉潜者循度数而徐达"的新颖命题。这一命题，既是极其宏观地反映了学术史上的规律性现象，又是针对考证盛行的时代风气而提出的深刻思考。当时考证学正盛行于大江南北，其风甚炽，士子们忘记了理性的选择，不顾自己"资之所近与力能勉者"，竞相盲目追逐风气，这种风尚流弊极大，根深蒂固。章学诚以敢于"反潮流"的巨大勇气呼吁应当矫治空疏学风，端正治学方向。在承认"沉潜者循度数而徐达"的合理性的同时，又响亮地提出"高明者由大略而切求"，从宏观方面探究社会变迁、学术风尚等重大理论问题。嘉道年间经世学风的再度活跃，正证明章学诚理论主张的重要意义。这里还涉及在当时应如何看待王阳明"致良知"说的问题。在清代，宋明理学已成强弩之末，如章太炎所言，"竭而无余华"（《訄书·清儒》），虽然朝廷仍然提倡，但在社会上早被诟病，坊间理学书籍无人购买，道学家更成为讥笑对象，明代盛行的阳明"心学"更一落千丈，在清初甚至有人提出要推勘其对明朝灭亡应负的责任。故阳明"致良知"之说在清代长期被人避忌不予提起，如顾炎武《与友人论学书》言如何臻于圣人之道？回答"曰博学于文""曰行己有耻"，明显地讳言"致良知"。章学诚论为学应当发挥本人禀性的特点，对此提出疑义之人称"殆即王氏良知之遗意"，将章氏的观点与"致良知"联系起来，在当时就是一种贬低。而实际上，王阳明讲人人本有"良知良能"，如果将此引向为封建纲常、专制政治效力的道路，那自然是思想的糟粕，但如若只言发挥人能认知和向善的禀赋，那则是其思想主张的积极面。章学诚指出王氏"致良知"之说是由孟子"察识其端而扩充之"发展而来，学者讨论为学之道，对此不应避忌而不谈。在当时情况下诚然需要具有勇气，也是章氏善于对问题进行辩证分析之一例。

二是，总结出"道欲通方，而业须专一"的命题，精辟地讲出了古今所有著名学者共同的治学指导思想。又根据清代士林公认的义理、考据、辞章三大领域，提出致力于其一，而不能不缓其二，又应具有全局意识，对于未能从事的其他领域不予忽视，而坚决摒弃宗派门户之见，力戒意气用事。这些总结都十分及时，针对性强，又很有说服力。

三是，全篇最后用八句箴言，总结治学应该达到的高境界和基本理念，提纲挈领，切中肯綮。不仅是对《博约》三篇的深刻总结，更是从思想方法论层面对传统学术精华的自觉继承和大力发扬，具有十分宝贵的理论价值。

章学诚撰著《文史通义》这部重要著作，由于时代条件的限制，尚未能达到建构起严密的理论体系，起码是著者本人没有明白地说出来。然而，这部理论著作确实具有其理论体系性。从《易教》三篇以下，至《原道》三篇、《博约》三篇，都是本书理论建构的主体部分，分别从宏观上对儒家经典原理的创造性阐释，历史哲学领域，为学的内容和方向，思想方法论层面等，进行理论探讨，并提出一系列重要命题。而从下一篇《浙东学术》开始，则是在以上宏观理论体系指导下，对各个重要专题的阐发和总结。《博约下》篇在全书结构上起到承上启下的连接作用。

浙东学术

浙东之学[1]，虽出婺源[2]，然自三袁之流[3]，多宗江西陆氏[4]，而通经服古，绝不空言德性，故不悖于朱子之教。至阳明王子[5]，揭孟子之良知，复与朱子牴牾。蕺山刘氏[6]，本良知而发明慎独，与朱子不合，亦不相诋也。梨洲黄氏[7]，出蕺山刘氏之门，而开万氏弟兄经史之学[8]，以至全氏祖望辈尚存其意[9]，宗陆而不悖于朱者也。惟西河毛氏[10]，发明良知之学，颇有所得，而门户之见，不免攻之太过，虽浙东人亦不甚以为然也。

清代浙东史学派很有特色，很有成就，章氏对此首次予以揭示，意义深刻。

【注释】

[1] 浙东：指钱塘江以东区域，包括宁波、绍兴、永嘉（今温州）等地。与"浙西"（包括钱塘江以西地区杭州、嘉兴、湖州等地）对举。属于宽泛的区域文化概念，故下文称顾炎武（昆山人）为"浙西之学"代表人物。　[2] 婺源：指南宋理学家、教育家朱熹。朱熹号晦庵，又号紫阳，祖籍婺源，出生于福建尤溪，以后长期在建阳紫阳书院从事讲学和著述。曾任秘书阁修撰等职。主张抗金，遭韩侂胄排斥。他有广博的文献学知识，广注典籍，对经学、史学、文学、乐律以至自然科学都有不同程度的贡献。他发展了二程（程颢、程颐）关于理气关系的学说，成为程朱学派的集大成者。他认为，理和气不能相离，但又断言，"理在先，气在后"。他解释《大学》上所讲的"格物致知"，就是即物穷理以致吾心固有之知。强调"天理"和"人欲"的对立，要求人们放弃"私欲"，服从"天理"。他从事教育五十余年，认为"为学之道，莫先于穷理；穷理之要，必在于读书；读书之法，莫贵于循序而致精"。其理学在明清两代被朝廷奉为儒学正宗。主要著作有《四书章句集注》《周易本义》《诗集传》《楚辞集注》《通鉴纲目》，以及后人编纂的《晦庵先生朱文公文集》《朱子语类》等。又，章学诚此处言"浙东之学，虽出婺源"，系因南宋浙东学者叶味道（温州人）与陈埴（永嘉人）均从朱熹学习，传其学说。陈埴著有《木钟集》，《宋元学案》设有《木钟学案》。　[3] 三袁：南宋袁燮父子三人。袁燮，号絜斋。为人崇尚名节，刻苦力学。宋宁宗时召为太学正，进直讲学士。师事陆九渊，主张人心与天地一本。著有《絜斋集》。其子袁肃官至太府少卿，知临安府；袁甫官至权兵部尚书，兼吏部尚书，著有《蒙斋集》。兄弟二人均传父学，并均宗陆九渊。　[4] 江西陆氏：陆九渊，字子静，南宋理学家，学者称为象山先生。官至奉议郎知荆门军。提出"心

即是理"说，断言天理、人理、物理只在吾心之中，吾心便是实在，"宇宙便是吾心，吾心即是宇宙"。以此证明一切封建统治秩序和伦理都是人心所固有，也是永不变化的。为学的方法是"立大""知本""发明本心"，不必多读书。在"太极""无极"和治学方法上，与朱熹进行长期的辩论。其学说后来由王阳明发展，成为陆王学派。著作经后人编为《象山先生全集》。　[5]阳明王子：即王阳明。王子，即王先生。　[6]蕺（jí）山刘氏：刘宗周，号念台，明山阴（今绍兴）人。万历进士，后任礼部主事。为官正直，因反对宦官，以及敢于对刑狱不公、赋税过重等提出直谏，仕途上屡起屡降，官至左都御史，后又因反对马士英、阮大铖，不见采纳而告归。杭州失守，绝粮而死。曾筑证人书院，讲学蕺山，学者因称蕺山先生。其学以"慎独"为宗，谓"君子之学，慎独而已"，"独外无理，穷此之谓穷理"。其宗旨与朱子求理于事事物物不同，但不诋朱子。　[7]梨洲黄氏：黄宗羲，字太冲，号南雷，学者称梨洲先生，明清之际思想家，清代浙东学派的关键人物。父尊素为东林学首领之一，被魏忠贤陷害，他受遗命于刘宗周。十九岁入都讼冤，以铁锥毙伤仇人。领导复社成员坚持了反宦官权贵的斗争，几遭残杀。清兵南下，他募义兵进行武装抵抗，被鲁王任为左副都御史。明亡后隐居著述，屡拒清廷征召。继续在证人书院讲学，传承刘宗周学说。为学"不恣言心性"，主张"必先穷经；然拘执经术，不适于用，欲免迂儒之消，必兼读史"。(《清史列传·儒林传下》）学识极渊博，所著《明夷待访录》中表达了强烈的反专制思想，曰"为天下之大害者，君而已矣"。所著《明儒学案》，开清代浙东史学研究之先河，又著《宋元学案》，两书被誉为标志着学术史体裁完尽之作。又著有《南雷文定》十一卷，纂有《明史案》二百四十四卷，《明文海》四百八十卷。　[8]万氏弟兄：均为浙江鄞县人，黄宗羲的学生。兄万斯大尤精于经史，著有《学春秋随笔》等。弟万斯同，清初著名史学家，字季野，学者称石园先生。从小对史学极有颖悟，从黄宗羲学，熟悉明代历史资料。康熙十七年（1678）被荐博学鸿儒，力辞不就。次年到北京，参加修撰《明史》，不署衔，不受俸，前后二十余年，对《明史》的编纂出力至大。又著有《历代史表》等。　[9] 全氏祖望：全祖望，字绍衣，学者称谢山先生，清代浙东史学派的重要学者。乾隆进士，初为翰林，旋受权贵排斥辞官归家。志节卓异，"既归，贫且病，饔飧不给，人有馈弗受"。后主讲蕺山、端溪书院，"为士林仰望"。（《清史列传·儒林传下》）生平服膺黄宗羲，并受万斯同影响。所著《鲒埼亭集》是一部表彰明代具有高尚民族气节人物的名著。又以十年时间续修《宋元学案》，故本书系由黄、全二人共同完成。又曾七校《水经注》，三笺《困学纪闻》，在史料考订上有所贡献。　[10] 西河毛氏：毛奇龄，字大可，又以郡望称西河，萧山人。康熙间荐举博学鸿儒科，授翰林院检讨，《明史》馆纂修官。研治经史，由门人编为《西河合集》。自负甚高，对前人肆意排击，尤以诋朱子为最甚。全祖望撰有专文斥其谬妄。

章氏总结的"学者不可无宗主，而必不可有门户，故浙东、浙西，道并行而不悖"的警句，是对顾、黄为代表的优良学风的大力表彰，也是对不同门户互相攻击恶劣学风的尖锐批判！

世推顾亭林氏为开国儒宗[1]，然自是浙西之学。不知同时有黄梨洲氏，出于浙东，虽与顾氏并峙，而上宗王、刘，下开二万，较之顾氏，源远而流长矣。顾氏宗朱[2]，而黄氏宗陆。盖非讲学专家，各持门户之见者，故互相推服，而不相非诋[3]。学者不可无宗主，而必不可有门户，故浙东、浙西，道并行而不悖也。浙东贵专家，浙西尚博雅，各因其习而习也[4]。

【注释】

[1] 顾亭林氏：顾炎武，字宁人，学者称亭林先生，明清之际思想家、学者。少年时参加反宦官权贵斗争。清兵南下，又参加昆山、嘉定一带武装抗清活动。失败后漫游华北，访问风俗，志图恢复，历久不变，尤致力于边防和西北地理的研究。学问渊博，于国家典制、郡邑掌故、天文仪象、河漕、兵农以及经史百家、音韵训诂之学，都有研究，开清代从事严密考证之风气。反对空谈"心、理、性、命"和游谈、顿悟的空疏学风，提倡经世致用，认为"六经之旨"与"经世之务"应该结合，提出"舍经学无理学"的命题。主要著作有《日知录》《天下郡国利病书》《肇域志》《音学五书》《亭林诗文集》等。　[2]"顾氏宗朱"二句：顾炎武提出经学即理学，反对理学家空谈义理之弊，强调博学明理，乃遵朱熹格物穷理之教，学风缜密严谨；黄宗羲仰承王守仁致良知之学，以刘宗周慎独入德为要，固宗陆九渊明心见性之教，学风专精超悟。　[3] 非诋：反对、毁谤。　[4] 各因其习而习：各自继承其学术风尚而从事。前一"习"字作名词用，指风尚、风习；后一"习"字作动词用，意为从事。按，以上两节为第一层次，首次总结出以刘宗周为发端，经过黄宗羲、万斯同兄弟、全祖望而发展的清代浙东史学派，具有源远而流长的特点。并指出各以顾、黄二人为代表的浙西、浙东两学派能排除门户之见，因而互相推服、并行不悖。

天人性命之学，不可以空言讲也。故司马迁本董氏天人性命之说[1]，而为经世之书。儒者欲尊德性[2]，而空言义理以为功，此宋学之所以见讥于大雅也[3]。夫子曰："我欲托之空言[4]，不如见诸行事之深切著明也。"此《春秋》之所以经世也。圣如孔子，言为天铎[5]，犹且不以空言制胜，况他人乎？故善言天人性命，未有不切于人事者。三代学术[6]，知有史而不知有经，切人事也。后人贵经术，以其即三代之史耳。近儒谈经，似于人事之外，别有所谓义理矣。浙东之学，言性命者必究于史，此其所以卓也。

强调"言性命者必究于史"是浙东学派的共同特色。同时指出刘宗周、黄宗羲等人又因时代条件不同而各有鲜明的学术个性。

【注释】

[1] 司马迁：西汉史学家，著成我国第一部伟大通史著作《史记》。其著史宗旨，是"通古今之变"，而"成一家之言"，要"原始察终，见盛观衰"。（均见《史记·太史公自序》）他详载、赞扬汉代社会的进步，但又严肃批评刑罚的严酷及汉武帝连年大事征伐造成的危机局面，要求改变政策；又主张重视发展社会生产，实行"富民"政策，因而被章学诚评价为"经世之书"。董氏：董仲舒，西汉思想家，专治春秋公羊学。曾任博士、江都相和胶西王相。其应汉武帝征召贤良文学之士的对策《天人三策》，对武帝时期的政治及学术文化产生了重大作用，对后世也产生了重要影响。司马迁曾向董仲舒问孔子《春秋》之学，因受其很大

影响，著史以"继春秋"自命。　[2]尊德性：语出于《礼记·中庸》："故君子尊德性而道问学，致广大而尽精微。"后来在宋明理学两大派的发挥和论争中，"道问学"的涵义常与朱熹的"格物致知"相联系，而"尊德性"则常与陆九渊的"发明本心"相联系。故如张舜徽先生《清儒学记》所言：朱熹偏重道问学方面，而陆九渊重于尊德性方面。　[3]宋学：此指理学。因其在宋代占据着主导地位，成为宋代学术的特征。宋代学术还有以陈亮、叶适等为代表的经世之学，以司马光、王应麟、洪迈等为代表的考证之学。　[4]"我欲托之空言"二句：语出于《史记·太史公自序》："子曰：'我欲载之空言，不如见之于行事之深切著明也。'"　[5]天铎：周代官府发布政令时，摇动木铎（木舌铜铃）召集听众，以施教化。此言天铎，形容孔子的话是最高准则，垂教万世。　[6]"三代学术"以下三句：夏、商、周三代的学问，只晓得有历史记载，并不晓得地位格外受到尊奉的经书，这就是因为"经书"本来是切合于实际人事的。按，此乃发挥《易教上》开宗明义提出的"六经皆史也""六经皆先王之政典也"的命题。人事，指有关于社会治理的实际事务。

朱陆异同[1]，干戈门户，千古桎梏之府，亦千古荆棘之林也。究其所以纷纶[2]，则惟腾空言而不切于人事耳。知史学之本于《春秋》，知《春秋》之将以经世，则知性命无可空言，而讲学者必有事事[3]，不特无门户可持，亦且无以持门户矣。浙东之学，虽源流不异，而所遇不同[4]。故其见于世者，阳明得之为事功[5]，蕺山得之为节义[6]，梨洲得之为隐逸[7]，万氏兄弟得之为经术史裁[8]。授受虽出于一，而面目迥殊，以其各有事事故也。彼不事所事[9]，而但空言德性，空言问学，则黄茅白苇，极面目雷同，不得不殊门户，以为自见地耳。故惟陋儒则争门户也。[10]

【注释】

[1]"朱陆异同"以下四句：朱熹和陆九渊两大学派，因门户之见互相攻击，这是长久以来让学者们戴上思想枷锁的根源，也是长久以来给学者造成无数棘手问题的堆积。干戈，古代兵器，引申为战争。此指互相攻击。千古，年代久远。桎梏（zhì gù），脚镣手铐，此指束缚人的思想枷锁。府，藏放物品的仓库，此指总根源。   [2]纷纶：纷乱复杂。   [3]事事：前一"事"，指从事、探究。作动词用。后一"事"，泛指有利于国家、社会、学术和人才成长的实际事务。作名词用。   [4]所遇：际遇，指时代条件不同。   [5]阳明得之为事功：指王守仁有平定明皇室"宸濠之乱"等实际功绩。   [6]蕺山得之为节义：指刘宗周讲学宣扬"慎独"，倡导一人独处应严于操守，以品格高尚自励，本人又在清兵攻破杭州之后绝食而死的忠义事迹。   [7]梨洲得之为隐逸：指黄宗羲在明亡后隐居著述，屡次拒绝清廷征召而不肯出仕的气节。   [8]万氏兄弟得之为经术史裁：指万斯大专于经学，而万斯同精于明史修撰，以布衣身份参加史局，多所删削裁定。   [9]"彼不事所事"以下七句：那些固守宗派偏见的人，不去探究有意义的实际事务，而只是凭空讲"尊德性"，凭空讲"道问学"，结果

好比是成片的黄色茅草、或白色芦苇，单调乏味、毫无特色，面目极其相似，就不得不标榜门户的不同，企图拿这个显示自己有点真货色而已。黄茅白苇，成语，指连片生长的黄色茅草或白色芦苇，形容众多而单调的情景。雷同，语出《礼记·曲礼上》："毋剿说，毋雷同。"郑玄注："雷之发声，物无不同时应者。人之言当各由己，不当然也。"意为不应相同而彼此混同。 [10]按，以上两节为本篇第二层次，批评长久以来朱陆两大学派纷扰相争，是把古人讲天人性命与经世相结合的好传统抛弃了。指出相对比之下清代浙东学派的特色是"言性命者必究于史"，且源流相同、而因各自的不同际遇而风格各异。

或问事功气节，果可与著述相提并论乎？曰：史学所以经世，固非空言著述也。且如六经，同出于孔子，先儒以为其功莫大于《春秋》，正以切合当时人事耳。后之言著述者[1]，舍今而求古，舍人事而言性天，则吾不得而知之矣。学者不知斯义[2]，不足言史学也。（整辑排比，谓之史纂；参互搜讨，谓之史考，皆非史学。）

附论同样出色，指出没有"史义"作为指导的史著，只能居于低一等的层次，因而成为屡被引用的名言。

【注释】

[1]"后之言著述者"以下四句：是批评当日学风严重存在的两种脱离实际的不良倾向。"舍今而求古"，是批评终日钻故纸堆，以襞绩补苴为能事的考据家；"舍人事而言性天"，是批评空谈性理的道学家。他们从事的范围不同，而其共同本质是脱离社会实

际。 [2]"学者不知斯义"二句：全篇的画龙点睛之笔，倡言发扬孔子修《春秋》以"史义"作为指导的精神，呼吁确立"史学"与下文所言的"史纂""史考"居于不同学术层次的观念，端正治学方向。按，此节为本篇的第三层次，高扬"史学经世"的旗帜，预示学术风气即将转变，为嘉道年间出现倡导变革、挽救危机的学术思潮所证实。

【点评】

本篇撰写于嘉庆五年（1800），章学诚时年六十三岁，故被称为章氏晚年定论。全文篇幅不长，但论述深刻，精见迭现。

本篇第一次概括了"清代浙东学派"这一重要的学术现象，揭示出其内涵和独特风格，评论其价值，因而产生了深远的影响。重视对学术史的总结，是《文史通义》的一项重要贡献。《易教》《书教》诸篇是对古代学术史的总结，而《浙东学术》《朱陆》《书〈朱陆〉篇后》《答客问》等篇则主要涉及对当代学术史的总结。章氏举其大纲，对于浙东学术的鲜明特色、渊源脉络、优良传统、深刻内涵等项，都有精当的论述。他总结了从刘宗周—黄宗羲—万氏兄弟—全祖望前后相承的学脉，指明以黄宗羲为代表"浙东贵专家"与以顾炎武为代表"浙西尚博雅"的不同学派特色；表彰"浙东之学，言性命者必究于史，此其所以卓也"，又揭示出在此总体学术宗旨下，"虽源流不异，而所遇不同。故其见于世者，阳明得之为事功，蕺山得之为节义，梨洲得之为隐逸，万氏兄弟得之为经术史裁"，因时代条件各别，在共性中又各有其学术个性。

章学诚生于斯，长于斯，从小浸润于这一学术环境中，所论确能发其底蕴，因此对于他首先提出的"清代浙东学派"这一课题，近代有多位学术名家表示赞同，如梁启超、何炳松、钱穆等人皆然。但也有持反对态度者，如金毓黻所著《中国史学史》即予以否认。对此，我们正好以章氏的论述为启示作进一步的深入研究。譬如，若以黄宗羲为浙东史学派的领军人物，那么全祖望即为这一学派的巨子。强调经世致用；怀着强烈的民族意识，记载当代史；贯通经史，博综文献；这三者，是黄—全治史的共同旨趣。全氏对于从未见面的梨洲老人充满敬佩，他不顾生活困顿、全力以赴续修《宋元学案》这部巨著，根由都在这里。《鲒埼亭文集》就是继承黄宗羲的民族气节，对晚明抗清志士大力表彰的出色之作。《宋元学案》作为一部讲理学演变的学术史，对理学本身作历史的考察；讲"理"与总结历史变迁相结合，不尚空谈，它所提倡的是与社会生活相联系的史学，所以展开对各派评价和传承关系的评论——这些都正体现了浙东学派的鲜明特色。章学诚又极称许邵廷采（字念鲁，邵晋涵之叔祖），邵廷采曾受业于黄宗羲，为学主于经世，重民族气节，虽穷居里巷，而其志常在天下。所著《宋遗民所知录》《明遗民所知录》，及《东南纪事》《西南纪事》，或寄托故国兴亡之隐痛，或保存南明史迹，用心良苦。其《思复堂文集》，尤显著地标出"思复明朝"的志向，且多明人传记。晚清同治年间学者平步青对于全祖望、章学诚的著作潜心作了批注、整理，在其所著《樵隐昔孁》书中有答章学诚曾孙的信，称誉学诚是浙东学派"远绍独肩"的人物（《答章筱同书》），并称"浙东南雷、石园、思复（邵廷采）、南江（邵晋涵）、实斋诸家，渊源具在"。（《鲒埼亭集跋》），这些都是较为难得的有关揭示浙东学派学脉和精神的资料，值得我们作进一步的分析、研究。

本篇重要价值又在于集中地表明章氏力戒门户之见和提倡"史学经世"两项学术宗旨，具有突出的理论创造性和现实针对性。这里有必要提到一桩值得注意的史实。依王宗炎原定的《文史通义》篇目，《浙东学术》是置于《博约》三篇之后编排的，而其后是《朱陆》篇；显然将《浙东学术》作为全书专论各篇之首，如此编排恰与本篇内容的重要性相适应。然则在"大梁本"中，《浙东学术》的位置，却从原先"内篇二"降到"内篇五"，列在《书坊刻诗话后》《妇学》等篇之前，放在很不起眼的位置。"大梁本"的整理者为何作如此的变动呢？恰当的解释只能是，整理者担心篇中犀利的针砭语言会引起有些人的不快。这恰恰反证出篇中的学术主张具有理论廓清的力量！试看，篇中尖锐地批评理学家惯于无休止地谈论"天理""本心""穷理"等话题，置社会实际需要于不顾："儒者欲尊德性，而空言义理以为功，此宋学之所以见讥于大雅也。""近儒谈经，似于人事之外，别有所谓义理矣。"篇中又表彰大学者顾炎武、黄宗羲二人虽治学宗旨不同，但互相尊重，具有高尚的风范，而无情地贬责陋儒固守门户偏见，互相攻击，徒争意气，而无益于学术，以诋斥对方来掩盖自己的平庸浅薄，曰：

"顾氏宗朱，而黄氏宗陆……互相推服，而不相非诋。学者不可无宗主，而必不可有门户。""朱陆异同，干戈门户，千古桎梏之府，亦千古荆棘之林也。究其所以纷纶，则惟腾空言而不切于人事耳。""彼不事所事，而但空言德性，空言问学，则黄茅白苇，极面目雷同，不得不殊门户，以为自见地耳。"

因此，章氏大力倡导"史学经世"，并对当时沉溺于其中的烦琐考证和空谈性理两种不良学风不留情面地予以贬责："后之言著述者，舍今而求古，舍人事而言性天，则吾不得而知之矣。"迫切地希望士林重新端正治学的方向，而这正是章氏学术担当精神的写照。

朱　陆

朴实而深刻的道理，生动而易晓的比喻，令读者精神为之一振！

　　天人性命之理，经传备矣。经传非一人之言，而宗旨未尝不一者，其理著于事物，而不托于空言也。师儒释理以示后学[1]，惟著之于事物，则无门户之争矣。理，譬则水也。事物，譬则器也。器有大小浅深[2]，水如量以注之，无盈缺也。今欲以水注器者[3]，姑置其器，而论水之挹注盈虚，与夫量空测实之理，争辨穷年，未有已也，而器固已无用矣。

【注释】

[1]"师儒释理以示后学"以下三句：名师大儒解释经典中的义理以启示后学，始终是通过具体事物来显示，这样自然就

没有不同门户之间的纷争了。惟，表强调，始终这样。著，显示，借事物以显示。 [2]"器有大小浅深"以下三句：容器有大小深浅，以恰如其所需分量的水来灌注，就既不溢出、也不缺少了。这是用比喻手法，说明义理和具体事物二者不能分离，大小不同的事物就包涵有巨细深浅不同的义理，道与器正相适应。 [3]"今欲以水注器者"以下七句：现今本来想要以水灌注容器的人，却把容器放在一旁，而讲论起如何灌水和注水深浅尺寸怎样才合适，以及用什么方法测量器物容量大小的道理，互相争论不休，耗费了大量时间都结束不了，而容器则长久搁置毫无用处了。姑置，暂时搁置。姑，暂且。挹（yì）注，将水从一个容器中舀出来，注入另一个容器。穷年，尽一整年时间。穷，尽。形容时间长。按，本节为全篇第一层次，提出评论朱陆异同应当贯彻的原则，是"理"不能离"器"，义理的探讨须臾不能离开结合具体事物来进行，否则都将流于无有意义的空论或门户之争。

子夏之门人[1]，问交于子张。治学分而师儒尊知以行闻[2]，自非夫子，其势不能不分也。高明沉潜之殊致[3]，譬则寒暑昼夜，知其意者，交相为功，不知其意，交相为厉也。宋儒有朱、陆[4]，千古不可合之同异，亦千古不可无之同异也。末流无识，争相诟詈[5]，与夫勉为解纷，调停两可，皆多事也。然谓朱子偏于道问学，故为陆氏之学者[6]，攻朱氏之近于支离；谓陆氏之偏于尊德性，故为朱氏之学者，攻陆氏之流于虚无。各以所畸重者，争其门户，是亦人情之常也。但既自承朱氏之授受，而攻陆、王，必且博学多闻，通经服古，若西山、鹤山、东发、伯厚诸公之勤业[7]，然后充其所见，当以空言德性为虚无也。今攻陆、王之学者，不出博洽之儒，而出荒俚无稽之学究[8]，则其所攻[9]，与其所业相反也。问其何为不学问，则曰支离也；诘其何为守专陋，则曰性命也。是攻陆、王者，未尝得朱之近似，即伪陆、王以攻真陆、王也，是亦可谓不自度矣[10]。

【注释】

[1]"子夏之门人"二句：语出《论语·子张》："子夏之门人问交于子张。子张曰：'子夏云何？'对曰：'子夏曰：可者与之，其不可者拒之。'子张曰：'异乎吾所闻：君子尊贤而容众，嘉善而矜不能。我之大贤与，于人何所不容？我之不贤与，人将拒我，如之何其拒人也？'"问交，咨询交往之道。子张，颛孙氏，名师，字子张。春秋末年陈国人，孔子弟子。待人宽厚，举止从容。后来成为儒家八派之一。按，《论语集解》引包咸曰："交友当如子夏，泛交当如子张。"章氏引用子夏与子张二人不同的答语，对于为人处事应当把握的原则和考察学术传承形成的不同流派，都有深刻的意义。同一对待交友问题，在不同范围应有不同的原则，

而学术的流传在不同环境下也定然会形成不同的风格。　[2]"治学分而师儒尊知以行闻"以下三句：治国施政与学术传授互相区分以后，名师大儒尊尚本人所知、践行自己听到的道理，既然不能达到孔夫子那样至高的境界，那么演进的趋势就不能不区分为不同的风格和学派。尊知以行闻，亦作"尊闻而行知"。语出《汉书·董仲舒传》："曾子曰：'尊其所闻，则高明矣。行其所知，则光大矣。'"　[3]"高明沉潜之殊致"以下六句：豁达贯通和扎实严谨两种不同风格，就好像寒暑变化、昼夜更替，懂得其中意蕴的人，可以灵活运用、让两方面互相产生功效，但若不明白其中精义的人，就会使两方面互相产生损害。殊致，不同风格。厉，损害，祸患。　[4]宋儒有朱、陆：宋代理学区分为朱熹和陆九渊两派。按，南宋理学家，虽同出于北宋程颢和程颐，但朱熹继起成为程朱理学之集大成者，陆九渊则别创"心学"，故二者各有宗主，治学特点互异，彼此论辩多有不同。　[5]诟詈（gòu lì）：嘲骂、指责。诟、詈均释为"骂"。　[6]"故为陆氏之学者"二句：指陆九渊学派指斥朱熹格物致知学说支离破碎。黄宗羲《象山学案》云："先生之学，以尊德性为宗，谓先立乎其大，而后天之所以与我者，不为小者所夺。夫苟本体不明，而徒致功于外索，是无源之水也。同时紫阳之学，则以道问学为主，谓格物穷理，乃吾人入圣之阶梯。夫苟信心自是，而惟从事于覃思，是师心之用也……继先生与兄复斋会紫阳于鹅湖。复斋倡诗有'留情传注翻榛塞，著意精微转陆沈'之句。先生和诗亦云：'易简工夫终久大，支离事业竟浮沈。'紫阳以为讥己，不怿，而朱、陆之异益甚。于是宗朱者诋陆为狂禅，宗陆者以朱为俗学，两家之学，各成门户，几如冰炭矣。"（《宋元学案》卷五十八）　[7]西山：指真德秀，号西山，南宋建州浦城（今属福建）人。庆元年间进士，历任江东转运副使，知泉州、潭州、福州，拜参知政事。学宗朱熹，是南宋后期著名理学家。著有《真文忠公集》。鹤山：指魏了翁，号鹤山。庆元年间进士，知嘉定府至福建路安抚使兼知福州。擢端明殿学士、同签书枢密院事。南宋后期著名理学家，著有《九经要义》《鹤山集》。东发：指黄震，字东发。理宗年间进士，历任吴县尉、浙东提举常平，擢史馆检阅，与修宁宗、理宗两朝国史。学宗周敦颐、二程、朱熹，著有《黄氏日抄》。　[8]荒俚（lǐ）无稽：荒疏浅陋、学无根柢。　[9]"则其所攻"二句：则他们攻击对方所持的口实，与本身所从事的实际正相反。意谓这些陋儒攻击对方不能博学多闻，而究其实本人的学问正是荒疏浅陋。　[10]不自度（duó）：不自量力。度，估量，衡量。

　　荀子曰："辨生于末学[1]。"朱、陆本不同，又况后学之哓哓乎[2]？但门户既分，则欲攻朱者，必窃陆、王之形似；欲攻陆、王，必窃朱子之形似。朱之形似必繁密[3]，陆、王形似必空灵，一定之理也。而自来门户之交攻，俱是专己守残[4]，束书不观，而高谈性天之流也。则自命陆、王以攻朱者，固伪陆、王；即自命朱氏以攻陆、王者，亦伪陆、王，不得号为伪朱也。同一门户[5]，而陆、王有伪，朱无伪者，空言易，而实学难也。黄、蔡、真、魏[6]，皆承朱子而务为实学，则自无暇及于门户异同之见[7]，亦自不致随于消长盛衰之风气也。是则朱子之流别，优于陆、王也。然而伪陆、王之冒于朱学者，犹且引以为同道焉，吾恐朱氏之徒，叱而不受矣。[8]

【注释】

[1] 辨生于末学：《韩昌黎全集》卷十一《读墨子》："余以为辩生于末学，各务售其师之说，非二师之道本然也。"章氏误记为荀子之言。辨，此处通"辩"。末学，无本之学，指浅陋无识者纠缠于枝节琐碎的问题，逞口舌之辩。　[2] 哓（xiāo）哓：争辩的声音。　[3]"朱之形似必繁密"以下三句：表面像朱学的人必然具有丰富严密的特点，而表面像陆、王学派的人必然具有空泛灵动的特点，这是一定的道理。空灵，指学无根柢，只会空论，言词游移变化。　[4] 专己守残：指固守本人原先所持、但已经错漏残缺的旧说。语出《汉书·楚元王传附刘歆传》："若必专己守残，党同门妒道真，违明诏失圣意，以陷于文吏之议，甚为二三子不取也。"　[5]"同一门户"以下五句：同样关系到门户学派，陆、王学派中有伪装的人，而朱熹学派中并没有，这是因为要凭空立说容易，要拿出真才实学却难以办到。同一门户，是指同样有关学派门户的问题，非指下列陆王与朱学是同一门户。　[6] 黄：黄榦，号勉斋，南宋学者，为学刻苦，受业于朱熹，朱熹以女妻之，是朱学第一代传人。著有《勉斋集》。蔡：指蔡元定和蔡沈父子，均为南宋著名学者。元定，字季通，隐居不仕，早先学习二程及邵雍著作，后闻朱熹之名亲交学，很受朱熹尊重。蔡沈，字仲默，隐居九峰，学者称九峰先生。少事朱熹，传其《洪范》之学。注《尚书》，成《书集传》。　[7]"则自无暇及于门户异同之见"二句：就自然无余暇顾及门户相争的成见，也自然不专注和

追随不同学派之间高下盛衰变化风气。致，致力，专注。随，追逐，追随。　[8]按，以上两节为本篇第二层次，总结长期以来朱、陆之争，指出理学分成朱、陆两大学派本属学术史上正常现象，可以做到交相为功；南宋以来朱学的流别优于陆、王，原因是其几代学者皆承朱子而务为实学，无暇顾及门户之争。但当今应当警惕的是陋儒冒充为朱熹一派学者，以空言攻陆、王，其实这些人是伪陆、王。

《传》言有美疢[1]，亦有药石焉。陆、王之攻朱，足以相成而不足以相病。伪陆、王之自谓学朱而奉朱，朱学之忧也。盖性命、事功、学问、文章，合而为一，朱子之学也。求一贯于多学而识[2]，而约礼于博文，是本末之兼该也。诸经解义不能无得失[3]，训诂考订不能无疏舛[4]，是何伤于大礼哉[5]？且传其学者，如黄、蔡、真、魏，皆通经服古、躬行实践之醇儒，其于朱子有所失，亦不曲从而附会[6]，是亦足以立教矣[7]。乃有崇性命而薄事功，弃置一切学问文章，而守一二章句集注之宗旨，因而斥陆讥王，愤若不共戴天，以谓得朱之传授，是以通贯古今、经纬世宙之朱子，而为村陋无闻、傲狠自是之朱子也。且解义不能无得失，考订不能无疏舛，自获麟绝笔以

陋儒自称得朱子之传授，实则歪曲朱子的形象。针砭极有力，比喻极生动。

来 [8]，未有免焉者也。今得陆、王之伪 [9]，而自命学朱者，乃曰：墨守朱子，虽知有毒，犹不可不食。又曰：朱子实兼孔子与颜、曾、孟子之所长。噫！其言之是非，毋庸辨矣。朱子有知，忧当何如邪？

【注释】

[1]"《传》言有美疢（chèn）"二句：《左传》上记载，有不感到痛苦的疾病，也有治病的药石。《传》，指《左传》。美疢，与下文"药石"均语出《左传》襄公二十三年："臧孙曰：'季孙之爱我，疢疾也。孟孙之恶我，药石也。美疢不如恶石，夫石犹生我，疢之美，其毒滋多。'"　[2]"求一贯于多学而识"以下三句：从多种领域中求得能够一以贯之的道理，并加以体会、阐发，又按照孔子所讲的"博学于文"，"约之以礼"，将治学的根本和文字考证功夫两大方面兼顾起来，这是朱子学术的特点。本末，指治学应当掌握的宗旨、义理与文字训诂、史料考订功夫。兼该，将两方面或多方面兼顾、包括起来。该，包括。　[3]诸经解义：朱熹于诸经之义多有发明，撰有《周易本义》《周易启蒙》《诗集传》《大学章句》《中庸章句》《论语集注》《孟子集注》。　[4]训诂考订：朱熹对六经及《左传》《国语》《战国策》《世本》等多种史籍均有辨析、考订，是宋代出色的辨伪学者。疏舛（chuǎn）：疏漏错误。　[5]何伤于大礼：犹言何伤于大雅。　[6]曲从：委屈服从，放弃正确意见迁就他人。　[7]立教：树立典范教示后人。　[8]自获麟绝笔以来：指孔子完成撰修《春秋》以来。《春秋》哀公十四年："十有四年春，西狩获麟。"杜预《注》："麟者

仁兽，圣王之嘉瑞也。时无明王，出而遇获。仲尼伤周道之不兴，感嘉瑞之无应，故因鲁《春秋》而修中兴之教。绝笔于获麟一句，所感而作，固所以为终也。"[9]"今得陆、王之伪"以下六句：现今那些掌握伪陆、王学派的手段，却自称学习朱子的人，竟然说：要固守朱子学说，虽然知道其中有毒，也不能不吃下去。墨守，原指如墨翟之守城，引申为尊奉经说而坚守不变。章学诚《章氏遗书》外编卷三《丙辰札记》云："程、朱流弊，虽较陆、王为轻，而迂怪不近人情，则与狂禅相去亦不甚远，如陆当湖最为得程、朱之深矣，犹附和砒霜可吃之谬论，况他人远不若当湖先生者乎？"陆当湖即陆陇其，治学专宗朱熹，称："今有不宗朱子之学者，亦当绝其道，勿使并进。"

告子曰："不得于言[1]，勿求于心，不得于心，勿求于气。"不动心者[2]，不求义之所安，此千古墨守之权舆也。是非之心，人皆有之。不能充之以义理，而又不受人之善，此墨守之似告子也。然而藉人之是非以为是非[3]，不如告子之自得矣。

言陋儒受人支配而行事，比起告子凭直觉而行事更加缺乏理智。

【注释】

[1]"不得于言"以下四句：见于《孟子·公孙丑上》。其意为："如果语言上不明白，就不必从心里去探求道理；如果心里没有把道理弄明白，就不借气势来帮助。"[2]"不动心者"以下三句：不用心去思考，就是不去探求道理上是否恰当，这正是长

期以来固守成说的起点。权舆，原指草木萌芽的状态，引申为起始。 [3]"然而藉人之是非以为是非"二句：但是，凭藉别人所判断的是非作为自己的是非，完全受人支配，这种人甚至更不如告子凭着本人的直觉行事了。

藉人之是非以为是非，如佣力佐斗[1]，知争胜而不知所以争也。故攻人则不遗余力，而诘其所奉者之得失为何如[2]，则未能悉也。故曰：明知有毒，而不可不服也。[3]

【注释】

[1]"如佣力佐斗"二句：好比是雇用力士帮助打架，他就只知道力争打赢却不知为什么去争。佣力，雇用有力气的人。 [2]"而诘（jié）其所奉者之得失为何如"二句：但要问雇用他的人是否占住理，他却并不明白。诘，究问。所奉者，指雇用他的主家。 [3]按，以上三节为全篇第三层次，论述当今陋儒自称得朱子之传授，实则严重歪曲了朱子的形象。其教训是，根本不发挥独立思考的能力，不能充之以义理提高自己，学习别人之善。

末流失其本，朱子之流别，以为优于陆、王矣。然则承朱氏之俎豆[1]，必无失者乎？曰：奚为而无也[2]。今人有薄朱氏之学者[3]，即朱氏之数传而后起者也。其与朱氏为难[4]，学百倍于陆、王之末流，思更深于朱门之从学，充其所极，朱

清代考证学盛行，理学早显颓势。考证家自称"汉学"，与"宋学"相对立。章学诚则对理学予以充分的尊重，对朱子的学识、成就、学风表示钦敬，且对其后学西山等人的贡献予以肯定，这同样显示出其特具的卓识。

子不免先贤之畏后生矣。然究其承学[5]，实自朱子数传之后起也，其人亦不自知也。而世之号为通人达士者，亦几几乎褰裳以从矣[6]。有识者观之[7]，齐人之饮井相捽也。性命之说，易入虚无。朱子求一贯于多学而识，寓约礼于博文，其事繁而密，其功实而难，虽朱子之所求，未敢必谓无失也。然沿其学者，一传而为勉斋、九峰，再传而为西山、鹤山、东发、厚斋，三传而为仁山、白云[8]，四传而为潜溪、义乌[9]，五传而为宁人、百诗[10]，则皆服古通经，学求其是，而非专己守残，空言性命之流也。自是以外，文则入于辞章，学则流于博雅，求其宗旨之所在，或有不自知者矣。生乎今世[11]，因闻宁人、百诗之风，上溯古今作述，有以心知其意，此则通经服古之绪，又嗣其音矣。无如其人慧过于识而气荡乎志[12]，反为朱子诟病焉，则亦忘其所自矣。夫实学求是，与空谈性天不同科也。考古易差，解经易失，如天象之难以一端尽也。历象之学，后人必胜前人，势使然也。因后人之密而贬羲、和[13]，不知即羲、和之遗法也。今承朱氏数传

之后，所见出于前人，不知即是前人之遗绪，是
以后历而贬羲、和也。盖其所见，能过前人者，
慧有余也。抑亦后起之智虑所应尔也，不知即
是前人遗蕴者，识不足也。其初意未必遂然[14]，
其言足以慑一世之通人达士，而从其井捽者，气
所荡也。其后亦遂居之不疑者，志为气所动也。
攻陆、王者，出伪陆、王，其学猥陋，不足为陆、
王病也[15]；贬朱者之即出朱学[16]，其力深沉，
不以源流互质，言行交推，世有好学而无真识者，
鲜不从风而靡矣。

【注释】

[1] 俎（zǔ）豆：俎和豆都是古代祭祀用的器具。此譬之为衣
钵，指继承朱子之学说。　[2] 奚为：何为，表示反问。　[3] "今
人有薄朱氏之学者"二句：当代学者中有贬低朱子学术的人，他
就是朱子数传的后起人物。此指戴震。戴震（1723—1777），字
东原。问学于江永，乾隆间举人，特召为《四库全书》馆纂修官。
博闻强记，对天文、算学、地理等均有精深研究，又精于古音韵，
为乾隆间考据名家。其《孟子字义疏证》论述人的情欲的合理性，
对于理学家宣扬的"存天理，灭人欲"作有力的反击。主要著作
还有《原善》《声韵考》《声类表》《方言疏证》等。按，《章氏遗
书》卷二《书〈朱陆〉篇后》曰："戴君学问，深见古人大体，不
愧一代巨儒，而心术未醇，颇为近日学者之患，故余作《朱陆》

篇正之。"薄，贬低。　[4]"其与朱氏为难"以下五句：他对朱子责难，按其学问的积累比起陆、王学派末流要高出百倍，其思想见识比起朱子学派的后辈更加深刻，按其造诣最深的地方，如朱子在世也难免有先贤畏后生之感。按，这些评语与"戴君学问，深见古人大体，不愧一代巨儒"的言论，都充分体现出章氏对戴震学术成就的极高评价。　[5]"然究其承学"以下三句：但是探究他所承受的学术渊源，实际上是从朱子几代传人学习的后起学者，而他本人对此也并不明白。　[6] 褰（qiān）裳以从：撩起下衣涉水而相从。语出《诗经·郑风·褰裳》："子惠思我，褰裳涉溱。"　[7]"有识者观之"二句：这种情况从有见识的人看起来，就好像齐人毫无道理地揪打汲饮井水者。齐人之饮井相捽（zuó），自认为凿泉有功而揪打饮水的人。典出《庄子·列御寇》："齐人之井，饮者相捽也。"郭注："言穿井之人，为己有造泉之功而捽饮者，不知泉之天然也。"捽，揪打。　[8] 三传而为仁山、白云：第三代传人是金履祥、许谦。仁山，金履祥，字吉父，宋元之际理学家。从王柏、何基学习，颇有造诣。宋亡，隐居仁山之下，学者称仁山先生。白云，许谦，字益之，从金履祥学者称白云先生。其后许谦及门之士多达千余人。按，许谦从金履祥学，应为朱熹第四代传人。　[9] 四传而为潜溪、义乌：第四代传人是宋濂、王袆（yī）。潜溪，宋濂原籍金华潜溪，师事闻人梦吉等学者。明初授起居注官，与王袆同受诏任《元史》总裁。著有《潜溪集》《翰苑集》等。义乌，王袆，义乌人，师事柳贯、黄溍，以文章著名。元亡后隐居。明初授起居注官，后与宋濂同为《元史》总裁。著有《华川集》《玉堂杂著》等。　[10] 五传而为宁人、百诗：第五代传人是顾炎武、阎若璩。宁人，顾炎武，字宁人。百诗，阎若璩，字百诗，号潜丘。博通经史，长于考证，潜心对《古文尚书》研究三十余年，撰《古文尚书疏证》八卷，一一摘抉其伪，为清初考证学名著。又著有《潜丘札记》。按，章氏论朱子各代传人，是兼据师生传授先后和学脉传承二者而言，并不严格考定传授关系。因明初宋濂、王祎之后无著名博通经史、精于考证之学者，故以清初顾炎武、阎若璩为继宋、王之后的朱子第五代传人。　[11]"生乎今世"以下六句：戴震生活在当代，他由于受到顾炎武、阎若璩的影响而从事学术，向上追溯从古到今有价值的著作，确实能够领会其中精义，这正是贯通经史、研究古学的传统，又担当继承的责任。按，此言戴震能接续前人贯通群籍，得其精义的优良传统，担当了继承的责任，又是对其学术的高度评价。闻……之风，指受到……的影响而行动。嗣其音，即谓嗣其业，继承前人的事业。嗣，继承，接续。　[12]"无如其人慧过于识而气荡乎志"以下三句：想不到此人聪明过于见识，意气动摇了志向，反而对朱子肆意指斥，这样就忘记了自己学术的来源了。荡，摇摆，放纵，指因意气用事而动摇了志向。反为朱子诟病焉，指反而对朱子诟病，此处是对句式作灵活运用。焉，起加强语气作用。　[13]"因后人之密而贬羲、和"二句：因为后人观测历象方法严密而贬低古代的羲、和，却不明白所用的就是羲、和传承下来的方法。　[14]"其初意未必遂然"以下四句：他起初的想法未必就是这样，但他的言论足以震慑社会上学识广博、通达事理的人，跟着他毫无道理地揪打别人，就是受意气鼓荡的结果。通人，学识渊博贯通古今的人。达士，通达事理的人。　[15]不足为陆、王病：不至于对陆、王学派造成损害。　[16]"贬朱者之即出朱学"以下六句：贬斥朱子的人就从朱子学派中出来，他的根柢深厚、影响力大，如果不从学术源流上互相质证，从他本人的言与行互相推究，以揭示出真相，那么世间有用功学习而无真知灼见的人，就很少有人不跟风信从了。鲜（xiǎn），少。从风而靡（mí），跟风信从。靡，倒下，指服从。

章氏肯定考证学的价值和考证所得之不易，同时严肃批评烦琐考证风气之空疏无用；他高度评价戴震之学识"深识古人大体"，同时不客气地批评其诋朱子之非；他与戴震有直接交往，确有观察和了解。对戴君"笔之于书"者明确予以肯定，但对其口说之弹射深表不满：以上诸项，都值得我们深加注意。

古人著于竹帛[1]，皆其宣于口耳之言也。言一成而人之观者，千百其意焉，故不免于有向而有背。今之黠者则不然，以其所长，有以动天下之知者矣。知其所短[2]，不可以欺也，则似有不屑焉。徙泽之蛇[3]，且以小者神君焉。其遇可以知而不必且为知者[4]，则略其所长，以为未可与言也，而又饰所短，以为无所不能也。雷电以神之[5]，鬼神以幽之，键箧以固之，标帜以市之，于是前无古人，而后无来者矣。天下知者少[6]，而不必且为知者之多也；知者一定不易，而不必且为知者之千变无穷也。故以笔信知者[7]，而以舌愚不必深知者，天下由是靡然相从矣。夫略所短而取其长，遗书具存[8]，强半皆当遵从而不废者也。天下靡然从之，何足忌哉[9]！不知其口舌遗厉[10]，深入似知非知之人心，去取古人，任惼衷而害于道也。语云："其父杀人报仇[11]，其子必且行劫。"其人于朱子盖已饮水而忘源，及笔之于书，仅有微辞隐见耳[12]，未敢居然斥之也，此其所以不见恶于真知者也。而不必深知者，习闻口舌之间，肆然排诋而无忌惮，以谓是人而有是言[13]，则朱子真不可以不斥也。故趋其风者，未有不以攻朱为能事也。非有恶于朱也[14]，惧其不类于是人，即不得为通人也。夫朱子之授人口实，强半出于《语录》。《语录》出于弟子门人杂记，未必无失初旨也。然而大旨实与所著之书相表里，则朱子之著于竹帛，即其宣于口耳之言。是表里如一者[15]，古人之学也。即以是义责其人[16]，亦可知其不如朱子远矣，又何争于文字语言之末也哉？[17]

【注释】

[1]"古人著于竹帛"二句：古人在书册上写的字，都是口头宣讲、让听者听到的话。著，书写。竹帛，竹简和白绢，古代供书写之用。　[2]"知其所短"以下三句：知道是他所不懂的，欺骗不了别人，就装出好像不值一谈的样子。不屑，轻视，表示不值得理会。　[3]"徙泽之蛇"二句：干涸的沼泽地里的蛇迁居到别处，小蛇还被人当作神君。典出《韩非子·说林上》所载：沼泽干涸，生活于其中的蛇将迁徙到别处，小蛇对大蛇说，我如果跟在你后面，人们就以为是蛇在爬行，会把你杀掉，不如咱俩相互衔着嘴，你背负我而行，人们就会认为我是神君而不敢加害。于是它们就这样穿越大路，见到的人都认为是神君，争先恐后避让。　[4]"其遇可以知而不必且为知者"以下五句：如果遇到可以让对方明白，而暂时不需要让他听懂的，就有意地对本人的长处只略说几句，给人以不愿深谈的印象，同时掩饰自己的短处，

这样给人以无所不能的印象。可以知，可以让对方明白。不必且
为知，暂时不需要让对方懂得。且，暂时。饰所短，掩饰本人的
短处。　[5]"雷电以神之"以下四句：用如同装作雷电轰鸣的手
法来神化它，用扮鬼神的手段让它幽深莫测，像锁在箱子的宝物
一样守护它，又插上标签兜售它。幽之，变得幽深莫测。固之，
守护不使丢失。市之，出卖，兜售。　[6]"天下知者少"以下四句：
天下有真知真识的人少，而暂时不需要让有真知的人多起来；有
真知的人主见坚定不随便改变，而暂时不需要让有真知的人动摇
变化。一定不易，主见确定不变。　[7]"故以笔信知者"以下三
句：以写在纸上的使有真知的人对他信服，而用口头所讲愚弄不
一定深知的人，这样天下便如风吹草无不依从他了。以笔信知者，
用书写在纸上的文字让有真识的人信服。笔，用笔写。信，信服，
诚信。　[8]遗书：遗留下来的著作。按，《朱陆》篇撰写之时戴
震仍在世，此处"遗书"当为在戴氏去世后所改。　[9]何足忌
哉：这有什么可避忌的呢！　[10]"不知其口舌遗厉"以下四句：
但不知道口头上的讥弹遗留祸害，已经深入到半懂不懂这类人的
内心，随意讥评古人，放纵偏狭的私心而损害学术的大道。去取
古人，以个人私见取舍，讥评古人。任偏（biǎn）衷，放任偏狭
的内心。任，放任，放纵。偏衷，心胸狭隘，急躁。偏，与"褊"
通。　[11]"其父杀人报仇"二句：语出苏轼《荀卿论》。　[12]微
辞隐见：指隐约其辞，不直接表达。　[13]"以谓是人而有是言"
二句：就认为他（指戴震）都已讲了这样的话，那么对朱子真不
可以不予以诋斥了。两处"是"均为代词，相当于"这"或"这
样"。　[14]"非有恶于朱也"以下三句：并不是本来对朱子有什
么厌恶，而且担心如果不附和他的看法，就不能被认为是学识广
博通达的人了。类于，附和他的看法，与他同类。　[15]"是表
里如一者"二句：故此口里讲的与心里想的相一致，这是古代大

学者的一致风格。　[16] 即以是义责其人：只要拿这个道理来批评这个人。是义，这番道理。　[17] 按，本节为全篇第四层次，对朱子的学识以及由他开创的传统予以表彰，对戴震的学术成果予以肯定，而严肃地批评他饮水忘源，在口谈场合下诋斥朱子。

【点评】

　　本篇撰写时间约在乾隆四十三年（1778）年以前。其后章氏约于乾隆五十四年（1789）又写成《书〈朱陆〉篇后》，专为进一步申论此文义旨而发，故须将此两篇联系起来阅读、理解。

　　研读《朱陆》篇的要领，是把握其论述的两项宗旨。一是，本篇是章氏对南宋以来长达五六百年的朱、陆两派论争进行总结，提出独到见解。这是学术史上的重大问题，章氏对此专题阐释，是十分必要的，也是其在理论上的出色贡献。《章氏遗书》本在编排上，把《浙东学术》与《朱陆》紧连排在一起，前一篇论述清代浙东学派，后一篇集中论述六百年来理学内部之一大公案，正体现出对于自近代至当代的学术变迁及其理论问题进行总结，对于学术方向有的放矢地作出评析。《章氏遗书》本的编排有利于体现这一点，显然做得恰当。而"大梁本"却将两篇隔开，且将《朱陆》篇从原先内篇二的位置，移后至内篇三，排在《习固》篇与《文德》篇之间，与作为内篇五之第八篇《浙东学术》更隔得很远，使读者无法体会两篇之间紧密的内在联系，大大减损了其评述近现代学术演进趋势的分量和针砭不良学风的锋芒。理学分成朱、陆两派，这是传统学术史后期最大的问题，对此应当如何认识呢？末学由于浅陋平庸，不明大体，只会抓住琐屑问题互相攻击，形同水火，纷争不已。而章学诚却具有远见卓识，指出理学分成两大派是学术史上的正常现象，立论宗旨和学术风格不同的两个学派正好通过正常的论辩互相得到启示，以此促进学术的发展。故云："宋儒有朱、陆，千古不可合之同异，亦千古不可无之同异也。""高明沉潜之殊致，譬则寒暑昼夜，知其意者，交相为功。"又言，朱子之偏于道问学，陆氏之偏于尊德性，"各以所畸重者，争其门户，是亦人情之常也"。并指出正直、勤恳的学者专注于扎实做学问，只有"末流无识，争相诟詈"，才导致"争辨穷年，未有已也"，这是应当予以廓清的。

进入清代以后，理学已走向衰落。尽管如此，章学诚对于朱熹学术精神的传承做了深入、系统的梳理，并予以高度评价，指出："盖性命、事功、学问、文章，合而为一，朱子之学也。求一贯于多学而识，而约礼于博文，是本末之兼该也。诸经解义不能无得失，训诂考订不能无疏舛，是何伤于大礼哉？且传其学者，如黄、蔡、真、魏，皆通经服古，躬行实践之醇儒，其于朱子有所失，亦不曲从而附会，是亦足以立教矣。""三传而为仁山、白云，四传而为潜溪、义乌，五传而为宁人、百诗，则皆服古通经，学求其是，而非专己守残，空言性命之流也。"其时理学之颓势早成定局，甚至在社会上受到公开的嘲笑，章学诚却能中肯地总结出朱子学派具有"求一贯于多学而识"、治学缜密等优胜之处，确实显示出其总结学术史所具有的特识。再联系到章氏自视为清代浙东学派的继承者，这一学派的源头王阳明、刘宗周属于陆、王学派，以此可证明章氏确能摆脱门户之见，以实事求是的态度评价学者的得失。

本篇论述的第二项宗旨是对戴震学术的评论。戴震是乾隆时期考证学阵营中极受推崇的人物。本篇撰写之时，戴震还在世，故隐其名。至十余年后（约在乾隆五十四年）撰《书〈朱陆〉篇后》，才点明《朱陆》篇是为批评戴氏而作，并在内容上作了重要的补充。章学诚对戴震的成就作了极高评价，如称："学百倍于陆、王之末流，思更深于朱门之从学，充其所极，朱子不免先贤之畏后生矣。""夫略所短而取其长，遗书具存，强半皆当遵从而不废者也。天下靡然从之，何足忌哉！"在《书〈朱陆〉篇后》中又有进一步论述，曰："戴君学问，深见古人大体，不愧一代巨儒。""戴君学术，实自朱子道问学而得之，故戒人以凿空言理，其说深探本原，不可易矣。"又云，戴君下世已有十余年，"而至今无人能定戴氏品者"。章学诚正确地指出戴氏学问实包括训诂与义理两个范围，并予以评价："凡戴君所学，深通训诂，究于名物制度，而得其所以然，将以明道也。时人方贵博雅考订，见其训诂名物有合时好，以谓戴之绝诣在此。及戴著《论性》《原善》诸篇，于天人理气，实有发前人所未发者，时人则谓空说义理，可以无作，是固不知戴学者矣。"章学诚对戴的批评，主要在两项。一是"饮水忘源"。戴氏的考证学成就实是从朱子"求一贯于多学而识"的传统，经从黄榦、蔡沈至顾炎武、阎若璩数传而来。考证多方面的问题，难免有缺误之处，戴震竟从《朱子语录》中找到个别不确之处，而对朱子加以诋斥，完全是标榜自己，意气用事。二是戴震表里不一。"故以笔信知者，而以舌愚不必深知者，天下由是靡然相从矣"。章氏强调学者不能人格低下，违反做人的基本准则。他指出：《朱子语录》出于门人所记，即使其中有违失初旨之处，但总体看来，朱子表里如一，这是古代大学者的一致风格。现今贬低朱子的人恰恰不能表里如一，其人格不如朱子远甚！所论切中肯綮，确实值得后学者深深引以为戒。

文　德

凡言义理，有前人疏而后人加密者，不可不致其思也。古人论文，惟论文辞而已矣。刘勰氏出[1]，本陆机氏说而昌论文心；苏辙氏出[2]，本韩愈氏说而昌论文气；可谓愈推而愈精矣。未见有论文德者，学者所宜深省也。夫子尝言"有德必有言"[3]，又言"修辞立其诚"[4]；孟子尝论"知言""养气"[5]，本乎集义；韩子亦言[6]，"仁义之途"，"《诗》《书》之源"；皆言德也。今云未见论文德者，以古人所言，皆兼本末，包内外，犹合道德文章而一之；未尝就文辞之中言其有才，有学，有识，又有文之德也。

章氏强调前人的论述包涵甚广，合道德、文章而一之，而凸显"文德"为本人所首创。

【注释】

[1]"刘勰氏出"二句：刘勰，字彦和，南朝梁文论家，著有《文心雕龙》。其《序志》篇云："夫文心者，言为文之用心也。"陆机，字士衡，晋文论家，著有《文赋》。其《序》云："余每观才士之所作，窃有以得其用心。"故章氏言，刘勰提出"文心"，其见解是受到陆机的启发。　[2]"苏辙氏出"二句：苏辙，字子由，北宋文学家，著有《诗集传》《古史》《栾城集》等。其《上枢密韩太尉书》云："文者，气之所形。然文不可以学而能，气可以养而致。"（《栾城集》卷二十二）韩愈，字退之，唐朝文学家，著有《昌黎集》。其《答李翊书》云："气，水也。言，浮物也。水大而物之浮者小大毕浮。气之与言犹是也，气盛则言之短长与声之高下者皆宜。"（《昌黎集》卷十六）　[3]有德必有言：语出《论语·宪问》。　[4]修辞立其诚：语出《周易·乾·文言》。　[5]"孟子尝论'知言''养气'"二句：《孟子·公孙丑上》："我知言。我善养吾浩然之气。""其为气也，至大至刚"，"是集义所生者，非义袭而取之也"。　[6]"韩子亦言"以下三句：韩愈《答李翊书》："虽然，不可以不养也，行之乎仁义之途，游之乎《诗》《书》之源，无迷其途，无绝其源，终吾身而已矣。"（《昌黎集》卷十六）

对"敬""恕"赋予新义。揭示中心论点。

凡为古文辞者[1]，必敬以恕。临文必敬[2]，非修德之谓也。论古必恕[3]，非宽容之谓也。敬非修德之谓者，气摄而不纵，纵必不能中节也[4]。恕非宽容之谓者，能为古人设身而处地也。嗟乎[5]！知德者鲜[6]，知临文之不可无敬恕，则知文德矣。[7]

【注释】

[1]"凡为古文辞者"二句：凡是从事古文辞写作的人，都必

须达到"敬"和"恕"这两项要求。古文辞，以文言所写的散体文。以，与，和。　[2]临文：指对待写文章。　[3]恕：体谅、宽宥，推己及人。忠与恕，是儒家的道德规范。《论语·里仁》："夫子之道，忠恕而已矣。"朱熹注："尽己之谓忠，推己之谓恕。"　[4]中（zhòng）节：适度。《礼记·中庸》："喜怒哀乐之未发，谓之中；发而皆中节，谓之和。"　[5]嗟（jiē）乎：感叹词。　[6]鲜（xiǎn）：少。　[7]按，以上论述"敬"与"恕"是文德的两大关键。

　　昔者陈寿《三国志》[1]，纪魏而传吴、蜀，习凿齿为《汉晋春秋》[2]，正其统矣。司马《通鉴》仍陈氏之说[3]，朱子《纲目》又起而正之。"是非之心[4]，人皆有之"，不应陈氏误于先，而司马再误于其后，而习氏与朱子之识力，偏居于优也。而古今之讥《国志》与《通鉴》者[5]，殆于肆口而骂詈[6]，则不知起古人于九原，肯吾心服否邪？陈氏生于西晋，司马生于北宋，苟黜曹魏之禅让[7]，将置君父于何地？而习与朱子，则固江东南渡之人也，惟恐中原之争天统也。（此说前人已言。）诸贤易地则皆然，未必识逊今之学究也[8]。是则不知古人之世[9]，不可妄论古人文辞也；知其世矣，不知古人之身处，亦不可以遽论其文也。身之所处[10]，固有荣辱隐显，屈伸忧

"易地则皆然"，存在决定意识。经典警句，一再被学者引用。用词准确，不可移易。

前言"妄"，无有根据而凭空议论；后言"遽"，根据不足而仓促评论。

乐之不齐，而言之有所为而言者，虽有子不知夫子之所谓[11]，况生千古以后乎？圣门之论恕也，"己所不欲，勿施于人"[12]，其道大矣。今则第为文人[13]，论古必先设身，以是为文德之恕而已尔。

"论古必恕"
更有针对性，故先
行论证。

【注释】

[1] "昔者陈寿《三国志》"二句：陈寿，字承祚，西晋史学家。所撰《三国志》为纪传体史书，魏书前四卷称纪，蜀、吴两书有传无纪。对魏的君主称帝，记载称"纪"；吴、蜀则称主不称帝，记载称"传"。　[2] "习凿齿为《汉晋春秋》"二句：习凿齿，字彦威，东晋人，任荥阳太守，撰成《汉晋春秋》，起汉光武，终晋愍帝，其叙三国时期历史，以蜀汉为汉朝宗室而称正统，而以曹魏为篡逆。故《史通·探赜》篇谓："凿齿以魏为伪国者，盖定邪正之途，明顺逆之理耳。"其书今佚。　[3] "司马《通鉴》仍陈氏之说"二句：司马光，字君实，北宋史学家，撰著编年体通史《资治通鉴》。其卷六十九"魏纪一"记载刘备在蜀即帝位、改元章武之后，以附论的形式讲了关于纪年体例的主张，认为正统、闰位之争，关系复杂，"非所敢知"，其原则应当是"据其功业之实而言之"，即应依据历史大势来确定，能统一全中国的才是正统；而当处于多个政权分立时期，为了体现历史的连续性，应按照上承下续的客观史实，将三国之魏，南北朝之宋、齐、梁、陈等，作为纪年之依据。故《通鉴》三国时期即以曹魏年号作为纪年的依据，与陈寿《三国志》的做法相一致。朱熹所撰《资治通鉴纲目》以蜀为正统。建安二十六年刘备即位改元，《纲目》特书："昭烈皇帝章武元年。"刘友益《纲目书法》解释说："本习凿齿《汉晋

春秋》。"　[4]"是非之心"二句:《孟子·告子上》。　[5]《国志》:即《三国志》。　[6]"殆(dài)于肆口而骂詈"以下三句:简直是在肆意谩骂,却不知道如果让古人从坟墓中站起来,是否会心服我们呢?殆,几乎。詈,责骂。九原,指墓地,春秋时期晋国卿大夫墓地在九原。肯吾心服否邪(yé),为倒装句式。邪,语气助词。　[7]"苟黜曹魏之禅让"二句:曹魏后期,司马氏早已取得最高政治权力,至司马炎即假借禅让的形式,废掉魏元帝曹奂、自立为晋武帝。如此"禅让"实则代魏自立。赵翼《廿二史札记》卷六"《三国志》书法"条云:"其他体例,亦有显为分别者,曹魏则立为本纪,蜀、吴二主则但立传,以魏为正统,二国皆僭窃也。""正统在魏,则晋之承魏为正统,自为不待言,此陈寿仕于晋,不得不尊晋也。"苟,如果。黜,贬斥。禅让,相传尧舜时期将帝位让给贤德之人,称禅让。　[8]逊:不如。学究:陋儒。　[9]"是则不知古人之世"以下五句:《孟子·万章下》:"颂其诗,读其书,不知其人可乎?是以论其世也。"章氏的论点是由孟子引申而得。遽(jù),急,骤然。　[10]身之所处:指人物生平境遇以及所处时代。　[11]虽有子不知夫子之所谓:《礼记·檀弓》载:"有子问于曾子曰:'问丧于夫子乎?'曰:'闻之矣。丧欲速贫,死欲速朽。'有子曰:'是非君子之言也。'"章氏举此例子说明,即使像孔子的贤弟子有子,对孔子在特殊场合下讲的话,也有不理解的地方。有子,即孔子弟子有若,鲁人。　[12]己所不欲,勿施于人:《论语·卫灵公》:"'有一言而可以终身行之者乎?'子曰:'其恕乎?己所不欲,勿施于人。'"　[13]第:但凡,只要。

韩氏论文,"迎而拒之,平心察之"[1]。喻气于水[2],言为浮物。柳氏之论文也[3],"不敢轻心掉之","怠心易之","矜气作之","昏气出之"。夫诸贤论心论气，未即孔、孟之旨[4]，及乎天人、性命之微也[5]。然文繁而不可杀[6]，语变而各有当[7]。要其大旨则临文主敬，一言以蔽之矣。主敬则心平，而气有所摄[8]，自能变化从容以合度也。夫史有三长[9]，才、学、识也；古文辞而不由史出[10]，是饮食不本于稼穑也。夫识生于心也，才出于气也；学也者[11]，凝心以养气，炼识而成其才者也。心虚难恃，气浮易弛。主敬者[12]，随时检摄于心气之间，而谨防其一往不收之流弊也。夫缉熙敬止[13]，圣人所以成始而成终也，其为义也广矣。今为临文，检其心气，以是为文德之敬而已尔。[14]

前人一向皆谓文本于经，而章氏独言文由史出，是认识上的重大推进。

【注释】

[1] 迎而拒之，平心察之：韩愈《答李翊书》："迎而距之，平心而察之，其皆醇也，然后肆焉。" [2] 喻气于水：见前。 [3]"柳氏之论文也"以下五句：柳宗元《答韦中立论师道书》："吾每为文章，未尝敢以轻心掉之，惧其剽而不留也；未尝敢以怠心易之，惧其弛而不严也；未尝敢以昏气出之，惧其昧没而杂也；未尝敢以矜气作之，惧其偃蹇而骄也。"（《柳河东集》卷三十四）怠心，懈怠之心。易之，对它轻视。矜气，心气骄傲。昏气，心志糊涂、迷乱。 [4] 即：接近。 [5] 微：精微的义理。 [6] 文繁：文词繁富。杀：省略。 [7] 语变：语句灵活变通。 [8] 摄：收

敛。　[9]"夫史有三长"二句：系唐代史学评论家刘知幾所云："史才须有三长，世无其人，故史才少也。三长谓才也、学也、识也。"（《旧唐书》卷一百二《刘子玄传》）　[10]"古文辞而不由史出"二句：指必须掌握丰富的历史知识和具备恰当的历史观点，才能写好古文辞。此项应视为章氏之卓识。叶瑛先生认为，《文心雕龙·宗经》篇谓文章本出于经，而章氏所论不同，是由于他提倡"六经皆史"，经为史所包的缘故。（《文史通义校注》，《文德》注32）此说也可参考。　[11]"学也者"以下五句：虚心的态度难以长久保持，意气浮躁容易使人松懈，因此需要聚精会神、锤炼志识，才能养其气、成其才。恃，依靠，凭借。弛，松懈。　[12]"主敬者"二句：以主敬的标准，随时省察、约束自己的心气。检，检察，自省。　[13]"夫缉熙敬止"二句：心地光明，保持敬肃，是道德高尚的人能够成始成终的关键。缉熙，光明貌。敬，敬肃。止，语气助词。　[14]按，以上论述"临文必敬"。

【点评】

《文德》篇撰成于嘉庆元年（1796），时年章学诚五十九岁，在四年以前他撰有《史德》篇，两篇内容互为表里，应当结合起来阅读体会。本篇是突出体现章学诚理论创造性的重要篇章。他首先提出："义理"的阐释，前人比较粗疏而后人逐步臻于缜密，这是理论发展的普遍规律，也是具有使命感的学者应当担负的责任。古人评论文章写作的命题也经历了由疏而密的演进，即：由论"文辞"进而论"文心"，又进而论"文气"；然而从未有论"文德"者。这是一个值得深入探索的新领域，应当予以高度重视。孔子及其后学者关于"有德""立诚"

也有诸多论述，但其所指包罗至广，"皆兼本末，包内外，犹合道德文章而一之"。章氏提出的新命题，是要倡言文章的写作者，不仅应当具备已为大家重视的才、学、识三者，还应当特别强调具备"文德"。

章学诚目光远大，以推进"义理"阐释和发展学术为己任，他在总结、继承前人观点的基础上，明确提出"文德"这一新的命题，论述作者应当达到的思想境界和应当始终坚持的严谨态度，其包括两大关键：一是临文必敬；二是论古以恕。前者，是指文章作者应始终省察、收敛心气，"随时检摄于心气之间"，并且掌握好评价的分寸，立论与叙述均务求其"中节"，切不可意气用事。后者是指必须善于做到知人论世，抱同情与理解的态度，切忌离开古人所处的环境与时代，作无根据的揣度，凭空褒扬或任情苛求，而务求做到评价公允、辨析分明。由此，章氏提出经典性的论断："是则不知古人之世，不可妄论古人文辞也；知其世矣，不知古人之身处，亦不可以遽论其文也。"这是章学诚发扬传统学术"实事求是"这一思想精髓、并在新的条件下加以发展而提出的精彩论述，在一定程度上同唯物史观所强调的"将问题严格提到一定的历史范围内"的原理是相通的。因其十分精警而深刻，在当代学术论著中一再被引用，证明其理论创造所具有的非凡生命力！

章学诚学养深厚，善于对前人的理论成果融会贯通，并加以推进。他视野开阔，《文史通义》全书所论，以评骘史学为主，而又打通文史界限，涵盖广阔的学术领域。立意高远，要总结以往学术史的变迁，要评价当代学林之得失，倡导勇于进取、创新的风气，严肃批判学坛上存在的种种弊病。他著述的态度极其认真，凡撰文必有的放矢，如本篇中所强调的"言之有所为而言"，他大力阐发"临文必敬""论古必恕"这两大原则，也是为了矫正时弊而大力倡言之。他极善于撰写说理文章，每篇必定做到立意新颖、论点鲜明、论证充分。如本篇，虽然只有约一千二百字，但章氏为了论证其核心观点，而遍举儒家经典及历代文史名著，包括《论语》《孟子》《礼记》，及陈寿、习凿齿、陆机、刘勰、刘知幾、韩愈、柳宗元、司马光、苏辙、朱熹等人的著作，而又做到运用自如、举重若轻。我们应当对这些特点认真揣摩体会，从中获得启示；并且联系书中其他篇章，去把握《文史通义》这部乾嘉时期名著的耀眼特色。章氏说理文还有结构严谨、逻辑清晰的特点。如本篇共有四小节，前两节集中提出核心的论点："凡为古文辞者，必敬以恕。"第三节集中论述"论古必恕"，因为不顾及作者所处身世而任情褒贬的毛病，在当日大量存在，所论更具有针对性，故置于前，旨在更加引起重视。第四节论述"临文必敬"。纲举目张，层层深入，前后呼应，有极强的说服力。

言公上

开宗明义，提出两种标准，让撰写文章者对照自己：一是目标在于阐发大道，文辞是为了表明这一高尚的志向，达到了这样的标准，就是立言为公；一是撰文为了追求名利，将文字表述作为炫耀自己才能的手段，这就是将立言私据为己有。赞成什么，批评什么，态度极其鲜明。

古人之言[1]，所以为公也，未尝矜于文辞，而私据为己有也。志期于道[2]，言以明志，文以足言。其道果明于天下，而所志无不申，不必其言之果为我有也[3]。《虞书》曰[4]："敷奏以言[5]，明试以功。"此以言语观人之始也。必于试功而庸服[6]，则所贵不在言辞也。誓诰之体[7]，言之成文者也。苟足立政而敷治，君臣未尝分居立言之功也。周公曰[8]："王若曰多方[9]。"诰四国之文也[10]。说者以为周公将王之命[11]，不知斯言固本于周公，成王允而行之，是即成王之言也。盖圣臣为贤主立言[12]，是谓贤能任圣，是亦圣人之治也。曾氏巩曰[13]："典谟载尧、舜功绩[14]，并其精微之意而亦载之，是岂寻常所及哉？当时史臣载笔，亦皆圣人之徒也。"由是观之[15]，贤臣为圣主述事，是谓贤能知圣，是亦圣人之言也。文与道为一贯，言与事为同条[16]，犹八音相须而乐和[17]，不可分属一器之良也。五味相调而鼎和[18]，不可标识一物之甘也。故曰：古人之言，所以为公也，未尝矜于文辞，而私据为己有也。[19]

【注释】

[1]"古人之言"以下四句：古人的言论，之所以达到公的标准，是因为未曾拿文辞作为夸耀的手段，将它私心地据为己有。言，指言论、著述。为公，达到公的标准，称做"公"。与"私"相对。矜，自以为贤能，以此为夸耀。　[2]"志期于道"以下三句：志向是期望明道，以言论表达志向，而文辞则注重能够恰当表达出来。言以明志，文以足言，出自《左传》襄公二十五年："仲尼曰：《志》有之：'言以足志，文以足言。'不言，谁知其志？"　[3]不必其言之果为我有也：不一定要求那些言论都确实是由我讲出来的。按，此句是进一步强调言论和著述是为了明道，不是要矜于文辞。果，果然，确实。　[4]《虞书》：《尚书》中的一部分，今本内容包括《尧典》、《舜典》、《大禹谟》（此篇为伪《古文尚书》中的一篇）、《皋陶谟》、《益稷》。　[5]"敷奏以言"二句：诸侯报告治绩，天子明确考察其功效。　[6]必于试功而庸服：一定要通过明确考察才任用。按，强调在听取报告治绩之后，更重

要的是通过考察才决定任用。以此说明言词并不是最重要的。庸服，任用。庸，任用。服，能事。　[7]"誓诰之体"以下四句：《尚书》中多篇誓、诰体裁的文章，是根据君臣的言论记载下来的文字，只要能达到树立政治规模、实施治理国家，那么君主和大臣并未曾区分据有立言的功劳。敷治，实施治理国家。分居，区分占有。居，获得，据有。　[8]周公：西周初大政治家，也是儒家道统中周文王、武王与孔子之间的重要人物。周文王之子、武王弟，名旦。助武王灭商。武王卒，因成王年幼，由他摄政。其言论除见于《多士》篇外，还见于《尚书》中《大诰》《康诰》《无逸》《立政》等篇。　[9]王若曰多方：语出《尚书·多方》："王若曰：'猷！告尔四国多方。'"多方，各方诸侯。　[10]诰四国之文：告诫四方的文告。诰，一种训诫、勉励的文体。《尚书》中有《康诰》《酒诰》。四国，即四方。　[11]"说者以为周公将王之命"以下四句：评论者认为是周公假借成王发布命令，却不明白这些话固然出自周公之口，经成王允诺才这样做，因此就是成王的言论。将，假借，用……名义。固本于周公，固然来自周公。本，从周公口中而来。成王，周武王子，名诵。即位时年幼，命叔父周公摄政。亲政后采取一系列措施，巩固周王朝统治，政局比较稳定。与文王、武王，及其子康王，并称文、武、成、康之治。　[12]"盖圣臣为贤主立言"以下三句：因为圣智的大臣为贤明的君主立言，正是说明贤明的君主能够信任圣臣，这样也成就是圣君的治绩。盖，发语词。贤能任圣，贤明的君主（指成王）能够专信、任用圣臣（指周公）。　[13]曾氏巩：曾巩，北宋文学家，字子固。进士出身，任史馆修撰，官至中书舍人。工文章，以简洁著称，为唐宋八大家之一。著有《隆平集》《元丰类稿》。　[14]"典谟载尧、舜功绩"以下五句：语出曾巩《南齐书目录序》，系章氏加以概括、改写。　[15]"由是观之"以下

四句：由此看来，贤臣为圣德之主记载言论史事，即说明其贤能
足以理解圣德之君，因此所记就是圣人之言。贤能知圣，其贤能
足以理解圣君。　[16]同条：即同贯，一贯，互相贯通。条，通
达。　[17]犹八音相须而乐和：就好像多种乐器互相配合而音
乐和谐。八音，指金、石、丝、竹、匏、土、革、木。须，同
"需"。　[18]五味相调而鼎和：多种食物和调味品互相配合而烹
调出一鼎的美味。五味，酸、苦、辛、咸、甘。鼎，古代烹煮器
具。　[19]按，本节首先揭示全篇论述宗旨：古人著述的目的是
要为公，期于明道，未尝私据为己有。并以《尚书》中所载周公
言论作为确切论据。

司马迁曰[1]："《诗》三百篇[2]，大抵贤圣发愤所为作也。"是则男女慕悦之辞[3]，思君怀友之所托也；征夫离妇之怨[4]，忠国忧时之所寄也。必泥其辞[5]，而为其人之质言，则《鸱鸮》实鸟之哀音，何怪鲋鱼忿诮于庄周？《苌楚》乐草之无家[6]，何怪雌风慨叹于宋玉哉？夫诗人之旨[7]，温柔而敦厚，主文而谲谏[8]，言之者无罪，闻之者足戒，舒其所愤懑[9]，而有裨于风教之万一焉，是其所志也。因是以为名[10]，则是争于艺术之工巧，古人无是也。故曰：古人之言，所以为公也，未尝矜于文辞，而私据为己有也。[11]

指出《诗经》这部重要的儒家经典，大量篇章中表达了诗人的讽谏、褒贬，而又出言诚正，态度敦厚。这正是古人"言公"的确证，对后世有垂范的意义。

【注释】

[1] 司马迁：西汉武帝时代伟大史学家，所著《史记》共一百三十卷，被誉为"史家之绝唱，无韵之《离骚》"。　　[2]"《诗》三百篇"二句：语出《史记》卷一百三十《太史公自序》。发愤所为作，因意有所郁结、表达奋发有为志向而写作。　　[3]"是则男女慕悦之辞"二句：因此，像《关雎》这样表达男女爱慕的诗，是思念君王怀念朋友的寄托。　　[4]"征夫离妇之怨"二句：而像《黍离》表达丈夫从军远行、妻子愁苦过日的诗，是忠心爱国、忧虑时局的寄托。　　[5]"必泥其辞"以下四句：如果一定拘泥于字句、认定是人物实说的话，那么《鸱鸮》诗中实写的是鸟的哀音，就无法引申为表达周公诉说处境的艰难，又何怪庄子借鲋鱼的话来表达本人愤怒的责问呢？泥，拘泥。质言，实说的话。《鸱鸮（chī xiāo）》，《诗经》篇名。《尚书·金縢》载：武王崩，成王年幼，周公摄政事。管叔等乃散布流言："公将不利于孺子。"周公东征二年，平定管、蔡之乱，"于后公乃为诗以贻王，名之曰《鸱鸮》"。周公在诗中借鸱鸮之言诉说处境艰难，向武王表明自己摄政受人猜疑而内心光明磊落。鸱鸮，猫头鹰的一种，古人以为恶鸟，比喻邪恶之人。鲋鱼忿诮（qiào）于庄周，见于《庄子·外物》篇所载寓言，谓：庄周家贫，向监河侯借粮。监河侯说自己会很快得到一笔钱，届时可借给三百金。庄周愤怒地说："我来的路上看到车辙里有条鲋鱼呼救，让我给他斗升之水活命。我说将游历吴越，可以引西江水救你。鲋鱼听了很气愤，说我只要斗升之水就可以活命，照你这么说，还不如早点到干鱼店找我！"以此讽刺监河侯的吝啬。忿诮，愤怒责问。　　[6]"《苌楚》乐草之无家"二句：同样地也就无法理解《苌楚》诗中假托羊桃口气诉说因政烦赋重，人不堪其苦，叹息不如草木之无知而无累。又何怪宋玉赋中以雌风比喻庶人地位低下呢？！《苌楚》乐草之无

家，《诗经·桧风》有《隰有苌楚》篇。苌楚即羊桃，诗中假托羊桃的口气悲叹自己饱受苛政之苦，不如山野草木之乐。雌风慨叹于宋玉，宋玉《风赋》中描写宋玉、景差二人陪楚襄王同游兰台宫，吹来一阵凉风，楚王喜悦，就说自己与民众同享凉爽。宋玉借此抒发说，这只是大王的雄风，民众能吹到的是雌风，并借雄风、雌风的不同讲出国王与民众差别悬殊，暗含对楚王的讥讽。宋玉，战国时期楚人，是屈原之后著名的辞赋作者。《汉书·艺文志》著录其赋十六篇，但大多亡佚。　[7]"夫诗人之旨"二句：诗人的宗旨，语言温和委婉，内心诚恳忠厚。《礼记·经解》："温柔敦厚，《诗》教也。"　[8]主文而谲（jué）谏：语出《毛诗序》。主文，主旨平和，不偏激。谲谏，对人规劝过失，用隐晦的方法表达，不直接说出，使之自悟。谲，诡异，变化。　[9]"舒其所愤懑（mèn）"以下三句：（用温和委婉的方法）抒发诗人内心的愤慨郁闷，希望对风尚教化有些许裨益，这正是诗人的宗旨。懑，郁闷，愤怒。　[10]"因是以为名"以下三句：若借写诗来出名，那就专在表达技巧和文字雕饰上相计较、下功夫，古人是不这样做的。　[11]按，本节以《诗经》为例证，论述古人立言为公，未曾私据为己有。

夫子曰："述而不作[1]。"六艺皆周公之旧典[2]，夫子无所事作也。《论语》则记夫子之言矣。"不恒其德"[3]，证义巫医，未尝明著《易》文也。"不忮不求"之美季路[4]，"诚不以富"之叹夷齐，未尝言出于《诗》也。"允执厥中"之述尧言[5]，"玄牡昭告"之述《汤誓》，未尝言出于《书》也。

（《墨子》引《汤誓》。）《论语》记夫子之微言[6]，而《诗》《书》初无识别，盖亦述作无殊之旨也。（王伯厚常据古书出孔子前者，考证《论语》所记夫子之言，多有所本。古书或有伪托，不尽可凭，要之古人引用成说，不甚拘别。）夫子之言[7]，见于诸家之称述，（诸家不无真伪之参，而子思、孟子之书，所引精粹之言，亦多出于《论语》所不载。）而《论语》未尝兼收，盖亦详略互托之旨也。夫六艺为文字之权舆[8]，《论语》为圣言之荟粹，创新述故，未尝有所庸心，盖取足以明道而立教[9]，而圣作明述，未尝分居立言之功也。故曰：古人之言，所以为公也，未尝矜其文辞，而私据为己有也。[10]

此处涉及文献真伪考证的标准和方法问题，值得注意。

【注释】

[1]述而不作：语出《论语·述而》。指只阐述前人成说，自己无所创作。　[2]"六艺皆周公之旧典"二句：《六经》都是周公时代的典章，孔子不再需要从事创作。事，作动词用，指从事，进行。作，用作名词，创作。　[3]"'不恒其德'"以下三句："不恒久保持德行"，《论语》中用这句话来指明巫师和医生的职业道德要求，却没有标明用《周易》的文辞。按，《论语·子路》："子曰：南人有言曰：'人而无恒，不可以作巫医。'善夫！'不恒其德，或承之羞。'"不恒其德，或承之羞，语出《周易·恒卦》，孔子用来证明巫医不可无恒德。　[4]"'不忮（zhì）不求'之美季路"以下三句：用"不嫉妒又不贪求"来称赞子路，用"诚然

不因为富裕"来赞扬伯夷、叔齐，却没有讲明语出《诗经》。"不
忮不求"之美季路，《论语·子罕》："子曰：'衣敝缊袍，与衣狐
貉者立而不耻者，其由也与。不忮不求，何用不臧？'子路终身
诵之。"不忮不求，何用不臧，语出《诗经·卫风·雄雉》，孔子
取以赞美子路不以富贵动摇其心志。忮，愤怒。求，贪求。季路，
仲由之字，又字子路。"诚不以富"之叹夷齐，《论语·季氏》："齐
景公有马千驷，死之日，民无德而称焉。伯夷、叔齐饿于首阳之
下，民到于今称之。"诚不以富，语出《诗经·小雅·我行其野》。
章学诚采用程颐的说法，《论语》中原先引用此语为错简，应该
放在《季氏》篇中，用来赞扬伯夷、叔齐虽然穷饿在首阳山下，
却得到民众的赞扬和纪念。　　[5]"'允执厥中'之述尧言"以下
三句：用"确实能不偏不倚地把握中正"来表述尧的话，用"以
黑色公牛明告天帝"来表述汤的誓词，却没有讲明语出《尚书》。
按，《论语·尧曰》："曰：咨！尔舜，天之历数在尔躬。允执其中，
四海困穷，天禄永终。""允执厥中"语出《尚书》，孔子引用来
赞扬尧。《论语·尧曰》篇中又言："曰：'予小子履（按，相传汤
又名履），敢用玄牡，敢昭告于皇皇后帝。'"此语在《墨子·兼
爱下》中称引自《汤誓》。　　[6]"《论语》记夫子之微言"以下
三句：《论语》记载孔子精微的言辞，但是对引用《诗经》《尚书》
的话并不特别标明，这就是体现对于阐述和创作并不区别对待的
宗旨。按，对此，章学诚又用自注说明，王应麟常用时代在孔子
之前的古书中的材料，考证《论语》中孔子的话多有所本，但古
书中有的有伪托，不尽可信，而重要的是，古人引用前人已有的
说法，并不很拘谨地同本人的论述加以区别。　　[7]"夫子之言"
以下四句：（还有一种情况是，）孔子的言论，见于别人著作加以
援引，（别人著作有的是真伪相参，但子思、孟子著作中所引孔
子精粹的话，也多有《论语》中所未见到。）但《论语》并未记

载，这也体现了互有详略、互相补充的宗旨。　[8]"夫六艺为文字之权舆"以下四句：六经是文字记载的创始，《论语》是圣人言论的集粹，哪些是创新，哪些是述故，书中并未曾用心加以区别。庸心，用心。　[9]"盖取足以明道而立教"以下三句：原因在于确定著书的目的是宣明大道和施行教化，而对于圣人所创作和贤人所阐述，未曾区别占据创立学说的功劳。圣作明述，语出《礼记·乐记》："作者之谓圣，述者之谓明。明圣者，述作之谓也。"　[10]按，本节以《论语》为例证，论述古人立言为公，未曾私据为己有。

　　周衰文弊，诸子争鸣，盖在夫子既殁，微言绝而大义之已乖也[1]。然而诸子思以其学易天下[2]，固将以其所谓道者，争天下之莫可加，而语言文字，未尝私其所出也。先民旧章[3]，存录而不为识别者，《幼官》《弟子》之篇，《月令》《土方》之训是也。（《管子·地圆》，《淮南·地形》，皆土训之遗。）辑其言行[4]，不必尽其身所论述者，管仲之述其身死后事，韩非之载其李斯《驳议》是也。《庄子·让王》《渔父》之篇，苏氏谓之伪托[5]，非伪托也，为庄氏之学者所附益尔。《晏子春秋》[6]，柳氏以谓墨者之言，非以晏子为墨[7]，为墨学者述晏子事，以名其书，犹孟子之《告子》《万章》名其篇也。《吕氏春秋》[8]，先儒与《淮南鸿烈》之解同称[9]，盖谓集众宾客而为之，不能自命专家，斯固然矣。然吕氏、淮南，未尝以集众为讳，如后世之掩人所长以为己有也。二家固以裁定之权，自命家言，故其宗旨未尝不约于一律，（吕氏将为一代之典要，刘安托于道家之支流。）斯又出于宾客之所不与也。诸子之奋起，由于道术既裂，而各以聪明才力之所偏，每有得于大道之一端，而遂欲以之易天下。其持之有故，而言之成理者，故将推衍其学术，而传之其徒焉。苟足显其术而立其宗，而援述于前与附衍于后者，未尝分居立言之功也。故曰：古人之言，所以为公也，未尝矜其文辞，而私据为己有也。[10]

《吕氏春秋》《淮南子》两书虽然集众宾客所写而成，但主编者是以立一家之言为目标，前书集一代之典要，后书发挥道家学说，这是其价值之所在，更是众宾客所做不到的。

【注释】

[1] 微言绝而大义之已乖也：孔子精微的言辞得不到继承，根本的义理被乖背。大义，指孔子主张的如何治天下的根本义理。乖，乖背，乖违。　[2]"然而诸子思以其学易天下"以下五句：然而诸子希望以自己的学说改变天下，当然就要以他主张的道，争取获得天下无以复加的地位，而对于自己书中的材料、文字，并未曾私据为自己的产物。固，固然，当然。争天下之莫

可加，语出《庄子·天下》："天下之治方术者多矣，皆以其有为不可加矣。"私其所出，私据为一己的著述成果。出，出产，成果。　[3]"先民旧章"以下四句：《管子》书在《汉书·艺文志》中列入道家。《幼官》《弟子职》是《管子》中的两篇，前者言五行政令，后者为古礼书，而辑《管子》者都予收录。《月令》是《礼记》中的一篇。郑玄《目录》云："名曰《月令》者，以其记十二月政之所行也。……以礼家好事抄合之。"《周礼》夏官之属有土方氏、训方氏。《管子》杂篇中有《地员》篇。《淮南子》有《地形训》，都是土方氏、职方氏之遗存。　[4]"辑其言行"以下四句：诸子书中采辑记载某人的言行，并不一定都是其本人当世相关的论述。《管子》书中记述管仲死后发生的事情，《韩非子·存韩》篇记载采自李斯《驳议》中的内容就其明显的证据。按，前人有言，《管子》书中载管仲将殁，对齐桓公之语，疑后人续之。（晁公武《郡斋读书志》引杜佑语）又言，《管子》书中有毛嫱、西施、吴王好剑、五公子之乱，事皆在管仲之后，当属后人所附会。（宋濂《诸子辩》）又，《韩非子·存韩》篇之前半篇当是韩非事秦时所上书，而后半篇备载李斯《驳议》等内容，当是秦史官或李斯徒党所记录。　[5]苏氏谓之伪托：苏氏指苏轼，其言论见《东坡前集》卷三十二《庄子祠堂记》。　[6]"《晏子春秋》"二句：柳氏指柳宗元，唐代思想家、散文家。其言论见《柳河东集》卷四《辩晏子春秋》云："吾疑其墨子之徒有齐人者为之。墨好俭，晏子以俭名于世，故墨子之徒，尊著其事，以增高为己术者。"　[7]"非以晏子为墨"以下四句：实际上并非将晏子当做墨家人物，而是墨家学者记载晏子事迹，所以用晏子作为书名，就如同孟子书中《告子》《万章》两篇用人物作为篇名的做法一样。按，告子名不害，从孟子论性。万章是孟子弟子。两人名字均出现在篇首，故取以作篇名。　[8]《吕氏春秋》：吕不韦任相国时命门下宾客各撰篇章，最后纂辑而成《吕氏春秋》一书。《史记·吕不韦列传》："是时诸侯多辩士，如荀卿之徒，著书布天下。吕不韦乃使其客人人著所闻，集论以为八览、六论、十二纪，二十余万言。以为备天地万物古今之事，号曰《吕氏春秋》。"［9］《淮南鸿烈》：淮南指汉高祖之孙刘安，袭其父刘长之号为淮南王。为人好学，"招致宾客方术之士数千人，作为内书二十一篇，外书甚众"（《汉书·淮南王传》）。书名称《淮南子》，又名《淮南鸿烈》，今存二十一篇。　　［10］按，本节以战国诸子著作作为例证，论述古人立言为公，不私据为己有。

夫子因鲁史而作《春秋》，孟子曰："其事齐桓、晋文[1]，其文则史"，孔子自谓窃取其义焉耳。载笔之士，有志《春秋》之业，固将惟义之求，其事与文，所以藉为存义之资也。世之讥史迁者，责其裁裂《尚书》《左氏》《国语》《国策》之文，以谓割裂而无当，（出苏明允《史论》[2]。）世之讥班固者，责其孝武以前之袭迁书，以谓盗袭而无耻，（出郑渔仲《通志》[3]。）此则全不通乎文理之论也。迁史断始五帝，沿及三代、周、秦，使舍《尚书》《左》《国》，岂将为凭虚、亡是之作赋乎[4]？必谓《左》《国》而下为迁所自撰，则陆贾之《楚汉春秋》[5]，高祖、孝文之《传》[6]，皆迁之所采撷，其书后世不传，而徒以所见之

诸多精警语句，揭示出本篇的旨趣，更是深入阐释《文史通义》全书以"史义"为中心总结传统史学发展的创新思路和重要意义。

《尚书》《左》《国》怪其割裂焉，可谓知一十而不知二五者矣。固书断自西京一代，使孝武以前不用迁史，岂将为经生决科之同题而异文乎？必谓孝武以后为固之自撰，则冯商、扬雄之纪，刘歆、贾护之书，皆固之所原本，其书后人不见，而徒以所见之迁史怪其盗袭焉，可谓知白出而不知黑入者矣[7]。以载言为翻空欤？扬、马词赋，尤空而无实者也。马、班不为文苑传[8]，藉是以存风流文采焉，乃述事之大者也。以叙事为征实欤？年表传目，尤实而无文者也。《屈贾》《孟荀》《老庄申韩》之标目[9]，《同姓侯王》《异姓侯王》之分表[10]，初无发明，而仅存题目，褒贬之意，默寓其中，乃立言之大者也。作史贵知其意，非同于掌故，仅求事文之末也。夫子曰："我欲托之空言[11]，不如见诸行事之深切著明也。"此则史氏之宗旨也。苟足取其义而明其志，而事次文篇，未尝分居立言之功也。故曰：古人之言，所以为公也，未尝矜其文辞，而私据为己有也。[12]

"翻空"一语表达极有力，也是对谬见的犀利批评，难道著史可以无事实根据，凭空写作吗?！又，下文连续运用设问句，使提出的问题更加突出，文章更具波澜。

【注释】

[1]"其事齐桓、晋文"二句：语出《孟子·离娄下》："其事则齐桓、晋文，其文则史。孔子曰：'其义则丘窃取之矣。'"　[2]苏

明允《史论》: 苏明允即苏洵, 北宋散文家, 苏轼之父, 唐宋八大家之一。《嘉祐集》卷九《史论下》云: "迁之辞, 淳健简直, 足称一家。而乃裂取六经传记, 杂于其间, 以破碎汩乱其体。五帝三代纪多《尚书》之文。齐、鲁、晋、楚、宋、卫、陈、郑、吴、越世家, 多《左传》《国语》之文。《孔子世家》《仲尼弟子传》多《论语》之文。夫《尚书》《左传》《国语》《论语》之文, 非不善也, 杂之见不善也。今夫绣绘锦縠, 衣服之穷美者也。尺寸而割之, 错而纫之以为服, 则绨缯之不若。迁之书, 无乃类是乎? " [3] 郑渔仲《通志》: 郑樵, 字渔仲, 南宋史学家, 著有《通志》二百卷。《通志·总序》云: "班固者浮华之士也, 全无学术, 专事剽窃。……由其断汉为书, 是致周、秦不相因, 古今成间隔。自高祖至武帝, 凡六世之前, 尽窃迁书, 不以为惭。自昭帝至平帝, 凡六世资于贾逵、刘歆, 复不以为耻。" [4] 凭虚、亡是: 张衡《西京赋》中有凭虚公, 司马相如《上林赋》中有亡是公, 皆是虚拟的人物。此以凭虚、亡是之赋比喻凭空虚拟之作品。 [5] 陆贾之《楚汉春秋》: 西汉初, 太中大夫陆贾记录时事, 作《楚汉春秋》九篇。后佚。《史记·陆贾列传》《索隐》云: "陆贾所撰, 记项氏与汉高祖初起, 及说惠文间事。" [6] 高祖、孝文之《传》:《汉书·艺文志》诸子略儒家类有《高祖传》十三篇, 自注: "高祖与大臣述古语及诏策也。"并载《孝文传》十一篇。自注: "文帝所称及诏策"。 [7] 知白出而不知黑入者: 典出《韩非子·说林下》: "杨朱之弟杨布, 衣素衣而出, 天雨, 解素衣, 衣缁衣而反。其狗不知而吠之。杨布怒, 将击之。杨朱曰: 子毋击也, 子亦犹是, 曩者, 使女狗白而往, 黑而来, 子岂能毋怪哉! " [8] 马、班不为文苑传:《史记》卷一百一十七《司马相如列传》,《汉书》卷八十七《扬雄传》, 分别载录二人辞赋作品, 而不立《文苑传》。 [9]《屈贾》《孟荀》《老庄申韩》之标目:《文史通义·书教下》曰: "《屈贾列传》所以恶绛、灌之谗，其叙屈之文，非为屈氏表忠，乃吊贾之赋也。……《孟子荀卿》，总括游士著书耳。名姓标题，往往不拘义例，仅取名篇。"[10]《同姓侯王》《异姓侯王》:《汉书》卷十三为《同姓诸侯王表》，卷十四为《异姓诸侯王表》。　[11]"我欲托之空言"二句:语见《史记》卷一百三十《太史公自序》。　[12]按，本节以《史记》《汉书》对取材、布局等项如何成功地凸显"史义"为例证，论述古人立言为公，未曾私据为己有。

汉初经师，抱残守缺[1]，以其毕生之精力，发明前圣之绪言，师授渊源[2]，等于宗支谱系;观弟子之术业，而师承之传授，不啻凫鹄黑白之不可相淆焉[3]，学者不可不尽其心也。《公》《榖》之于《春秋》，后人以谓假设问答以阐其旨尔。不知古人先有口耳之授，而后著之竹帛焉，非如后人作经义[4]，苟欲名家，必以著述为功也。商瞿受《易》于夫子[5]，其后五传而至田何。施、孟、梁丘[6]，皆田何之弟子也。然自田何而上，未尝有书，则三家之《易》著于《艺文》[7]，皆悉本于田何以上口耳之学也。是知古人不著书，其言未尝不传也。治韩《诗》者[8]，不杂齐、鲁，传伏《书》者[9]，不知孔学[10]，诸学章句训诂[11]，有专书矣。门人弟子[12]，据引称述，杂见传纪章表者，不尽出于所传之书也，而宗旨卒

后人所重，是借经说以名家;古人所重，是以经训传授师说。是故汉代三家之《易》等，都长期靠口耳相传，保证了学派宗旨的传承。

亦不背乎师说。则诸儒著述成书之外，别有微言绪论[13]，口授其徒，而学者神明其意[14]，推衍变化，著于文辞，不复辨为师之所诏，与夫徒之所衍也。而人之观之者，亦以其人而定为其家之学，不复辨其孰为师说，孰为徒说也。盖取足以通其经而传其学，而口耳竹帛，未尝分居立言之功也。故曰：古人之言，所以为公也，未尝矜于文辞，而私据为己有也。[15]

【注释】

[1] 抱残守缺：此指经师面对典籍残缺，却仍致力于经学传授的本职。后来对"抱残守缺"一词作负面理解，用以形容迂阔保守，乃是其借用义，与此原意不同。　[2] "师授渊源"二句：经师一代代传授形成起始和源流，就构成经学传播本宗和旁支不同的统系。宗支，本宗与旁支。谱系，各支脉传承形成纵横关系分明的统系。　[3] 不啻凫鹄（fú hú）黑白之不可相淆焉：正像是野鸭与天鹅一黑一白不能互相混淆。不啻，不止，无异于。凫鹄黑白，野鸭与天鹅黑白明显不同。语出《庄子·天运》："夫鹄不日浴而白，乌不日黔而黑。"鹄是天鹅。乌是乌鸦。章学诚活用这一典故，改用"凫"字，因为野鸭与天鹅同游水中，羽毛黑白不同，一目了然，更易引起联想，文章更见匠心。　[4] "非如后人作经义"以下三句：并不同于后人为经书作注释、讲解，若想借此成名，就必定要以多加发挥作为自己的功绩。作经义，指对经书作注疏或讲解。　[5] "商瞿受《易》于夫子"二句：商

瞿为孔子学生，春秋末年鲁人，字子木，好《周易》，孔子向他传《周易》之学。以后五传至西汉田何，西汉传《周易》者皆宗之。　[6]"施、孟、梁丘"二句：据《汉书·儒林传》：丁宽从田何受《易》，"授同郡砀田王孙。王孙授施雠、孟喜、梁丘贺，繇是《易》有施、孟、梁丘之学"。　[7]三家之《易》著于《艺文》：指《汉书·艺文志》，其中《六艺略·易类》载："施、孟、梁丘氏各二篇。"　[8]"治韩《诗》者"二句：据《汉书·儒林传》："韩婴，燕人也。孝文时为博士，景帝时，至常山太傅。婴推诗人之意而作内外传数万言，其语颇与齐、鲁间殊，然归一也。"按，齐《诗》、鲁《诗》与韩《诗》各先后亡佚，今存《韩诗外传》十卷。　[9]伏《书》：伏生，济南人，又称伏胜，秦时博士，治《尚书》。《汉书·儒林传》载："秦时禁书，伏生壁藏之，其后大兵起，流亡。汉定，伏生求其书，亡数十篇，独得二十九篇，即以教于齐、鲁之间。"伏生所传为今文《尚书》，其在西汉的传授系统为伏生—欧阳胜—夏侯胜—夏侯建。故西汉今文《尚书》有欧阳、大小夏侯三家。　[10]孔学：指孔安国古文《尚书》学，孔安国为孔子后人。《汉书·儒林传》载："孔氏有《古文尚书》，孔安国以今文字读之，因以起其家逸书，得十余篇。"后佚失。至东晋忽有梅赜献古文《尚书》并孔安国传，皆伪托。　[11]"诸学章句训诂"二句：以上各个传授系统解释经典、注释文字，分别各有专门著作。章句，分章析句解释经义。　[12]"门人弟子"以下五句：名家们的弟子引用这些解经著作的话，往往散见于史书传记或文章奏书之中，并不完全包括在经的著作之内，但其宗旨终究不违背经师的解说。传记章表，史书的传记、文章、奏书。卒，终于，终究。　[13]微言绪论：精微言辞和引申的言论。绪论，余论，引申的言论。　[14]"而学者神明其意"以下五句：而受其学的人加以体会，引申发挥，用文字表达出来，就不再区分哪些是经师的讲解，哪些是学生的推衍了。神明，融会贯通，领会到深意。诏，告语，讲解。 [15]按，本节以西汉经师传授均不区别经师之所宣讲与弟子之所推衍为例证，论述古人立言，未曾私据为己有。

【点评】

《言公》的撰写时间在乾隆四十八年（1783）。其时，章学诚在河北永平主讲敬胜书院。在他著《再答周筜谷论课蒙书》中曰："近日生徒散去，荒斋阒然，补苴《文史通义》内篇，撰《言公》上中下三篇，《诗教》上下二篇，其言实有开凿鸿濛之功，立言家于是必将有取。"（《文史通义》卷九《外篇三》）由是可见章氏对此文的高度重视。本篇胜义迭现，尤其值得注意者有三项。

一是立意高远，论述切中时弊。章氏在《原道下》中云："言出于我，而所以为言者，初非由我。"《言公》三篇，就是由此引发的透彻论证。联翩而出的文章，文字浩繁的著作，是为什么而写的？每位写作者对此都应有明确的回答。章学诚首次概括出"言公"的论题，对此作了深刻的回答。章氏明确提出：立言应当符合为公的标准，故称"言公"。"志期于道，言以明志，文以足言。其道果明于天下，而所志无不申，不必其言之果为我有也"。著述的出发点是为了究明大道，包括利于国家治理、利于社会进步的道，和促进学术健康发展的道；为达到这一目的，表述的要求是恰切地符合客观事物的实际，朴实、准确。只要能够让人明白道理，前人已有的论述可以采用，本人提出见解应视为责任所在的事，对于写作应持负责、平和的态度，言辞朴实、恰当得体。为什么对"言公"要这么重视，而下功夫论证呢？这是因为，撰述者存在着违背"言公"，将写作视为"私据为己有"的不正确倾向。因视写作为私事，或是忘记了"究明大道"的责任，不去探求有利于社会进步和学术发展的问题，或是将著述当作追名逐利的手段，或是言之无物、空洞浮泛，将写作视为炫耀文词的工具。这些都应当力求戒除，使文坛、史坛形成健康、清新的风尚。为此，此文中所举证的都是自先秦至西汉的典籍内容和学术传承，而其落脚点都是为了克服"矜于文辞，而私据为己有"的不良风尚，建立起健实进取的学风，因此细心研读，即能体会到文章具有很强的针对性。这正是章氏自谓"其言实有开凿鸿濛之功，立言家于是必将有取"的深意所在。章学诚提出"言公"的论题在当时确有前沿性，全文论证角度新颖，精辟之见迭现，因而在章学诚学术体系和话语体系中占据着重要地位。刘咸炘《识语》对此有精当的评语："《言公》一义连接《原道》，自先生始详发之……遂无所不通。"

二是举证充分、典型、确凿，滔滔雄辩，提供了论说文写作的成功范例。本文的写作启发我们，当作者论证一项重要问题时，如何能做到让读者印象深刻、反应强烈和充分信服呢？这就需要调动一切有效的手段。论证的材料经过作者艰苦的搜集、精心提炼，全文六个小节之中，先举《尚书》《诗经》，再举《论语》、战国诸子，再举《史》《汉》和汉代经学传授，围绕"言公"这一中心论题逐步展开，逻辑严密清晰，结构整齐和谐；每小节之结尾，又有意地以"故曰：古人之言，所以为公也，未尝矜于文辞，而私据为己有也"相呼应，宛如大型乐曲每一段落以主旋律重现，形成具有震撼力的表达效果！文中运用匠心，恰当运用排比、对偶、设问、比喻等修辞方法，使论证更有生动性和吸引力，启发读者思考。仅略举数例，以供品味。如，首节言："文与道为一贯，言与事为同条"；"犹八音相须而乐和，不可分属一器之良也。五味相调而鼎和，不可标识一物之甘也。"二节言："是则男女慕悦之辞，思君怀友之所托也；征夫离妇之怨，忠国忧时之所寄也。""必泥其辞，而为其人之质言，则《鸱鸮》实鸟之哀音，何怪鲋鱼忿诮于庄周？《芨楚》乐草之无家，何怪雌风慨叹于宋玉哉？"末节言："以其毕生之精力，发明前圣之绪言"；"观弟子之术业，而师承之传授，不啻枭鹄黑白之不可相淆焉"；"学者神明其意，推衍变化，著于文辞，不复辨为师之所诏，与夫徒之所衍也。而人之观之者，亦以其人而定为其家之学，不复辨其孰为师说，孰为徒说也。"读着这些词旨宏深、组织巧妙的语句，每每使人精神一振！

三是具有强烈的担当精神，对于前人存在的严重学术误区，大力加以廓清，为推进学术提供助力。本文虽然讲了六个方面，但作者心中自有重点，此即有关《史》《汉》的评价，因为这是关系到史学发展的、带原则性问题，所以作者着笔最多，寄意最深。《史记》和《汉书》是传统史学的楷模，对这两部名著如何评价，实关如何正确评价中国史学发展道路的问题，故此对苏洵指责司马迁"割裂而无当"之论，对于郑樵贬斥班固对《史记》成果"盗袭而无耻"之论，实应辩明不可！章学诚据理作了辩驳，掷地有声，其驳包括以下原则性问题：著史要不要依据史料？离开恰当地选择、剪裁《尚书》《诗经》《左传》《国语》中的史料，能写成先秦历史吗？对于《史记》的出色成果，后人写西汉史能置之不顾、另起炉灶吗？没有继承，学术能发展吗？因偏爱通史而蔑视断代为史，那《汉书》之后的十几部朝代史，能予一口否定吗？因此，章学诚有理有据地分析苏洵、郑樵主张的错误，正表现出可贵的学术担当精神，他从古人立言为公，未尝矜于文辞而私据为己有这一视角，透彻地分析其将导致学术"翻空"的境地，捍卫了中国史学的优良传统，这正是《言公》篇在史学理论上的一大贡献。

言公中

呜呼！世教之衰也[1]，道不足而争于文，则言可得而私矣；实不充而争于名，则文可得而矜矣。言可得而私[2]，文可得而矜，则争心起而道术裂矣。古人之言，欲以喻世[3]；而后人之言，欲以欺世。非心安于欺世也，有所私而矜焉，不得不如是也。古人之言，欲以淑人[4]；后人之言，欲以炫己。非古人不欲炫[5]，而后人偏欲炫也。有所不足与不充焉，不得不如是也。孟子曰[6]："矢人岂不仁于函人哉？操术不可不慎也。"古人立言处其易，后人立言处其难。何以明之哉？古人所欲通者[7]，道也。不得已而有言[8]，譬如

以"道"（事物的本质、本原）与"文"（文辞）相对举，下文以"实"（实际内容、真才实学）与"名"（虚名）相对举，均为互相对立的范畴。这样表述，含义隽永而又形成排比、递进结构，句式整齐、和谐。义理深与形式美相统一。由此可见章氏撰文的匠心和文章深刻的哲理内涵。

"古人立言处其易"两句，是本段中提出的两个小论点。以下即作了精当、充分、逻辑严密的论证。至"不易然哉"是论证的第一层；至"岂不难哉"是论证的第二层。可见章氏写文章之千锤百炼和高明手法！

喜于中而不得不笑，疾被体而不能不呻，岂有计于工拙敏钝，而勉强为之效法哉？若夫道之所在[9]，学以趋之，学之所在，类以聚之，古人有言，先得我心之同然者，即我之言也。何也？其道同也。传之其人，能得我说而变通者，即我之言也。何也？其道同也。穷毕生之学问思辨于一定之道[10]，而上通千古同道之人以为之藉，下俟千古同道之人以为之辅，其立言也，不易然哉？惟夫不师之智[11]，务为无实之文，则不喜而强为笑貌，无病而故为呻吟，已不胜其劳困矣，而况挟恐见破之私意[12]，窃据自擅之虚名，前无所藉[13]，后无所援，处势孤危而不可安也，岂不难哉？夫外饰之言[14]，与中出之言，其难易之数可知也。不欲争名之言，与必欲争名之言，其难易之数，又可知也。通古今前后[15]，而相与公之之言，与私据独得，必欲己出之言，其难易之数，又可知也。立言之士[16]，将有志于道，而从其公而易者欤？抑徒竞于文，而从其私而难者欤？公私难易之间，必有辨矣。呜呼！安得知言之士[17]，而与之勉进于道哉？

【注释】

[1]"世教之衰也"以下三句：由于社会风气衰敝，士人对"道"的本原缺乏修养，而在文辞上争胜，这样言论主张便拿来为私己服务了。世教，世风教化，即社会风气和学术风气。　[2]"言可得而私"以下三句：言论主张可以用作为私利服务的工具，文辞可以用来作炫耀的手段，那么，士人争斗的心就由此引起，学术体系和方法便割裂、分化了。道术，原先完整的学说体系和方法。裂，割裂，分化。　[3]喻世：开导世人。喻，晓喻，了解。　[4]淑人：使人更美好。淑，善良美好，此作动词用。　[5]"非古人不欲炫"以下四句：并非古人不炫耀，而后人偏爱炫耀，是因为后人对于道缺乏修养和才识不够充实的缘故，不得已而造成这种状况。焉，此作代词用，等于此、是，起强调作用。如是，指后人偏爱炫耀这种情况。　[6]"孟子曰"以下三句：语出《孟子·公孙丑上》："孟子曰：'矢人岂不仁于函人哉？矢人惟恐不伤人，函人惟恐伤人。巫匠亦然。故术不可不慎也。'"强调造箭的人唯恐箭造得不够锋利，是他的职业所决定的，并不是因为他天生不仁慈。矢，箭。函，铠甲。　[7]"古人所欲通者"二句：古人所希望贯通掌握和畅达表述出来的，是反映客观事物原理和规律的"道"。　[8]"不得已而有言"以下五句：（古人）是有话不得不说而发表言论，譬如人心中有喜事而不得不笑，疾病加在身而不得不呻吟，难道会计较到是熟练或笨拙、是聪敏或鲁钝，然后去勉强仿效吗？中，内心，心中。疾被体，疾病加在身上。被，加上。　[9]"若夫道之所在"以下七句：如果讲出"道"的答案，学者就会趋向它，做学问获得真知，同类的人就会聚集在一起，古人讲出的话，在前面将我相同的体会讲出来，那就等于是我的言论。"学以趋之"的"学"字指学者，"学之所在"的"学"字指从事学术。心之同然，内心相同的体会。　[10]"穷毕生之学问思辨于一定之道"以下五句：（一个人）用尽一生从事博学、审

问、慎思、明辨的工夫，研求有识者共同宗仰的一定的"道"，而能够往上相通于千年以来同道的人的见解作为凭藉，往下期待千年之后同道的人的见解作为助力，那么他要发表见解，难道不容易吗？学问思辨，语出《礼记·中庸》："博学之，审问之，慎思之，明辨之，笃行之。"一定之道，指受到有识者共同宗仰的"道"。 [11]"惟夫不师之智"以下五句：只有那些不虚心学习、凭借小聪明的人，专做空洞无物的文章，正像不高兴而勉强装出笑容，不生病而故意发出呻吟，那就感到很劳累难受了。惟夫，只有。不师之智，不从老师学到本领、只凭一点小聪明的人。 [12]挟恐见破之私意：语出《汉书·楚元王传附刘歆传》中刘歆《移让太常博士书》："犹欲保残守缺，挟恐见破之私意，而无从善服义之公心。" [13]"前无所藉"以下四句：往前没有可以凭藉，往后没有可奥援，处于孤立危殆的形势，内心不能安稳，这样发表言论难道能不困难吗？ [14]"夫外饰之言"以下三句：虚假外表作装饰的话，与以内心真情实感说出的话，其难易程度相差之远，可想而知。 [15]"通古今前后"以下六句：贯通古今上下有识之见，并且互相公开形成共识的言论，与根据一己私见，并且生硬造作讲出的言论，其难易相差距离之远，更可想而知了。相与公之之言，互相公开讲出的话。公之，拿出来公开讲出。之，代词，指公开讲出的见解。之言的"之"相当于"的"。 [16]"立言之士"以下五句：从事著述的学者，是要立志宣扬大道，而走这条立言为公、发言自然畅达的道路呢？还是只求比赛文辞的华美，而走那条视著述为私据己有的道路呢？有志于道，立志弘扬大道。徒竞于文，只为比试文辞的华美。竞，比赛，争胜。 [17]"安得知言之士"二句：多么希望得到志向相同的学者，而同他一起为弘扬大道互勉互进啊！知言，知音，志向相同。勉进，互相勉励前进。

古未有窃人之言以为己有者，伯宗梁山之

对[1]，既受无后之诮[2]，而且得蔽贤之罪矣。古未有窃人之文以为己有者，屈平属草稿未定[3]，上官大夫见而欲夺，既思欺君，而且以谗友矣。窃人之美[4]，等于窃财之盗，老氏言之断断如也。其弊由于自私其才智，而不知归公于道也[5]。向令伯宗荐辇者之贤[6]，而用缟素哭祠之成说，是即伯宗兴邦之言也，功不止于梁山之事也[7]。上官大夫善屈平而赞助所为宪令焉，是即上官造楚之言也[8]，功不止于宪令之善也。韩琦为相[9]，而欧阳修为翰林学士。或谓韩公无文章[10]，韩谓："琦相而用修为学士，天下文章，孰大于琦？"呜呼！若韩氏者，可谓知古人言公之旨矣。[11]

举出伯宗、上官大夫、韩琦三人作为正反面典型，申论"立言为公"对于治国立身的重要意义。

【注释】

[1]伯宗梁山之对：伯宗为晋国大夫，据《左传》成公五年载：晋国梁山崩，晋侯召伯宗入朝问讯。伯宗在半途中遇见一位赶车者，赶车人阅历丰富，对他说：梁山崩塌是国家的大变故，应当这样应对晋侯：损膳、彻乐、居郊外，穿素服，到祠堂行哭丧礼，以求免灾祸，"其如此而已"。伯宗入朝，遂以此向晋侯进言，却不提及这些是赶车者的主意。　[2]受无后之诮：据《韩诗外传》卷八载："君问伯宗何以知之。伯宗不言受辇者，诈以自知。孔子闻之曰：'伯宗其无后，攘人之善。'"后来伯宗在三郤之乱中被杀，其子伯州犁奔楚。　[3]"屈平属草稿未定"以下四句：屈平

即屈原，《史记·屈原列传》载：楚怀王让屈原制定宪令，屈原尚未定稿。"上官大夫见而欲夺之，屈平不与，因谗之曰：'王使屈平为令，众莫不知。每一令出，平伐其功，以为非我莫能为也。'王怒而疏屈平。"谗友，讲坏话陷害朋友。　[4]"窃人之美"以下三句：老氏即老子。《老子》第四十六章："咎莫大于欲得。"断断如，确凿无疑。　[5]归公于道：出言行事出于公心，定要符合于"道"。　[6]辇（niǎn）者：赶车人。辇，人推挽的车。　[7]功不止于梁山之事：功劳不止于应对梁山崩塌这场事故。　[8]"是即上官造楚之言也"二句：那么上官大夫就是讲了造福于楚国的言论，功劳不止于帮助屈原制定出完美的典章法令。　[9]"韩琦为相"二句：韩琦是北宋政治家，宋仁宗时官至枢密使、宰相，英宗时继续执政，封魏国公。时大学者、文章家欧阳修任翰林学士，深受韩琦倚重。　[10]"或谓韩公无文章"以下五句：《朱子语类》卷一百三十五载："本朝韩魏公为相。或谓公之德业无愧古人，但文章有所不逮。公曰：'某为相，欧阳永叔为翰林学士，天下之文章，莫大于是！'"　[11]按，以上两节为本篇第一层次，提出中心论点：对照"言公"和"矜私"两种态度和学风，一为喻世，一为欺世，一为气势畅达易作，一为左支右绌难为，二者之利弊、高下，相去悬殊。同时严斥窃人之文以为己有的不端行为。

　　窃人之所言以为己有者，好名为甚，而争功次之；功欺一时，而名欺千古也。以己之所作伪托古人者，奸利为甚，而好事次之；好事则罪尽于一身，奸利则效尤而蔽风俗矣[1]。齐邱窃

《化书》于谭峭[2]，郭象窃《庄》注于向秀[3]，君子以谓儇薄无行矣[4]。作者如有知，但欲其说显白于天下，而不必明之自我也。然而不能不恫心于窃之者[5]，盖穿窬胠箧之智，必有窜易更张以就其掩著，而因以失其本指也。刘炫之《连山》[6]，梅赜之《古文尚书》[7]，应诏入献，将以求禄利也。侮圣人之言，而窃比河间、河内之搜讨[8]，君子以为罪不胜诛矣。夫坟典既亡[9]，而作伪者之搜辑补苴，（如古文之采辑逸书[10]，散见于记传者，几无遗漏。）亦未必无什一之存也。然而不能不深恶于作伪者，遗篇逸句，附于阙文，而其义犹存；附会成书，而其义遂亡也。向令易作伪之心力，而以采辑补缀为己功，则功岂下于河间之《礼》、河内之《书》哉？（王伯厚之《三家诗考》[11]，吴草庐之《逸礼》[12]，生于宋、元之间，去古浸远，而尚有功于经学。六朝古书不甚散亡，其为功，较之后人，必更易为力，惜乎计不出此，反藉以作伪。）郭象《秋水》《达生》之解义，非无精言名理可以为向之亚也[13]，向令推阐其旨[14]，与秀之所注，相辅而行，观者亦不辨其孰向孰郭也，岂至遽等穿窬之术哉？

一针见血。严斥剽窃作伪者，心虚理亏，必篡改文字以掩盖，致使原著失去本旨。

不知言公之旨，而欲自私自利以为功，大道隐
而心术不可复问矣。

【注释】

[1]奸利则效尤而蔽风俗矣：因奸获利会使别人学做坏事，风
俗就败坏了。效尤，学坏样子。尤，错误。蔽，同"弊"，败坏，
作动词用。　[2]齐邱窃《化书》于谭峭：齐邱在五代十国时帮助
李昇建立南唐，任丞相。谭峭为五代隐者，道士。据吴任臣《十
国春秋·谭峭传》载：谭峭道过金陵，见齐丘有异才，"出所著《化
书》授齐丘，曰：'是书之化，其道无穷，曷序而流于后世。'齐
丘遂夺而传之"。因改名为《齐邱子》。　[3]郭象窃《庄》注于向
秀：郭象为西晋人，任黄门侍郎，为玄学大家。向秀在西晋时任黄
门侍郎、散骑常侍。为竹林七贤之一，有《庄子注》。据《世说新
语·文学》载："初，注《庄子》者数十家，莫能究其旨要。向秀
于旧注外为解义，妙析奇致，大畅玄风。惟《秋水》《至乐》二篇
未竟而秀卒。秀子幼，义遂零落，然犹有别本。郭象者，为人薄行，
有俊才，见秀义不传于世，遂窃以为己注，乃自注《秋水》《至乐》
二篇，又易《马蹄》一篇，其余众篇，或定点文句而已。后秀义
别本出，故今有向、郭二《庄》，其义一也。"　[4]儇（xuān）薄无行：
轻佻而无德行。　[5]"然而不能不恫（dòng）心于窃之者"以下
四句：但是对于剽窃行为不能不感到痛心的是，各种偷窃的伎俩，
必定要进行篡改更换以掩盖其明显的痕迹，由此造成失去原书的
义旨。恫，痛心。穿窬（yú）胠箧（qū qiè），指各种盗窃行径。穿，
穿墙。窬，越墙。胠，从旁边打开。箧，箱子。本，指原本的义旨，
宗旨。　[6]刘炫之《连山》：刘炫为隋朝史官。时朝廷下诏购求遗
书，刘炫伪造百余卷，题名《连山易》等献上，获赏。后被告发，
受除名罢归。　[7]梅赜之《古文尚书》：梅赜在东晋时任豫章内

史，晋元帝时献上此书，称原先的佚书孔安国注《古史尚书》复得。宋以后，经吴棫、朱熹、吴澄、梅鷟先后怀疑其伪书，至阎若璩著《古文尚书疏证》提出大量确凿证据，其为伪书遂成定案。 [8]河间：西汉武帝时河间献王刘德。《汉书·景十三王传·刘德传》载："河间献王德以孝景前二年立，修学好古，实事求是。从民得善书，必为好写与之，留其真，加金帛赐以招之。繇是四方道术之人，不远千里，或有先祖旧书，多奉以奏献王者……献王所得书，皆古文先秦旧书，《周官》《尚书》《礼》《礼记》《孟子》《老子》之属。"河内：指宣帝时河内女子献书之事。《论衡·正说》载："孝宣皇帝之时，河内女子发老屋，得逸《易》《礼》《尚书》各一篇，奏之。宣帝下示博士，然后《易》《礼》《尚书》各益一篇，而《尚书》二十九篇始定。" [9]坟典：泛指古代典籍，即三坟五典。《左传·昭公十二年》言"是能读三坟五典"。孔颖达疏："孔安国《尚书序》云：'伏牺、神农、黄帝之书谓之三坟，言大道也；少昊、颛顼、高辛、唐、虞之书谓之五典，言常道也。'" [10]古文：此指伪《古文尚书》。 [11]王伯厚：南宋王应麟，字伯厚，撰《三家诗考》三卷，搜集齐、鲁、韩三家诗说。 [12]吴草庐：元代学者吴澄，号草庐，撰《仪礼经传》二卷，采辑逸经，以补《仪礼》之遗。 [13]非无精言名理可以为向之亚也：书中并非没有精警语句和出色道理可以与向秀相匹比。亚，仅次一等的，次于。引申为可相匹比。 [14]"向令推阐其旨"以下五句：假如早先郭象专心地推究阐发原书的义旨，那他的成果将会与向秀的注释相辅相成，一并传播开来，读者也无需辨别哪些出自向秀，哪些出自郭象，又何至于沦落为偷窃的行径呢？向令，原先如果。向，早先，从前。令，假设。遽（jù）等，就等同于。遽，遂，就。

学者莫不有志于不朽，而抑知不朽固自有道

乎[1]？言公于世[2]，则书有时而亡，其学不至
遽绝也。盖学成其家，而流衍者长，观者考求
而能识别也。孔氏古文虽亡[3]，而史迁问故于安
国[4]，今迁书具存，而孔氏之《书》未尽亡也。
韩氏之《诗》虽亡，而许慎治《诗》兼韩氏[5]，
今《说文》具存，而韩婴之《诗》未尽亡也。刘
向《洪范五行传》与《七略》《别录》虽亡[6]，
而班固史学出刘歆，（歆之《汉记》，《汉书》所本。）今
《五行》《艺文》二志具存，而刘氏之学未亡也。
亦有后学托之前修者[7]，褚少孙之藉灵于马迁，
裴松之之依光于陈寿，非缘附骥，其力不足自存
也。又有道同术近，其书不幸亡逸，藉同道以存
者。《列子》残阙[8]，半述于庄生，杨朱书亡[9]，
多存于《韩子》，盖庄、列同出于道家，而杨朱
为我，其术自近名法也。又有才智自骋[10]，未
足名家，有道获亲，幸存斧琢之质者。告子杞柳
湍水之辨[11]，藉孟子而获传；惠施白马三足之
谈[12]，因庄生而遂显。虽为射者之鹄[13]，亦见
不羁之才，非同泯泯也。又有琐细之言[14]，初
无高论，而幸入会心，竟垂经训。孺子濯足之

歌[15]，通于家国；时俗苗硕之谚，证于身心。其喻理者[16]，即浅可深，而获存者，无俗非雅也。凡若此者，非必古人易而后人难也，古人巧而后人拙也，古人是而后人非也，名实之势殊[17]，公私之情异，而有意于言与无意于言者，不可同日语也。故曰：无意于文而文存[18]，有意于文而文亡。

造语独特。用"无……非……"句式，反反得正，表达"没有一句通俗语句不具有优雅的品位"，更凸显立言为公的意义。

【注释】

[1] 而抑知不朽固自有道乎：然而明白要达到不朽本来自有途径吗？而，语助词。抑，然而，表示转折。固，本来。道，途径，道路。　[2] "言公于世"以下三句：将见解向世人发布了，那么即使著作有时亡佚了，你的学说也不至于遂即泯灭。公于世，向世人公布。绝，绝息，泯灭。　[3] 孔氏古文：孔安国传授的《古文尚书》和所作的注。　[4] 史迁问故于安国：《汉书·儒林传》："安国为谏大夫，授都尉朝。而司马迁亦从安国问故。迁书载《尧典》《禹贡》《洪范》《微子》《金滕》诸篇，多古文说。"　[5] 许慎治《诗》兼韩氏：许慎是东汉经学家、文字学家。其解释《诗》主要依据毛诗，但对《墙有茨》《新台》等篇又采用韩诗之说。　[6] "刘向《洪范五行传》与《七略》《别录》虽亡"以下四句：向、歆父子均为西汉后期著名文献目录学家。刘向是刘邦之弟楚元王刘交的后代，宣帝时任散骑谏大夫。成帝时，受诏校阅皇家藏书，包括经传诸子诗赋各部，其整理的成果编为《别录》。向卒，子歆继承其业，据《别录》编成《七略》。东汉初年班固即在《别录》《七略》的基础上撰成《汉书·艺文志》。向又撰有《洪范五

行传》，班固采用其资料撰成《汉书·五行志》。故章氏言今《五行》《艺文》二志具存，而刘氏之学未亡也。按，向、歆父子校书事业紧密相关连，故章氏一并言之，称班固史学出刘歆。但此处言歆之《汉记》为《汉书》所本，其所据未详。　[7]"亦有后学托之前修者"以下五句：后辈学者依托于前代贤者的著作，如褚少孙借助司马迁得到好运气，裴松之沾光于陈寿，如果不是依附于名家的著作，只凭这两人的本领是无法传世的。褚少孙，西汉宣帝时博士，因喜爱《史记》，撰有片断的续作，遂藉《史记》而得传。藉灵，指因依托获得好运。裴松之，南朝宋人，官中书郎，奉诏为陈寿《三国志》作注，搜集史料丰富，注文详尽，采书达一百四十余种。因为先有陈寿的史著，后才有裴松之的注，故称"依光于陈寿"。依光，即沾光。陈寿，字承祚，三国时仕于蜀，从谯周学。后入仕于晋，任著作郎、治书御史，撰成《三国志》六十五卷。附骥，或言"附骥尾"，比喻依附于名人而出名。语出《史记·伯夷列传》："颜渊虽笃学，附骥尾而行益显。"司马贞《索隐》曰："苍蝇附骥尾而致千里，以譬颜回因孔子而名彰也。"　[8]《列子》残阙"二句：《列子》原书共有八篇，见于《汉书·艺文志》著录。后其书佚失。《庄子》书中有《列御寇》篇，他处也多有引用，因而得以保存下来。　[9]杨朱：战国思想家，魏国人。主张"贵重""重己"。未留下著作，其片断史料见于《列子》《孟子》《韩非子》等书。如《列子·杨朱》所引："古之人，损一毫利天下，不与也。悉天下奉一身，不取也。人人不损一毫，人人不利天下，天下治矣。"《韩非子·说林》中引杨子仅两条。　[10]"又有才智自骋"以下四句：还有一种情况，如果凭本人才智去努力，难以成为名家，但适逢机会得到关照，幸运地作为名人加工过的材料留下他的言论。自骋，靠自己努力。驰骋，喻本人努力。有道，适逢机会。道，途径，指逢到机会。获亲，得到亲近，指获得关照。斧琢之质，木匠运斧、玉匠雕琢都需要用材料，譬喻不出名者的言论被名人著作论证中所采用，因而得到保存下来。质，材质，材料。　[11]"告子杞柳湍水之辨"二句：告子为《孟子》书中的人物。《孟子·告子上》引用了他的两段言论："告子曰：'性犹杞柳（树名，枝条柔软，可编筐）也，义犹桮棬（以枝条编成的杯盘）也：以人性为仁义，犹以杞柳为桮棬。'""告子曰：'性犹湍水也，决诸东方则东流，决诸西方则西流。人性之无分于善不善也，犹水之无分于东西也。'"告子所言，是当时对人性的一种看法，借孟子文章当作论辩对象而得保存。[12]惠施：战国时期论辩家。白马三足之谈：《庄子·天下》篇记载了他的著名论题"卵有毛，鸡三足"，而使"天下之辩者相与乐之"。按，"白马"并非惠施的论题，语出《公孙龙子》。　[13]"虽为射者之鹄"以下三句：虽然作为论辩中树起的靶子，但这些言论也显示出不受束缚的才能，因此并没有泯灭消失。不羁，不受束缚。泯（mǐn）泯，消失，泯灭。　[14]"又有琐细之言"以下四句：还有琐碎平常的言辞，原本没有高深的意思，但有幸被善于领会别人意思的作者采用了，而竟然有教育意义的警句在经典中流传下来。会心，领会别人没有明白表示的意思。　[15]"孺子濯足之歌"以下四句：孩童所唱的濯足的歌，能够引申出家族兴旺和国家大治的道理，民谚所讲的'莫知其苗之硕'的话，能够证明加强人格修养的重要。孺子濯足之歌，典出《孟子·离娄上》："有孺子歌曰'沧浪之水清兮，可以濯我缨。沧浪之水浊兮，可以濯我足'。孔子曰：'小子听之！清，斯濯缨；浊，斯濯足矣。自取之也。'夫人必自侮，然后人侮之，家必自毁而后人毁之，国必自伐而后人伐之。"苗硕之谚，典出《礼记·大学》："好而知其恶，恶而知其美者，天下鲜矣。故谚有之曰：'人莫知其子之恶，莫知其苗之硕。'此谓身不修不可以齐其家。"此言民谚所讲父母因溺爱儿子而看不到他的过错，贪心的农夫因急于禾苗快长而看不到它已日见茁壮，朴素语句中寓涵着修身齐家的深刻道理。 [16]"其喻理者"以下四句：其中显示的道理，从浅显的语句可以悟出深刻的含意，凡是能够流传下来的，无不是通俗之中包涵着高雅的意义。无俗非雅，反反得正句式，凸显以上所举都是通俗之中含义高雅。 [17]"名实之势殊"以下四句：这是因为慕虚名与重实际情势相差悬殊，立言为公与私据己有感情意蕴完全不同，而矫饰造作发言与发自内心倾泻而出发言，是完全不可相提并论的。 [18]"无意于文而文存"二句：发自内心、不得已而写作的文章肯定能流传，为求虚名、炫耀自己而写作的文章注定被遗弃。按，以上两节是本篇第二大层次，以两相对照的方法，举出大量证据，论述为求私利而从事抄袭和伪托者，最后都败露，只落骂名；而真正立言为公者，有时其书虽亡佚而其学说却流传后代，甚至童谣民谚中也包涵有深刻精辟的道理。

以具载实事的朴野文字作证据，价值高于高古雅奥的钟鼎石刻。

今有细民之讼，两造具辞[1]，有司受之，必据其辞而赏罚其直枉焉[2]。所具之辞，岂必乡曲细民能自撰哉？而曲直赏罚，不加为之辞者，而加之讼者，重其言之之意[3]，而言固不必计其所出也。墓田陇亩[4]，祠庙宗支，履勘碑碣，不择鄙野，以谓较论曲直，舍是莫由得其要焉。岂无三代钟鼎，秦、汉石刻，款识奇古，文字雅奥，为后世所不可得者哉？取辨其事[5]，虽庸而不可废；无当于事，虽奇而不足争也。然则后之学者，求工于文字之末，而欲据为一己之私者，其亦不足与议于道矣。

【注释】

[1] 两造具辞：原告被告都写有诉讼文字。　[2] 赏罚其直枉：奖赏正直一方，责罚无理一方。　[3] "重其言之之意"二句：重视诉讼状子上所讲的那些意思，而当然不用考虑状子上的文字是由谁所写。固，固然，当然。　[4] "墓田陇亩"以下六句：遇到有关墓地田产的官司，祠堂宗族的纠葛，要亲往查勘碑石上的记载，就不会挑拣文字是否浅近朴野，原因是要判定是非曲直，离开这些记载就得不到关键的证据。以谓，是因为。得其要，获得关键证据。焉，表强调的助词。　[5] "取辨其事"以下四句：如能提供案件证据，即使文字平庸也不能抛弃；如果与案件取证无关，即使文字奇特也不能作为争胜的凭据。

或曰：指远辞文[1]，《大传》之训也；辞远鄙倍，贤达之言也；"言之不文，行之不远"[2]，辞之不可以已也。今曰求工于文字之末者非也[3]，其何以为立言之则欤？曰：非此之谓也。《易》曰："修辞立其诚[4]。"诚不必于圣人至诚之极致，始足当于修辞之立也。学者有事于文辞，毋论辞之如何，其持之必有其故[5]，而初非徒为文具者，皆诚也。有其故[6]，而修辞以副焉，是其求工于是者，所以求达其诚也。"《易》奇而法，《诗》正而葩"[7]，"《易》以道阴阳"[8]，《诗》以道性情也。其所以修而为奇与葩者[9]，则固以谓不如是，则不能以显阴阳之理与性情之发也。故

論證技巧又一例。以"或曰"提出問題：多處古訓講不能忽視文辭的優美，您卻說文辭優美是次要的，這不是違背古訓嗎？由此又進一步將論證引向深入。

注意句式的恰當運用。"其所以……則以謂……"；"即……猶……而況……"。論說文要求表達複雜、準確的意思，正需要運用邏輯關係嚴密的句式。

曰：非求工也^[10]。无其实而有其文，即六艺之辞，犹无所取，而况其他哉？

【注释】

[1]"指远辞文"二句：义旨深远而文辞优美，是《周易大传》的教导。指远辞文，语出《周易·系辞下》："其旨远，其辞文。" [2]"'言之不文，行之不远'"二句："语言没有文采，就不能流传久远。"文辞切不能忽视啊。言之不文，行之不远：语出《左传·襄公二十五年》："仲尼曰：志有之：'言以足志，文以足言。'不言，谁知其志，言之无文，行而不远……慎辞也！"已，罢了，休止，不算什么。 [3]"今曰求工于文字之末者非也"二句：现在您却说追求文辞优美这种次要的东西不对，这怎么能成为著述的规矩呢？其，代词，指"求工于文字之末者非也"的主张。则，规矩，原则。 [4]修辞立其诚：讲究言辞的表达以建立自己的诚信。语出《周易·乾卦·文言》："子曰：'君子进德、修业。忠信所以进德也，修辞立其诚，所以居业也。'" [5]"其持之必有其故"以下三句：他提出的主张必定有其根据，而且原本就不是只为做表面文章，做到这些就达到诚了。持之，指所提出的主张。初，原先，原本。徒为文具，只为了做表面文章。文具，写出文字。 [6]"有其故"以下四句：立论有它的根据，而且重视文辞的表达以做到形式相称，即是说要求文辞通畅，是为了追求表达出他的诚意。副，相称，符合。 [7]《易》奇而法，《诗》正而葩：语出韩愈《进学解》，意谓《周易》奇妙变化但是有其法度，《诗经》纯正敦厚但是文辞华美。 [8]《易》以道阴阳：语出《庄子·天下》篇。意谓《周易》是阐释阴阳变化的。 [9]"其所以修而为奇与葩者"以下三句：之所以两部经典的修辞分别具有奇和葩的特点，根本原因是如果不做到这样，就不能表达出阴阳变化的道理和抒发喜怒哀乐的感情。 [10]非求工也：并不是追求文辞的考究华美。

文^[1]，虚器也；道，实指也。文欲其工，犹弓矢欲其良也。弓矢可以御寇，亦可以为寇，非关弓矢之良与不良也。文可以明道^[2]，亦可以叛道，非关文之工与不工也。陈琳为袁绍草檄^[3]，声曹操之罪状，辞采未尝不壮烈也。他日见操，自比矢之不得不应弦焉。使为曹操檄袁绍^[4]，其工亦必犹是尔。然则徒善文辞^[5]，而无当于道，譬彼舟车之良，洵便于乘者矣，适燕与粤，未可知也。

【注释】

[1]"文"以下四句：文辞好比是适用性强的容器，所要阐述的道则是意思确切的义理。　[2]"文可以明道"以下三句：文辞可以宣明大道，也可以反叛大道，这并不是决定于文辞的考究或不考究。　[3]陈琳：魏晋时期文人，竹林七贤之一。他先曾在袁绍军中任文职，《三国志·魏书·王粲传》载："（陈琳）避难冀州，袁绍使典文章。袁氏败，琳归太祖（即魏武帝曹操）。太祖谓曰：'卿昔为本初（袁绍字）移书，但可罪状孤而已，恶恶止其身，何乃上及父祖邪？'琳谢罪，太祖爱其才而不咎。"李善为《文选》陈琳《为袁绍檄豫州》一文注引《魏书》："琳谢罪曰：'矢在弦上不可不发。'"檄（xí）：檄文原义为征召或讨伐的文告。　[4]檄：此作动词，为曹操写讨伐袁绍的檄文。　[5]"然则徒善文辞"以下六句：因此只是善于文辞，并不等于就能宣明大道，好比那车船行驶快捷，确实是为乘客提供方便了，但究竟是向北燕疾开还是向南粤行驶，却是难以估计的。洵（xún），诚然，确实。

圣人之言，贤人述之，而或失其指[1]。贤人之言，常人述之，而或失其指。人心不同，如其面焉。而曰言托于公[2]，不必尽出于己者，何也？盖谓道同而德合，其究终不至于背驰也。且赋诗断章[3]，不啻若自其口出，而本指有所不拘也。引言互辨[4]，与其言意或相反，而古人并存不废也。前人有言[5]，后人援以取重焉，是同古人于己也。前人有言，后人从而扩充焉，是以己附古人也。仁者见仁，知者见知，言之从同而异[6]，从异而同者，殆如秋禽之毛，不可遍举也。是以后人述前人，而不废前人之旧也。以为并存于天壤，而是非失得，自听知者之别择，乃其所以为公也。君子恶夫盗人之言[7]，而遽铲去其迹，以遂掩著之私也。若夫前人已失其传，不得已而取裁后人之论述[8]，是乃无可如何，譬失祀者[9]，得其族属而主之，亦可通其魂魄尔。非喻言公之旨[10]，不足以知之。

明显地引用前人言论，自听学者之别择，是"言公"；急忙铲除痕迹，掩盖明显之处，是为私之剽窃。坦诚为公与伪劣行私，对比何其鲜明！

【注释】

[1]或失其指：有时可能损失原来的义旨。或，或者，有时，可能。失，此指损失，减损。　　[2]"而曰言托于公"以下三句：

但是您说只要发表言论是基于公心，就不一定所写的都完全是自己的话，那又是什么道理呢？言托于公，出言基于为公，出发点是为公。　[3]"且赋诗断章"以下三句：吟诵诗篇只引用其中某一章节，就好比是由自己说出来，对原诗本旨有时不太拘泥。《左传》襄公二十八年有云："赋诗断章，余取所求焉。"因从中选取本人所要求表达的意思，而不甚拘守于原意。不啻若自其口出，此语典出《尚书·秦誓》："人之彦圣，其心好之，不啻若自其口出。"不啻，不止，正是。　[4]"引言互辨"以下三句：论说文中不同观点展开辩论，有时举出的观点与本人意见可能相反，但古人却让不同见解并存不予删去。　[5]"前人有言"以下三句：前人讲过的话，后人引用它来增加自己议论的分量，这是把古人作为自己的同道。援以取重焉，引用过来以加重本人见解的分量。焉，语助词，加重语气。下句用法相同。是，代词，这样做。同，使……同，作动词用，使古人与己同。于，与。句中词序略作变化。　[6]"言之从同而异"以下四句：文章中的言论，总体赞成的其中又有相异，或总体反对的其中又有赞成，这种例子有如秋天鸟类新生出的细毛，多得不计其数。言，指言论、见解。从同而异，总体赞成而又有相异。之，助词。殆，大概。秋禽之毛，禽鸟类秋天新长出的细毛。　[7]"君子恶夫盗人之言"以下三句：有身份的人厌恶剽窃别人言论，便急忙铲掉引用的痕迹，来实现掩盖明显证据的私心。恶，厌恶。夫，语助词。遽（jù），急忙，骤然。遂，达到，实现。掩著，掩盖明显之处。　[8]取裁：采取别择。　[9]"譬夫祀者"以下三句：就像子孙断绝无人祭祀的逝者，得到同族后人立牌位祭拜，借此也可以沟通他的灵魂。主，牌位，神主。尔，而已，表"……了"语气。　[10]"非喻言公之旨"二句：如果不明晓立言为公的义旨，是不能理解这些道理的。按，以上四节为本篇第三大层次，为了深化"言公"的中心论题，再从文章具载实事才有价值，"修辞立其诚"，徒善文辞无益于道，文章引用古人之言是为了弘扬大道等四项，作进一步的阐释和发挥。

【点评】

辨析鞭辟入里，论据精彩纷呈，是本篇的两大特点。

章氏自称《言公》篇之作，有"开凿鸿濛"之功，表明他对于"言公"这一论题的概括和深刻的论证有充分的自信。本篇论证的任务同样是要彰显"立言为公"对于学者从事著述具有根本性的意义，然则无论从贯穿各段落的思路和举证的范围而言，本篇与上篇的显著不同是：上篇以时间先后为线索，从《尚书》《春秋》、诸子到汉代学术，进行举证和申论；而本篇主要是从"立言为公"与"私据己有"两种不同的出发点、方法、风格和后果，两相对照，以明其品位高下和功过利弊。本来是论题互相贯通的两篇论文，论证手法却有如此出人意外的变化，这当然是根源于章氏学识的精深和使命意识的强烈，而对于读者来说，却感到处处新意扑面而来，别开生面，带来更多哲理收获和阅读的乐趣。

由于提炼出"言公"和"据私"两种学术初衷和著述方法的两相对照，文中的分析和举证便纲举目张，观点鲜明，说理透彻。如在第一大层次中，以对比的形式论述："古人之言，欲以喻世；而后人之言，欲以欺世"；"古人之言，欲以淑人；后人之言，欲以炫己"。又对比论证：立言为公者，穷毕生之精力深究大道，上通前贤为之凭藉，后得同好为之辅助。"其立言也，不易然哉？"而据私无识者，所写无实之文，等于作无病之呻吟，"已

不胜其劳困矣，而况挟恐见破之私意，窃据自擅之虚
名，前无所藉，后无所援，处势孤危而不可安也，岂不
难哉？"再如在第二大段落中，又对比说：窃人之言以
为己有者，欺骗世人，奸邪贪利，结果盗窃之伎俩败露，
只落下骂名；而言论公于世者，有时书已亡佚了而其学
术思想仍传于世。篇中论证的诸多新鲜观点无不论证深
入，发人深省。尤其是作者经过从多方面论证而确立的
核心观点，如言举证确凿、说理畅达的文章，其根由在
于立言为公；而虚饰之辞必定左支右绌，其根由在于矜
私据己。由此决定相差悬殊的不同价值和品位。像这些
精心提炼和论证的论题都为推进传统学术思想作出贡献，
这也为我们今天如何努力构建中国特色学术话语体系提
供了启示。

　　为增强论辩的感染力、说服力，章氏很重视举证的
广泛性、典型性、生动性。包括：儒家重要经典《周易》
《尚书》《诗经》《仪礼》《论语》等；战国时期典籍《左传》
《孟子》《庄子》《列子》，以及尽人皆知的人物屈原、上官
大夫；及相关的诸多重要典籍；魏晋至宋元的史学家、名
士、官员、古文家、理学家以及相关的名篇，名作；乃至
《孟子》书中所引童谣，《大学》篇中所引民谚，有关细
民诉讼的状子，墓田陇亩的碑碣……堪称雅俗兼备，美
朴具列。证据琳琅满目，读之趣味盎然，看似随手拈来，
实则精心裁择。加上恰当运用排比、对偶、比喻、设问、
反诘等修辞方法，遂使全篇既在义理上有出色建树，同
时又气势充沛，波澜起伏，值得反复吟咏回味。

说　林

【1 则】

　　道[1]，公也。学，私也。君子学以致其道[2]，将尽人以达于天也。人者何[3]？聪明才力，分于形气之私者也。天者何[4]？中正平直，本于自然之公者也。故曰道公而学私。

"道公学私"，是章氏首次提炼的一对范畴，文辞简明而涵义精深，是《文史通义》全书的核心命题之一，也是贯穿《说林》全篇的指导思想。

【注释】
　　[1]"道"以下四句："道"是客观公正的。"学"，则是靠各人独到的体会，有各自独立的见解。按，这一对范畴，包涵了章氏深刻的真理观和学术观。　[2]"君子学以致其道"二句：有修养的人通过学习最终掌握"道"，是要尽到人的主观努力以达到了对客观存在的"道"的体认。君子学以致其道，语出《论语·子张》。　[3]"人者何"以下三句："人"的概念是怎么界定的呢？

就是学者具有聪明智慧、又不断努力，又由于器质、禀性差异，而各自具有不同理解和特点。按，章氏是从哲学层面来诠释"人"与"天"，《文史通义》书中如《史德》等篇同此。　[4]"天者何"以下三句："天"的概念是什么呢？就是持中守正、公平忠直，因自然而然的趋势而形成的客观公正、由天下所共有的道理。

【2 则】

道同而术异者[1]，韩非有《解老》《喻老》之书[2]，《列子》有《杨朱》之篇[3]，墨者述晏婴之事[4]，作用不同[5]，而理有相通者也。术同而趣异者[6]，子张难子夏之交[7]，荀卿非孟子之说[8]，张仪破苏秦之从[9]，宗旨不殊[10]，而所主互异者也。

按，此一则论述道同而术异，学者同样求道，而各人路数不同见解也会相异，彼此应当互相尊重，互相切磋。这是对本篇开宗明义所言"道公而学私"的发挥，也是章氏一项基本的学术观点。

【注释】

[1]道同而术异：求道之心相同，而具体的路数却有别。术，指技术、手段，与"道"构成另一组相对举的概念。　[2]《解老》《喻老》：《韩非子》中的两篇，是糅合法家法治观点解释《老子》道家学说。　[3]《杨朱》：《列子》（列御寇作）书中篇名，主张"贵我""为我"，与《列子》"贵虚"宗旨不符，后人多认为把古代未亡的杨朱之书附益于《列子》。　[4]墨者述晏婴之事：指墨家学者记载晏婴言论行事，名《晏子春秋》。　[5]"作用不同"二句：以上篇章观察、记载的着重点不同，但作者借以研求"道"的理却有相通之处。作用，此指观察和记载的着力点。　[6]术同而趣异：策略路数相同而主张相异。　[7]子张难子夏之交：子

张不赞同子夏的交友主张。事见《论语·子张》所载，参见《朱陆》篇第二节之 [1]。　[8]荀卿非孟子之说：《荀子·非十二子》篇中批评子思、孟子学说，称其为"材剧志大，闻见杂博"，"甚僻违而无类"。　[9]张仪破苏秦之从：战国纵横家苏秦与张仪策略主张针锋相对，苏秦主张联合东方各国抗秦，张仪则破坏其策略，主张"连横"，鼓动秦恃其兵威对六国各个击破。详见《史记》中《张仪列传》与《苏秦列传》。从，同"纵"，指"合纵"。　[10]"宗旨不殊"二句：策略、技术并无不同，而所发挥的见解相异。宗旨，此指策略、技术。

【3 则】

按，本则再引申前面只要同样遵循求道的大方向，则见解有不同、能力有差异都是正常的，应互相切磋，各效其能；而不能刻板要求整齐划一，那样必然造成对事业的损害。

渥洼之驹 [1]，可以负百钧而致千里 [2]，合两渥洼之力 [3]，终不可致二千里。言乎绝学孤诣 [4]，性灵独至，纵有偏阙，非人所得而助也。两渥洼驹，不可致二千里；合两渥洼之力，未始不可负二百钧而各致千里。言乎鸿裁绝业 [5]，各效所长，纵有牴牾，非人所得而私据也。

【注释】

[1]渥（wò）洼之驹：古代称为神马。《史记》卷二十四载，汉武帝时，"尝得神马渥洼水中"。渥洼，渥洼池，在今甘肃瓜州县境。　[2]百钧：三千斤。一钧为三十斤，能负百钧形容力大无比，《孟子·梁惠王上》有"吾力足以举百钧"之语。　[3]"合两渥洼

之力"二句：言如果强行要求两匹良马始终按规定的速度、步伐奔跑，最终不可能合起来恰好达到二千里。举这个例子说明不能作刻板要求，而应当允许有差别，给予一定的自由度。故下文又言"合两渥洼之力，未始不可负二百钧而各致千里"，区别即在于"各"字，言若不作刻板要求、给予一定自由度，让两匹神马各自奔跑，则"未始不可负二百钧而各致千里"，结果显然不同。　[4]"言乎绝学孤诣"以下四句：这是讲造诣极高的学问，是要靠独具悟性灵感才能达到，即使此人的才情有所偏缺，也不是能按别人强求的将它补齐的。绝学，原指古学未能有后人继承，此指造诣极高的学问。孤诣，造诣独到。　[5]"言乎鸿裁绝业"以下四句：这是说体制宏伟的文章、非凡卓异的事业，要靠一批才识之士各展专长才能完成，即使其中有某些矛盾之处，也决不是某一人所能包揽做成的。鸿裁，体制宏伟的文章，《文心雕龙》卷二《诠赋》言："故知殷人辑颂，楚人理赋，斯并鸿裁之寰域，雅文之枢辖也。"绝业，原指前代的事业未得继承而中绝，此指非凡卓异的事业。牴牾（dǐwǔ），矛盾。

【4 则】

　　文辞非古人所重[1]，草创讨论[2]，修饰润色，固已合众力而为辞矣。期于尽善[3]，不期于矜私也。丁敬礼使曹子建润色其文[4]，以谓后世谁知定吾文者，是有意于欺世也。存其文而兼存与定之善否，是使后世读一人之文，而获两善之益焉，所补岂不大乎？

【注释】

[1] 文辞非古人所重：文章辞句的草拟究竟出自何人之手，古人对此并不看重。　[2]"草创讨论"以下三句：此所据是春秋时期郑国子产为执政，对于官府或外交文件的起草润色十分重视，如《论语·宪问》所言："为命，裨谌草创之，世叔讨论之，行人子羽修饰之，东里子产润色之。"故章氏称"固已合众力而为辞矣"。　[3]"期于尽善"二句：目的是达到尽可能完善，而不是为了显露一己之才能。　[4]"丁敬礼使曹子建润色其文"以下七句：丁敬礼即丁廙，字敬礼。并其兄均与曹植友善。曹子建即曹植。据《曹子建集》卷九《与杨德祖书》载："昔丁敬礼尝作小文，使仆润饰之。仆自以才不过若人，辞不为也。敬礼谓仆，卿何所疑难？文之佳恶，吾自得之，后世谁相知定吾文者邪？吾尝叹此达言，以为美谈。"曹子建对丁敬礼之言是欣赏的。章氏此则所论却看法不同，认为丁敬礼讲"后世谁知定吾文者"是有意于欺世，而主张"存其文而兼存与定之善否"，这样能使后人对写文章如何修改润色辞句更有收获。

【5 则】

才之长短不可掩^[1]，而时之今古不可强。司马迁述《尚书》《左》《国》之文，孑孑而不足^[2]，述战国、楚、汉之文，恢恢而有余^[3]，非特限于才^[4]，抑亦拘于时也。惟其并存而无所私^[5]，故听人决择而己不与也。

【注释】

[1] "才之长短不可掩" 二句: 史才的高下无法掩盖, 而今古时势的不同无法勉强去改变它。掩, 掩盖, 遮蔽。时, 指时势不同。　[2]子子: 孤单, 缺少。　[3]恢恢: 丰富、周备。与前 "子子" 相对。　[4]"非特限于才" 二句: (之所以出现记述春秋以前历史材料缺少、记述战国以后历史丰富有余的情况,) 不但限于史家的史才, 而且也由于受到历史时势不同的限制。拘, 拘束, 限制。　[5]"惟其并存而无所私" 二句: 正是因为详略不同并存而不以私意改变, 因此听任读者抉择而史家本人不随意增减。惟, 正, 只。发语词, 表强调。

【6 则】

司马迁袭《尚书》《左》《国》之文, 非好同也, 理势之不得不然也。司马迁点窜《尚书》《左》《国》之文 [1], 班固点窜司马迁之文, 非好异也, 理势之不得不然也。有事于此 [2], 询人端末, 岂必责其亲闻见哉? 张甲述所闻于李乙 [3], 岂盗袭哉? 人心不同, 如其面也。张甲述李乙之言 [4], 而声容笑貌, 不能尽为李乙, 岂矫异哉?

【注释】

[1]点窜: 改动, 润色字句。语出《三国志·魏书·武帝纪》:

连用三个反问句, 加强表达效果。

按, 此则以《史》《汉》为例, 总结史家不能凭空著述, 必须依据前人所提供的史实、史料, 同时又需要剪裁变通, 这些都是符合情理、不应责备的。好比日常生活中, 为了弄清事实, 需要询问别人, 而转述者也不可能做到语气神情完全逼真仿效, 这些都是不能苛求的。

"他日，公又与遂书，多所点窜。" [2]"有事于此"以下三句：为了弄清楚事实，找人询问始末原故，难道要苛责他必须是本人所亲闻亲见吗？ [3]"张甲述所闻于李乙"二句：张甲转述所听到的李乙的话，难道张甲是偷窃、抄袭得来的吗？ [4]"张甲述李乙之言"以下四句：张甲转述李乙的话，但声音笑貌，不能做到完全同李乙一样，难道是矫情造作做派不同吗？

【7 则】

两处譬喻，极其贴切！

按，此则以形象的比喻，论述上自国家治理之"道"，下至言说著述的演化，都是由微而渐著，始简而终巨，逐步地发展、壮大的。

孔子学周公，周公监二代[1]，二代本唐、虞，唐、虞法前古，故曰："道之大原出于天。"盖尝观于山下出泉，沙石隐显，流注曲直，因微渐著[2]，而知江河舟楫之原始也。观于孩提呕哑[3]，有声无言，形揣意求，而知文章著述之最初也。

【注释】

[1]周公监二代：周公以夏、商两代为鉴戒。语出《论语·八佾》："周监于二代，郁郁乎文哉！吾从周。"监，通"鉴"，借鉴。 [2]"因微渐著"二句：从开始微小到逐渐壮大，而可知下游能航行船只的大江大河发源的情形。 [3]"观于孩提呕哑（ōu yā）"以下四句：看见婴儿呜哑哭喊，只有声音而不会说话，大人只能从他的动作、形态猜测他的需要，由此就可以懂得文章著作最初的形态。呕哑，此指婴儿呜哑哭喊。

【8 则】

　　有一代之史，有一国之史[1]，有一家之史[2]，有一人之史。整齐故事与专门家学之义不明[3]，（详《释通》《答客问》。）而一代之史[4]，鲜有知之者矣。州县方志与列国史记之义不明，（详《方志》篇[5]。）而一国之史，鲜有知之者矣。谱牒不受史官成法[6]，（详《家史》篇[7]。）而一家之史，鲜有知之者矣。诸子体例不明[8]，文集各私撰者，而一人之史，鲜有知之者矣。

此则总括四种范围的历史记载，并分别指出其编纂方法的不同特点，是章氏对历史编纂学理论和史料观的重要发展，极其珍贵。

排比句式，用语至为简洁，而恰当地揭示出各类史书的不同特点，逐层递进，值得品味。

【注释】

　　[1]一国之史：此指记载古代诸侯方国，或一个区域的历史。　[2]一家之史：此指记载一个宗族或家族的历史。　[3]整齐故事与专门家学之义：整齐故事指对已有的史料或记载整理、排比、纂辑；专门家学指有史义贯穿、有严密体例、成一家之言的著述。前者居于较低层次，后者居于较高层次，这也是章氏总结历史编纂而提出的重要命题。　[4]"而一代之史"二句：那就对于撰著一个时代历史的要领，很少有人能够把握了。鲜（xiǎn），少。　[5]《方志》篇：今不传。或即指《方志辨体》，见《章学诚遗书》卷十四。　[6]谱牒：记载宗族或家族世系、成员生卒年代、主要仕历或经历、主要成就或著述的书籍。　[7]《家史》篇：今不传。《高邮沈氏家谱序》（《章学诚遗书》卷廿一）、《和州志·氏族表序例》（"大梁本"《文史通义》外篇一）略可当

之。　[8]"诸子体例不明"二句：诸子指先秦至汉初思想家表达其哲学、政治、学术观点的著作，其所重在发表学术或政治主张，故可偶或参用他人言辞；而文集是个人杂撰之总汇，故不能掺入他人文字，对这两类著述的体例、要求不能混淆。按，章氏对于此项甚为重视，故以下第十二则又作了发挥。

【9 则】

展喜受命于展禽[1]，则却齐之辞，谓出展禽可也，谓出展喜可也。弟子承师说而著书，友生因咨访而立解[2]，后人援古义而敷言[3]，不必讳其所出，亦自无愧于立言者也。

【注释】

[1]展喜受命于展禽：据《左传》僖公二十六年载，此年夏，齐孝公伐鲁北鄙，鲁人震恐。鲁僖公使展喜犒齐师，设计退之。展喜受教于展禽，向齐孝公讲了一番委婉有节的言辞，说，当年齐桓公"纠合诸侯，而谋其不协，弥缝其阙，而匡救其灾"，"及君即位，诸侯之望曰：其率桓之功……岂其嗣世九年，而弃命废职，其若先君何？君必不然"。所言令齐君感到出师无理，遂退兵。因此展喜能受展禽之教，在国家危难之际发表维护鲁国利益、隐责对方行为不义的磊落言论，传为美谈。展喜，春秋时期鲁人。展禽，即柳下惠，鲁国士师，春秋时著名贤者，孔子赞扬其为"言中论、行中虑"的贤逸民。　[2]友生因咨（zī）访而立解：朋友之间因询问、讨论受到启发而发表见解。友生，朋友。咨，询问，

讨论。立解，提出、发表见解。　　[3] 援古义而敷言：援引前人义理铺陈言论。敷言，铺陈言论。

【10 则】

子建好人讥诃其文 [1]，有不善者，应时改定，讥诃之言可存也，改定之文亦可存也。意卓而辞踬者 [2]，润丹青于妙笔；辞丰而学疏者 [3]，资卷轴于腹笥。要有不朽之实 [4]，取资无足讳也。

贵有自知之明，努力补上本人的短板。这是章氏对士林人物的诤言。

【注释】

[1] "子建好人讥诃（jī hē）其文"以下三句：《曹子建集》卷九《与杨德祖书》："世人之著述，不能无病。仆尝好人讥弹其文，有不善者，应时改定。"子建好人讥诃其文，曹植喜欢别人指摘他文章的缺点。讥诃，批评，指摘。诃，同"呵"。　　[2] "意卓而辞踬（zhì）者"二句：见识卓越而文采贫乏者，应当努力多读佳篇丰富辞语。此言著述者向本人所不足的方向努力，通过多读佳篇丰富辞采，使笔底生辉。踬，跌倒，引申为困顿、挫折。此指文采贫乏。丹青，原指丹砂和青䨼两种颜料，泛指辞采华美的文章。　　[3] "辞丰而学疏者"二句：善于文采而学问疏陋者，要靠勤读典册来扩充知识。资，充实。卷（juàn）轴，装裱的卷子，指书籍。古时文章，皆裱成长卷，有轴可以舒卷，故名。腹笥（sì），形容学识丰富。笥，书箱。以腹比笥，指腹中装有许多学问。　　[4] "要有不朽之实"二句：关键在于有不朽的实质内容，至于如何获得和扩充的途径并不需要隐讳。

【11 则】

陈琳为曹洪作书上魏太子[1]，言破贼之利害，此意诚出曹洪，明取陈琳之辞，收入曹洪之集可也。今云："欲令陈琳为书，琳顷多事，故竭老夫之思。"又云："怪乃轻其家丘[2]，谓为倩人。"此掩著之丑也[3]，不可入曹洪之集矣。

【注释】

[1]陈琳为曹洪作书上魏太子：陈琳为大将军曹洪草写上魏太子曹丕书。陈琳，东汉末文学家，字孔璋，"建安七子"之一。 [2]"怪乃轻其家丘"二句：奇怪你竟然轻视我为东家丘，说是请人代笔。乃，你。轻其家丘，《孔子家语》载："孔子西家有愚夫，不知孔子为圣人，乃曰彼东家丘。"倩（qiàn）人，请别人为自己做事，这里指请人代笔。曹丕本是文学家，对其族叔曹洪的文才很了解，接此书后立即断定是请陈琳代笔，《文选》在本篇题下注云："文帝《集》序曰：'上平定汉中，族父都护。还书与余，盛称彼方土地形势。观其辞，如陈琳所叙为也。'" [3]此掩著之丑也：这是掩盖请别人代写的丑行。

小雀借用苍鹰的翅膀，还未飞起，就跌倒在地。用形象的比喻，说明缺乏高远的立意和厚实的内容而堆砌辞藻的害处，足为深戒！

【12 则】

譬彼禽鸟，志识其身，文辞其羽翼也。有大鹏千里之身，而后可以运垂天之翼。鹝雀假雕鹗之翼^[1]，势未举而先踬矣，况鹏翼乎？故修辞不忌夫暂假^[2]，而贵有载辞之志识与己力之能胜而已矣。噫！此难与溺文辞之末者言也^[3]。

【注释】

[1]"鹦（yàn）雀假雕鹗（è）之翼"以下三句：小雀借用苍鹰的翅膀，架势尚未展起就已经跌倒了，更何况借用大鹏翅膀呢？鹦雀，小雀。雕，猛鸟，与鹗（鱼鹰）都属于鹰类。　[2]"故修辞不忌夫暂假"二句：因此修饰文辞并不排除借用别人的语句，而重要的是作者要有足以载负文辞的立意、见识，和本身才力能够驾驭。暂假，借用。暂，暂时。　[3]溺文辞之末者：沉溺于堆砌辞藻的末流。

【13 则】

诸子一家之宗旨^[1]，文体峻洁，而可参他人之辞。文集，杂撰之统汇，体制兼该^[2]，而不敢入他人之笔^[3]，其故何耶？盖非文采辞致不如诸子^[4]，而志识卓然，有其离文字而自立于不朽者，不敢望诸子也。果有卓然成家之文集，虽入他人之代言，何伤乎^[5]！

【注释】

[1]"诸子一家之宗旨"以下三句：诸子体现自成一家的著述宗旨，体裁特点是高雅简洁，其中可以兼采别人的言辞。文体，体裁特点。　[2]体制兼该：体例范围是把本人写作的文字全部包括。体制，这里指体例范围。兼该，包罗涵盖。　[3]他人之笔：别人所写的作品。　[4]"盖非文采辞致不如诸子"以下四句：并不是文采韵致不如诸子，而是在立意、见识的高度，能够不依赖文字而具有传世的价值上，远比不上诸子。辞致，韵致，风格。　[5]何伤乎：有什么妨碍呢？

【14 则】

集之始于流别也^[1]，后人汇聚前人之作，欲以览其全也，亦犹撰次诸子，即人以名其书之意也。诸子之书，载其言并记其事，以及他人之言其言者，而其人之全可见也。文集萃其文^[2]，(《文章流别集》。) 别著其事，(《文章志》。) 以及他人之论其文者，(《文章论》。) 故挚虞之《流别》，本与《文章志》《论》三书相辅而行也，则其人之全亦可见也。今无挚氏之三书^[3]，而编次卓然不朽之文集，则关于其人之行事，与人之言其言，与论其人与文者，故当次于其书以备其人之本末也，是则一人之史之说也。

按，此节是章氏申论其文集为一人之史的主张。

【注释】

[1]"集之始于流别也"以下五句：文集开始成为著作之林的一种独立体裁，是由于后人汇集前人的作品，希望借此能观览到他著述的全体，这也如同纂辑诸子的论著，就按作者来命名他的著作的用意。览，阅读，观览。撰次，按一定体例纂辑、编集成书。即人以名，就按照作者来命名。　[2]萃其文：汇集他的文章。　[3]"今无挚氏之三书"以下七句：现在不具备挚虞那样三书相辅而行的条件，而要纂辑某位学者具有不同流俗的特识、能够流传不朽的文集，那么有关这位学者行事的资料，以及别人所称引的他的言论，以及别人评论他的为人和文章的资料，就应当都纂辑在他的书中，作为后人评价其思想与行事的依据。以备，作为……的依据。

【15 则】

　　庄周《让王》《渔父》诸篇[1]，辨其为真为赝；屈原《招魂》《大招》之赋[2]，争其为玉为瑕[3]。固矣夫[4]！文士之见也。

【注释】

[1]《让王》《渔父》：都是《庄子》书中的篇名，苏轼认为都是后人伪托庄周之作，见《苏轼文集》卷十一《庄子祠堂记》。　[2]《招魂》《大招》：都是《楚辞》篇名。王逸注《楚辞》，称《招魂》为宋玉所作。又称"《大招》者，屈原之所作也。或曰景差，疑不能明也"。但明清学者始驳王逸之说，重新归属屈原所

作。　[3]为玉为瑳：玉指宋玉，瑳指景差，都是楚辞作家。　[4]"固矣夫"二句：固执不知变通，就是一些刻板文人的特点啊。

【16 则】

按，此则的主旨是批评俗士喜爱追求似是而非的东西。

醴泉[1]，水之似醴者也。天下莫不饮醴，而独恨不得饮醴泉，甚矣！世之贵夫似是而非者也。

【注释】

[1]醴（lǐ）泉：味道像薄酒一样的泉水。醴，薄酒。

【17 则】

以辨章学术的眼光，对"著作之体"和"考证之体"两大类文章引文、举证所应遵守的不同学术规范，作出准确的概括。

著作之体[1]，援引古义，袭用成文，不标所出，非为掠美[2]，体势有所不暇及也[3]。亦必视其志识之足以自立[4]，而无所藉重于所引之言，且所引者，并悬天壤，而吾不病其重见焉，乃可语于著作之事也。考证之体，一字片言，必标所出。所出之书[5]，或不一二而足，则必标最初者。（譬如马、班并有，用马而不用班。）最

初之书既亡，则必标所引者。（譬如刘向《七略》既

亡 [6]，而部次见于《汉·艺文志》，阮孝绪《七录》既亡 [7]，

而阙目见于《隋·经籍志》注。则引《七略》《七录》之文，必

云《汉志》《隋注》。）乃是慎言其余之定法也 [8]。书

有并见而不数其初 [9]，陋矣。引用逸书而不标

所出 [10]，（使人观其所引，一似逸书犹存。）罔矣。以考

证之体 [11]，而妄援著作之义，以自文其剽窃之

私焉，谬矣。

【注释】

[1] 著作之体：有义理贯穿的原创性的著作。按，这是针对当时考证学盛行的风气，章氏将文字著述之林区分为"著作之体"和"考证之体"两大类，分别指出其不同的性质和要求。　[2] 掠美：掠取别人的美名或功绩以为己有，这里指剽窃别人的著作成果。　[3] 体势有所不暇及也：是因为体例特点和撰写方式的原故无法顾及。体势，指体裁特点和撰写的风格。　[4]"亦必视其志识之足以自立"以下六句：也必须衡量本人的立意、识见确实能做到自成一家，而不需要借重别人的论述作为立论的依据，而且所引用的话同时并存于天地间，人人知晓，我不担心彼此重复，只有把握了这些特点，然后才有资格谈著述之事。并悬天壤，一起悬挂于天地间，尽人皆知。病，苦恼，担心。　[5]"所出之书"以下三句：所引用的文字，有时在多种书中都能见到，那就必须标出最早出现者。　[6] 刘向《七略》：西汉成帝时，刘向、刘歆父子受诏校书，刘向先为每部书作了提要，称为《别录》。向卒，子歆继续总领校

书,在六部的基础上,又加了总论("辑略"),整理完成了《七略》。后人视此为刘氏父子的共同成果,有时不加区分,故章氏此处称"刘向《七略》"。 [7]阮孝绪《七录》:南朝梁阮孝绪在《别录》《七略》的基础上撰成的图书总目,称为《七录》,其分类法为后来的《隋书·经籍志》所依据。 [8]慎言其余:语出《论语·为政》:"子曰'多闻阙疑,慎言其余,则寡尤。'" [9]"书有并见而不数其初"二句:所引用的话在多种书中见到却不明显标出最早的出处,是学识浅陋的做法。 [10]"引用逸书而不标所出"二句:引用逸书而不标示出处,是使人迷惑的做法。逸书,同佚书,古书在流传中亡失。但有的内容因他书引用而得保存。 [11]"以考证之体"以下四句:本来是考证体裁,却胡乱地援用著作的体例要求,不标引文出处,用这种手法来掩盖本人剽窃的不光彩行为,这是荒谬的做法。私,为了利己而做不敢公开的事,与正大光明的"公"相对。

18-23 这六则文字,强调志识对于文辞具有统帅作用;确定正确方向作用;高明的志识使丰富的材料互相协调补充,又能充分发挥各自特性;志识的熔炼、锻造使矿石原料变成社会不能缺少的用具、利器;高明的志识是著书立说的灵魂;志识又是治病救人的良药。在当时考证之风大盛、志识被丢之脑后之时,每一项都具有振聋发聩的力量。且六则文字,语言精炼,音调和谐,独立出来,即成为风格隽永的学术美文。

【18 则】

文辞,犹三军也;志识,其将帅也。李广入程不识之军[1],而旌旗壁垒一新焉,固未尝物物而变,事事而更之也。知此意者,可以袭用成文,而不必己出者矣[2]。

【注释】

[1] 李广:与程不识都是汉武帝时守卫北方边境的将领。李广带军风格简便,文书规矩少,士卒乐为之用,程不识则规矩条令多,吏士感到疲累。《史记》卷一百零九《李将军列传》载:"程

不识故与李广俱以边太守将军屯。及出击胡，而广行无部伍行陈，就善水草屯舍止，人人自便，不击刀斗以自卫，莫府省约文书籍事；然亦远斥候，未尝遇害。程不识正部曲行伍营陈，击刀斗，士吏治军簿至明，军不得休息；然亦未尝遇害……是时汉边郡，李广、程不识皆为名将。然匈奴畏李广之略，士卒亦多乐从李广而苦程不识。"将帅治军原则不同，吏士的反应相差悬殊，故士卒多乐从李广而苦程不识，而匈奴亦畏李广之略。 [2]袭用成文，而不必己出：此意为如作者立意高远，可以对引用的前人文句赋以新义，而不须全归己出。

【19 则】

文辞，犹舟车也；志识，其乘者也[1]。轮欲其固，帆欲其捷，凡用舟车，莫不然也。东西南北[2]，存乎其乘者矣。知此义者，可以以我用文，而不致以文役我者矣[3]。

【注释】

[1]乘者：指驾车的人。乘，坐，驾。 [2]"东西南北"二句：车船朝东西南北哪个方向行驶，则是由驾驶者所决定。存乎，掌握于。 [3]以我用文，而不致以文役我：作者要以自己的思想、观点运用文辞（即材料），而不是相反地受材料所左右。役，作动词用，役使，摆布。

【20 则】

文辞^[1]，犹品物也；志识，其工师也。橙桔樝梅^[2]，庖人得之，选甘脆以供笾实也；医师取之^[3]，备药毒以疗疾疢也。知此义者，可以同文异取^[4]，同取异用，而不滞其迹者矣。（古书断章取义^[5]，各有所用，拘儒不达^[6]，介介而争。）

【注释】

[1]"文辞"以下四句：文辞好比是物品，而志识就是加工它的技师。品物，物品。工师，加工制作的技师。　[2]"橙桔樝（zhā）梅"以下三句：橙子、桔子、山楂、梅子，厨师得到了，选择甜的、脆的来提供祭祀或宴席的食品。樝，同"楂"，即山楂。庖（páo）人，厨师。笾（biān），古代祭祀和宴会时盛果脯的竹器。实，盛在里面的食物。　[3]"医师取之"二句：医师拿到了，准备作为治疗疾病的药物。药毒，即药物。有的药带有毒性才有疗效。疢（chèn），疾病。　[4]"可以同文异取"以下三句：可以同一文句由不同作者解读运用，或同一作者放在不同场合下解读运用，而不刻板拘泥于一字一句。滞，拘泥。迹，形迹，这里指具体字句。　[5]古书断章取义：指古人引用诗篇（如《诗经》）中的文句，可以离开其原义，而借用或引申以表达己意。故《左传》襄公二十八年："赋《诗》断章，余取所求焉。"　[6]"拘儒不达"二句：刻板拘守的儒生不懂这个道理，而耿耿于怀，争论不休。拘儒，固执守旧的儒生。介介，不能忘怀，耿耿于怀。

【21 则】

文辞，犹金石也[1]；志识，其炉锤也。神奇可化臭腐[2]，臭腐可化神奇。知此义者，可以不执一成之说矣[3]。（有所得者即神奇，无所得者即臭腐。）

【注释】

[1] 金石：指金属、矿物等原料，需经过炉火冶炼、铁锤锻造而成为刀剑农具。　[2] "神奇可化臭腐"二句：语出《庄子·知北游》："故万物一也，是其所美者为神奇，其所恶者为臭腐，臭腐复化为神奇，神奇复化为臭腐，故曰通天下一气耳。"　[3] 一成之说：固定不变的说法。成，形成，一旦形成便被认为不可改变。

【22 则】

文辞，犹财货也；志识，其良贾也[1]。人弃我取[2]，人取我与，则贾术通于神明。知此义者，可以斟酌风尚而立言矣[3]。（风尚偏趋[4]，贵有识者持之。）

【注释】

[1] 良贾（gǔ）：善于经营的商人。贾，指居货待售的坐商。　[2] "人弃我取"二句：语出《史记》卷一百二十九《货殖

列传》:"当魏文侯时,李克务尽地力,而白圭乐观时变,故人弃我取,人取我与。" [3] 斟酌风尚而立言:分析、把握学术风尚的利弊,然后提出自己的主张。   [4] 偏趋:出现偏向。

【23 则】

文辞,犹药毒也;志识,其医工也。疗寒以热[1],热过而厉甚于寒;疗热以寒,寒过而厉甚于热。良医当实甚[2],而已有反虚之忧,故治偏不激,而后无余患也。知此义者,可以拯弊而处中矣[3]。

【注释】

[1]"疗寒以热"二句:用热性药物治疗寒病,热太盛,害处更甚于寒病。   [2]"良医当实甚"以下四句:高明的医师治疗实证严重的病人时,已经考虑到防止病人转变偏证而谨防用药过猛,这样就不留下后患了。按,中医治疗区分实证和虚证。唐代王冰为《黄帝内经素问》作注,云:"实,谓邪气盛实。""虚,谓真气不足也。"(见《内经》卷六注) [3]拯弊而处中:治疗好病症,又防止过头。

【24 则】

转桔槔之机者[1],必周上下前后而运之。上

推下挽，力所及也。正前正后，力不及也。倍其
推，则前如坠，倍其挽，则后如跃，倍其力之所
及 [2]，以为不及之地也。人之聪明知识 [3]，必有
力所不及者，不可不知所倍以为之地也。

【注释】

[1] 桔槔（jié gāo）：提水工具，春秋时期已经应用。用一
横木支着在木柱上，一端用绳挂一水桶，另一端系重物，使两
端上下运动以汲取井水。机：要领。　[2]"倍其力之所及"二
句：在能把握的地方加倍用力，让另一端达到原先达不到的位
置。　[3]"人之聪明知识"以下三句：人的聪明知识，必定有能
力所不能达到的地方，不能不懂得应该用加倍的努力使自己终于
能达到。

【25 则】

　　五味之调，八音之奏，贵同用也。先后尝
之 [1]，先后听之，不成味与声矣。邮传之达 [2]，
刻漏之直 [3]，贵接续也。并驰同止 [4]，并直同
休，不成邮与漏矣。书有数人共成者 [5]，历先后
之传而益精，获同时之助而愈疏也。先后无争心，
而同时有胜气也 [6]；先后可授受，而同时难互喻

也 [7]；先后有补救，而同时鲜整暇也 [8]。

【注释】

[1]"先后尝之"以下三句：如果五种调味品分开先后放入汤中，让人品尝，八种乐器分开先后单独演奏，让人欣赏，那就成不了美味和乐声了。　[2]邮传（chuán）之达：驿站传递文书。邮传，旧时传递文书、供应食宿和车马的驿站。达，传送达到。　[3]刻漏之直：刻漏计算时间。刻漏，又称"漏刻""漏壶"，古代计时工具，以铜为壶，上有水滴从孔中滴入，壶内立一根带刻度的箭形浮标，随着壶中水位上升，箭上刻度不断显露出来，可以观察时间。直，通"值"，计值工作。　[4]"并驰同止"以下三句：所有驿站的车马同时驱驰或停止，所有的刻漏仪器同时计值或中止，就不成邮递与计时了。　[5]"书有数人共成者"以下三句：著书有合几个人的力量完成的，经历先后相继撰著的更加精审，同时一起合作的却越发疏漏。历先后之传，经过先后数人相继完成。获同时之助，遇到同时期合作进行。　[6]胜气：互相争胜意气用事。　[7]同时难互喻：同时合作者难以互相启发。互喻，互相启发探究明白。　[8]鲜整暇：难以协调工作从容进行。整暇，语出《左传·成公十六年》载：晋楚城濮之战，栾铖对晋厉公曰："日臣之使于楚也，子重问晋国之勇。臣对曰：'好以众整。'曰：'又何如？'臣对曰：'好以暇。今两国治戎，行人不使，不可谓整。临事而食言，不可谓暇'。"整，此指有序、协调。暇，此指从容进行。

【26 则】

人之有能有不能者，无论凡庶圣贤，有所不

免者也。以其所能而易其不能，则所求者可以无弗得也。主义理者拙于辞章[1]，能文辞者疏于征实，三者交讥而未有已也。义理存乎识[2]，辞章存乎才，征实存乎学，刘子玄所以三长难兼之论也。一人不能兼[3]，而咨访以为功，未见古人绝业不可复绍也。私心据之[4]，惟恐名之不自我擅焉，则三者不相为功，而且以相病矣。

短短百余字，既讲了学者贵有自知之明，要看清自己的短板而努力补上，又讲了各擅一长者需互相学习，端正学风，精警、深刻，值得仔细品味。

【注释】

[1]"主义理者拙于辞章"以下三句：重视义理的有人不擅长文辞，善于文辞者有人不精通考证，义理、辞章、考证三派学者互相指摘，无有休止。征实，征引丰富确凿的史实。　[2]"义理存乎识"以下四句：义理的运用依靠作者的见识，文辞优美依靠作者的才华，征引丰富的史实依靠作者的学力，因此刘子玄有三才难兼的议论。存，依靠。刘子玄，唐代著名史学评论家刘知幾，字子玄，著有《史通》二十卷，对于章学诚学术有重要影响。刘知幾"史家三长"的议论，见于《新唐书》卷一百三十二《刘子玄传》所载："礼部尚书郑惟忠尝问：'自古文士多，史才少，何耶？'对曰：'史有三长，才、学、识，世罕兼之，故史者少。夫有学无才，犹愚贾操金，不能殖货。有才无学，犹巧匠无楩柟斧斤，弗能成室。善恶必书，使骄君贼臣知惧，此为无可加者。'时以为笃论。"　[3]"一人不能兼"以下三句：一个难兼有三才，而通过同行专家访问、讨论互相得到助力，则古代名家曾经中断的事业并不是不能继承发扬的呀。以为功，互相助力获得功效。复绍，重新继承发扬。　[4]"私心据之"以下四句：如果专为利己打算，

只怕不能独占出名的事，那么各有三项特长的人就不能互相助力，反而将互相损害了。惟恐名之不自我擅，句式倒装，原意为唯恐本人不能独擅虚名。相病，互相损害。病，困乏，祸患，此为损害。

【27 则】

所谓好古者，非谓古之必胜乎今也，正以今不殊古[1]，而于因革异同，求其折衷也。古之糟魄，可以为今之精华。非贵糟魄而直以为精华也，因糟魄之存[2]，而可以想见精华之所出也。（如类书本无深意[3]，古类书尤不如后世类书之详备，然援引古书，为后世所不可得者，藉是以存，亦可贵宝矣。）古之疵病，可以为后世之典型[4]。非取疵病而直以之为典型也，因疵病之存，而可以想见典型之所在也。（如《论衡》最为偏驳[5]，然所称说，有后世失其传者，未尝不藉以存。）是则学之贵于考征者[6]，将以明其义理尔。

【注释】

[1]"正以今不殊古"以下三句：正因为今与古互相联系、并非完全不同，学者应能在今与古有因有革、有同有异之中，找出没有偏差的正确办法。折衷，避免走向两个极端，找到正确办

法。 [2]"因糟魄之存"二句：由于糟粕的存在，而借此可以发现怎样找到精华。糟魄，即糟粕。 [3]类书：辑录各门类或某一门类的资料，按照一定的方法编排，便于寻检、征引的一种工具书。始于魏文帝《皇览》，历代都有编纂。 [4]典型：指常规、旧例。语出《诗经·大雅·荡》："虽无老成人，尚有典刑。"郑玄《笺》曰："犹有常事故法，可案用也。"刑，通"型"。 [5]《论衡》：东汉初思想家王充所撰的一部著作，主张疾"虚妄"、贵征实、求验证，驳离奇之说、谶纬迷信之言，又对一些世俗之见加以针砭，因而受到后世一些学者的非议。章氏因未能深究其价值，因此也加以责难。偏驳：批评其内容偏颇烦杂。 [6]"是则学之贵于考征者"二句：所以学者重视考证价值的原因，就在于通过分析考证的材料来彰明其中所包涵的义理。章氏反对沉溺于考证、迷失治学方向，但又明确认为通过分析考证成果可以彰明义理，这是他的卓识。

【28 则】

出辞气，斯远鄙悖矣。悖者修辞之罪人，鄙则何以必远也？不文则不辞[1]，辞不足以存，而将并所以辞者亦亡也。诸子百家，悖于理而传者有之矣，未有鄙于辞而传者也。理不悖而鄙于辞，力不能胜，辞不鄙而悖于理[2]，所谓五谷不熟，不如荑稗也。理重而辞轻，天下古今之通义也。然而鄙辞不能夺悖理[3]，则妍媸好恶之公心，亦

理重而辞轻，但是言而无文，则行之不远。

未尝不出于理故也。

【注释】

[1]"不文则不辞"以下三句：没有文采则言辞陋拙不能畅达地表达思想，这类言辞不能流传，那就连言辞借以表达的思想内容也消亡了。　[2]"辞不鄙而悖于理"以下三句：文辞不陋拙而违背道理，这就是俗语讲的五谷如不成熟，还不如稊稗。五谷不熟，不如黄稗（yí bài），语出于《孟子·告子上》："孟子曰：五谷者，种之美者也，苟为不熟，不如黄稗。"黄，通"稊"，草名。　[3]"然而鄙辞不能夺悖理"以下三句：然而鄙陋的言辞不能胜过错误的道理，这是因为喜爱美好厌恶鄙陋是人们共同的心理，这也未尝不是符合一定的道理的原故。妍媸（yán chī）好恶，喜欢美好厌恶丑陋。妍，美好。媸，丑恶。

【29 则】

波者水之风[1]，风者空之波，梦者心之华[2]，文者道之私。止水无波[3]，静空无风，至人无梦[4]，至文无私。

【注释】

[1]"波者水之风"二句：波浪是水流的运动像起伏的风，风是空气运动像起伏的浪。　[2]"梦者心之华"二句：梦境是心思幻化的景象，文章是抒发作者对"道"的独到见解。　[3]止水：平静的水面。语出《庄子·德充符》："人莫鉴于流水，而鉴于止

水。"原意是静止的水可以作为镜子照影。　[4]"至人无梦"二句：完美的人没有梦境，最高境界的文章表达的是公心而没有私人杂念。按，《庄子·大宗师》："古之真人，其寝不梦。"

【30 则】

　　演口技者，能于一时并作人畜、水火、男妇、老稚千万声态，非真一口能作千万态也。千万声态[1]，齐于人耳，势必有所止也。取其齐于耳者以为止[2]，故操约而致声多也。工绘事者[3]，能于尺幅并见远近、浅深、正侧、回互千万形状[4]，非真尺幅可具千万状也。千万形状齐于人目，势亦有所止也。取其齐于目者以为止[5]，故笔简而著形众也。夫声色齐于耳目[6]，义理齐于人心，等也。诚得义理之所齐[7]，而文辞以是为止焉，可以与言著作矣。

【注释】
　　[1]"千万声态"二句：千万种声音形态，汇集到人们耳朵里。　[2]"取其齐于耳者以为止"二句：选择汇集到人的耳朵、产生了效果之时就停下来，因此表演者口部动作简单而能达到声音效果众多。　[3]工绘事者：擅长于绘画的人。　[4]回互：回环交错。　[5]"取其齐于目者以为止"二句：选择汇集到人的眼睛、

达到效果的程度就停笔，因此画家用笔手法简洁而表现出众多的形象。　[6]"夫声色齐于耳目"以下三句：各种声音、色彩汇集到人的耳目，与各种学说主张汇集到一起让人用心去体认，二者的道理是一样的。等，相等，同样。　[7]"诚得义理之所齐"以下三句：如果写文章的人能够懂得各方面的观点、道理，又能把握文辞如何恰当表达，不支蔓累赘，这样的人就可以同他谈著述了。以是，指能做到文辞将义理讲明白这个地步，即不隐晦、不支蔓，恰到好处。焉，语气词，表示强调。

【31 则】

天下有可为其半，而不可为其全者。偏枯之药[1]，可以治偏枯；倍其偏枯之药[2]，不可以起死人也。（此说见《吕氏春秋》。）天下有可为其全，而不可为其半者。樵夫担薪两钧[3]，捷步以趋，去其半而不能行，非力不足，势不便也。风尚所趋，必有其弊，君子立言以救弊[4]，归之中正而已矣。惧其不足夺时趋也[5]，而矫之或过，则是倍用偏枯之药而思起死人也。仅取救弊[6]，而不推明斯道之全量，则是担薪去半而欲恤樵夫之力也。

针砭风尚偏趋，是学者的责任担当。归于中正，不矫之过甚，同时要透彻分析，推明斯道之全量，则是高明的智慧。

【注释】

[1]偏枯：偏瘫病。　[2]"倍其偏枯之药"二句：用加倍的治

疗偏瘫的药，也不可能让死人活过来。起，让死人重新活过来。
语出《吕氏春秋·别类》："鲁人有公孙绰者，告人曰：'我能起死
人。'人问其故，对曰：'我固能治偏枯。今吾倍所以为偏枯之药，
则可以起死人矣。'物固有可以为小，不可以为大；可以为半，不
可以为全者也。"　[3]"樵夫担薪两钧"以下五句：砍柴的人担着
柴薪两头重量平均，能够快步小跑，如果只担一半却不能行走，
不是因为力气不够，而是这种架势无法干活。两钧，两边重量相
等。钧，均等。　[4]"君子立言以救弊"二句：有修养的人提出
见解主张来挽救时弊，目的只在于使学风回归到正确的方向。中
正，正确方向。　[5]"惧其不足夺时趋也"以下三句：害怕所作
的努力不能将偏向挽过来，而用力过大，那就等于用加倍的治偏
瘫的药希望死人重活啊。　[6]"仅取救弊"以下三句：只求补救
偏差，而不做到铺开来讲清楚其中全部道理、分析原故和危害，
那就等于去掉薪柴的一半而希望顾惜樵夫的气力一样毫无用处。
推明，展开来讲，透彻地讲。斯道之全量，这一番道理相关的各
个方面、前因后果、性质危害。恤，顾惜，体恤。

【32 则】

厉风可以拔百围之木[1]，而不可以折径寸之
草；钱镈可以刈蔓野之草[2]，而不可以伐拱把之
木。大言炎炎[3]，不计小辨；小智察察，不究大道。

按，从"厉风"以下至本节末，为"大梁本"所删去。

【注释】
[1]围：圆周长度单位。一般以合抱为一围，也有说径尺为

一围，说法不一。 [2]"钱镈（bó）可以刈（yì）蔓野之草"二句：铁铲可以铲除掉野地里蔓生的草，却不能用来砍伐碗口粗细的树木。钱，古代农具，似今天的铁铲。镈，古代锄田去草的农具。刈，割除。蔓野，在野地蔓生。拱把，两手合围称拱，一手所握为把，泛指如碗口粗细。 [3]"大言炎炎"以下四句：讲解正确的大道理的言论畅达美盛，不会去计较小节上的论辩；眼光短浅的人在小事上精明善辨，却不懂得将大道理探究明白。大言炎炎，语出《庄子·齐物论》："大言炎炎。"成玄英疏："夫诠理大言，由（犹）猛火炎燎原野，清荡无遗。"陆德明释文："美盛貌。"即气势畅达美盛。大言，把握大局、阐明大道理的言论。炎炎，言论美盛。察察，语出《老子·上篇》："俗人察察。"言恃其小智慧精明善辨。

【33 则】

十寸为尺，八尺曰寻。度八十尺而可得十寻，度八百寸而不可得十寻者，积小易差也[1]。一夫之力，可耕百亩，合八夫之力而可耕九百亩者，集长易举也[2]。学问之事[3]，能集所长，而不泥小数，善矣。

【注释】

[1] 积小易差：积累小的误差容易导致总数不相符。 [2] 集长易举：集合众人的长处事情能办得更有效、更好。 [3]"学问

之事"以下四句：对于做学问，如果能汇集各人之所长，而不在
小事上计较，那该有多好啊。不泥小数，不拘泥于琐碎问题。

【34 则】

风会所趋[1]，庸人亦能勉赴；风会所去，豪
杰有所不能振也。汉廷重经术[2]，卒史亦能通
六书，吏民上书，讹误辄举劾。后世文学之士，
不习六书之义者多矣。（羲之俗书[3]，见讥韩氏，韩氏
又云："为文宜略识字。"）岂后世文学之士，聪明智力，
不如汉廷卒史之良哉？风会使然也。越人相矜
以燕语[4]，能为燕语者，必其熟游都会，长于
阅历，而口舌又自调利过人者也。及至燕，则
庸奴贱婢，稚女鬌童[5]，皆燕语矣。以是矜越
语之丈夫[6]，岂通论哉？仲尼之门[7]，五尺童
子羞称五霸。必谓五尺童子，其才识过于管仲、
狐、赵诸贤焉[8]，夫子之所不许也。五谷之与
稊稗，其贵贱之品[9]，有一定矣。然而不熟之
五谷，犹逊有秋之稊稗焉[10]。而托一时风会所
趋者[11]，诩然自矜其途辙，以谓吾得寸木，实

"风会所趋"数
句，精彩绝伦，概
括了章氏当世，也
揭示了学术史上的
以往和后来。

这是对于视考
证为学问之全部者
的辛辣讽刺。

胜彼之岑楼焉，其亦可谓不达而已矣。（尊汉学，

尚郑、许[12]，今之风尚如此，此乃学古[13]，非即古学也，居

然唾弃一切，若隐有所恃。）

【注释】

[1]"风会所趋"以下四句：风气盛行众人奔赴之时，平庸的人也能勉强跟上；风气一旦过去了，豪杰之士也做不到重新振兴。用"有所……"句式，强调失去重振的条件，起到加强语气作用。　[2]"汉廷重经术"以下四句：汉代朝廷重视儒家经术，衙门差役小吏也能懂得六书构字法，如果官吏平民上书中有错字，随即被举出错误加以问罪。卒史，卒指衙门仆役，史指下级书记员。六书，古人分析汉字造字方法归纳出来的六种条例，即象形、指事、会意、形声、转注、假借。辄（zhé）举劾（hé），随即举出问罪。辄，即，就。劾，问罪，治罪。　[3]"羲之俗书"二句：王羲之写的俗体字受到韩愈的批评。王羲之是东晋著名书法家，写字有时去掉偏旁，以求形体美观，韩愈对他有批评。见韩愈《石鼓歌》："羲之俗书趁姿媚，数纸尚可博白鹅。"（《韩昌黎全集》卷五）　[4]越人相矜（jīn）以燕语：越地的人以能讲燕地的话相夸耀。越，春秋时期越国，在今浙江。矜，矜夸，夸耀自己长处。燕，西周时封国，地域为今河北北部及辽宁南端，都城蓟（今北京）。　[5]髫（tiáo）童：髫指古时小孩下垂的头发，引申也指童年。髫童即儿童。　[6]"以是矜越语之丈夫"二句：用这种燕地小孩都能讲的话来夸耀讲越地语言的成年人，这难道是通达的道理吗？　[7]"仲尼之门"二句：语出《荀子·仲尼》："仲尼之门人，五尺之竖子，言羞称乎五伯。"按，对《荀子·仲尼》中这句话宜有审慎的保留，因《论语·宪问》中载："子曰：'管

仲相桓公，霸诸侯，一匡天下，民到于今受其赐。微管仲，吾其被发左衽矣。'"对管仲相桓公的功业作了高度评价。五霸，春秋时期称霸的五个诸侯。一说为齐桓公、晋文公、楚庄王、吴王阖闾、越王勾践。另一说为齐桓公、宋襄公、晋文公、秦穆公、楚庄王。　[8]狐：指狐偃，春秋时期晋国人。晋大夫，随重耳流亡十九年。重耳即位后，拜为上军之佐。晋文公霸业，多出其谋。赵：指赵衰，春秋时期晋国人。随重耳流亡十九年，助其回国即位。后拜为卿，任上军之将。佐晋文公、晋襄公两朝，功绩卓著。　[9]"其贵贱之品"二句：它们贵贱的等级，人们都有一定的看法。品，指等级。　[10]犹逊有秋之秭秭焉：还不如成熟的秭秭。逊，差，不如。有秋，成熟，也指庄稼成熟时期。语出《尚书·盘庚上》："若农服田力穑，乃亦有秋。"　[11]"而托一时风会所趋者"以下五句：而凭借一时风尚趋势的人，得意地夸耀自己所采用的路数，以为我所得到的小块木头，实在胜过你建造的高楼，这种人也可以说是太不通达道理了！诩（xǔ），说大话，出言气壮。途辙，道路，路径，此指治学的路数。寸木、岑（cén）楼，语出《孟子·告子下》："不揣其本，而齐其末，方寸之木可使高于岑楼。"岑楼，像山一样高耸的楼。　[12]郑、许：郑玄和许慎。　[13]"此乃学古"以下四句：这种人从事的乃是为古代文献作注疏的学古工作，并不等于掌握了古代学术，却敢于蔑视一切，好像藏有了不起的本领一样。恃，凭借，依靠。

【35 则】

王公之仆围[1]，未必贵于士大夫之亲介也。而是仆围也[2]，出入朱门甲第，诩然负异而骄

由社会人事到学术风尚，由具体到抽象，确是论证的成功方法。

士大夫曰："吾门大。"不知士大夫者固得叱而系之[3]，以请治于王公，王公亦必挞而楚之[4]，以谢闲家之不饬也。学问不求有得[5]，而矜所托以为高，王公仆圉之类也。

【注释】

[1] "王公之仆圉（yǔ）"二句：王公的仆役和车夫，他的地位不一定比官员的亲信和通报的人更高。仆圉，仆役和车夫，也泛指役。仆，驾车的人，亦指仆役。圉，马夫。士大夫，封建时代的官员，也指有声望的读书人。亲介，亲指亲信。介，介绍，负责介绍者，此指通报的人。"王公之仆圉"与"士大夫之亲介"是对应结构。　[2] "而是仆圉也"以下四句：可是就这样的仆役，由于平素进出豪门高宅，便得意地自以为有能耐而骄傲地对官员们说："我家门宅高大。"是，此，这个。朱门，豪门，古代王公贵族将大门漆成红色显示尊贵。甲第，贵显的宅第，原指封侯者的住宅。负异，自以为有特殊本事。　[3] 不知士大夫者固得叱而系之：却不懂得身为官员的人本来就可以叱骂他，将他捆绑起来。固，本来。系，拴缚，捆绑。　[4] "王公亦必挞而楚之"二句：王公也一定鞭打他让他受尽痛楚，借以为治家不严致歉。挞，鞭打，鞭挞。楚，痛苦，凄惨。在此作动词，使之受痛楚。闲家，治家。闲，原义为木栏之类的遮拦物，引申为限制、防范、治理。不饬（chì），不严谨，不严格。饬，谨慎。　[5] "学问不求有得"以下三句：做学问不求自己有独到见解，而以夸耀所依托的路数表示自己高明，这种人同王公仆役正是一类的。

【36 则】

人生不饥,则五谷可以不艺也[1];天下无疾,则药石可以不聚也[2]。学问所以经世[3],而文章期于明道,非为人士树名地也。

【注释】

[1] 艺:种植。《尚书·酒诰》:"其艺黍稷。" [2] 聚:积聚,储备。 [3] "学问所以经世"以下三句:这就是学问之所以为了经世致用,而著述文章目的在于阐明大道,并不是为了读书人借此标榜声名的领域的道理。人士,指读书人。树名,标榜名声。地,境地,领域。

【37 则】

汉廷治河必使治《尚书》者[1],《尚书》岂为治河设哉?学术固期于经世也。文史之儒,以为《尚书》所载,经纬天地,今只用以治河,则是道大而我小之也[2],此则后世之士务求赅遍而不切实用之通病也[3]。得一言而致用[4],愈于通万言而无用者矣。

按,以上两则为"大梁本"所无。

【注释】

[1] 汉廷治河必使治《尚书》:汉家朝廷责令负责治河的官员

必须研究《尚书》。按，汉代朝廷要求通经以致用，《尚书》有《禹贡》篇，记载全国地理区域和江河水系，故对全国治河官员要求研习《尚书》。　[2] 则是道大而我小之也：那么就是它原本的理论体系博大而我把它看小了。小之，把它看小了。　[3] 务求赅（gāi）遍：一定要求兼备各个方面。赅，兼备，完具。　[4] "得一言而致用"二句：发现有一句话可以应用到社会实际，胜过一万句你都懂了却没有应用到实际的价值。

【38 则】

"丧欲速贫，死欲速朽"，有子以谓非君子之言，然则有为之言 [1]，不同正义，圣人有所不能免也。今之泥文辞者 [2]，不察立言之所谓，而遽断其是非，是欲责人才过孔子也。

【注释】

[1] "然则有为（wèi）之言"以下三句：但是有特定所指的话，并不同于正常情况的含义，圣人有的时候也难免这样做。有为之言，有特定所指、有缘故的话。正义，正常情况下的含义。　[2] "今之泥文辞者"以下四句：现今拘泥于字句的人，不考察作者提出这一观点所指的意思是什么，而骤然断定他的观点正确与否，这是要求别人才能超过孔子呀。是欲责人，这是苛责别人，指立言的人。

【39 则】

樊迟问仁[1]，子曰："爱人。"问知，子曰："知人。"他日问仁[2]，子曰："仁者先难而后获。"问知，子曰："务民之义，敬鬼神而远之。"同一樊迟，同一问仁问知，而所言先后各殊[3]，则言岂一端而已哉？必有所为而不可以强执也[4]。幸而其言出于夫子也，出之他人，必有先后矛盾之诮矣。

按，此则为"大梁本"所无。

【注释】

[1]"樊迟问仁"以下六句：见《论语·颜渊》。樊迟，孔子七十二弟子之一，春秋时期鲁人（一说齐人），他出身贫穷，但知道刻苦读书，还对种田感兴趣。　[2]"他日问仁"以下七句：见《论语·雍也》。　[3]"而所言先后各殊"二句：但所讲的先后各不相同，那么应当阐发的道理难道只有某一方面吗？　[4]必有所为而不可以强执也：讲话一定有所指，因此别人的理解不能只是刻板地抓住某一方面。而，表因果关系的语助词。强执，刻板地抓住不放。

【40 则】

《春秋》讥佞人[1]。（《公羊传》。）夫子尝曰："恶佞口之覆邦家者[2]。"是佞为邪僻之名矣。或人以为"雍也仁而不佞"[3]。或人虽甚愚[4]，何至惜仁人以不能为邪僻？且古人自谦称不佞，岂以不能邪僻为谦哉？是则佞又聪明才辨之通称也[5]。荀子著《性恶》[6]，以谓圣人为之"化性而起伪"。伪于六书[7]，人为之正名也。荀卿之意[8]，盖言天质不可恃，而学问必藉于人为，非谓虚诳欺罔之伪也。而世之罪荀卿者，以谓诬圣为欺诳，是不察古人之所谓[9]，而遽断其是非也。

【注释】

[1]《春秋》讥佞人：《春秋》讥刺巧言谄媚的人。见于《春秋公羊传·庄公十七年》载："春，齐人执郑瞻。郑瞻者何？郑之微者也。此郑之微者，何言乎齐人执之？书甚佞也。"何休《注》曰："为甚佞，故书之恶。"佞，用花言巧语谄媚人。　[2]恶佞口之覆邦家者：见《论语·阳货》。佞口，原文作"利口"。　[3]雍也仁而不佞：见《论语·公冶长》："或曰：'雍也仁而不佞。'子曰：'焉用佞？御人以口给，屡憎于人，不知其仁，焉用佞？'"按，"佞"有两义，如理解有误，则圆凿方枘，扞格不通。一是花言巧语、存心欺骗，是邪僻行为。二是聪慧有辩才。此处有人称冉雍"仁而不佞"，即批评其不善于言辞。孔子的回答，则强调仁德的重要，并指出能言善辩会招致别人的反感。雍，即冉雍，字仲弓，春秋时期鲁人。孔子弟子，有德行，通政事。曾任季氏宰。　[4]"或人虽甚愚"二句：那个人虽然很愚笨，又何至于以不能做邪恶不正的事作为对仁人的惋惜呢？惜仁人以不能为邪僻，句式倒装。　[5]是则佞又

聪明才辨之通称也：所以"佞"字又是聪明有辩才的通称。才辨，即辩才。辨，与"辩"通。　[6]"荀子著《性恶》"二句：《荀子·性恶》："人之性恶，其善者伪也……故圣人化性而起伪。伪起而生礼义。"按照荀子的阐释，改变人的性恶导向性善必须靠人为。所以圣人为了改变人的恶劣本性而兴起了人为的做法，人为的努力成功了才产生礼义。　[7]"伪于六书"二句："伪"字按照六书构字的原理，就是"人为之"，明确下了定义。正名，指下定义。　[8]"荀卿之意"以下四句：荀卿的意思，是说天生质性不能依赖，而学问必须借助人的培养努力，并不是指虚假欺骗的"伪"。盖，发语词。　[9]是不察古人之所谓：这是不考察古人说话的所指。

【41 则】

古者文字无多，转注通用[1]，义每相兼。诸子著书[2]，承用文字，各有主义，如军中之令[3]，官司之式，自为律例，其所立之解，不必彼此相通也。屈平之灵修[4]，庄周之因是[5]，韩非之参伍[6]，鬼谷之捭阖[7]，苏张之纵衡[8]，皆移置他人之书而莫知其所谓者也。（佛家之根、尘、法、相[9]，法律家之以、准、皆、各、及、其、即、若[10]，皆是也。）

【注释】

[1] 转注：六书之一。转注是互训，其构字法是意义相同或相近的字可以互相解释，如考与老。　[2]"诸子著书"以下三

句：战国诸子著书，所运用的文字词语，各有本人所赋予的意义。　[3]"如军中之令"以下三句：正如军队的条令，官府的行文法式，自成法则、规则。律例，刑法的正条及其成例，此引申为著文或办事的法则、规例。　[4]灵修：屈原《离骚》中使用的"灵修"，灵谓神，修为远，能神明远见者，用以喻君。　[5]因是：庄子《齐物论》："是以圣人不由，而照之于天，亦因是也。""因是"指因天下之是非，而自无是非。　[6]参伍：《韩非子·扬权》中言"参伍比物，事之形也。参之以比物，伍之以合虚"。　[7]捭（bǎi）阖：犹言开合。《鬼谷子》有《捭阖》篇，言"捭之者，开也，言也，阳也；阖之者，闭也，默也，阴也"。指用开合变化的技巧以游说国君，使采纳己之计策。　[8]纵衡：苏秦、张仪采用的合纵、连横之术。南北为纵，东西为横。苏秦游说山东六国共同抗拒秦国，行合纵之策，张仪为秦国表面上对六国拉拢、最后将之各个击破之策，称为连横。衡，同"横"。　[9]佛家之根、尘、法、相：佛教修行讲根、尘、法、相。把色之所依而能取境者，谓之根，有眼、耳、鼻、舌、身、意六根。根之所取者谓之尘，有色、声、香等六尘。法指宇宙之本原、道理等。相指诸法之相状。　[10]以、准、皆、各、及、其、即、若：这八个字指古代法律上的律。刑法家强调说，必于八字之义，先为会通融贯，而后可以言读法。

章氏的举证甚为典型，道学先生们对于理学权威周敦颐，就采用割裂句读和凭空生造的手法抬高他，而对于韩愈，则竭力掩盖其理论贡献。雄辩地证明他们根本没有求真、诚实的态度。

【42 则】

韩子曰[1]："博爱之谓仁[2]。"宋儒讥之，以为必如周子所言"德爱曰仁"而后可[3]。数百年来，莫不奉宋儒为笃论矣；今考周子初无"德爱曰仁"之说也。《通书·诚几德》篇有曰："诚，无为；几，善恶。德：爱曰仁，宜曰义。"曰礼，曰智，曰信，皆有说焉。周子之意^[4]，若曰诚者何？谓无为是也；几者何？谓善恶是也，德者何？谓在爱曰仁，在宜曰义，礼智与信，俱在德也。德有五者^[5]，韩子《原性》之篇已明著矣^[6]，与周子无殊旨也。"博爱曰仁"，即周子之"爱曰仁"也，合《原性》而观之，则韩子之说较周子为尤备也。以其出于韩子^[7]，则删去《原性》而摘博爱之为偏；出于周子，则割截句读而以德爱为至论。同一言也^[8]，不求至是而但因人而异听，不啻公甫之母与妻焉，此论古之深患也。

【注释】

[1]韩子：指韩愈。　[2]博爱之谓仁：语出《原道》篇。　[3]周子：指周敦颐，北宋理学家，著有《通书》。　[4]"周子之意"以下十句：按照周敦颐的意思，等于说什么称为诚？就是指无为。什么称为几？就是指善恶。什么称为德？是说德体现在爱称为仁，体现在合理称为义，礼、智和信，都包涵在德的范围之内。　[5]德有五者：德包涵仁、义、礼、智、信五项。　[6]韩子《原性》之篇已明著矣：韩愈《原性》篇云："其所以为性者五：曰仁；曰礼；曰信；曰义；曰智。"此五项，正与周敦颐的论述相符合。　[7]"以其出于韩子"以下四句：只因为这些见解出自韩愈，就删掉《原性》篇中的论述，

而指摘"博爱之谓仁"是偏颇之论；因为是出于周敦颐，就割裂句子的停顿，而生造出来他讲过"德爱"的话，并且夸大为最高的理论。　[8]"同一言也"以下四句：同样一句话，不去探求其确切的意思而是因为从不同的人讲出来就作不同的理解，这正无异于公甫文伯之母所得到的褒贬悬殊的典故，这种情况确是评论历史极为使人忧惧的啊。公甫之母与妻，即春秋时期鲁国官员公甫文伯之母，这一典故见于《战国策》卷二十《赵策三》："公甫文伯官于鲁，病死。妇人为之自杀于房中者二八。其母闻之，不肯哭也。相室曰：焉有子死而不哭者乎？其母曰：'孔子贤人也，逐于鲁，是人不随。今死，而妇人为死者十六人。若是者，其于长者薄，而于妇人厚。'故从母言之，之为贤母也；从妇言之，【之】必不免为妒妇也。故其言一也，言者异，则人心变矣。"按，章氏引用此典故，正好说明：同一句话，以不同视角去理解，就有善恶相反的悬殊不同。

【43 则】

李汉序韩氏文曰[1]："文者贯道之器[2]。"其言深有味也。宋儒讥之，以为道无不在，不当又有一物以贯之。然则"率性之谓道"[3]，不当又有一物以率之矣[4]。

按，以上两则为"大梁本"所无。

【注释】

[1]李汉：唐代学者，韩愈的学生，他为《韩昌黎全集》作序。　[2]文者贯道之器：文章是贯通阐释"道"的工具。　[3]率性之谓道：按照人的本性加以发展，就是"道"。语出《礼记·中

庸》。[4]不当又有一物以率之矣：不应当又有一种东西来"率之"呀。章氏此语是反驳道学先生逻辑的不通。因为若按他们所言"道无不在，不当又有一物以贯之"，那么《中庸》这句话也就不能成立了。

【44 则】

冯煖问孟尝君[1]："收责反命[2]，何市而归？"则曰："视吾家所寡有者。"学问经世[3]，文章垂训，如医师之药石偏枯，亦视世之寡有者而已矣。以学问文章，徇世之所尚[4]，是犹既饱而进粱肉，既暖而增狐貉也。非其所长[5]，而强以徇焉，是犹方饱粱肉，而进以糠秕，方拥狐貉，而进以裋褐也。其有暑资裘而寒资葛者[6]，吾见亦罕矣。

以历史故事和日常医学道理，来譬喻学风救弊的意义，深刻而自然。

【注释】

[1] 冯煖（xuān）：战国齐国孟尝君田文门下食客，亦作冯谖。他奉孟尝君之命到薛（田文封邑）收债，矫命烧掉债券，薛人因此深感孟尝君取消债务之恩。孟尝君：齐国宗室大臣，任齐宣王之相，战国著名四公子之一。后孟尝君一度失相位，到薛邑避难，受到当年被冯煖免债的民众的欢迎和真诚感谢。后来冯煖游说秦王与齐王，使其复得相位。　[2]"收责反命"二句：等我收了债务返回报告，我买什么东西带回来给您呢？责，同"债"。市，买。　[3]"学问经世"以下四句：学问要经世致用，文章要留给后世有益的教训，就像医师用药物医治偏瘫病人，文章提出的见

解也要看当前所缺乏的东西就是了。而已，罢了，就是了。表强调作用。　[4] 徇（xùn）世之所尚：盲目追逐世俗的风尚。徇，曲从，盲目跟随。　[5]"非其所长"二句：并非本人的长处，而盲目跟随的那种做法。焉，表强调助词。　[6]"其有暑资裘而寒资葛者"二句：那种夏天却献上狐裘、冬天却献上葛麻衣的做法，我确实很少见到。资，提供，给予。

【45 则】

章氏对自己的别识心裁充满自信，以珠玉自况。对于以虚假学问自售者，视为鱼目混珠，予以鄙视。

宝明珠者[1]，必集鱼目。尚美玉者，必竞碔砆。是以身有一影，而罔两居二三也[2]。（罔两乃影旁微影，见《庄子》注。）然而鱼目碔砆之易售，较之明珠美玉为倍捷也[3]。珠玉无心[4]，而碔砆有意，有意易投也。珠玉难变[5]，而碔砆能随，能随易合也。珠玉自用[6]，而碔砆听用，听用易惬也。珠玉操三难之势而无一定之价[7]，碔砆乘三易之资而求价也廉，碔砆安得不售，而珠玉安得不弃乎？

【注释】

[1]"宝明珠者"以下四句：明珠受到人们宝爱，就有鱼目这种假货聚集过来；美玉受人崇尚，就有假冒的碔砆来竞争出卖。必集鱼目，与"必竞美玉"均为倒装句式。碔砆（wǔ fū），

一种像玉的石头。　[2] 罔两：同"魍魉"，影子旁边模糊的微影。　[3] 倍捷：加倍快捷。　[4]"珠玉无心"以下三句：珠玉无意抛售，砥砆却是有意就容易出手。　[5]"珠王难变"以下三句：珠玉形质难以变换，而砥砆却容易变换花样迎合人的喜好，就容易出手。　[6]"珠玉自用"以下三句：珠玉按自身价值行事，而砥砆听任别人摆布，听任摆布就容易有售出的惬意效果。自用，按自己想法行事。用，为，做。惬（qiè），快意，满足。　[7] 无一定之价：因为优质而未标明价格。

【46 则】

鸩之毒也[1]，犀可解之。瘴之厉也[2]，槟榔苏之。有鸩之地，必有犀焉。瘴厉之乡，必有槟榔。天地生物之仁[3]，亦消息制化之理有固然也。汉儒传经贵专门，专门则渊源不紊也。其弊专己守残[4]，而失之陋。刘歆《七略》[5]，论次诸家流别，而推《官礼》之遗焉，所以解专陋之瘴厉也。唐世修书置馆局[6]，馆局则各效所长也。其弊则漫无统纪，而失之乱。刘知幾《史通》[7]，扬搉古今利病，而立法度之准焉，所以治散乱之瘴厉也。学问文章[8]，随其风尚所趋，而瘴厉时作者，不可不知槟榔犀角之用也。

从"汉儒"到"瘴厉也"，形成排比句式，揭示出学术史上利弊相倚是规律性现象，对于风尚之所偏必须起而救挽。

评价《史通》价值，见解尤为精辟。

【注释】

[1]"鸩（zhèn）之毒也"二句：鸩鸟羽毛的毒性，犀牛角可以消解它。鸩，一种毒鸟，羽毛浸酒有剧毒。犀，指犀牛角，是珍贵药材，可解毒。　[2]"瘴之厉也"二句：瘴气造成的疾病，用槟榔可以治疗。瘴，瘴气，指南方山林湿热蒸郁致人疾病的气。槟榔，南方一种水果，可入药。苏，醒过来，病体复原。这里指治病。　[3]"天地生物之仁"二句：天地生育万物的仁德，也正体现在生死盛衰、彼此互相克制转化的内在道理。仁，指仁德，善意。消息，消灭与生长，盛与衰。制化，彼此互相克制与吉凶转化的内在道理。　[4]"其弊专己守残"二句：它的弊病是刻板地拘守本人的见解和残缺的典籍，结果便失于狭隘浅陋。　[5]"刘歆《七略》"以下四句：刘歆著《七略》，论述各家学派的源流派别，正是推阐《周礼》的遗绪，借此来治疗专己浅陋的弊病。推《官礼》之遗焉，正是要推阐《周礼》的遗绪。《官礼》，即《周礼》，亦称《周官》。遗，遗绪，遗训。焉，表强调助词。　[6]"唐世修书置馆局"以下四句：唐代纂修史书设置史馆，设置史馆就让史官各自发挥所长。它的积弊则是缺乏总领裁决的机制，结果就失之于散乱。按，唐初修史设立弘文（后改昭文）、集贤、史馆三馆，隶属于秘书省著作局。刘知幾《史通》卷十一《史官建置》批评说："近代趋竞之士，尤喜居于史职，至于措辞下笔者，十无一二焉。既而书成绩写，则署名同献；爵赏既行，则攘袂争受；遂使是非无准，真伪相杂。"　[7]"刘知幾《史通》"以下四句：刘知幾撰著《史通》，扼要论述古今修史得失，而确立体例法则的标准，借此来治疗散乱的弊病。扬搉，扼要论述，略举大要。法度，指体例法则。　[8]"学问文章"以下四句：做学问、写文章，随着风尚变迁趋向的不同，到一定时候就会产生积弊，有识之士不能不晓得像医生施用槟榔、犀角一类药物来加以救治。

【47 则】

　　所虑夫药者^[1]，为其偏于治病，病者服之可愈，常人服之，或反致于病也。夫天下无全功，圣人无全用。五谷至良贵矣，食之过乎其节，未尝不可以杀人也。是故知养生者，百物皆可服。知体道者^[2]，诸家皆可存。六经三史^[3]，学术之渊源也。吾见不善治者之瘴厉矣。

【注释】

　　[1]"所虑夫药者"以下五句：我所担心的是，凡是药物，都是用它特殊的药性来治病，病人服用它能够痊愈，正常人服用，有可能反而会得病。夫，犹"凡"。为其偏，用它特别的药性。　[2]"知体道者"二句：懂得体认大道的人，各家学说都可以容纳吸收。存，容纳吸收。　[3]"六经三史"以下三句：六经、三史虽然是学术的源头，但是我也看到对于不善于研读者来说，这些典籍却会导致疾病哩。三史，指《史记》《汉书》《东观汉记》。又一说指重要的历史典籍。不善治者，不善于研读的人。

【48 则】

　　学问文章，聪明才辨，不足以持世，所以持世者^[1]，存乎识也。所贵乎识者^[2]，非特能持风

　　这一节提炼出关键性问题，是对全文的有力总结。又强调"贵乎识"，强调大道至公，与本篇开头有力呼应。

尚之偏而已也，知其所偏之中，亦有不得而废者焉。非特能用独擅之长而已也[3]，知己所擅之长，亦有不足以该者焉。不得而废者[4]，严于去伪，（风尚所趋，不过一偏，惟伪托者，并其偏得亦为所害。）而慎于治偏，（真有得者，但治其偏足矣。）则可以无弊矣。不足以该者[5]，阙所不知，而善推能者；无有其人，则自明所短，而悬以待之，（人各有能有不能[6]，充类至尽，圣人有所不能，庸何伤乎？今之伪趋逐势者，无足责矣。其间有所得者，遇非己之所长，则强不知为知，否则大言欺人，以谓此外皆不足道。夫道大如天，彼不见天者，曾何足论。己处门内，偶然见天，而谓门外之天皆不足道，有是理乎？曾见其人，未暇数责[7]。）亦可以无欺于世矣。夫道公而我独私之[8]，不仁也。风尚所趋[9]，循环往复，不可力胜，乃我不能持道之平，亦入循环往复之中，而思以力胜，不智也。不仁不智[10]，不足以言学也。不足言学，而嚣嚣言学者乃纷纷也。

具有"逆时趋而持风气"的使命意识，深入的观察，透彻的辩证分析，才能提出这些卓识。

【注释】

[1]"所以持世者"二句：之所以能够把握当世学风的正确方向，依靠的是见识。持世，指把握当代学术风尚的正确方向。　[2]"所贵乎识者"以下四句：重视见识所指的是，不仅要

能把握学术风尚不出现偏差，又得明白那种偏向之中，还有不能抛弃的东西。非特，不仅，不只。风尚之偏，风尚出现的偏向。焉，表强调助词。　[3]"非特能用独擅之长而已也"以下三句：不仅能够发挥本人独自具有的长处而已，还要明白本人具有的长处之中，还有所不能包括的东西。该，同"赅（gāi）"，包括一切，尽备。　[4]"不得而废者"以下四句：对于那些不应当抛弃的东西，凡属于伪托的要严格摒弃，而谨慎地矫治出现的偏向，这两项都做到了就可以防止差错了。　[5]"不足以该者"以下三句：对于本人所不能兼备的、所不懂的先空缺不发表意见，而善于推荐有能力的人去解决。　[6]"人各有能有不能"以下十一句：人人各有长处和短处，一切门类都全部通晓，圣人都做不到，自己有不懂的地方，又有什么妨碍呢？现今那些伪装自己、追逐风气的人，我不去责备了。而其中真有心得的人，遇到并非自己的长处，就不懂装懂，要不然就说大话欺骗别人，用这个表示除他以外别人都不值一提。庸何，何须。庸，须，用。间（jiàn）有所得，某些地方有心得。间，间或，有时或有的地方。得，心得，收获。　[7]未暇数（shǔ）责：没有功夫提出批评。数责，批评，责骂，数落。　[8]"夫道公而我独私之"二句："道"本来至公，而我却用私意去解释，这样做是不合道义的。不仁，不符合仁德，不合道义。　[9]"风尚所趋"以下四句：学术风尚的趋向，变化往复，不能用人力去扭转，而我不能秉持大道公正的心理，也加入循环往复的趋势之中，而想勉强改变客观趋势，这样做是不明智的。　[10]"不仁不智"以下四句：既不合道义，又不明智，这样的人是配不上谈学术的。配不上谈学术的人，却喧嚣地发表言论，结果学术界就分歧百出了。嚣嚣，喧闹的声音。

【点评】

本篇是《文史通义》的重点篇章之一。古代学者著作中以"说林"二字作为篇名始于《韩非子》，书中有《说林》上下篇。《史记·韩非列传》司马贞《集解》解释说："说林者，广说诸事，其多若林，故曰说林也。"这一解释与本篇特点基本符合。但相比之下，《韩非子·说林》中所引各则文字基本上都是记述事件，涉及议论很少。而此篇的特点是汇集作者以精粹的语言发表的评论，堪称是治学警句的集萃，哲理思维的闪光。《章氏遗书》本在文章编排上将《说林》紧接《言公》上、中、下三篇之后，下再接《知难》《释通》《申郑》和《答客问》上中下三篇，更能体现这些重要篇目互相有紧密联系，诚然胜于"大梁本"的编排。全篇共汇集四十八则短论，表面观之似乎内容分散，实则是形散而神不散。仔细体味全篇，章氏寄意的重点，也即本篇最具启发性的地方有以下三项。抓住这三项，就能更好地体会其深刻的思想价值。

一是，本篇与《文史通义》中一些重要的篇目互相发明，对一些重要观点、命题再作阐释，加以强调、补充和发挥。本篇开头提出的"道公学私"的命题，就是对《原道》《原学》两篇的呼应和发挥。《原道上》讲："道有自然"；又说："道者，万事万物之所以然。"故本篇进一步强调："道，公也。……君子学以致其道，将尽人以达于天也。""天者何？中正平直，本于自然之公者也。"这是对"道"的客观性作了进一步阐明。又，《原道上》讲"道"有发生、发展的过程，是因事势自然，逐步发展，"渐形渐著"。最初为"三人居室"，日常生活需要有分工，以后聚集而居，需要加以部别班分，再其后，才出现礼乐刑狱制度。本篇第六则以形象的比喻，言山泉流注，"因微渐著"，汇集了细流，才有以后江河川楫之利，恰当地阐发"道"如何逐步发展。《原学下》中指出当时学者因离开古人学问真谛而产生的沉溺考据、夸为文辞和耽于性理空谈三种不良倾向，强调必须坚持正确方向："所贵君子之学术，为能持世而救偏。"在《博约中》又提出必须区分功力与学问的重要命题，有力地针砭考证学末流"逐于时趋，而误以襞绩补苴谓足尽天地之能事也"的错误认识。本篇对此作了有力回应和补充，如言沉溺于考证者将"学古"视为等同于"古学"，"居然唾弃一切，若隐有所恃"，"诩然自矜其途辙，以谓吾得寸木，实胜彼之岑楼焉，其亦可谓不达而已矣"（第三十四则）；"学问文章，聪明才辨，不足以持世，所以持世者，存乎识也"（第四十八则）。章氏又言"正以今不殊古，而于因革异同，求其折衷也。古之糟魄，可以为今之精华"（第二十七则），乃是对《书教下》中论述"神奇化臭腐，臭腐复化为神奇"，主张"师《尚书》之意，而以迁《史》义例，通左氏之裁制焉，所以救纪传之极弊"，前后呼应。总之，《说林》篇内容丰富，此类与《文史通义》各篇互相阐发之处甚多，须要我们充分关注、体味，由此加深对章氏提出的重要命题的理解，进一步认识其"别识心裁"即理论独创性的意义，认识《文史通义》全书各篇之间互相构成有机联系。

二是，本篇中的大量议论都是针对当时士林存在的不良倾向而发，表现出章氏深刻的思考和强烈的使命意识。当日学者们群趋于考据，忘记了治学的正确方向，因此造成了严重积弊。章学诚对此有清楚的认识，他以巨大的勇气，"逆于时趋"，希望端正士习，重新坚持治学的正确方向。这是当时学术界问题的焦点，因此他大声疾呼学者们当思救挽，并深入剖析烦琐考证学风的危害。他强调学术的根本目的在于经世致用，说："人生不饥，则五谷可以不艺也；天下无疾，则药石可以不聚也。学问所以经世，而文章期于明道，非为人士树名地也。"（第三十六则）又说："以学问文章，徇世之所尚，是犹既饱而进粱肉，既暖而增狐貉也。非其所长，而强以徇焉，是犹方饱粱肉，而进以糠秕，方拥狐貉，而进以裋褐也。其有暑资裘而寒资葛者，吾见亦罕矣。"（第四十四则）又精心地撰写了一组警句，精辟地论述志识与文辞（即材料）二者的关系，一共六则，分别指明：文辞犹三军，志识其将帅；文辞犹舟车，志识其乘者（把握方向的人）；文辞犹品物，志识其工师；文辞犹金石，志识其炉锤；文辞犹财货，志识其良贾；文辞犹药物，志识其医工。生动深刻，鞭辟入里，至今仍然发人深省，并常为研究者所引用。

研读本篇还须注意一点：由章学诚次子华绂整理刊刻的"大梁本"，比起《章氏遗书》本少了七则文字，这是什么原因呢？乃是因为这七则中包含有言词犀利的内容。如第三十六则言："学问所以经世，而文章期于明道"，鲜明揭示出学术经世的旗帜，与考证家终日疲精劳神于细小问题考证、忘记治学的根本方向，大相径庭。第三十七则批评当时士林存在务求赅遍而不切实用的通病，主张"得一言而致用，愈于通万言而无用者矣"，同样击中了考证家只醉心于搜求、排比尽可能纷繁的材料，而不究明其所以然的道理之弊病。另外五则，是论述学术批评应当弄清发言的针对性和应当出以公心的原则问题。如，第三十九则评论孔子回答樊迟问仁何以先后有不同的答案，是因为言论都是有为而发，因此不应当固执地对待。第四十二则批评理学家们为了抬高理学宗师周敦颐的地位，而采取了不诚实的手法，本来阐释儒学"德有五义"（仁、义、礼、智、信），韩愈在先，周氏在后。结果竟是"以其出于韩子，将删去《原性》"而指摘博爱之为偏；出于周子，则割截句读而以德爱为至论，都是对于原文明显的歪曲。我们经过对照《章氏遗书》本与"大梁本"二者的不同，再联系到"大梁本"对《原道》等篇关键语句的删改，更能体会到章氏著作批评当日不良学术风气所具有的战斗性。

三是，章氏在辩证思维方面有极高的智慧，他从总结学术史演变和本人治学的体会，对于客观物质世界、社会风尚、学术流别、治学得失，都运用了辩证观点进行评析，这是其学术思想能自立为一家、《文史通义》能够成为文化经典的深刻内涵和保证。我们称本篇的每一节，都是饱含着辩证法哲理的思想珍品，也不为过。仅举开篇和结束两则为例，将全部认识过程和学术探索活动，高度概括为公共性、公正性与独特性、创造性两组对立概念，实则把辩证法运用到极致。道是客观存在、自然形成，所以"中正平和"，本质是至公，这就要求每个探索"道"的人都出于公心，立言为公，让探索的收获都能有助于社会的公平和进步，决不能将研求道和议论作为争名争胜的工具。而另一方面，人的聪明才力、体能秉赋有差别，因此在探求道的过程中要发挥其独特性和创造性，应能获得真知灼见，不能人云亦云、随波逐流，要各自发挥专长和通力合作，克服互不服气、忌妒别人的坏习气。这些都是我们从"道公而学私"这一辩证法命题中所能得到的启示。再如，在结尾一则中，章氏更根据本人的治学经验和促进学术发展的需要加以总结，论述必须处理好以下各项辩证关系。首句，言在学（学问文章）、才（聪明才辨）与识之中，以提高识见为最重要，只有见识卓荦，才能把握当世学术的正确方向。继而用两句论述：在坚持正确方向、纠正偏向时，要懂得"偏差"之中还有值得肯定的东西，如琐屑考证之风是偏差，但其中认真考证的能力和方法，却是不能废的；还须懂得，在本人应当发挥的长处之中，还有自己不懂、不能兼该的东西，应戒除盲目自信，时时弥补短处。接着，"不得而废者"以下一句，论述在纠正偏向的过程中，要注意那种伪托、伪造、弄虚作假的行为乃是最要不得，而在同属"偏差"之列的人中，有的是真有所得，则应当善意保护，只矫治其过度沉溺于细小问题考证这一毛病，而对其真有所得则予以肯定。再其下第五句，又讲了应当区别对待的两种情况："不足以该者，阙所不知"；"无有其人，则自明所短，而悬以待之"。本则最后三句，则严肃地指出，对于那班视"道"为随任自己解释、辩护的私有物之"不仁"者，且又坚持自己陋识、不愿顺从正确趋势的"不智"者，则应当看清其阻碍学术进步、"不足言学"的实质予以嘲讽。此则仅短短百余字，竟做到如此有理有据、层层剖析，论述在矫治学风积弊这一艰巨努力中，"识"与"才""学"何者更为重要？对于应当批评的"偏"的一方，应如何辩证对待？对于应当发挥出特长的一方，又应如何做到"多闻阙疑，慎言其余"？……章氏所论，难道不是对中华文化中辩证法精华的大力发扬，并且能对后人提供极佳的思想营养吗？

知 难

委婉曲折，引出全篇中心论点。

举出孔子之深知文王，司马迁之深知屈原，极具典型性，诚为千古巨眼。

为之难乎哉[1]？知之难乎哉？夫人之所以谓知者，非知其姓与名也，亦非知其声容之与笑貌也，读其书[2]，知其言，知其所以为言而已矣。读其书者，天下比比矣；知其言者，千不得百焉。知其言者，天下寥寥矣；知其所以为言者，百不得一焉。然而天下皆曰[3]：我能读其书，知其所以为言矣。此知之难也。人知《易》为卜筮之书[4]矣，夫子读之[5]，而知作者有忧患，是圣人之知圣人也。人知《离骚》为词赋之祖矣，司马迁读之[6]，而悲其志，是贤人之知贤人也。夫不具司马迁之志[7]，而欲知屈原之志，不具夫子之忧，而欲知文王之忧，则几乎罔矣。然则古之人^[8]，有其忧与其志，不幸不得后之人有能忧其忧，志其志，而因以湮没不章者，盖不少矣。

【注释】

[1]"为之难乎哉"二句：做事困难呢？还是理解困难呢？为，做事，实行。之，语助词。知，理解，了解。　[2]"读其书"以下三句：所谓人能达到理解，指的是读古人的书，理解古人所说的话，理解他之所以要这样说的原由罢了呀。而已矣，表强调语助词。　[3]"然而天下皆曰"以下四句：可是天下的人却都讲：我能读他的书，明白他为什么要这样说了。明明并不明白却自认为明白，这就是达到真正理解的困难！　[4]《易》为卜筮之书：语出《汉书·艺文志》："及秦燔书，而《易》为筮卜之事，传者不绝。"　[5]"夫子读之"以下三句：可是孔子读了它，却明了作《易》的周文王心里忧患国事，由此说明圣人真能理解圣人。按，相传《周易·系辞》为孔子所作。《系辞下》云："《易》之兴也，其于中古乎？作《易》者，其有忧患乎？"　[6]"司马迁读之"二句：司马迁读了它，却为《离骚》作者的志向深深感动、同情。按，司马迁在《史记·屈原列传》中深切地表达对屈原作《离骚》所怀志向的同情和崇敬，云："屈平正道直行，竭忠尽智以事其君，谗人间之，可谓穷矣。信而见疑，忠而被谤，能无怨乎？屈平之作《离骚》，盖自怨生也。……其文约，其辞微，其志洁，其行廉……推此志也，虽与日月争光可也。"　[7]"夫不具司马迁之志"以下五句：不具有司马迁本人的志向，而想要理解屈原的志向，不具孔夫子的忧思，而想要理解周文王的忧患意识，则几乎是不可能的！罔，无有，不可能。　[8]"然则古之人"以下六句：那

么归结起来在古代人物中，有他本人的忧患和志向，却不幸得不到后人有能同情他的忧患，表彰他的志向，而因此埋没不显的，是为数不少的。忧其忧，同情他的忧患。前一"忧"意为同情。志其志，表彰他的志向。前一"志"意为表彰。湮（yān）没不章，埋没不显。湮没，埋没。章，同"彰"，显著。盖，发语词。按，本节提出核心论点：所谓"知"是指真能理解古人著作中"其所以为言者"，能做到此乃千不得一，须具有与古人相通的"忧"与"志"才能做到，而天下皆曰我能知言，此乃"知"之难的原因。全节论证层层推进，而语句委婉曲折，作者之感慨深寄其中。

刘彦和曰[1]："《储说》始出[2]，《子虚》初成[3]，秦皇、汉武恨不同时，既同时矣[4]，韩囚马轻。"盖悲同时之知音不足恃也[5]。夫李斯之严畏韩非[6]，孝武之俳优司马，乃知之深，处之当，而出于势之不得不然，所谓迹似不知而心相知也。贾生远谪长沙，其后召对宣室[7]，文帝至云："久不见生，自谓过之。"见之乃知不及。君臣之际[8]，可谓遇矣。然不知其治安之奏[9]，而知其鬼神之对，所谓迹似相知而心不知也。刘知幾负绝世之学[10]，见轻时流，及其三为史臣，再入东观，可谓遇矣。然而语史才则千里降追[11]，议史事则一言不合，所谓迹相知而心不知也。夫迹相知者[12]，非如贾之知而不用，即如刘之用而不信矣。心相知者，非如马之狎而见轻，即如韩之谗而遭戮矣。丈夫求知于世，得如韩、马、贾、刘，亦云盛矣；然而其得如彼，其失如此。若可恃[13]，若不可恃；若可知，若不可知，此遇合之知所以难言也。

此正点出关键处，如韩非、司马相如等人之受赏识，已属罕有之事，但结局证明，这种"知"并不足恃。

【注释】

[1] 刘彦和：即刘勰，南朝宋人，著有文论名作《文心雕龙》。　[2]《储说》：《韩非子》有《内储说》《外储说》篇。　[3]《子虚》：西汉文学家司马相如著有《子虚赋》。　[4] "既同时矣"二句：既然秦始皇、汉武帝都实现了与所欣赏的高才同时的愿望，但结果却是韩非被囚禁，而司马相如受到轻慢对待。韩囚，《史记·韩非列传》载：韩非著有《孤愤》、内外《储》等，十余万言。"秦王见《孤愤》《五蠹》之书曰：'嗟乎！寡人得见此人，与之游，死不恨矣。'……急攻韩。……乃遣非使秦。……李斯、姚贾害之……下吏治非。"又载："与李斯俱事荀卿，斯自以为不如非。"因受李斯陷害，入狱自杀。马轻，《史记·司马相如列传》："蜀人杨得意为狗监，侍上。上读《子虚赋》而善之，曰：'朕独不得与此人同时哉！'得意曰：'臣邑人司马相如自言为此赋。'上惊，乃召问相如。"后司马相如又奏上《游猎赋》，武帝任之为郎官。刘勰此言"马轻"，是认为相如才高而官轻，很不相称。　[5] 盖悲同时之知音不足恃也：刘勰所讲，是对君臣相同时、才华受赏识，这种情况仍不能作为有力依靠，为此感到悲伤同情。盖，发语词。恃，依靠，凭借。　[6] "夫李斯之严畏韩非"

以下六句：李斯极其忌刻韩非，汉武帝以诙谐戏谑人物对待司马相如，却都是了解深刻，处理得恰当，而且受客观情势不得不这样对待，这叫做表面上不赏识而内心真正了解。俳（pái）优，古代以乐舞谐戏为业的艺人，此指汉武帝实际上将相如当作诙谐戏谑人物。　[7]"其后召对宣室"以下四句：语出《史记·贾谊列传》："后岁余，贾生征见，孝文帝方受釐（xī）坐宣室。上因感鬼神事，而问鬼神之本。贾生因具道所以然之状。至夜半，文帝前席。既罢，曰：'吾久不见贾生，自以为过之，今不及也。'……贾生数上疏，言诸侯或连数郡，非古之制，可稍削之。文帝不听。"宣室，西汉长安宫殿名。《汉书·文帝纪》颜师古注言，为未央宫正室。　[8]"君臣之际"二句：君臣之间这样相处，可以说是受到赏识了。遇，款待，此指赏识。　[9]"然不知其治安之奏"以下三句：可是汉文帝并不理解贾谊所上《治安策》的价值，而只理解他回答鬼神之问很有道理，这就是我们所指的表面上了解对方而内心并不了解。治安之奏，指贾谊向汉文帝所上《治安策》，提出加强中央集权、削弱诸侯王势力以防止割据，及礼刑并用的思想，以求国家之安定，均是针对当时政治局面而发。　[10]"刘知幾负绝世之学"以下五句：刘知幾胸怀冠绝当世的学识，却受到流俗之士所轻视，等到他先后三次任为史官，两度进入史馆参与修史，也可以说受到朝廷赏识了。按，《史通》卷十《自叙》篇言："既朝廷有知意（浦起龙《通释》注云：恐音字之讹。）者，遂以载笔见推。【自注：则天朝为著作佐郎，转左史。今上初即位，又除著作。长安中，以本官兼修国史。会迁中书舍人，暂罢其任。神龙元年，又以本官兼修国史，迄今不改。今之史馆，即古之东观也。】"东观，东汉时宫殿名，在洛阳南宫，是典藏图书和修史的处所。　[11]"然而语史才则千里降迍"二句：论修史才能是朝廷不顾千里之远下诏命令即速到达，在史馆议事却与周围史臣和监修权臣处处意见不合。千里，形容路程遥远。降迫，由上向下发出命令称为"降"，紧迫要求到达称为"迫"。议史事则一言不合，见《史通·自叙》："长安中，会奉诏预修唐史。及今上即位，又敕撰《则天大圣皇后实录》。凡所著述，常欲行其旧议；而当时同作诸士及监修贵臣，每与其凿枘相违，龃龉难入。"[12]"夫迹相知者"以下十一句：表面相欣赏的，不是像贾谊那样了解他的才能却不加重用，就是像刘知幾那样任用了却不予信任。内心相欣赏的，不是像司马相如那样虽然亲近却被轻慢，就是像韩非那样受谗毁而遭到杀害。大丈夫的才能行事受到世人所了解，能达到像韩非、司马相如、贾谊、刘知幾这样的地步，也应该说是幸运了。可是他们所得到的是那样不值，所失去的却是这么重大。狎（xiá），亲近而见轻。　[13]"若可恃"以下五句：什么是可以依靠，什么又是不可以依靠；什么是达到真了解，什么又并不是真了解。以上例子证明，即令有君臣之间相处或朝廷的赏识，想要得到真"知"是很难的。若，选择代词，所指对象未确定，相当于"什么是……"。遇合，遇到赏识，此指受到君主（或朝廷）赏识。按，本节论述即使在罕有的遇合情况下，也难以达到真"知"。

庄子曰："天下之治方术者[1]，皆以其有为不可加矣。"夫"耳目口鼻，皆有所明，而不能相通"[2]，而皆以己之所治，为不可加，是不自知之过也。天下鲜自知之人，故相知者少也。（凡封己护前不服善者[3]，皆不甚自知者也。）世传萧颖士能识李华《古战场文》[4]，以谓文章有真赏[5]。夫言

用此"识"字有讲究。刘咸炘《识语》云："专提识字，是先生所独用力。"

根于心^[6]，其不同也如面。颖士不能一见而决其为华，而漫云华足以及此^[7]，是未得谓之真知也。而世之能具萧氏之识者，已万不得一，若夫人之学业^[8]，固有不止于李华者，于世奚赖焉？凡受成形者^[9]，不能无殊致也。凡禀血气者，不能无争心也。有殊致，则入主出奴，党同伐异之弊出矣。有争心，则挟恐见破，嫉忌诋毁之端开矣。惠子曰："奔者东走^[10]，追者亦东走；东走虽同，其东走之心则异。"今同走者众矣^[11]，亦能知同走之心欤？若可恃，若不可恃；若可知，若不可知，此同道之知所以难言也^[12]。

【注释】

[1]"天下之治方术者"二句：见《庄子·天子》篇。　[2]耳目口鼻，皆有所明，而不能相通：见《庄子·天子》篇。　[3]护前：回护自己从前的错误。　[4]萧颖士：唐代文人，字茂挺，任史馆待制等官。有《萧茂挺文集》（后人所辑）。李华：唐代文人，《吊古战场文》为其名作，与萧颖士齐名。《新唐书·文苑传》载："华文辞绵丽，少宏杰气。颖士健爽自肆，时谓不及颖士，而华自疑过之。因著《吊古战场文》，极思研摧。已成，污为故书，杂置梵书之庋。它日，与颖士读之，称工。华问：'今谁可及？'颖士曰：'君加精思，便能至矣。'华愕然而服。"　[5]以谓文章有真赏：评论者说李华的好文章得到了真有眼力者的赏

识。　[6]言根于心：讲话是从内心发出的。　[7]漫云华足以及此：只是随意讲李华再加努力能够达到这个程度。　[8]"若夫人之学业"以下三句：再说人的学术水平肯定有高出于李华的，那么他在世上靠谁来衡定呢？ 若夫，表递进关系的连接词。　[9]"凡受成形者"二句：人由胎儿长为成人，各人不可能无不同的情趣爱好。　[10]"奔者东走"以下四句：语出《韩非子·说林上》："慧子曰：'狂者东走，逐者亦东走，其东走则同，其所以东走之为则异。'故曰同事之人，不可不审察也。"　[11]"今同走者众矣"二句：现今朝同一方向走的人多了，你能了解一同行走的人的内心吗？　[12]同道之知：对同行学术的了解。按，本节论述同行之间很难达到真"知"。

欧阳修尝慨《七略》、四部[1]，目存书亡，以谓其人之不幸，盖伤文章之不足恃也。然自获麟以来，著作之业，得如马迁、班固斯为盛矣。迁则藏之名山[2]，而传之其人，固则女弟卒业，而马融伏阁以受其书，于今犹日月也。然读《史》《汉》之书，而察徐广、裴骃、服虔、应劭诸家之诂释[3]，其间不得迁、固之意者，十常三四焉。以专门之攻习，犹未达古人之精微，况泛览所及[4]，爱憎由己耶？ 夫不传者[5]，有部目空存之慨；其传者，又有推求失旨之病与爱憎不齐之数。若可恃，若不可恃；若可知，若不可知：此身后

言《史》《汉》之成就，如日月之辉耀天空，诚为定评。但后代专门攻习之学者，对其所知却甚浅，由此正证明身后真"知"之难。

之知所以难言也^[6]。

【注释】

[1]"欧阳修尝慨《七略》、四部"以下三句：欧阳修曾经慨叹在《七略》、四部这些目录书中有不少书只存书名而书亡佚，认为这是作者的不幸。欧阳修，北宋史学家、文学家，主修《新唐书》。他所撰《新唐书·艺文志序》云："自汉以来，史官列其名氏篇第，以为六艺、九种、七略，至唐始分为四类，曰经、史、子、集，而藏书之盛，莫盛于开元。其著录者，五万三千九百一十五卷，而唐之学者自为之书者，又二万八千四百六十九卷。呜呼！可谓盛矣……然凋零磨灭，亦不可胜数。岂其华文少实，不足以行远欤？而俚言俗说，猥有存者，亦其有幸不幸者欤？今著于篇，有其名而亡其书者，十盖五六也，可不惜哉！" [2]"迁则藏之名山"以下五句：司马迁实现了他所讲的"藏之名山，传之其人"，班固则卒时未完成的篇章由他妹妹班昭续成，还有马融在书房小阁前低头受读，因此两部书都完整流传下来，到今天仍然成就卓著，如同日月照耀天空。藏之名山，此指司马迁《报任安书》云："仆诚已著此书，藏诸名山，传之其人"。女弟卒业，班固卒时，《汉书》八表及《天文志》尚未完成，汉和帝命班固妹妹班昭参考东观藏书，对之补作。《汉书》始出，以文义深奥，多难通晓，著名学者马融曾从她受读。 [3]徐广：字野民，东晋人，史学家，官至秘书监。奉诏修晋史，著有《晋纪》，后亡佚。又著有《史记音义》。裴骃：南朝宋人，史学家，其父为《三国志注》作者裴松之。著有《史记集解》，今附在《史记》排印本刊行。服虔：字子慎，东汉人，官至九江太守，是古文经学家，著有《汉书音训》。应劭：字仲远，东汉人，官至泰山太守。著有《汉官仪》《风俗通》《汉书集解》。诂（gǔ）释：解释古书音义。 [4]"况泛览所

及"二句：更何况只是泛泛阅读、体会不深和出于私人意气表示
爱憎呢？　[5]"夫不传者"以下四句：典籍佚失不传的，使人产
生空存留部属和书名、内容失落的感慨；那些流传下来的，又有
推论阐释不符合作者原意的毛病和爱憎不恰当的情形。不齐，不
恰当，不能恰如其分。数，运数，此指情形。　[6]身后之知：作
者卒后能否被人了解。按，本节论述著作之人卒后获得真"知"
之难。

　　人之所以异于木石者，情也。情之所以可贵
者，相悦以解也[1]。贤者不得达而相与行其志[2]，
亦将穷而有与乐其道；不得生而隆遇合于当时，
亦将殁而俟知己于后世。然而有其理者，不必有
其事，接以迹者[3]，不必接以心。若可恃，若不
可恃；若可知，若不可知。后之视今，亦犹今之
视昔。嗟乎！此伯牙之所以绝弦不鼓[4]，而卞生
之所以抱玉而悲号者也。夫鹦鹉啁啾，和者多也。
茅苇黄白[5]，靡者众也。凤高翔于千仞[6]，桐孤
生于百寻，知其寡和无偶[7]，而不能屈折以从众
者，亦势也。是以君子发愤忘食[8]，闇然自修，
不知老之将至，所以求适吾事而已[9]。安能以有
涯之生[10]，而逐无涯之毁誉哉？

結尾一段是文
章的高潮，表达章
氏本人感慨之深，
持世救偏志向之坚
定，对高尚目标追
求之真诚，语语打
动读者。

【注释】

[1] 相悦以解：互相因理解而感到愉悦。　[2]"贤者不得达而相与行其志"以下四句：贤人境遇不能畅达而互相勉励实行自己的志向，也会即便穷困却共同为自己的选择而快乐；未能在生前得到当世人高度赞赏，也将在死后获得知己的肯定。有与乐其道，有志向相同的人一起为选择的学术道路而快乐。有与，有志向相同的人一起……。道，指学术道路。隆遇合，获得高度赞赏。隆，高。殁（mò），死亡。俟（sì），等待。　[3]"接以迹者"二句：形式上互有交往，内心不一定互相交流。接，交往。　[4]"此伯牙之所以绝弦不鼓"二句：这正是伯牙为何在知音死后不再鼓琴，而卞和为何在楚山之下抱着无价宝玉痛哭三天三夜的原因啊！伯牙之所以绝弦不鼓，伯牙鼓琴的典故出于《吕氏春秋·本味》，云："伯牙鼓琴，钟子期听之。方鼓琴而志在太山。钟子期曰：'善哉乎鼓琴！巍巍乎若太山。'少选之间，而志在流水。钟子期又曰：'善哉乎鼓琴！汤汤乎若流水。'钟子期死，伯牙破琴绝弦，终身不复鼓琴，以为世无足复为鼓琴者。"卞生之所以抱玉而悲号，卞和为宝玉痛哭的典故出于《韩非子·和氏》，云：楚人卞和在楚山中得到璞玉，曾先后献给楚厉王、楚武王，两次都找来玉匠做鉴定，都说是"石也"，两次都断定他是诳骗，先后被砍断左足和右足。至文王即位，"和乃抱其璞而哭于楚山之下，三日三夜，泣尽而继之以血。王闻之，使人问其故曰：'天下之刖者多矣，子奚哭之悲也？'和曰：'吾非悲刖也，悲夫宝玉而题之以石，贞士而名之以诳，此吾所以悲也。'王乃使玉人理其璞而得宝焉，遂命曰和氏之璧"。卞生，即卞和。　[5]"茅苇黄白"二句：黄色的茅草和白色的芦苇，随风倒伏的遍地皆是。　[6]"凤高翔于千仞（rèn）"二句：凤凰高高飞翔在千丈以上的天空，桐树笔挺地生长达到百丈的高度。凤高翔于千仞，语出《文选》贾

谊《吊屈原》："凤凰翔于千仞兮，览德辉而下之。"仞，古代长度单位，据周制，一仞八尺。桐孤生于百寻，枚乘《七发》："龙门之桐，高百尺而无枝。"寻，古代称一寻为八尺。　[7]"知其寡和无偶"以下三句：知道自己格调高尚无有陪伴，而不能失去气节去迁就众人的缘故，则是客观形势所造成的。　[8]"是以君子发愤忘食"以下三句：语出《论语·述而》："其为人也，发愤忘食，乐以忘忧，不知老之将至云尔。"阇然自修，默默地提高自己的修养。阇然，不显露，即不声张，默默地。阇，与"暗"通。　[9]所以求适吾事而已：目的就是求得达到我努力的目标而已。所以，导出动作、行为对象的连词。吾事，这里指本人努力坚持的事业。　[10]"安能以有涯之生"二句：我又怎么能拿有限的生命，去追逐应付无穷无尽的褒贬是非呢？毁誉，诽谤和褒扬。按，本节总结全文，论述境遇困顿的学者要获得真"知"是极其困难的，勉励自己将坚持特立独行，决不理会世间无穷无尽的毁誉是非！

【点评】

　　本篇写作时间与《说林》篇同，作于乾隆五十四年（1789），章学诚五十二岁。此年暮春至初夏，章氏到安徽太平访问学使徐立纲，馆于太平学使使署。时当江南一年中最佳天气，章学诚在长期生活困顿中得到难得的安定、清幽的环境，头脑中积累的诸多思考和心得至此奔泻于笔端，迅速撰成一批佳作，《知难》即为其中之一。章氏长期究心于文、史、哲广阔领域中大量根本性问题的探索和当世学术风尚的评析，胸中有许多卓识，但极少为世人所理解。写作此篇上征古代圣贤高士的论说、际遇，下及当世学风的利弊得失，感慨深沉，议论犀利，而落脚点是勉励本人坚定志向，坚持特立独行之精神，因而成此极具说服力和感染力的篇章。叶瑛先生对本篇写有简要的解题，谓："按实斋孤怀绝诣，当时知者甚少，旷观古今，故不免时有独立苍茫之感。是篇寄慨深长，用资自慰。"言简意赅，对于我们把握本篇的特点和价值，甚有启发。

《韩非子》中有《说难》篇，本篇则独创性提出"知难"这一值得深入思考的论题，立意高远，由现实反观历史。"知"并非知人之姓名和声容笑貌，而是理解其言论、学说精华所在及为何提出学说的内在原因，这样的"知"是达到深层次的了解和认知。首段提出核心论点，以委婉曲折的笔法，揭示"知难"这一论题的意义。所谓知，是读其书，知其言，尤其是要知其所以为言，"知"的意义在此，"知"之难处也在此。这一论点本来是因章氏本人具有卓识的主张不被世人理解而发，而其论证却是由现实反观以往，举出孔子之知文王和司马迁之知屈原两个典型例证，因而使文章一开始就具有特别的论证深度和历史韵味，朴实自然而寄意极深。由文王、屈原幸得有同为圣人的孔子、同为贤人的司马迁能知之，再笔锋一转，表达"然则古之人，有其忧与其志，不幸不得后之人有能忧其忧，志其志，而因以湮没不章者，盖不少矣"的慨叹，是为"知"之至难！诚为非历经坎坷者无此体会，非苦心经营者无此至文。

以下章氏放宽视野，再从不同方面深入讨论。第二节论证，即令遇合（受到赏识），也难以得到真"知"。所举例证也十分典型，秦始皇读到韩非子之内外《储说》，汉武帝读到司马相如之《子虚赋》，都予以激赏，表示恨不同时，可是等到韩非子入秦，结果非但未受重用，反而被李斯陷害而入狱自杀，司马相如因擅长写赋，被任为郎官，也只被武帝视为提供赏玩文字的诙谐人物。进而举出贾谊被汉文帝召到宣室问话，刘知幾被朝廷授以史职，"三为史臣，再入东观"，两人的才华如此受到赏识，都被视为人臣之荣耀。然而贾谊所上治国良策却不受重视，刘知幾在史馆议事却为同僚和监修贵臣所不容，可见其遇合，乃是"迹相知而心不知"。司马相如等人已是人臣能够得到的最高赏识，而结果竟然如此，岂不证明遇合之知，实为至难？第三、四两节又进一步，论证同道（同行）要达到相知、身后之人要对前代学者相知；同样极难，所举的人物颇为出人意表，而所阐释的道理则使人信服。萧颖士能赏李华之文为世人所盛传，但章氏拿真正的"知"（了解、认知）的标准来衡量，萧颖士并未达到，他不能一眼即断定非李华之手写不出这篇《吊古战场文》，说明萧并不符合同行中的知己的标准。因此章氏发表了不同于常人的见解，指出："颖士不能一见而决其为华，而漫云华足以及此，是未得谓之真知也。"而徐广、裴骃、服虔、应劭等史注名家，分别对《史记》和《汉书》长期专门攻习，而"诸家之诂释，其间不得迁、固之意者，十常三四焉"，此正证明身后之"知"，实为至难！论证层层深入，所举无不为名家名作，要言不烦，而又剖析入微，因而令读者获得深刻的启示。

以上各节是对遇合难得真"知"、同行中难得有真知己、身后难得有真能体认者三个层次逐层作了分析。而最后精心撰写的结尾一节进而作了有力的总结，尤其值得仔细品味。

他向世人明白宣告，自己将不畏惧种种压力与挫折，坚定前行。作为学者，他所最重视的固然是本人的学说、主张是否得到士林的认同，而章学诚因为勇于探索理论问题、勇于持世救偏，为此饱受歧视，但他决不动摇，《知难》一文即为他昭告世人的"明志篇"。他大声宣告，即使生前不能遇到赞赏，身后也未必有知己者予以表彰，那也不必气馁，而要坚持特立独行的精神，所以他要称扬伯牙为渴求知音不再鼓琴、卞和为道出宝玉真相而不惧怕刖足。更要以凤凰高飞、桐树挺立自励，做到"知其寡和无偶，而不能屈折以从众"。以铿锵有力的语言，表达自己坚定的意志，这正是学术风气不振、士人随波逐流之时所最为需要的理性抉择和使命意识。

章学诚撰写文章一向苦心经营，务求做到立论超拔、观点鲜明，与结构紧密协调、文辞优美二者相结合，目的是增强其理论说服力和思想传播力。本篇在结构上的特点是异常紧凑，条理层次井然。全文共五节，首节提出核心论点之后，用三节逐层递进剖析，予以充分展开，末节作有力结束。章法分明，逻辑严密，紧凑合理，精致巧妙。中间三节又是匠心运用，一是首句都先引用前人名作中的警句作为导入（所引刘勰、庄子均为书中原话，欧阳修的话是经过提炼作转述）；然后分别以韩非、司马相如、萧颖士、李华、徐广、服虔等大家熟悉的人物行事或言论，作为典型例证予以评析；这三节之末都用"若可恃，若不可恃；若可知，若不可知，此遇合之知所以难言也"这样一个句式作结束，为每一节画龙点睛。所不同的只有后两节换作"此同道之知所以难言也""此身后之知所以难言也"，紧扣本节的分析。这样三节都用句式相同、意义递进、内容和形式互为呼应的特别方式作结，有意地运用反复的修辞方式，显示强调的效果，诵读起来和谐、协调，很具节奏美。

本篇又娴熟地运用了比喻、对照、对偶、排比、反复等手法，使说理形象而深入，读之极具吸引力。如首节用："人知《易》为卜筮之书矣，夫子读之，而知作者有忧患，是圣人之知圣人也。人知《离骚》为词赋之祖矣，司马迁读之，而悲其志，是贤人之知贤人也。夫不具司马迁之志，而欲知屈原之志，不具夫子之忧，而欲知文王之忧，则几乎罔矣。"末节用"此伯牙之所以绝弦不鼓，而卞生之所以抱玉而悲号者也。夫鹦鹊啁啾，和者多也。茅苇黄白，靡者众也。凤高翔于千仞，桐孤生于百寻，知其寡和无偶，而不能屈折以从众者，亦势也"。均堪称是说理深刻、句式和谐、极具节奏感的精警语句，读之使人深印脑际。本篇又善于运用设问、反诘的修辞手法，如文章开头用设问句："为之难乎哉？知之难乎哉？"一般人可能认为是做事难，而认知易，那么到底认知容易吗？这样用设问提出来，后面就有充分的论述空间。文章的结尾则成功地运用反诘句："安能以有涯之生，而逐无涯之毁誉哉？"更加强烈地表达其坚持倡导"学术经世"方向、不为讥讽歧视所动摇的决心，为全文作了有力的结束。名家的文章都十分讲究开头和结尾的处理，章氏所提供的成功例证，很值得我们揣摩效法。

释　通

　　《易》曰："惟君子为能通天下之志[1]。"说者谓君子以文明为德[2]，同人之时，能达天下之志也。《书》曰："乃命重、黎[3]，绝地天通。"说者谓人神不扰，各得其序也。夫先王惧人有匿志[4]，于是乎以文明出治，通明伦类，而广同人之量焉。先王惧世有棼治[5]，于是乎以人官分职，绝不为通，而严畔援之防焉。自六卿分典，五史治书[6]，（内史、外史、太史、小史、御史。）学专其师，官守其法，是绝地天通之义也。数会于九[7]，书要于六，杂物撰德，同文共轨，是达天下志之义也。夫子没而微言绝，七十子丧而大义乖。汉氏之初[8]，《春秋》分为五[9]，《诗》分为四[10]，然而治《公羊》者[11]，不议《左》《穀》；业韩《诗》者，不杂齐、鲁，专门之业，斯其盛也。自后师法渐衰，学者聪明旁溢，异论纷起，于是深识远览之士[12]，惧《尔雅》训诂之篇，不足以尽绝代离辞，同实殊号，而缀学之徒，无由汇其指归也，于是总五经之要，辨六艺之文，石渠《杂议》之属，（班固《艺文志》《五经杂议》十八篇。）始离经而别自为书，则通之为义所由仿也。刘向总校五经[13]，编录三礼，其于戴氏诸记，标分品目，以类相从，而义非专一，若《檀弓》《礼运》诸篇，俱题通论，则通之定名所由著也[14]。（《隋志》有《五经通义》八卷[15]，【注，梁有九卷，不著撰人。】《唐志》有刘向《五经通义》九卷[16]。然唐以前，记传无考。）

追根溯源，独得颖悟，先论西汉《五经杂议》是典籍中"通之为义"的发端。

【注释】

[1] 惟君子为能通天下之志：《周易·同人》象辞文。《注》："君子以文明为德。"《疏》云："唯君子之人，于同人之时，能以正道通达天下之志。" [2]"说者谓君子以文明为德"以下三句：解释的人认为有修养的人以光明正大办事为有道德，凭借天性相

同这一项，能够让天下人的心志相通达。文明为德，以光明正大
办事符合于道德标准。同人，同性。孔颖达解释《周易·同人》
象辞"天与火，同人"曰："天体在上火又炎上，取其性同。故云
天与火同人。"（见孔颖达《周易正义》）故同人即同性。时，相
当于"是"，犹言依靠这一项。　[3]"乃命重、黎"二句：语出《尚
书·吕刑》。重、黎，即羲、和，尧时司天之官。绝地天通，使
天神与地祇各得其所，区分界限，人间得以建立起纲纪秩序。故
下文谓"人神不扰"，人间之事与天神所司互不干扰。　[4]"夫
先王惧人有匿志"以下四句：先王惧怕人们有隐匿的心志，于是
以光明正大的道德施行政治，使不同人群的行为规范互通互明，
而扩充同人精神相通的胸怀气量。通明伦类，不同阶层、地域的
人达到互通互明。伦类，指不同阶层、地域的人。伦，即类。广，
扩充。量，襟怀气量。焉，表强调语气词。　[5]"先王惧世有棼治"
以下四句：先王惧怕世间治理紊乱，于是设立不同的官职，各司
职守互不混乱，而严格防范骄扬跋扈。畔援，指跋扈。　[6]六
卿分典，五史治书：六卿分别各司其职，五史各自典藏史书。六
卿，天官冢宰，地官司徒，春官宗伯，夏官司马，秋官司寇，冬
官司空。典，掌管，各司职守。治书，典藏史书。　[7]"数会于
九"以下五句：算数的方法有九种，造字的方法有六种，杂聚天
下之物，汇集众人之德，各国文字统一，车轨距离相同，这就是
实现天下民众志向的宗旨。数会于九，即九数，指算田地，算粟
米即百分法、算廪、税算积幂方圆、算工程之立方体圆锥等，算
远近劳费、算赢亏，即联立方程、勾股等。杂物撰德，语出《周
易·系辞下》。孔疏："言杂聚天下之物，撰数众人之德。"同文
共轨，语出《礼记·中庸》："今天下车同轨，书同文。"是，指
以上所举各项。达，达到，实现。义，宗旨，目的。　[8]汉氏
之初：西汉初年。　[9]《春秋》分为五：汉初儒家经典按传授系

统分为不同学派,《春秋》的传授分为五家:左氏、公羊、穀梁、邹氏、夹氏。 [10]《诗》分为四:《诗经》的传授,分为四家:毛诗、齐诗、鲁诗、韩诗。 [11]"然而治《公羊》者"以下六句:此赞汉初各个学派并立,忠于师说,传授系统清楚,是为难得的兴盛局面。 [12]"于是深识远览之士"以下十一句:于是见识闳深、目光远大的学者,害怕《尔雅》这样专门训诂文字的著作,不能载明因时代不同而实际含义相同,而使继承学术的人,不能汇集其中义旨,于是产生了综述五经的要义、辨别儒家六艺典籍的文字,像西汉石渠阁会议之后编成的《石渠奏议》这样的著作,由此有了脱离经书而另外编成的书籍,这就是体现"通"这一要义的开端。绝代离辞,语出晋郭璞《尔雅序》,谓不同时代的异辞,实同词异。缀学之徒,掇拾补缀前人学术的人。石渠《杂议》,汉宣帝时,诏令淮阳中尉韦玄成与太子太傅萧望之及五经诸儒在石渠阁会议,讨论儒家对经典的解释,成《五经杂议》。仿,同"昉(fǎng)",曙光初现,引申为开始。 [13]"刘向总校五经"以下九句:刘向总校五经,编纂载录《周礼》《仪礼》《礼记》,对于戴氏整理的各篇"记",都分别标列各类、加上题目,按类相从,但是所包涵的意义并不专限一项,像《檀弓》《礼运》等篇,都有"通论"的题目,这样用"通"命名从此就显著了。戴氏,东汉礼学家戴圣。定名所由著,作为标题名称从此显著。 [14]按,本节论述典籍中"通之为义"的发端和"通之定名"所由著。 [15]《隋志》:指《隋书·经籍志》。 [16]《唐志》:指《旧唐书·经籍志》。

班固承建初之诏,作《白虎通义》[1]。(《儒林传》称《通义》,固本传称《通德论》,后人去义字,称《白虎通》,

非是。) 应劭慜时流之失 [2]，作《风俗通义》。盖章句训诂 [3]，末流浸失，而经解论议家言，起而救之。二子为书，是后世标通之权舆也。自是依经起义，则有集解、(杜预《左传》、范宁《穀梁》、何晏《论语》。) 集注、(荀爽《九家易》、崔灵恩《毛诗》、孔伦、裴松之《丧服经传》。) 异同、(许慎《五经异义》、贺玚《五经异同评》。) 然否 (何休《公羊墨守》、郑玄《驳议》、谯周《五经然否论》。) 诸名 [4]；离经为书 [5]，则有六艺、(郑玄论。) 圣证、(王肃论。) 匡谬、(唐颜师古《匡谬正俗》。) 兼明 (宋邱光庭《兼明书》。) 诸目。其书虽不标通 [6]，而体实存通之义，经部流别，不可不辨也。若夫尧、舜之典 [7]，统名《夏书》；(《左传》称《虞书》为《夏书》。马融、郑玄、王肃三家，首篇皆题《虞夏书》。伏生《大传》，首篇亦题《虞夏传》。)《国语》《国策》[8]，不从周记；《太史》百三十篇 [9]，自名一子；(本名《太史公书》，不名《史记》也。) 班固《五行》《地理》[10]，上溯夏、周。(《地理》始《禹贡》，《五行》合《春秋》，补司马迁之阙略，不必以汉为断也。) 古人一家之言 [11]，文成法立，离合铨配，惟理是视，固未尝别为标题，分其部次也。梁武帝以迁、固而下，断代为书，于是上起三皇，

本节第一层，论述继《白虎通义》之后，典籍中"存通之义"的著作大量出现，杜预、范宁等人之书值得重视。

第二层，论述《史》《汉》"实存通之义"及《通史》的编纂。

下讫梁代，撰为《通史》一编[12]，欲以包罗众史。史籍标通[13]，此滥觞也。嗣是而后，源流渐别。总古今之学术，而纪传一规乎史迁，郑樵《通志》作焉[14]。（《通志》精要，在乎义例。盖一家之言，诸子之学识，而寓于诸史之规矩，原不以考据见长也。后人议其疏陋，非也。）统前史之书志，而撰述取法乎官《礼》，杜佑《通典》作焉[15]。（《通典》本刘秩《政典》。）合纪传之互文[16]，（纪传之文，互为详略。）而编次总括乎荀、袁，（荀悦《汉纪》三十卷，袁宏《后汉纪》三十卷，皆易纪传为编年。）司马光《资治通鉴》作焉。汇公私之述作，而铨录略仿乎孔、萧，（孔逭《文苑》百卷，昭明太子萧统《文选》三十卷。）裴潾《太和通选》作焉[17]。此四子者，或存正史之规，（《通志》是也。自《隋志》以后，皆以纪传一类为正史。）或正编年之的，（《通鉴》。）或以典故为纪纲，（《通典》。）或以词章存文献，（《通选》。）史部之通[18]，于斯为极盛也。（大部总选，意存掌故者，当隶史部，与论文家言不一例。）至于高氏《小史》、（唐元和中，高峻及子迥。）姚氏《统史》（唐姚康复。）之属，则搏节繁文，自就隐括者也[19]。罗氏《路史》、（宋罗泌。）邓氏《函史》（明邓元锡。）之属[20]，则自具

第三层论述《通志》等标志着"史部之通，于斯为极盛"。

别裁，成其家言者也^[21]。（谯周《古史考》、苏辙《古史》、马骕《绎史》之属^[22]，皆采掇经传之书，与通史异。）范氏《五代通录》^[23]，（宋范质以编年体，纪梁、唐、晋、汉、周事实。）熊氏《九朝通略》^[24]，（宋熊克合、吕夷简《三朝国史》、王珪《两朝国史》、李焘、洪迈等《四朝国史》^[25]，以编年体为九朝书。）标通而限以朝代者也。（易姓为代，传统为朝。）李氏《南、北史》^[26]，（李延寿。）薛、欧《五代史》^[27]，（薛居正、欧阳修俱有《五代史》。）断代而仍行通法者也。（已上二类，虽通数代，终有限断，非如梁武帝之《通史》，统合古今。）其余纪传故事之流，补缉纂录之策，纷然杂起，虽不能一律以绳，要皆仿萧梁《通史》之义，而取便耳目，史部流别，不可不知也。夫师法失传，而人情怯于复古，末流浸失，而学者囿于见闻。训诂流而为经解，一变而入于子部儒家，（应劭《风俗通义》，蔡邕《独断》之类^[28]。）再变而入于俗儒语录，（程、朱语录，记者有未别择处，及至再传而后浸失，故曰俗儒。）三变而入于庸师讲章。（《蒙存》《浅达》之类^[29]，支离蔓衍，甚于语录。）不知者习而安焉，知者鄙而斥焉，而不知出于经解之通，而失其本旨者也。载笔汇而有通史，一变而流为史钞，（《小史》

称《南史》《北史》"仍行通法"，甚具特识。

第四层论述"经解之通"演变而出现的末流，如语录、讲章之类。"史部之通"演变而出现的末流，则是史钞、策括之类。

《统史》之类，但节正史，并无别裁，当入史钞。向来著录，入于通史，非是。史部有史钞，始于《宋史》。）再变而流为策士之括类，（《文献通考》之类[30]，虽仿《通典》，而分析次比，实为类书之学。书无别识通裁，便于对策敷陈之用。）三变而流为兔园之摘比[31]，（《纲鉴合纂》及《时务策括》之类。）不知者习而安焉，知者鄙而斥焉，而不知出于史部之通，而亡其大原者也。且《七略》流而为四部，类例显明，无复深求古人家法矣。然以语录讲章之混合，则经不为经，子不成子也。策括类摘之淆杂，则史不成史，集不为集也。四部不能收，九流无所别，纷纭杂出，妄欲附于通裁[32]，不可不严其辨也。夫古人著书，即彼陈编，就我创制，所以成专门之业也。后人并省凡目，取便检阅，所以入记诵之陋也。夫经师但殊章句[33]，即自名家，（费直之《易》，申培之《诗》，《儒林传》言其别无著述训诂，而《艺文志》有《费氏说》《申公鲁诗》，盖即口授章句也。）史书因袭相沿，无妨并见，（如史迁本《春秋》《国策》诸书，《汉书》本史迁所记及刘歆所著者，当时两书并存，不以因袭为嫌。）专门之业[34]，别具心裁，不嫌貌似也。剿袭讲义，沿习久而本旨已非，（明人

表彰《史》《汉》是专门之业，别具心裁，与剿袭讲义、摘抄典故的俗陋之书，形成强烈对比。

修《大全》^[35]，改先儒成说以就己意。）摘比典故，原书出而舛讹莫掩，记诵之陋，漫无家法，易为剽窃也。然而专门之精^[36]，与剽窃之陋，其相判也，盖在几希之间，则别择之不可不慎者也。

【注释】

[1]《白虎通义》：《后汉书·儒林传》载："建初中，大会诸儒于白虎观，考详同异，连月乃罢，肃宗亲临称制，如石渠故事，顾命使臣，著为《通义》。"此书是汉章帝诏令班固将这次在白虎观由皇帝主持、诸儒评议五经同异的结果整理而成。书名为《白虎通义》，又称《白虎通德论》《白虎通》。 [2]"应劭愍（mǐn）时流之失"二句：应劭忧虑世风流俗的衰落，撰成了《风俗通义》。愍，忧伤，哀怜。 [3]"盖章句训诂"以下六句：由于从事分章析句、注释音义者陷于琐屑细碎，因而从事经义解释路数的学者起来救弊。班固、应劭两人的著作，便是后世书名标"通"的起始。章句，从事分章析句讲解。末流，居于最低等列。浸失，弊病越积越大。家言，传承同一治学路数而成流派。权舆，原指草木萌芽的状态，引申为起始、初时。 [4]依经起义，则有集解、集注、异同、然否诸名：按照一部经典解释其中的义理，第一类是"集解"。包括有：杜预《春秋左氏经传集解》、范宁《春秋穀梁传集解》、何晏《论语集解》。又有"集注"类。包括有《周易荀爽九家注》。荀爽是东汉学者，精通《春秋》《论语》《周易》等。崔灵恩《集注毛诗》，崔灵恩是南朝梁学者。孔伦、裴松之《集注丧服经传》，两人均有此著作，书名相同，俱载录于《隋书·经籍志》。孔伦，东晋学者。"异同"一类。包括有：许慎《五经异义》。

许慎是东汉学者，官太尉祭酒。贺玚（yáng）《五经异同评》。贺玚，南朝梁学者，任五经博士，官步兵校尉。梁初制定礼乐，多采其建议。"然否"一类，指赞成与反对互相辩驳。包括有：何休《公羊墨守》。何休，东汉末学者，精研六经，为公羊学名家，所著《春秋公羊解诂》，为《公羊传》制定义例，系统阐发《春秋经》中微言大义。另著有《左氏膏肓》《穀梁废疾》。郑玄《驳何氏汉议》。郑玄，东汉经学家，精于古文经学，又通今文经，为反驳何休，著有《发墨守》《箴膏肓》《起废疾》。谯周《五经然否论》。谯周，三国蜀人，博通经史。　[5]"离经为书"二句：从经书分开，独立成书的，则有六艺（郑玄著有《六艺论》）、圣证（王肃著有《圣证论》）、匡谬（唐颜师古著有《匡谬正俗》）、兼明（宋邱光庭著有《兼明书》）。　[6]"其书虽不标通"以下四句：这些虽然书名不标"通"，但实际上内容寓涵通的义旨，这是由经部派生出来，不可不辨明的。　[7]"若夫尧、舜之典"二句：《尚书》最前面的《尧典》《舜典》等篇，都被合起来称为《夏书》（或《虞夏书》）。按，下面自注中说明了几种略有不同的说法。　[8]"《国语》《国策》"二句：《国语》《战国策》书名也未标明是周代的史书。　[9]"《太史》百三十篇"二句：《太史公书》一百三十篇，书名即体现以著史来表达其独立的思想体系，好比是战国诸子的一种。　[10]"班固《五行》《地理》"二句：班固《汉书》中的《五行志》《地理志》，记载的内容上溯夏代、周代。以下自注中说明《汉书·地理志》记载始于《尚书·禹贡》篇，《汉书·五行志》记载上接春秋、战国的内容。《汉书·五行志》采辑董仲舒、刘向等人关于五行灾异的记载和解释，内容上接春秋、战国。合：此指衔接。《史记》"八书"未有地理及五行灾异的记载，故称"补司马迁之阙略"。　[11]"古人一家之言"以下六句：古代学者成一家之言的著作，宗旨明确，体例恰当，书中如何分篇做到彼此权衡配合，只是以内容的需要为标准，本来不曾另外加上标题。　[12]《通史》:《史通·六家》:"梁武帝又敕其群臣，上自太初，下终齐室，撰成《通史》六百二十卷。其书自秦以上，皆以《史记》为本，而别采他说，以广异闻。至两汉已还，则全录当时纪传，而上下通达，臭味相依。又吴、蜀二主皆入世家，五胡及拓拔氏，列于《夷狄传》。大抵其体皆如《史记》，其所为异者，惟无表而已。"　[13]"史籍标通"二句:史籍以"通"命名，是从这里开始的。　[14]郑樵:字渔仲，南宋史学家。于史学推崇司马迁、刘知幾。所著还有《尔雅注》《夹漈遗稿》。《通志》:郑樵撰，二百卷，综合历代史料而成的通史。分本纪、年谱、略、世家、列传载记。纪传自三皇至隋，依各史抄录，有今失传之本，可供校勘。其二十略中，《氏族》《六书》《七音》《都邑》《草木昆虫》五略的内容为旧史所无。二十略为作者用力之作，也是本书的精华。　[15]杜佑:字君卿，唐代史学家。历任岭南、淮南等节度使。贞元末，擢检校司徒同平章事。王叔文进行改革时，任度支盐铁等使，主持财政。封岐国公。《通典》:典制体通史巨著，二百卷，撰著时间先后历三十五年。分为食货、选举、职官、礼、乐、兵刑、州郡、边防等八门，每门又分若干子目。作者综合群经诸史和历代文集、奏疏等分类编纂，极有条理，于唐制叙述尤详。此前刘秩撰著的《政典》是其先导。　[16]"合纪传之互文"以下三句:在编纂上整合历代正史中纪与传互有详略的史料，在内容上将荀悦、袁宏两家著作包括其中，于是产生了司马光《资治通鉴》这部编年体通史。荀悦《汉纪》，编年体西汉史。荀悦依据《汉书》内容，加以剪裁、提炼、简化，按照编年体体裁重新编纂而成。当时人称其"辞约事详"。荀悦，字仲豫，东汉史学家。献帝时任黄门侍郎、秘书监。献帝以《汉书》繁重难读，命他用编年体改写。袁宏《后汉纪》，编年体东汉史。体例仿《汉纪》，依据《东观汉记》和谢承、司马彪、华峤、谢沈等《后汉书》及其他史料编成，考订、剪裁都较精审。袁宏，字彦伯，东晋史学家。曾任桓温记室，因不满意当时已出几种《后汉书》而著成《后汉纪》。司马光，字君实，北宋大臣，史学家，仁宗时任天章阁侍制兼侍讲知谏院。他立志编纂编年体通史著作，《资治通鉴》的纂修，前后历时十九年。　[17]裴潾：唐代官员、学者。历仕宪宗、穆宗、敬宗、文宗四朝，官至兵部侍郎。文宗太和年间，集历代文章，续梁昭明太子《文选》，成《太和通选》三十卷。　[18]"史部之通"二句：史部以"通"为特点的著作的纂修，至此达到高峰。　[19]撙（zǔn）节繁文，自就隐括：删节繁复的文字，用自己的笔法加以改写。按，《小史》《统史》即是节选、改写原文而成，均属于纂辑或史钞。即章氏本人下文所说："但节正史，并无别裁，当入史钞。"不属于"通史"。隐括，对某一原作加以改写。　[20]罗氏：罗泌，南宋学者。《路史》：南宋罗泌撰，四十七卷。主要论述我国传说时期的史事，取材芜杂，但征引了许多文献，可供参考。邓氏：邓元锡，明代学者，举人，撰有《明史》。《函史》：明代学者邓元锡撰，据《四库全书总目提要·别史类》载："上编八十一卷，下编二十一卷"，"是编盖仿郑樵《通志》而作，上编即其纪传，下编即其二十略。"　[21]成其家言：体现了本人的著述宗旨。　[22]苏辙：字子由，北宋学者，苏轼之弟。《古史》：纪传体史书，采《诗经》《尚书》等史料，纪事上起伏羲、神农，下迄秦始皇。马骕：字宛斯，清初学者，曾任灵璧知县。终生研究先秦历史，人称"马三代"。《绎史》：一百六十卷。汇合上古迄秦的史书旧文，附以论断，熔裁成篇，并附有图表。春秋以前，取材有芜杂处，春秋以后较为精审。体例以纪事本末体为主，又综合其他体裁。是研究先秦史的重要参考资料。　[23]范氏：范质，字文素。五代时任中书舍人、宰相。宋初加侍中，封鲁国公。《五代通录》：此书是范质依据五代《实录》删削而成，中间缺后梁亡国前十二年史料，则尽力采录当时制敕碑碣以补记。　[24] 熊氏：熊克，字子复，南宋人，曾任起居郎，兼院直学士，出知台州。《九朝通略》：共一百六十八卷。　[25] 吕夷简：北宋寿州人。宋仁宗时任宰相，监修国史。领衔奏上《三朝国史》。王珪：字禹玉，北宋人。神宗时任宰相，监修国史。领衔奏上北宋仁宗、英宗《两朝国史》。李焘：字仁甫，南宋时长期主持修史工作，撰成《续资治通鉴长编》九百八十卷（今存五百二十卷）。洪迈：字景卢，孝宗时任同修国史。奏上北宋神宗、哲宗、徽宗、钦宗《四朝国史》，全书共三百五十卷，历时三十年修成，李焘之功居多，洪迈最后典其成。　[26] 李氏：李延寿，字遐龄，唐初任符玺郎兼修国史，除修成南朝与北朝八代的历史外，又参加修撰《五代史志》。《南、北史》：《南史》共八十卷，记南朝宋、齐、梁、陈四代历史。《北史》共一百卷，记从北魏到隋的历史。两部分均为唐初史学家李延寿继承其父李大师之遗志修纂而成。　[27] 薛、欧《五代史》：指薛居正《旧五代史》和欧阳修《新五代史》。薛居正《旧五代史》，共一百五十卷，北宋初官修而成，由薛居正监修。分梁、唐、晋、汉、周五书，附世袭、僭伪、外国三列传和天文等十志。所据史料是五代修成的实录和范质《五代通录》等，保存文献丰富，纪传多首尾完备。薛居正，开封人，历仕后唐、后晋、后汉、后周，官至刑部侍郎。北宋初任宰相，监修国史。欧阳修《新五代史》，共七十四卷。记载五代及十国史事，系欧阳修一人之力修成。列传皆采用类传，有《家人》《一行》《义儿》《伶官》等传，十国称“世家”。文辞力求高简，对史实则多所忽略。　[28] 蔡邕：东汉学者，字伯喈。精通经学、音律、书法，具有史才，著有诗赋、论议等四百篇。《独断》：《独断》二卷，蔡邕撰。记汉代制度、礼文、车服及诸帝世次，而兼及前代礼乐。　[29]《蒙存》《浅达》：

乡村塾师教学用的浅陋启蒙读物。　[30]《文献通考》：宋元之际史学家马端临撰。是继《通典》之后产生的一部成功的典制体通史著作。记载上古至南宋宁宗时的典章制度沿革，门类较《通典》分得更详，计有田赋、钱币、户口、职役、征榷、市籴等二十四门。史料较《通典》更详，且引用了大量论议，也有作者本人的评论，自近代以来甚受研究者的重视。章氏称其为"类书之学"，评价并不恰当。　[31]兔园之摘比：乡村塾师用来教学生的浅陋摘抄。兔园，即《兔园册》，如《纲鉴合纂》《时务策括》之类。策括即应试的简要读本。　[32]"妄欲附于通裁"二句：这些语录讲章、史钞策括之类内容纷杂的浅陋文字，竟然也妄想附在"通"的一类著作之中，这是不能不加以严格分辨的。　[33]"夫经师但殊章句"二句：汉初经师传授经典只要分章句与别人不同，就自成一家传授下去。按，费直之《易》、申培之《诗》，都载录于《汉书·艺文志》。费直，西汉东莱人，曾任县令。专以《易传》解释经文，开创西汉古文《周易》学中的"费氏学"派。申培即申公、申培公，西汉鲁国人，在家教授，弟子受业千余人。文帝时立为博士，开创西汉今文《诗经》中的"鲁诗学"派。　[34]"专门之业"以下三句：像《史记》《汉书》这样专门传授的学术，有独到的史识、裁断，即使互相在形式上相似也没有关系。按，章氏以此强调与下述剿袭讲义，摘比典故，漫无家法者在根本上相区别。专门之业，专门传授的学术事业。　[35]《大全》：明代修有《四书大全》《春秋大全》《诗经大全》等，其内容几乎都是从前人纂辑之书抄录。　[36]"然而专门之精"以下五句：但是专门传授的精当，与剿袭窃取的浅陋，二者的差别，有时是很微小的，因此进行区分选择就不能不严肃谨慎地从事。盖，传疑之词，有时候、或者。几希，不显著，微小。按，本节详论自东汉以后，典籍书名标"通"和内容具有"通"的旨趣是如何从起始到兴盛之演变，以及末流之失。

通史之修，其便有六：一曰免重复，二曰均类例[1]，三曰便铨配[2]，四曰平是非，五曰去牴牾，六曰详邻事。其长有二：一曰具翦裁，二曰立家法。其弊有三：一曰无短长，二曰仍原题，三曰忘标目。何谓免重复？夫鼎革之际[3]，人物事实，同出并见。胜国无征，新王兴瑞，即一事也。前朝草窃，新主前驱，即一人也。董卓、吕布[4]，范、陈各为立传，禅位册诏[5]，梁、陈并载全文，所谓复也。《通志》总合为书，事可互见，文无重出，不亦善乎？何谓均类例？夫马立《天官》[6]，班创《地理》;《齐志·天文》不载推步，《唐书·艺文》不叙渊源，依古以来，参差如是。郑樵著《略》[7]，虽变史志章程，自成家法，但六书七音，原非沿革，昆虫草木，何尝必欲易代相仍乎？惟通前后而勒成一家[8]，则例由义起，自就隐括。《隋书·五代史志》[9]，（梁、陈、北齐、周、隋。）终胜沈、萧、魏氏之书矣。（沈约《宋志》、萧子显《南齐志》、魏收《魏志》，皆参差不齐也。）何谓便铨

先总提"通史之修"六便、二长及三弊，然后一一分析，纲目清晰，章法纯熟。

配？包罗诸史，制度相仍。惟人物挺生[10]，各随时世。自后妃宗室，标题著其朝代，至于臣下，则约略先后，以次相比。(《南、北史》以宗室分冠诸臣之上，以为识别，欧阳《五代史》始标别朝代。)然子孙附于祖父[11]，世家会聚宗支，(《南北史》王谢诸传，不尽以朝代为断。)一门血脉相承，时世盛衰，亦可因而见矣。即楚之屈原，将汉之贾生同传，周之太史，偕韩之公子同科，古人正有深意，相附而彰，义有独断，末学肤受，岂得从而妄议耶？何谓平是非？夫曲直之中[12]，定于易代。然晋史终须帝魏，而周臣不立韩通，虽作者挺生，而国嫌宜慎，则亦无可如何者也。惟事隔数代，而衡鉴至公，庶几笔削平允，而折衷定矣。何谓去牴牾？断代为书，各有裁制，详略去取，亦不相妨。惟首尾交错，互有出入，则牴牾之端，从此见矣。居摄之事[13]，班殊于范；二刘始末[14]，(刘表、刘焉。)范异于陈。统合为编，庶几免此。何谓详邻事？僭国载纪[15]，四裔外国，势不能与一代同其终始，而正朔纪传，断代为编，则是中朝典故居全，而藩国载纪乃参半也。惟南北统史[16]，则后梁、

此处论把一个家族的历史系统地记载，可以反映历史时势的变化，见识甚高。

东魏悉其端，而五代汇编，斯吴越、荆、潭终其纪也。凡此六者，所谓便也。何谓具翦裁？通合诸史，岂第括其凡例，亦当补其缺略，截其浮辞，平突填砌，乃就一家绳尺。若李氏《南、北》二史[17]，文省前人，事详往牒，故称良史。盖生乎后代，耳目闻见，自当有补前人，所谓凭藉之资，易为力也。何谓立家法？陈编具在[18]，何贵重事编摩？专门之业，自具体要。若郑氏《通志》，卓识名理，独见别裁，古人不能任其先声，后代不能出其规范，虽事实无殊旧录，而辨名正物[19]，诸子之意，寓于史裁，终为不朽之业矣。凡此二者，所谓长也。何谓无短长？纂辑之书，略以次比，本无增损，但易标题，则刘知幾所谓"学者宁习本书，怠窥新录"者矣[20]。何谓仍原题？诸史异同，各为品目，作者不为更定，自就新裁[21]。《南史》有《孝义》而无《列女》，（详《列女》篇。）《通志》称《史记》以作时代[22]，（《通志》汉、魏诸人，皆标汉、魏，称时代，非称史书也。而《史记》所载之人，亦标《史记》，而不标时代，则误仍原文也。）一隅三反，则去取失当者多矣。何谓忘题目？帝王、后妃、宗

认为《通志》的纂修，解决了各部正史分纂而存在的问题，因而一再高度赞誉其"卓识名理，别识心裁"。

室、世家，标题朝代，其别易见。臣下列传，自有与时事相值者，见于文词，虽无标别，但玩叙次[23]，自见朝代。至于《独行》《方伎》《文苑》《列女》诸篇[24]，其人不尽涉于世事，一例编次，若《南史》吴逵、韩灵敏诸人，几何不至于读其书不知其世耶？凡此三者，所谓弊也。[25]

【注释】

[1] 均类例：合理分类和拟定条例。按，在纪传体史书中，"本纪""表""书志""世家""列传"是全书的基本分类。例，指义例、条例。　[2] 便铨配：便于适当组织调配。铨，衡量轻重，酌定实情处理。配，调配。　[3]"夫鼎革之际"以下九句：处于改朝换代时期，重要的人物活动和事件，在不同的史书都有记载。前代即将灭亡的征兆，新朝乘势兴起的祥瑞，实际上是同一件事。前朝的草寇盗贼，新朝的帝王前驱，实际上是同一个人。鼎革，朝代更替。取义于《周易·杂卦》鼎革二卦名。鼎，取新。革，去旧。胜国，已亡之国。已亡之国，为新朝所胜，故称胜国。草窃，草野窃贼。　[4]"董卓、吕布"二句：董卓于东汉末挟兵废少帝、立献帝，又挟持献帝迁都长安，酿成更大祸乱，后被王允、吕布所杀。吕布原为董卓部将，后与王允合谋杀董卓，又乘乱割据徐州，后被曹操所杀。范晔《后汉书》及陈寿《三国志》各为董、吕二人立传，内容重复。　[5]"禅位册诏"二句：南朝梁敬帝让位给陈武帝的禅位诏书，在《梁书》《陈书》中分别载录。　[6]"夫马立《天官》"以下六句：司马迁创立《天官书》，班固创立《地理志》，《南齐书·天文志》中不记载日月行星运行

的度数，《新唐书·艺文志》不记述学术渊源，从古代以来就形成这种做法，因此内容、体例参差不齐。《唐书·艺文》不叙渊源，在《汉书·艺文志》和《隋书·经籍志》中分类载录书籍，各类有大序、各目有小序记述学术源流，《新唐书·艺文志》中并无。　[7]"郑樵著《略》"以下七句：郑樵著《二十略》，虽然改变了史书典志部分的旧规，体现自成一家的义例，但六书、七音，本来不需要叙述其沿革，而昆虫草木，又何必做到打通各代连续记载呢？《略》，指《通志·二十略》。章程，指原先的章法、体例。　[8]"惟通前后而勒成一家"以下三句：只是贯通前后撰成一部系统著作，就一定要根据本人的学术宗旨创立新的体例，对记载的内容加以提炼概括。　[9]《隋书·五代史志》：唐初官修梁、陈、北齐、北周、隋五代正史完成之时均未修志。后诏令于志宁、李淳风、李延寿等续修五代史志，令狐德棻、长孙无忌先后监修。高宗显庆元年（656）书成，时梁、陈等书已单独流行，这十篇志即合在《隋书》刊行，故亦称《隋书十志》。　[10]"惟人物挺生"二句：关键在于有作为的人物出现，各人都凭借不同的时势。挺生，做出不平常的事。挺，挺立，凸现。生，事迹出现。下文"作者挺生"与此意义相同。　[11]"然子孙附于祖父"以下十四句：然而子孙事迹附在祖父之后，传世的家族集中在一起记载显示出不同的宗族和分支，一个姓氏的血缘关系前后传承，那么时势的盛衰也能由此反映出来了。《史记》中把楚国的屈原与汉代的贾谊合为一传，又将周太史老子与韩国公子韩非一起记载，古人这样做恰恰寄托了深意，人物事迹放在一起而志节特点更加彰著，显示出史家在思想观点上有独到的裁断，后世学术缺乏根柢、见识浅陋的人怎么能够妄加评议呢？同科，同一等级。义，即史义，指史家的识见，著史指导思想。与"独断"都是章氏史学理论中的重要命题，是其长期关注的重点。末学，无本之学。　[12]"夫曲直之中"以下十一句：对于是非曲直作出恰当的判断，朝代改换之后才能论定。但修晋史的史臣总得将魏列为帝纪，而欧阳修《新五代史》不将韩通列入周臣传之中，虽然人物做了特出的事，但是站在哪一国立场说话总应当谨慎，这也是无可如何的事啊。只有事情隔了几代以后，评价出于至公了，也许才能下笔斟酌公正，得出允当的定论来。晋史终须帝魏，晋史原有十八家，因晋受魏禅，多尊魏称帝，仅习凿齿《汉晋春秋》以蜀为正统。唐初官修《晋史》亦以魏为正统。周臣不立韩通，韩通是后周武将，赵匡胤发动陈桥兵变时，韩通率军士誓师，举众反抗而死。欧阳修《新五代史》，其《周臣传》不立韩通传。同为宋代学者的苏轼、刘恕对此有微词。作者，有作为的人。　[13]"居摄之事"二句：王莽居摄当假皇帝之事，班固的记载与范晔不同。按，《汉书·王莽传》载王莽由居摄践祚到宣布其建立新朝事甚详，《后汉书》载王莽之事是从新朝地皇三年起，对居摄之事并无记载。　[14]"二刘始末"二句：刘表、刘焉二人事迹始末，范晔的记载与陈寿不同。按，范晔《后汉书》有《刘表传》《刘焉传》，叙述较详。陈寿《三国志》记载简要，故两书所载内容详略不同。　[15]"僭国载纪"以下七句：记述割据政权始末的载记，和记载边疆少数民族的篇章和有关外国的篇目，因为客观情况决定不可能与一个朝代的历史起讫相同，而记载正统王朝的纪传体史书断代为史，这就造成中原王朝史实完整，而有关周围政权、国家的记载只得一半。僭国载记，《晋书》中专设"十六国载记"记载东晋时期十六国割据政权的历史，因其无正统地位而称帝，视为僭越，称作"僭国"。四裔，指周围少数民族政权的历史。正朔，指被新奉为正统地位的中原王朝。中朝典故，指中原王朝历史。典故，这里指历史。藩国，本指受正统王朝册封并对其臣属的附庸政权，这里泛指有关边疆民族政权、藩属及一些外国的记载。 [16]"惟南北统史"以下四句：只有将南方与北方的历史贯通统合记载，后梁和东魏的起始才能清楚，也只有将五代历史汇总编纂，这样才能使吴越、荆（荆南）、潭（楚）的历史载明其结局。南北统史，南北统合起来记载历史。后梁，南北朝时期，萧氏在江陵建立的地方政权称后梁。五代汇编，将后梁、后唐、后晋、后汉、后周五代的历史汇总编纂。吴越、荆、潭，都是五代时期十国之一。吴越于公元 978 年降于北宋。荆即荆南，又称南平，于公元 963 年为北宋所灭。潭即楚，于公元 951 所为南唐所灭。 [17]"若李氏《南、北》二史"以下四句：语出司马光《贻刘道原书》："延寿之书（指《南史》、《北史》），乃近世之佳史。虽于机祥小事，无所不载，然叙事简净，比之南北正史，无繁冗芜秽之辞。陈寿之后，惟延寿可以比之。"往牒，记载往事的谱籍，此指史书。 [18]"陈编具在"以下四句：以往的史籍都还存在，为什么要重视重新编纂呢？专门钻研而取得的著述成果，自然内容具体而概括恰当。体要，犹精要，具体而概括。语出《尚书·毕命》："辞尚体要。" [19]辨名正物：辨析名称确定事物的内容。 [20]"刘知幾所谓'学者宁习本书，怠窥新录'"：语出《史通·六家》："况《通史》已降，芜累尤深，遂使学者宁习本书，而怠窥新录。" [21]不为更定，自就新裁：不重新拟定题目，让它适合新编的著作。 [22]《通志》称《史记》以作时代：《通志》用"《史记》"的名称作为所应标注的时代。 [23]"但玩叙次"二句：只要仔细玩味记述的内容，自然明白人物的时代。玩，玩味，体味。 [24]"至于《独行》《方伎》《文苑》《列女》诸篇"以下五句：至于《独行》《方伎》《文苑》《列女》这些篇章，其中的人物行事并不都与世情时代相关联，只管按照所定的体例处理，像《南史》中吴逵、韩灵敏等人，何尝不是读了这些文章之后还不明白他所处的时代呢？吴逵，晋代吴兴人，家贫，遭大饥荒，阖门死者十三人，靠夫妻二人日夜劳作不息处理丧葬，对官府的救济不苟接受。韩灵敏，南朝会稽嵊县人，早孤家贫，而孝行甚著，兄亡无子，他事嫂如母。两人均载于《南史·孝义传》。　[25] 按，本节论述通史之修有六便、二长，但有三弊。

《说文》训"通"为"达"[1]，自此之彼之谓也。通者，所以通天下之不通也。读《易》如无《书》[2]，读《书》如无《诗》。《尔雅》治训诂，小学明六书[3]，通之谓也。古人离合撰著，不言而喻[4]，汉人以通为标目，梁世以通入史裁，则其体例，盖有截然不可混合者矣。杜佑以刘秩《政典》为未尽，而上达于三五，《典》之所以名通也。奈何魏了翁取赵宋一代之掌故，亦标其名谓之《国朝通典》乎[5]？既曰国朝，画代为断，何通之有？是亦循名而不思其义者也。六卿联事，职官之书，亦有通之义也。奈何潘迪取有元御史之职守，亦名其书谓之《宪台通纪》耶[6]？又地理之学，自有专门，州郡志书，当隶外史。（详《外篇·亳州志议》。）前明改元代行省为十三布政使司[7]，所隶府州县卫，各有本志。使司幅员既广，所在府县，惧其各自为书，未能一辙也，于是裒合所部[8]，别为通志。通者，所以通府州县

用简洁的文字，总括从通的萌发到《通典》的撰成，有力地回应前文。

以《通典》的成功来对照宋明间著作命名和编纂义例之不当，所论有的放矢。

卫之各不相通也。奈何修通志者，取府州县山川人物，分类为编，以府领县，以县领事实人文，摘比分标[9]，不相联合，如是为书，则读者但阅府县本志可矣，又何所取于通哉？夫通史人文[10]，上下千年，然而义例所通，则隔代不嫌合撰。使司所领，不过数十州县，而斤斤分界[11]，惟恐越畔为虞，良由识乏通材，遂使书同胥史矣。

【注释】

[1]《说文》训"通"为"达"：语出《说文解字·辵部》："通，达也。"《说文》，《说文解字》，东汉许慎撰。　[2]"读《易》如无《书》"二句：语出李翱《答朱载言书》："六经之词也，创意造言，皆不相师。故其读《春秋》也，如未尝有《诗》也；其读《诗》也，如未尝有《易》也，其读《易》也，如未尝有《书》也。"言古人著书各有创意，彼此互不雷同。　[3]小学明六书：古代小学教授文字学，讲六书知识即六种造字方法。　[4]离合撰著，不言而喻：或是分开撰述，或是合而通论，不用解释就能明白。　[5]《国朝通典》：宋代书籍。《直斋书录解题》典故类："《国朝通典》二百卷，不著名氏，或言魏鹤山所为。似方草创，未成书也。"魏鹤山即魏了翁。古人称本朝为"国朝"。　[6]《宪台通纪》：元人所编记载御史台事之书，共二十三卷。潘迪为其作序。潘迪博学能文，历官国子司业、集贤学士。宪台即御史台。　[7]十三布政使司：明朝将元代的行省改为布政使司，设左、右布政使各一人为行政长官。　[8]裒（póu）合：聚集，汇合。

指将各府州的资料汇合在一起。裒，聚集。 [9]摘比分标：摘录排比，分别标识。 [10]"夫通史人文"以下四句：通史记载社会人文历史，上下包括上千年，但是义例的要求是贯通的，因此不同朝代的内容不妨编撰在一起。按，这是强调通史的义例主上下贯通。 [11]"而斤斤分界"以下四句：而那种刻板琐屑地划分界限的做法，惟恐越过边界心存疑虑，正是由于缺乏通的见识和才干，便使编成的书籍变成衙门小吏抄录的案卷了。斤斤，苟细、琐屑。越畔为虞，担忧越过界限。虞，臆度，料想。良由，正因为。良，确，真。胥史，衙门小吏抄录的案卷，言其分散粗劣，无有价值。胥，即胥史，衙门小吏。史，此指记载的文字。按，本节总结通史如何从萌发到撰成名著，批评后人因缺乏通识造成的失误。

【点评】

　　阐释"通"的宗旨在章学诚学术思想体系中占有重要地位，相关的论述还有《申郑》及《答客问》上中下三篇，而本篇又是其余四篇论述的纲领。《章氏遗书》本在编排上将其余四篇置于《释通》之后，恰好反映出这一层关系。刘咸炘《识语》称此篇论述"乃先生学说之大本，亦即此书所以名为通义也"，所论值得参考。

　　中国学术史上重视"通"的思想，和所形成的重视通史编纂的优良传统，对于史学的发展意义重大，并由此形成了中国史学的一项鲜明特色。司马迁开创了这一优良传统，撰成第一部通史杰作，为后世树立了典范。此后自东汉初至唐中叶约六百年间，相继出现的是断代史著作。安史之乱后杜佑《通典》的撰成，和两宋时期

《资治通鉴》及《通志》的产生，为通史的撰著开拓了新局面。此后从元初起至清中叶又历经约五百年，学者中罕见有议论通史撰著者。至此章学诚在理论上大力阐发，实有继往开来的意义，并且丰富了中国史学理论宝库。所论通史之修，有"六便""二长"，是学术史上第一次试图在理论上对通史编纂的优良传统进行总结，其中分析"均类例""平是非""具翦裁""立家法"等项尤具卓识。章学诚卒后不到百年，至二十世纪初叶开始，通史的编纂出现了长期兴盛的局面。这一学术新景观何以能够形成，社会环境的剧烈变动和中西文化交流活跃固然是主要的原因，而章学诚在《文史通义》这部名著中大力倡导，当也起到了一定的积极作用。五百余年来空谷足音，此为《释通》篇理论价值的第一项。

第二项，对于"通"的观念的演进首次作了总结。章氏认为，"通"的观念的萌芽始于西汉。至东汉，《白虎通义》《风俗通义》的撰著，是"后世标通之权舆"。南朝梁武帝修《通史》，是"史籍标通"之滥觞。至中唐和两宋时期，《通典》《资治通鉴》《通志》的撰成，标志着"史部之通，于斯为极盛"。

第三项，围绕"通史"这一领域，章氏提出了诸多具有卓识的论点。如，指出司马迁著《史记》，"本名《太史公书》，不名《史记》"，是为"百三十篇，自名一子"；指出《汉书》固然断代为史，但当中有通史意蕴，"《五行》《地理》，上溯夏、周"，"不必以汉为断也"。又如，论述李延寿《南史》《北史》，"断代而仍行通法者也"，并认为："人物挺生，各随时世"，人物有特出行事，是由时代条件决定的;《南史》《北史》的传记,按家族系统记载人物事迹,"子孙附于祖父","不尽以朝代为断",这样做,"一门血脉相承,时世盛衰,亦可因而见矣"。这些均堪称卓识,当代学者对于这两项也都有所论述,正好与章氏的观点遥相呼应。再如,章氏对于《通志》评价很高,称:"总古今之学术,而纪传一规乎史迁,郑樵《通志》作焉";"《通志》精要,在乎义例。盖一家之言,诸子之学识,而寓于诸史之规矩,原不以考据见长也。"尽管称誉其"卓识名理,独见别裁,古人不能任其先声,后代不能出其规范","终为不朽之业",但又直截了当地指出《通志》之短:"纂辑之书,略以次比,本无增损,但易标题。"这就提出了一个严肃的问题:那么,应该如何做,才能解决这个缺陷呢? 于此,也启发读者加以深入思考。作者提出应当严格区分史钞与史著,对于明代各省通志的纂修,"摘比分标,不相联合","良由识乏通材,遂使书同胥史矣",严肃地提出批评,也鲜明地显示出其勇于担当和有的放矢的学术风格。

章氏是"辨章学术,考镜源流"的名家,本篇论述"通"的思想观念和编纂方法的渊源流变,涉及数量众多的典籍和学者,却能有序展开,有条不紊。如第二节论述源流变化,将复杂的事项梳理为四个层次。第一层,讲继《白虎通义》之后,典籍中"存通之义"的著作大量出现,其中有"集解""异同""然否"诸名,离经为书,则有"六艺""匡谬"诸目。第二层,论述在史部范围,突出的有《太史公书》和班固的《五行》《地理》诸志,而后有梁武帝《通史》的编纂。第三层,论述《通志》

《通典》《资治通鉴》《太和通选》的产生，标志着"史部之通，于斯为极盛"。与此相关，则有《小史》《路史》《南史》《北史》等类型的著作。第四层，是对末流貌似于通，而实际是语录、讲章、纂辑、摘抄一类浅陋之作的批评。这样安排，纲目清楚，有条不紊，对于我们在写作议论文中如何处理复杂事项，确实很有启发意义。总结"通史"的传统和要求，是难度很高的理论问题，难以做到处处恰当、周严，故本篇的论述自然存在若干不足之处。我们可以举出两点。一是，《释通》主要是从史书编纂的类型、体例着眼，而对于更为重要的如何把握历史发展进程和"变"的内涵这一关键问题认识不足，本篇中虽然提到《太史公书》，但未予突出，后面《答客问》中讲到了司马迁"通古今之变，而成一家之言"的重要思想，但也尚未能作出中肯的评析。二是称《文献通考》"实为类书之学"，"无别识通裁"，评价并不公允。

申　郑

　　子长、孟坚氏不作[1]，而专门之史学衰。陈、范而下[2]，或得或失，粗足名家。至唐人开局设监[3]，整齐晋、隋故事，亦名其书为一史，而学者误承流别，不复辨正其体，于是古人著书之旨，晦而不明。至于辞章家舒其文辞[4]，记诵家精其考核，其于史学，似乎小有所补，而循流忘源[5]，不知大体，用功愈勤，而识解所至，亦去古愈远而愈无所当。郑樵生千载而后，慨然有见于古人著述之源，而知作者之旨[6]，不徒以词采为文，考据为学也。于是遂欲匡正史迁[7]，益以博雅，贬损班固，讥其因袭，而独取三千年来遗提炼出"通史家风"的重要命题，是章氏对中国古代史学理论的重大贡献。

文故册，运以别识心裁[8]，盖承通史家风，而自为经纬，成一家言者也。学者少见多怪，不究其发凡起例[9]，绝识旷论，所以斟酌群言，为史学要删，而徒摘其援据之疏略，裁剪之未定者，纷纷攻击，势若不共戴天。古人复起[10]，奚足当吹剑之一吷乎？若夫二十略中，《六书》《七音》与《昆虫草木》三略，所谓以史翼经[11]，本非断代为书，可以递续不穷者比[12]，诚所谓专门绝业[13]，汉、唐诸儒不可得闻者也。创条发例，钜制鸿编，即以义类明其家学[14]。其事不能不因一时成书，粗就隐括，原未尝与小学专家，特为一书者，絜长较短[15]；亦未尝欲后之人，守其成说，不稍变通。[16]

《通志·二十略》兼有理论和方法论的意义，章氏所作"以义类明其家学"这一重要概括，是本篇理论上的一大亮点。

【注释】

[1]"子长、孟坚氏不作"二句：司马迁、班固之后未见有出色的继承者，结果具有典范意义的著史事业衰落了。专门之史学，指具有示范意义的史学名著。　[2]"陈、范而下"以下三句：从陈寿、范晔以下的史著，有成绩也有不足，大体上符合史家的称名。陈、范而下，指沈约、姚思廉等。粗足，大体上达到。名家，史家的称名，即称得上史学家。　[3]"至唐人开局设监"以下七句：到了唐朝初年开设史馆，由大臣监修，整理编纂晋、隋等朝的史

事，编成的书也称为一部正史，后来的学者就错误地承续这种路数，不再辨析史著的体裁、格局是否正确，于是古人著史的义旨，就晦暗不明了。整齐故事，指唐代官修的六部史书整理了梁、陈、北齐、北周、隋、晋各朝史事。 [4]"至于辞章家舒其文辞"二句：文章家铺陈他的文辞，考据家精心地做他的考证工作。舒，施展，铺陈。记诵家，指善于搜集、熟记，做训诂、校勘等项工作的考据家。 [5]"而循流忘源"以下五句：而顺着趋势忘记了源头，不明白事关大局的重要义理。用功越勤，结果看问题的视野和见解，也就距离古人越远并越不恰当了。大体，重要的义理，有关大局的道理。识解，看问题的视野和见解。 [6]"而知作者之旨"以下三句：而懂得史家著述宗旨的重要性，不能只顾及运用辞藻的"史文"和考证工夫的"史学"。 [7]"于是遂欲匡正史迁"以下四句：于是便要纠正司马迁《史记》中的错漏，做到更加渊博准确，批评班固《汉书》对《史记》的抄袭。贬损班固，讥其因袭，郑樵《通志·总序》："（《汉书》）自高祖至武帝，凡六世之前，尽窃迁书，不以为惭。自昭帝至平帝，凡六世，资于贾逵、刘歆，复不以为耻。" [8]"运以别识心裁"以下四句：运用本人的卓识和独有的裁断，这是继承通史撰著的优良传统，而创造性地组织构建，完成了自成思想体系的著作。通史家风，撰修通史而形成的优良传统。按，这是章氏总结、提炼的重要史学理论命题，也是本篇出色的理论成果，其影响直至今日。经纬，治理，此指组织构建。 [9]"不究其发凡起例"以下四句：不去究明郑樵如何制定全书的通则、条例，所具有的极高见识和前人所无的议论，又怎样辛苦地综合各种言论加以取舍，最后删去空话、留下精华，成为这部大著。绝识旷论，卓绝的见识，前人所无的议论。 [10]"古人复起"二句：假如古人复活，哪里抵得上向剑把小孔吹一口气！吹剑之一唉（xuè），语出《庄子·则阳》："惠子曰：'夫吹管也，犹有嘀也。吹剑首者，映而已矣。'"郭象《注》曰："剑首，谓剑环头小孔也……映然如风过。"嘀（xiāo），吹管声。映，象声词。意为吹剑环头上的小孔所发出的微弱声音，比喻事情渺小而微不足道。　[11]以史翼经：用史学著述的成果辅翼经书。这是因为《六书》《七音》《草木昆虫》三篇《略》所讲的，都是有关读懂《尚书》《诗经》《春秋》等儒家经书需要的知识。　[12]递续不穷：承接连续不断。指纪传体断代史"典志"中有关礼乐、天文、地理、食货、刑法的内容，每一朝代皆有，各部正史接续记载，而《通志·二十略》中《六书》《七音》《草木昆虫》三略与此不同，故言"本非断代为书，可以递续不穷者比"，以此证明这三篇是郑樵独特专精的学问。　[13]"诚所谓专门绝业"二句：语本《通志·总序》："凡二十略。百代之宪章，学者之能事，尽于此矣。其五略，汉、唐诸儒所得而闻；其十五略，汉、唐诸儒所不得而闻也。"五略，即礼、职官、选举、刑法、食货。十五略，即氏族、六书、七音、天文、地理、都邑、谥、器服、乐、艺文、校雠、图谱、金石、灾祥、草木昆虫。专门绝业，独特专精，别人不能比的学问。 [14]即以义类明其家学：即是以义旨和分类方法表明他自成一家的学问。家学，自成一家的学问。　[15]絜长较短：争比优劣短长。絜，原指用绳子计量圆周形物体的粗细，引申为衡量。　[16]按，本节论述评价史书首重史识，郑樵的主要成就正在于具有别识心裁，善于发凡起例，继承发扬了"通史家风"。

　　夫郑氏所振在鸿纲，而末学吹求，则在小节。是何异讥韩、彭名将[1]，不能邹、鲁趋跄；绳伏、孔钜儒，不善作雕虫篆刻耶？某君之治是书也[2]，援据不可谓不精，考求不可谓不当，以此羽翼《通志》，为郑氏功臣可也。叙例之中，反唇相讥，攻击作者，不遗余力，则未悉古人著述之义，而不能不牵于习俗猥琐之见者也。夫史迁绝学，《春秋》之后，一人而已。其范围千古、牢笼百家者，惟创例发凡，卓见绝识，有以追古作者之原[3]，自具《春秋》家学耳。若其事实之失据[4]，去取之未当，议论之未醇，使其生唐、宋而后，未经古人论定，或当日所据石室金匮之藏，及《世本》《谍记》《楚汉春秋》之属[5]，不尽亡佚，后之溺文辞而泥考据者，相与锱铢而校[6]，尺寸以绳，不知更作如何掊击也。今之议郑樵者，何以异是？孔子作《春秋》，盖曰其事则齐桓、晋文[7]，其文则史，其义则孔子自谓有取乎尔。夫事即后世考据家之所尚也，文即后世词章家之所重也，然夫子所取，不在彼而在此。则史家著述之道，岂可不求义意所归乎[8]？自迁、固而后，史家既无别识心裁，所求者徒在其事其文。惟郑樵稍有志乎求义，而缀学之徒[9]，嚣然起而争之。然则充其所论[10]，即一切科举之文词，胥吏之簿籍，其明白无疵，确实有据，

形象地指出缀学之徒苛察于琐屑小节，完全不识大局。

转觉贤于迁、固远矣。

虽然[11]，郑君亦不能无过焉。马、班父子传业，终身史官，固无论矣。司马温公《资治通鉴》[12]，前后一十九年，书局自随[13]，自辟僚属[14]，所与讨论，又皆一时名流，故能裁成绝业[15]，为世宗师。郑君区区一身，僻处寒陋，独犯马、班以来所不敢为者而为之[16]，立论高远，实不副名，又不幸而与马端临之《文献通考》并称于时，而《通考》之疏陋[17]，转不如是之甚。末学肤受[18]，本无定识，从而抑扬其间，妄相拟议，遂与比类纂辑之业同年而语[19]，而衡短论长，岑楼寸木且有不敌之势焉，岂不诬哉？

两层对比。一层，郑樵与马班温公相比，所凭藉至为寒陋却敢于做出别人所不敢为的大事业。二层，俗人极力抬高《通考》，而贬低《通志》，实则使郑樵蒙受极大冤枉。

【注释】

[1]"是何异讥韩、彭名将"以下四句：这种看法，同讥笑韩信、彭越这样的名将不会像孔孟故里的儒生那样按照仪式节奏趋步，和纠正伏生、孔安国这样的大儒不会雕虫小技又有什么不同呢？是何异……耶，倒装句式，与……有什么不同呢？以此加强表达效果。韩、彭，韩信和彭越，都是汉初名将。邹、鲁，山东邹县、曲阜，分别是孟子、孔子的故里。趋跄，语出《诗经·齐风·猗嗟》："巧趋跄兮。"郑玄笺："跄，巧趋貌。"孔颖达疏："礼有徐趋疾趋，为之有巧有拙，故美其巧趋跄兮。"绳，纠正，原义指木料不直，工匠用墨线取直。伏、孔，伏生、孔安国，都是西汉大儒。

雕虫篆刻，即雕虫小技。汉代学童必习秦书八体，虫书、刻符是其中的两体，纤巧难工。以雕琢虫书、篆写刻符比喻童子所习的小技。　[2]"某君之治是书也"以下十一句：此处"某君"未详何人。所言"叙例"，或指乾隆年间修成的《续通志》书前目录所附总纂官纪昀、陆锡熊署名的案语，有云："至其《氏族》以下二十略，樵虽殚见洽闻，搜罗未尽，盖综核名物，博采为难。……如周秦钟鼎，汉唐铭刻，散布海宇，方域限之，樵之阙略，亦时地为之也。……兹所续《金石略》补唐以前者十之三，记有者十之五，记无者十之二，洵乎郑樵所不能望见者。"　[3]"有以追古作者之原"二句：能做到追寻古代作者著述的本原，具有《春秋》的著述义旨。家学，此指独具的学术义旨。　[4]"若其事实之失据"以下三句：前代学者有对《史记》的缺误提出批评的，如金代学者王若虚《史记辨惑》，对于史实和文字议论均有辨正。（见《滹南遗老集》卷九至十二）　[5]《世本》：战国时史官所撰，记黄帝迄春秋诸侯大夫的氏、世系、居（都邑）、作（制作）等。《谍记》：见《史记·三代世表》所引。《楚汉春秋》：记项羽、汉高祖及惠帝、文帝时事。　[6]"相与锱（zī）铢而校"以下三句：互相对于再微小的事情都要计较，对于很短的距离也要重新计量，更不知要怎么进行攻击。锱铢而校，指对很微小的事也要计较。锱铢，都是古代很小的重量单位。掊（pǒu）击，攻击。掊，击破，猛击。　[7]"盖曰其事则齐桓、晋文"以下三句：语出《孟子·离娄下》："其事则齐桓、晋文，其文则史。孔子曰：'其义则丘窃取之矣。'"　[8]岂可不求义意所归乎：难道可以不重视义理的方向吗？归，归宿，趋向，方向。　[9]"而缀学之徒"二句：但是那些缀辑旧文的人，却狂躁地起来争辩。缀学，指只会连缀拼合而缺乏见识。缀，连缀，缀合。　[10]"然则充其所论"以下六句：可是按照他们所议论的，说到底，则一切科举应试的八股文，和衙门小吏抄录的案卷，这些都做到明白无毛病，确实有根据，反过来觉得要比司马迁、班固高明得多了！即，则，连词，表示下面引出结论。无疵，找不出毛病。按，本节论述郑樵的成就，正在于发扬司马迁重视"史义"的传统，具有别识心裁，而缀学之徒的嚣然争辩，恰恰证明其不识大局。 [11]"虽然"二句：尽管情况已如上所述，但郑樵本人也不能说无过错。虽然，表示退一步说（再作一层讨论）。焉，表示加强对此讨论的语气。 [12]司马温公：司马光，卒后追封温国公。 [13]书局自随：指司马光在洛阳，由官方负责供给的修史机构跟随着他。语出司马光《司马温公集》卷一《进资治通鉴表》："陛下俯从所欲，曲赐容养，差判西京留司御史台，及提举嵩山崇福宫，前后六任，仍听以书局自随，给之禄秩，不责职事。" [14]自辟僚属：自己聘任助手和下属人员。按，司马光的主要助手即刘攽、刘恕、范祖禹。 [15]裁成绝业：亲自裁定，完成宏伟特出的著述事业。 [16]"独犯马、班以来所不敢为者而为之"以下三句：独自敢于挑战从司马迁、班固以后历代史家所不敢尝试的事情而担当起来，确定了高远的宗旨，而他所能获得的凭藉与他的目标却不相适应。实，指所获得的实际条件。名，指定下的目标。 [17]"而《通考》之疏陋"二句：而《文献通考》的疏漏陋略，反过来并不像《通志》那么严重。 [18]"末学肤受"以下四句：学无根柢、见识浅薄的人，本来缺乏主见，却跟着对两部书加以褒贬，毫无根据地议论批评。 [19]"遂与比类纂辑之业同年而语"以下四句：结果便将具有卓识的著作，与排比辑录史料的书籍放在一起相比较，而所加的批评，竟认为两者简直有如高楼与寸木、甚至差距更要悬殊，这难道不是对郑樵的冤枉吗？比类纂辑之业，指《文献通考》是排比纂辑资料的书。按，《释通》篇云："《文献通考》之类，虽仿《通典》，而分析次比，实为类书之学。

书无别识通裁，便于对策敷陈之用。"同年而语，将两件事情放
在一时间互相比较。不敌，不能相当，不能等同。此言对《文献
通考》和《通志》两书的褒贬，甚至有比高楼与寸木的悬殊差距
还要更甚的趋势。指有的人对《通志》的贬责极甚。按，本节论
述郑樵乃一寒儒，敢于做出历代史家所不敢的事业，却受尽贬责，
实在极其不公。

【点评】

　　本篇与《释通》《答客问》上中下篇，论述宗旨同一，
内容紧密相联。这些篇章的撰著时间，据抄本标明，均
载于"庚辛间草"。《答客问上》篇称"癸巳在杭州"，则
此篇撰著时间在乾隆四十五年（庚子，1780）、四十六年
（辛丑，1781）。题为《申郑》，即为申明、表彰郑氏学术。
章学诚是将之置于史学演进的大局中来评价，并不限于
郑氏学术，故篇中所论具有更为重要的理论价值。

　　章氏论述的"通史家风"，就是对于中国史学的优良
发展传统作了出色的总结，因而具有普遍性意义。通史
著作范围广，著述层次高，难度大，由此形成了"史裁
以通史为贵"的共同认识，因而传统史学中《史记》和
《资治通鉴》这两部杰出的通史巨著历来备受赞誉，并由
此形成了全民族对中华历史进程共同的记忆。前面《释
通》篇阐述了"通史之修"所具有的"六便""二长"，
此篇再响亮地提出"通史家风"的命题，指出其所重不
在于辞章家舒其文辞和记诵家精其考核，而是要首先重
视"史义"，指出："史家著述之道，岂可不求义意所归
乎？"这两篇的上述核心论点结合起来，便成为章氏对

史学理论的重大贡献，在当下，对于我们如何提炼出具有民族特色的学术话语体系也有深刻的启发意义。

关于郑樵的学术，章氏大力表彰的有两项。一是"贯通"的意识，凸显了其别识心裁。自陈寿、范晔之后，纪传体断代史的盛行，固然有其历史原因和编纂方便之处，但通史编纂的传统未能继承发扬也明显地不利于史学的发展。郑樵重视通史，立志要打通上下著书，要实现其"会通"之宏愿，这就是在著史义旨上显示其独创精神，故章氏表彰他："郑樵生千载而后，慨然有见于古人著述之源，而知作者之旨，不徒以词采为文，考据为学也"，"独取三千年来遗文故册，运以别识心裁，盖承通史家风，而自为经纬，成一家言者也。"二是，他开创性提出了"类例"的概念，此即章氏在本篇中所总结的："创条发例，钜制鸿编，即以义类明其家学。"现当代学者对此作了充分的肯定。顾颉刚先生说："他看得做学问要像持军一般有部伍的法子，要像治狱一般有核实的法子，这就是极明白的科学观念。他因为要'部伍'，所以他对于各种事物，都有很详细的分析。"（顾颉刚：《郑樵传》，《通志二十略》附录，中华书局 1995 年版。）白寿彝先生说："其中《艺文》《校雠》《图谱》《金石》四略，是应用类例的方法得到更多成功的。"（《白寿彝史学论集》，北京师范大学出版社 1994 年版。）但在章学诚同时代学者中颇有人对《通志》予以苛责，如王鸣盛说："郑之序《二十略》，自云，五略，汉唐诸儒所得闻，其十五略，汉唐诸儒不得而闻。未免言大而夸。""陈直斋（即陈振孙）已讥其私心自是，不知而作。"（《蛾术编》卷十三"通典通志通考"条，商务印书馆 1958 年版）故刘咸炘《识语》云："此及下三篇与《古教》篇同为论史大纲。此明史贵别识心裁，辞章考据不可为史。名为《申郑》者，以矫正当时之讥郑者耳，实不但为郑言也。'"

然则，章氏称《文献通考》"实为类书之学。书无别识通裁，便于对策敷陈之用"，所言并不允当。故金毓黻先生对此提出商榷，云："若乃郑氏《通志》之'二十略'，太半抄自《通典》而无所增补，以视马书更远不如。且马书所载宋制最详，多为《宋史》各志所未备，所下案语，亦能贯穿古今，折衷至当，是又《通考》之长。非《通志》之所能尽具也。"（《中国史学史》，河北教育出版社 2002 年版）这又说明，对于学术问题的评价务必客观审慎，实事求是，尽量避免因个人好恶而产生评价不当。

答客问上

癸巳在杭州^[1]，闻戴征君震与吴处士颖芳谈次^[2]，痛诋郑君《通志》^[3]，其言绝可怪笑，以谓不足深辨^[4]，置弗论也。其后学者，颇有訾謷^[5]。因假某君叙说^[6]，辨明著述源流。自谓习俗浮议^[7]，颇有摧陷廓清之功。然其文上溯马、班，下辨《通考》，皆史家要旨，不尽为《通志》发也。而不知者又更端以相诘难^[8]，因作《答客问》三篇。^[9]

作者乃文章高手，议论章法分明，因《申郑》篇涉及学术史主要问题，而不知者却更相诘难，须再加阐发，故有《答客问》上中下三篇之作。

【注释】

[1] 癸巳：即乾隆三十八年（1773），时章学诚由宁波返回安徽和州。　[2] 戴征君：戴震，举人出身，对训诂考证、天文历算

之学深有造诣，于此年受朝廷征聘为《四库全书》纂修官。征君，古代称曾受到征聘的隐士。吴处士颖芳，吴颖芳，乾隆年间民间学者，杭州人。幼赴童子试，受吏呵辱，自此不再应考仕进，自学典籍。著有《七音略》《文字源流》等。处士，古代称有才德而隐居不仕的人。谈次：谈话之间。　[3]痛诋：辱骂，抨击。按，戴震抨击郑樵《通志》的言论，如《戴东原集》卷九《与任孝廉幼植书》曰："震向病同学者多株守古人，今于幼植反是。凡学未至贯本末，彻精粗，徒以意衡量，就令载籍极博，犹所谓思而不学则殆也。远如郑渔仲，近如毛大可，只贼经害道而已矣。"又同卷《与是仲明论学书》曰："前人之博闻强识，如郑渔仲、杨用修诸君子，著书满家，淹博有之，精审未也。"　[4]"以谓不足深辨"二句：我认为并不值得深入辩论，就放在一边不作讨论。弗论，不予讨论。　[5]訾謷（zī áo）：指责、诋毁。　[6]某君叙说：指纪昀在《续通志》目录之后所附加的按语。　[7]"自谓习俗浮议"二句：自认为对于世俗间没有根据的议论，有摧毁肃清的功效。摧陷廓清，语出李汉《昌黎先生集·序》："先生于文，摧陷廓清之功，比于武事，可谓雄伟不常者矣。"原意为攻破敌阵并加以扫荡，后用来比喻扫除陈言。　[8]而不知者又更端以相诘难：而不了解真情的人又另外找借口对我责问。更端，原意指另一事，语见《礼记·曲礼上》："君子问更端，则起而对。"此指另外找借口。诘难，责问。　[9]按，本节为《答客问》三篇的引言，申明《申郑》篇所论皆史家要旨，故须作进一步阐释。

　　客有见章子《续通志叙书后》者[1]，问于章子曰：《通志》之不可轻议，则既闻命矣。先生之辨也，文繁而不可杀^[2]，其推论所及^[3]，进退古人，多不与世之尚论者同科，岂故为抑扬，以佐其辨欤？抑先生别有说欤？夫学者皆称二十二史^[4]，著录之家，皆取马、班而下，至于元、明而上，区为正史一门矣^[5]。今先生独谓唐人整齐晋、隋故事，亦名其书为一史，而学者误承流别，不复辨正其体焉。岂晋、隋而下，不得名为一史欤？观其表志成规^[6]，纪传定体，与马、班诸史未始有殊。开局设监^[7]，集众修书，亦时势使然耳。求于其实^[8]，则一例也。今云学者误承流别，敢问晋、隋而下，其所以与陈、范而上，截然分部者安在^[9]？

【注释】

[1]《续通志叙书后》：即《申郑》篇。　[2]杀（shā）：意为减削，剪裁。亦指收笔，结束。　[3]"其推论所及"以下五句：对评论所涉及的问题和评价褒贬古人，您讲的大多与世人的看法不相近，难道是故意抬高压低，这样来增添您辩论的锋芒吗？进退古人，对古人表彰或贬责。尚论，对古代的人或事作评论。尚，久远。同科，同等，同类。此指意见相近。　[4]二十二史：明人刊刻正史，有二十一史之称。即《史记》《汉书》《后汉书》《三

国志》《晋书》《宋书》《南齐书》《梁书》《陈书》《魏书》《北齐书》《周书》《隋书》《南史》《北史》《新唐书》《新五代史》《宋史》《辽史》《金史》《元史》。清代乾隆年间，《明史》告成，乃有二十二史。　[5]正史：《隋书·经籍志》著录史籍始有正史之称，包括纪传体与编年体两大类，故"正史"在开始之时是称主要史书体裁。到了清代，著录家才把朝廷诏令所定的"二十二史"称为"正史"。　[6]"观其表志成规"以下三句：看这些史书修表修志所依据的规矩和编纂本纪、列传的体例，与《史记》《汉书》等部史书并无不同。　[7]开局设监：开设史馆，创立大臣监修制度。　[8]"求于其实"二句：究明这些史书纂修的实际，则是前后一致的体例。　[9]截然分部者安在：将它们截然分开成两大类的根据是什么呢？分部，指分为两大类。按，此节借客人之口提出为何称晋、隋以下诸史是整齐故事，与马、班诸史截然不同的问题。

　　章子曰：史之大原[1]，本乎《春秋》。《春秋》之义，昭乎笔削。笔削之义[2]，不仅事具始末，文成规矩已也。以夫子"义则窃取"之旨观之，固将纲纪天人，推明大道。所以通古今之变，而成一家之言者，必有详人之所略，异人之所同，重人之所轻，而忽人之所谨[3]，绳墨之所不可得而拘[4]，类例之所不可得而泥，而后微茫杪忽之际[5]，有以独断于一心。及其书之成也[6]，自然

洞悉利弊，陈义甚高，故能论述畅达，气势充沛，非体会至深而又勇于担当，不能有此真知灼见！

可以参天地而质鬼神，契前修而俟后圣，此家学之所以可贵也。陈、范以来，律以《春秋》之旨，则不敢谓无失矣。然其心裁别识[7]，家学具存，纵使反唇相议，至谓迁书退处士而进奸雄，固书排忠节而饰主阙，要其离合变化，义无旁出，自足名家学而符经旨；初不尽如后代纂类之业，相与效子莫之执中，求乡愿之无刺[8]，侈然自谓超迁轶固也[9]。若夫君臣事迹，官司典章，王者易姓受命，综核前代，纂辑比类，以存一代之旧物，是则所谓整齐故事之业也。开局设监，集众修书，正当用其义例[10]，守其绳墨，以待后人之论定则可矣，岂所语于专门著作之伦乎？

纂辑比类、整齐故事，与通古今之变，成一家之言，恰成鲜明对比。

【注释】

[1]"史之大原"以下四句：史学义理的根本源头出于《春秋》；《春秋》最重要的义旨是通过孔子对史事记载的选择和褒贬书法的运用来显示的。大原，具有根本性意义的源头。昭乎笔削，通过删改原文来显示。昭，昭示，显示。笔削，指修改文句，借不同的用词表示褒贬的义旨。语出《史记·孔子世家》："（孔子）为《春秋》，笔则笔，削则削，子、夏之徒不能赞一辞。"笔，指记载。削，指删除。   [2]"笔削之义"以下六句：通过笔削表达义旨，不止要做到事件记载本末完备，文辞的表达符合规律而已。拿孔子"义则窃取"这一著史宗旨来考察，目标是要为治国

制定大纲大法，体现事物演进和社会发展的根本法则。不仅……已也，表达"不止局限于……而已啊"的句式。义则窃取，语出《孟子·离娄下》："其事则齐桓、晋文，其文则史。孔子曰：'其义则丘窃取之矣。'"推明大道，指要求成功的史著应体现儒家学说中具有积极意义的显示事物和社会发展的根本性法则。按，这是章学诚对成功史著的极高要求，也是其思想深邃、立意高远的所在。　[3] 所谨：所慎重小心对待的，此指视为重要的内容，郑重记载。　[4]"绳墨之所不可得而拘"二句：不须要拘守于前人所定的规矩，不须要刻板地服从前人所定的分类和条例。按，此两句均用倒装句式，并且排比运用，是为了更加突出编纂史书应懂得根据记载史事的需要而灵活变通，不能墨守成规，刻板照搬。拘，和"泥"都指拘守、刻板遵行。　[5]"而后微茫杪（miǎo）忽之际"二句：有了高明的史识之后，对于处理微妙细致的问题，就能有独到的裁断。微茫杪忽，细微不显。微茫，隐约模糊。杪忽，比喻极细微，也作"秒忽"。一心，指史家的心志识见。按，此即下文所言"心裁别识"。　[6]"及其书之成也"以下四句：等到著作完成时，自然达到可以与天地高妙的原理相参照，与鬼神方能具有的奇特见解相对质，与前代贤才的传统相契合，并且等待后代圣能的君主实现其治国主张，这正是专门成家，有独立的思想体系的著作所以可贵的地方。按，章氏这一段表述，凸显出他立论高远，要求史家应具有高明史识、独立的思想体系，能够洞悉自然与社会运行的原理，精通传统学术精髓，提出付诸实行的治国纲领。他是站在如此高度来评论学术变迁、思想源流和历史编纂的得失和改革方向。契，契合。俟后圣，学者在前面提出的治国纲领等待后代圣明君主予以实施。语出《春秋公羊传·哀公十四年》："君子曷为为《春秋》？拨乱世反诸正，莫近诸《春秋》……制《春秋》之义，以俟后圣。"　[7]"然其心裁别识"以下八句：但是这些名著具有别识心裁、自成思想体系，即使出现批评意见、反唇相讥，譬如班固批评《史记》退处士而进奸雄，范晔批评《汉书》排斥忠义气节而粉饰君主的过失，这类意见并不代表主流。名著成功的大要是在于篇章的离合、议论的变化，观点都很恰当，因此完全达到史学名家的要求而符合儒家经典的宗旨。退处士而进奸雄，语出班固《汉书·司马迁传·赞》："又其是非颇缪于圣人，论大道则先黄老而后六经，序游侠则退处士而进奸雄，述货殖则崇势利而羞贱贫，此其所蔽也。"排忠节而饰主阙，语出《后汉书·班彪传附班固传》："彪、固讥迁，以为是非颇谬于圣人。然其论议常排死节，否正直，而不叙杀身成仁之为美，则轻仁义、贱守节愈矣。"　[8]求乡愿之无刺：希求如乡愿一样处事毫无棱角。乡愿（亦作原），指不分是非、圆滑欺世的人。语出《论语·阳货》："乡原，德之贼也。"《孟子·尽心下》解释"乡原"为："同乎流俗，合乎污世，居之似忠信，行之似廉洁，众皆悦之，自以为是，而不可与入尧舜之道。"无刺，指乡愿处事圆滑、毫无棱角的特点。　[9]侈然自谓超迁轶固也：夸口地自称超越司马迁、班固。侈然，自夸地。轶，超越。　[10]"正当用其义例"以下四句：这样的设馆纂修，正应当沿用原有的体例，遵守原先的规矩，提供史实以等待后人论定就是了，又怎么可以同专门成家的著作相提并论呢？语于……之伦，拿这个与……相提并论。伦，同类，同列。按，本节高悬目标，阐释成功史著在史识和义理上所应达到的境界。

《易》曰："苟非其人[1]，道不虚行。"史才不世出[2]，而时世变易不可常，及时纂辑所闻见，而不用标别家学、决断去取为急务，岂特晋、隋二史为然哉？班氏以前，则有刘向、刘歆、扬雄、贾逵之《史记》[3]，范氏以前，则有刘珍、李尤、蔡邕、卢植、杨彪之《汉记》[4]，其书何尝不遵表志之成规，不用纪传之定体？然而守先待后之故事[5]，与笔削独断之专家，其功用足以相资，而流别不能相混，则断如也。溯而上之[6]，百国宝书之于《春秋》,《世本》《国策》之于《史记》，其义犹是耳。

反复剖析史识高下不同，因而造成流别不能相混。

【注释】

[1] "苟非其人"二句：语出《周易·系辞下》。大意谓：如果不是圣人通晓《易》理,《易》经中高明的道理就不能凭空得到流传。虚行，凭空得到流行。　[2] "史才不世出"以下五句：史学的优秀人才不能每一世代都产生，时势的变化，不可能拿常规去套用，而客观情况需要及时编纂、整理发生的事件，而编纂者却不懂得以具有独特见识、专门家学、善于裁断变通为急切之需要，这种情况又难道是晋、隋两部史书产生之时所特有吗？不可常，不能拿常规去套用。岂特……为然哉，难道只有……才这样的吗？　[3] 刘向、刘歆、扬雄、贾逵之《史记》：指《史记》流传以后，刘向、刘歆、扬雄、贾逵等人续作的篇章。按，据《史通·古今正史》载："《史记》所书，年止汉武，太初已后，阙而不录。其后刘向、向子歆及诸好事者，若冯商、卫衡、扬雄、史岑、梁审、肆仁、晋冯、段肃、金丹、冯衍、韦融、萧奋、刘恂等相次撰续，迄于哀、平间，犹名《史记》。"并未提到贾逵。　[4] 刘

珍、李尤、蔡邕、卢植、杨彪之《汉记》：刘珍等都是参与撰修《东
观汉记》的史臣。刘珍官谒仆射、卫尉，东汉和帝时受诏作建武
以来名臣传。李尤官谏议大夫，安帝时受诏与刘珍等俱修《汉记》。
卢植官九江太守，复为议郎，受诏与蔡邕、杨彪等补续《汉记》。
杨彪在汉灵帝时历任侍中、京兆尹、司空、司徒等职，曾参与修
史。　[5]"然而守先待后之故事"以下五句：然而保留记载等待
后人论定的整齐故事，与以笔削表达褒贬、见识独到的专家之学，
两者的功用固然可以相辅而成，但它们的学术流别和著述层次不
能混为一谈，则是绝对肯定的。　[6]"溯而上之"以下四句：再
往上追溯，百国宝书相比于《春秋》，《世本》《战国策》相比于《史
记》，互相区别的内在的意义，与上述两种记载的不同特点和价
值正好相同。其义，指两种典籍属于不同层次的内在意义。犹是
耳，亦是这样而已。是，指上面整齐故事之记载与专门成家之著
作二者的区别。按，本节进一步阐述整齐故事与专门成家之著作
其功用足以相资，而流别不能相混。

　　唐后史学绝^[1]，而著作无专家。后人不知
《春秋》之家学^[2]，而猥以集众官修之故事，乃
与马、班、陈、范诸书，并列正史焉。于是史文
等于科举之程式、胥吏之文移^[3]，而不可稍有变
通矣。间有好学深思之士，能自得师于古人^[4]，
标一法外之义例，著一独具之心裁，而世之群怪
聚骂^[5]，指目牵引为言词，譬若猵狙见冠服，不
与龁决毁裂，至于尽绝不止也。郑氏《通志》之

被谤，凡以此也^[6]。

【注释】

[1]"唐后史学绝"二句：唐以后史学的优良传统断绝，没有再产生专门家学的著作。　[2]"后人不知《春秋》之家学"以下四句：后人不理解《春秋》创立的重视专门家学的传统，而杂乱地拿集众官修而成的整齐故事的书，竟然与司马迁、班固、陈寿、范晔的著作，并列称为正史。猥，琐碎烦杂，杂乱。焉，表强调语气词。　[3]胥吏之文移：衙役小吏移送的公文。　[4]"能自得师于古人"以下三句：能够师从古人自有心得，标举出一项成法之外的义例，彰显出本人独有的见识裁断。著，彰显，显示。　[5]"而世之群怪聚骂"以下五句：结果是，世上成群怪人聚集责骂，手指目视牵扯出种种攻击的借口，就好像猿猴看见冠袍，不将它咬烂、撕碎，直到完全毁掉便不罢休。而，表结果连词。猵狙（piàn jū），像猿一样的动物。齕（hé）决，咬断，咬烂。齕，咬。　[6]凡以此也：大概就是这个原故。凡，大概。按，本节归结郑樵受到责骂的原因，是由于他以独具之心裁，敢于打破长期因袭的成例。

嗟乎！道之不明久矣。《六经》皆史也，形而上者谓之道，形而下者谓之器。孔子之作《春秋》也，盖曰："我欲托之空言，不如见诸行事之深切著明。"然则典章事实^[1]，作者之所不敢忽，盖将即器而明道耳。其书足以明道矣^[2]，笾

如果忘记了即器以明道的责任，忘记了义理的指导作用，那就会沉溺于琐屑考证或炫耀文辞，这正是学风流弊之所在。

豆之事，则有司存，君子不以是为琐琐也。道不明而争于器[3]，实不足而竞于文，其弊与空言制胜，华辩伤理者，相去不能以寸焉。而世之溺者不察也[4]。太史公曰："好学深思[5]，心知其意。"当今之世[6]，安得知意之人，而与论作述之旨哉？

【注释】

[1]"然则典章事实"以下三句：但是典章制度、史事名物，是史家所不敢忽视的，原因是要通过考辨具体事物而达到究明大道的目的而已。盖，表原因连词。耳，而已。　[2]"其书足以明道矣"以下四句：撰成的史著如果达到能够宣明大道了，那么具体细小的事物则有专人负责，有修养的人不在这些琐屑小事上费精力。笾（biān）豆之事，语出《论语·泰伯》："笾豆之事，则有司存。"笾，一种竹器，高脚，圆口，祭祀时盛果实等食品。豆，形状有类于笾，木制，祭祀时用以盛有汁的食物。有司，主管的小吏。　[3]"道不明而争于器"以下五句：不究明大道而在具体事物上争执不下，内容不充实而在文词上争胜，这些做法的弊病同以空言求胜，用花哨的辞藻歪曲正理，相差是很微小的啊。华辩，用花言巧语争辩。　[4]而世之溺者不察也：而世上沉溺于琐屑考辨和华美文辞的人不能明察这些道理。　[5]"好学深思"二句：语出《史记·五帝本纪·赞》。　[6]"当今之世"以下三句：在当今世上，我如何能遇到心知其意的人，能够一起讨论贯彻著述的义旨呢？作述之旨，作与述是包括古今典籍的两大类，有一家之言的义旨贯穿的，是"作"。整齐纂辑史料，是

"述"。两者著述层次不同。按,本节强调究明大道是著述的目的,严肃批评当时学者沉溺于琐屑考辨和竞于文辞的不良风气。

【点评】

理论著作往往使人觉得抽象、平板,甚至深奥、艰涩。《文史通义》作为史学评论著作,固然有凝重、深刻的特点,而同时,章氏又运用匠心,在章法、结构、修辞、句式运用等很有技巧,因而于逻辑严密阐释理论之中,文章很具有吸引力。《释通》以下诸篇在结构上就很有讲究——论述主旨紧密相连,步步深入展开,前后贯通,讲道理透彻,令人感到理论创造的充沛力量。《答客问》上中下三篇,是对《申郑》篇论点的进一步阐发。《申郑》篇之作,本来是对士林中围绕对郑樵学术的种种贬责予以辩驳,对于习俗浮议有摧陷廓清之功。但由于涉及二千余年史学演变的各种现象,所论皆史家要旨,由此又引起不明史学真谛的人提出诸多诘难,故此须作进一步申述。

本篇首要的理论贡献是,借客人之口,提出了一个颇具挑战性问题:从《史记》而下共有二十二史,同样是纪传体,为什么要提出"辨正体例"?这二十二史人所共知都称为"正史",为什么章氏却要批评"唐人整齐晋、隋故事,亦名其书为一史"的认识是"误承流别"?那么将晋、隋而下诸史,与陈范以上各史来一番截然分部,有什么确切的根据呢?

这个问题当然是二千年史学演变历史中的大问题,而同时,它又是与对其面对的历史编纂现状持何种看法,以及对当代学术风尚持何种看法直接相关的大问题。本篇第三节中即对此作了精辟的回答，立意高远，对历史编纂所应达到的目标怀抱着极高洁的愿望，表现出他作为立言之士所具有的担当精神。他提出，撰著史学佳构的目标应当定位在："固将纲纪天人，推明大道。所以通古今之变，而成一家之言者。"要能够究明大道，总结出客观世界演变和社会演变的规则性，要达到司马迁那样，揭示出历史的变局和推动社会变革的力量，并且构建自己的思想体系，提出对现实问题的见解，表达自己的社会理想。为此，在体例运用和编纂方法上，"必有详人之所略，异人之所同，重人之所轻，而忽人之所谨，绳墨之所不可得而拘，类例之所不可得而泥"。以孔子之"笔削大义"和司马迁的精神为榜样，最后达到成功的不朽之作，"及其书之成也，自然可以参天地而质鬼神，契前修而俟后圣"。正因为章学诚怀抱着如此崇高的目的，因此在众人无不认为沿袭成例理所当然之时，他却认为正史编纂已经面临灾难性的局面，非痛下决心改革不可！为什么要将晋、隋而下，与陈范而上截然分部呢？原因就是晋、隋而下诸史失去"史义"的指导，缺乏别识心裁，不能"自成一家"，而只属于"整齐故事"的较低的层次。从表面形式看，晋、隋二史以下似乎体例与前无异，而实质上，唐以后集众修成之书因为缺乏别识心裁，"以待后人之论定则可矣，岂所语于专门著作之伦乎"？

本篇又一理论贡献是，指出史学载籍区分为"专门家学"与"整齐故事"两大类这样的客观依据是早已存在。"其功用足以相资，而流别不能相混。""溯而上之，百国宝书之于《春秋》,《世本》《国策》之于《史记》,其义犹是耳。"章氏认为,陈范之下诸史,由于拘守成例,不知变通,"于是史文等于科举之程式、胥吏之文移",这种局面亟待改变。而郑樵之所以受到世俗人士的责难,即在于他有打破旧规的勇气,"能自得师于古人,标一法外之义例,著一独具之心裁",章氏大力肯定郑樵的贡献,理由正在于此。

理论应当有的放矢,理论应当体现对现实的关怀,而不能只评论往事,发思古之幽情,章学诚正是这样做,最后归结到对当代不良学术风尚的针砭,这是本篇的又一理论贡献。他指出,"义理"和"史实",是一组辩证范畴。强调义理,不是说可以忽视史实;但不能因此而采取迁就、调和态度,只满足于称二者都不应偏废。辩证关系中更应重视主次关系,重视矛盾的主要方面,因此说:"然则典章事实,作者之所不敢忽,盖将即器而明道耳。其书足以明道矣,笾豆之事,则有司存,君子不以是为琐琐也。"身处乾隆时期,要为学术研究开出一条新路,是迫切的,又是艰难的事,必须同时对烦琐考证、夸耀文辞和性理空谈,这三种流弊有清醒的认识,予以坚决抵制。故章氏再一次呼吁士林人物认识问题的严重性,说:"道不明而争于器,实不足而竞于文,其弊与空言制胜,华辩伤理者,相去不能以寸焉。而世之溺者不察也。"很具批判锋芒,而又表达巧妙,"道不明而争于器",是指烦琐考证之风,"实不足而竞于文",是指堆砌华丽词藻、文章空洞无物的士人,"空言制胜,华辩伤理"是指惯于性理空谈者,指出他们应当早日自醒,回到学术的正道。他真诚地希望有识之士共同努力，为学术发展开辟新境，《释通》《申郑》《答客问》等篇就是他不懈努力和理论创新的记录。

章氏写议论文章极有章法，本篇各节论点明确、论证层层深入。逻辑严密：对于设问、反问、比喻、夸张、排比、对偶等修辞方法运用成功。这些方面也都值得我们仔细体味。

答客问中

客曰：孔子自谓："述而不作[1]，信而好古。"又曰："好古敏以求之[2]。"夏殷之礼[3]，夫子能言，然而无征不信，慨于文献之不足也。今先生谓作者有义旨，而笾豆器数[4]，不为琐琐焉。毋乃悖于夫子之教欤？马氏《通考》之详备，郑氏《通志》之疏舛，三尺童子所知也。先生独取其义旨[5]，而不责其实用，遂欲申郑而屈马，其说不近于偏耶？

引经据典，提出反诘，直谓章子所言不同于孔子所言，到底是不是讲错了呢？

【注释】

[1]"述而不作"二句：见《论语·述而》。 [2]好古敏以求之：语出《论语·述而》："我非生而知之者，好古，敏以求之者也。"

敏，谓勤奋敏捷去求得知识。 [3]"夏殷之礼"以下四句：夏代、殷代的礼制，孔子都能讲，但是如果没有确切的证据就不能信从，因此感慨文献的不足。文，指典籍。献，指熟悉遗闻故事的贤人。 [4]器数：古代礼仪中需用的器物和各种规矩。 [5]"先生独取其义旨"以下四句：您只是片面地重视它的著述宗旨，而不究明它的实际用处，便要抬高郑樵而压低马端临，您的看法难道不有些偏颇吗？按，本节借客人的反诘，质疑前文独取义旨而不重视具体事项是偏颇之见。

章子曰：天下之言[1]，各有攸当，经传之言，亦若是而已矣。读古人之书[2]，不能会通其旨，而徒执其疑似之说，以争胜于一隅，则一隅之言，不可胜用也。天下有比次之书[3]，有独断之学，有考索之功[4]，三者各有所主[5]，而不能相通。《六经》之于典籍也，犹天之有日月也。读《书》如无《诗》，读《易》如无《春秋》，虽圣人之籍[6]，不能于一书之中，备数家之攻索也。《易》曰"不可为典要"[7]，而《书》则偏言"辞尚体要"焉。读《诗》不以辞害志[8]，而《春秋》则正以一言定是非焉[9]。向令执龙血鬼车之象[10]，而征粤若稽古之文，托熊蛇鱼旟之梦，以纪春王正月之令，则圣人之业荒，而治经之旨悖矣。若云好古

天下述作之林汗牛充栋，而以此三类，全部作了区分，正是章氏卓识。

敏求[11]，文献征信，吾不谓往行前言可以灭裂也。多闻而有所择[12]，博学而要于约，其所取者有以自命，而不可概以成说相拘也。大道既隐，诸子争鸣，皆得先王之一端，庄生所谓"耳目口鼻，皆有所明，不能相通"者也[13]。目察秋毫，而不能见雷霆；耳辨五音，而不能窥泰山。谓耳目之有能有不能[14]，则可矣；谓耳闻目见之不足为雷霆山岳，其可乎？

多闻而有所择，博学而要于约，此两句诚为治学之津梁。

末两句是对沉溺于纂辑和考证的学者的有力针砭。

【注释】

[1]"天下之言"以下四句：世上的各种言论主张，各有它所适用的具体情况；儒家经典上的言论，也是这样的情况。攸（yōu）当，所运用的具体情形。攸，所，指适合于此项。　[2]"读古人之书"以下六句：如果读古人的书，不知做到对其中的义理融会贯通，而只是固执本人似是而非的说法，求得在某一小局部上争胜，那么这类孤立片面的言论，是永远争辩不完的。疑似之说，似是而非的说法。　[3]比次之书：排比纂辑资料的书。　[4]考索之功：指从事考证、功力专深的学者。　[5]"三者各有所主"二句：三种不同取向的学者各有主攻方向，并不能兼通。主，指主攻方向。　[6]"虽圣人之籍"以下三句：即使是圣人述作的典籍，也难以在一部书中，兼能满足不同学术取向的人用功阐释、钩稽探索。　[7]不可为典要：见《周易·系辞下》。　[8]读《诗》不以辞害志：见《孟子·万章上》："故说诗者，不以文害辞，不以辞害志，以意逆志，是为得之。"　[9]《春秋》则正以一言定是

非：见杜预《春秋左氏传序》：“《春秋》虽以一字为褒贬，然皆须数句以成言。”孔颖达《疏》：“褒则书字，贬则称名，褒贬在于一字。”　[10]“向令执龙血鬼车之象”以下六句：如果古人拿《周易》上所言龙血鬼车的景象，去考证《尚书》上粤若稽古的文字，凭借《诗经》上熊蛇鱼旐（zhào）的梦境，来记述《春秋》春王正月的政事，那么孔子所开创的学术传统早就荒废，而与治经的宗旨完全相背离了。向，从前，往昔。令，如果，假若。龙血，见《周易·坤卦》卦辞：“上六，龙战于野，其血玄黄。”鬼车，《周易·睽卦》卦辞：“上九，睽孤，见豕负涂（泥），载鬼一车。”象，景象。征，征引，考证。粤若稽古，见《尚书·尧典》：“粤若稽古。”意为顺考古代的道理。粤，助词，与“曰”通。若，顺。稽，考。按，此言不能拿《周易》卦辞所载景象用来考证《尚书》上的史事。熊蛇，均见《诗经·小雅·斯干》：“吉梦维何？维熊维罴（是生男兆），维虺（huǐ）维蛇（生女兆，皆吉梦）。”鱼旐，《小雅·无羊》：“牧人乃梦，众维鱼矣（梦鱼多，兆丰年），旐维旟（yú）矣（梦郊野之旗，成为州里之旗，是人多）。”春王正月，《春秋》鲁隐公元年纪事首句：元年春王正月，此表示《春秋》记载的内容。　[11]“若云好古敏求”以下三句：如果说到孔子爱好古代学术、勤勉地探求，和关于重视古代文献征信的遗教，我本人对此并不否认，我没有讲过前代圣贤言行可以毁弃。往行前言，前代圣贤的言行。语出《周易·大畜》：“君子以多识前言往行，以畜其德。”灭裂，毁弃，破坏，违背。　[12]“多闻而有所择”以下四句：扩充闻见而有所选择，广泛地学习而又要提炼出要点，对于所采择的要有自己的主见，而不能一概按照前人的说法受到束缚。多闻而有所择，出于《论语·述而》：“盖有不知而作之者，我无是也。多闻，择其善者而从之，多见而识之，知之次也。”博学而要于约，出自《论语·雍也》：“子曰：‘君子博学于文，约之以礼，亦可以弗畔夫。'”其所取者，对于所采择的。其，指定代词，那些。取，采择，选取。自命，自己的主见、看法。　[13]耳目口鼻，皆有所明，不能相通：见《庄子·天下篇》。　[14]“谓耳目之有能有不能”以下四句：说耳目的功能有的能做到有的不能做到，是可以的；但要说耳闻目见听不到雷霆、看不到山岳，难道可以吗？按，本节论述比次之书、独断之学、考索之功，三者各有所主，不能相通。

　　由汉氏以来[1]，学者以其所得，托之撰述以自表见者[2]，盖不少矣。高明者多独断之学，沉潜者尚考索之功，天下之学术，不能不具此二途。譬犹日昼而月夜[3]，暑夏而寒冬，以之推代而成岁功，则有相需之益；以之自封而立畛域，则有两伤之弊。故马、班史祖[4]，而伏、郑经师，迁乎其地而弗能为良，亦并行其道而不相为背者也。使伏、郑共注一经，必有牴牾之病；使马、班同修一史，必有矛盾之嫌。以此知专门之学[5]，未有不孤行其意，虽使同侪争之而不疑，举世非之而不顾，此史迁之所以必欲传之其人，而班固之所以必待马融受业于其女弟，然后其学始显也。迁书有徐广、裴骃诸家传其业，固书有服虔、应劭诸家传其业，专门之学[6]，口授心传，不啻

以恰当的比喻，说明独断之学与考索之功，二者应相需而用，决不能自封畛域，造成两伤之弊。

经师之有章句矣。然则《春秋》经世之意[7]，必有文字之所不可得而详，绳墨之所不可得而准。而今之学者，凡遇古人独断之著述，于意有不惬[8]，嚣然纷起而攻之，亦见其好议论而不求成功矣。[9]

【注释】

[1]汉氏：汉代。　[2]托之撰述以自表见者：依托撰述的作品来表达自己的思想。　[3]"譬犹日昼而月夜"以下六句：就像白昼与黑夜的变化，寒来暑往的季节变化，按此推换运行以完成一年农事的收获，则有互相需要的好处；但如果因学问路数不同、互相隔绝划定界限，结果就有互相损害的弊病。岁功，一年农事的收获。自封，自我划界。畛（zhěn）域，范围，界限。　[4]"故马、班史祖"以下四句：因此，司马迁和班固是史学初祖，伏生、郑玄是一代经师，如果让他们互换专业将不能达到佳境，而这样各自发挥专长却又不相妨碍。迁乎其地，交换他们的专业。弗能为良，不能做得出色。并行其道，各自发挥专长、并行发展。　[5]"以此知专门之学"以下七句：由此明白专门学问，没有不是坚定地实行自己的主张，即使同行提出争辩也不怀疑，遭到世人反对也不动摇，这正是司马迁之所以强烈地希望一定要传给值得托付的人，而班固之所以必须等到马融向他的妹妹班昭受业，然后学术才得显扬的原故。孤行其意，坚定地实行自己的志向。孤行，目标坚定地实行。同侪（chái），同辈，同行。　[6]"专门之学"以下三句：专门成家的学术，经过口授将心得传下去，无异于经师分章析句、自成体系的讲授。章句，汉代经师分章析句的传授

方法。　[7]"然则《春秋》经世之意"以下三句：但是《春秋》所包涵的匡扶天下的义旨，其中必定有文字不能详述，一般的规矩法则所不能限制的。准，标准，指适用于通常情况下的规矩。全句是强调《春秋》的义旨有灵活变化、不能按通常的规矩法则限制者。　[8]于意有不惬：对于自己的心意感到有不满足的地方。　[9]按，本节论述独到之学与考索之功，二者应当相需为用，切戒自封畛域互相攻击。

　　若夫比次之书[1]，则掌故令史之孔目，簿书记注之成格，其原虽本柱下之所藏，其用止于备稽检而供采择，初无他奇也。然而独断之学[2]，非是不为取裁；考索之功，非是不为按据。如旨酒之不离乎糟粕，嘉禾之不离乎粪土，是以职官故事、案牍图牒之书[3]，不可轻议也。然独断之学、考索之功欲其智[4]，而比次之书欲其愚，亦犹酒可实尊彝，而糟粕不可实尊彝；禾可登簠簋，而粪土不可登簠簋，理至明也。古人云："言之不文，行之不远。""文不雅驯[5]，荐绅先生难言之。"为职官故事、案牍图牒之难以萃合而行远也[6]，于是有比次之法。不名家学[7]，不立识解，以之整齐故事，而待后人之裁定，是则比次欲愚之效也。举而登诸著作之堂[8]，亦自标名为家学，

此处用简洁的七个字"备稽查而供采择"，概括比次之书的价值，切中肯綮。

谈何容易邪？且班固之才，可谓至矣[9]，然其与陈宗、尹敏之徒，撰《世祖本纪》与《新市》《平林》诸列传，不能与《汉书》并立，而必以范蔚宗书为正宗，则集众官修之故事[10]，与专门独断之史裁，不相缀属又明矣。

【注释】

[1]"若夫比次之书"以下六句：至于整理、纂辑性质的书，是档案资料汇编的目录，官府文书和原始记载的格式化整理，它的渊源虽是古代柱下史的典藏，而它只在于预备查核和提供选择、采用，原本并无其他特别之处。若夫，句首语气词，用在句首或段落的开始，表示另提一事。掌故，指官府案卷。令史，衙门下级吏员，此指他们掌管的文书档案。孔目，原指掌管图籍的吏员，宋代翰林属官设有孔目，是下级吏员，胡三省说："孔目者如一孔一目，无不经其手。"[2]"然而独断之学"以下四句：但是具有别识心裁的学问，没有它就失去可供采择的史料；钩稽考证的功力，没有它就失去依据的凭借。[3]"是以职官故事、案牍图牒之书"二句：因此官府公文、案卷图籍一类书，不应该被轻视。是以，表结果连词，因此。轻议，表示轻视的议论。[4]"然独断之学、考索之功欲其智"以下七句：但是从事运用义理决断的学问和精于钩稽考证功夫的人需要发挥他的聪明才智，而从事整理纂辑的人需要他多下笨功夫，老老实实地保存材料原貌和加以编排，这好比酒可以灌进酒尊祭拜祖先，而酒糟不能装在酒尊当祭拜的礼品，五谷可以盛在祭祀器具中，而粪土不能用作祭礼的物品，这个道理是最为明白的。尊彝，都是古代铜制酒器，用作

祭祀的礼器。簠簋（fǔ guǐ），古代盛五谷的礼器，都用竹编制。簠为方形，簋为圆形。　[5]"文不雅驯"二句：语出《史记·五帝本纪·赞》："百家言黄帝，其文不雅驯。"各家各派人物讲黄帝的历史，语句不合规范，又无事实根据。雅，正声，即符合规范的意思。驯，同"训"，可以为训，指事实有根据。不驯即无根据。荐绅，即"缙绅"，亦作"搢绅"。古代士大夫垂绅插笏，因称官僚士大夫为缙绅。搢，插。绅，大带。　[6]"为职官故事、案牍图牒之难以萃合而行远也"二句：因为官府公文、案卷图籍之类材料难以汇集整理而传播久远，于是需要排比纂辑之法。　[7]"不名家学"以下五句：不以自成一家出名，不提出自己的看法和解释，用这种方法整理编排以往资料，而等待后人裁择论定，这就是编辑排比需要下笨功夫的长处。不名，不以……出名。名，用作动词。不立，不提出，不标示。识解，识法和解释。是则，表结果连词，……的作用、长处。　[8]"举而登诸著作之堂"以下三句：硬性拔高让比次之书登上著作的殿堂，也自己标榜为自成一家，做起来有像说出来那么容易吗？举，托起，即硬性拔高。标名，标榜。　[9]可谓至矣：可以说达到极致了。　[10]"则集众官修之故事"以下三句：那么集合众人、官府监修和整理史料，与专家具有独到史识裁定的著作，两者不能同等对待又很明显了。故事，指对现成史料加以整理。史裁，用独到识见裁定的史著。缀属，原指连续，连贯，此指同等对待。按，本节论述比次之书的价值是提供可靠的史料，备稽检而供采择。

　　自是以来，源流既失，郑樵无考索之功，而《通志》足以明独断之学，君子于斯有取焉[1]。马贵与无独断之学，而《通考》不足以成比次

章氏对《通考》的贬责，语甚偏颇，但也由此见到其重史义，贵创造，反对墨守成规、不求进取的治学特点。

之功，谓其智既无所取[2]，而愚之为道，又有未尽也。且其就《通典》而多分其门类[3]，取便翻检耳。因史志而裒集其论议[4]，易于折衷耳。此乃经生决科之策括[5]，不敢抒一独得之见，标一法外之意，而奄然媚世为乡愿，至于古人著书之义旨，不可得闻也。俗学便其类例之易寻[6]，喜其论说之平善，相与翕然交称之，而不知著作源流之无似。此呕哑嘲哳之曲[7]，所以属和万人也。

【注释】

[1] 于斯有取：对此给予赞许。　[2] "谓其智既无所取"以下三句：论他的识见既没有值得赞许之处，论他下笨功夫做学问的路子，却又做得不够。愚之为道，指下笨功夫的做法。道，道路、道理，此指做学问的路子。　[3] 就《通典》而多分其门类：《通典》分为九门，《文献通考》共有二十四门，其田赋、钱币、户口、职役、征榷、市籴、土贡、国用、选举、学校、职官、郊社、宗庙、王礼、乐、兵、刑、舆地、四裔等十九门，为就《通典》析出的门类，而经籍、帝系、封建、象纬、物异等五门，为《通典》所无。　[4] "因史志而裒（póu）集其论议"二句：由于借助正史志书篇章、汇集其中的论议，就容易评价得失罢了。裒集，聚集，汇集。折衷，原意为取正、使适中，此谓指陈得失。　[5] "此乃经生决科之策括"以下六句：这种书实际上是应试考生备考的简括抄本，不敢抒发一点本人独得的创见，提出一点陈规以外的卓

识，而毫无生气地讨好世俗做个伪善的乡愿，至于古人著书的思想旨趣，根本就找不到。经生，应考的生员。因要熟背儒家经典，依经书语言答题，故称经生。决科，应试。策括，备考用的摘录经史的简括材料。如苏轼《议学校贡举状》所言："近世士人纂类经史缀缉时务，谓之策括。待问条目，搜抉略尽，临时剽窃，窜易首尾，以眩有司，有司莫能辨也。"抒，抒发，发表。法外之意，突破陈规的见识。法，成法，长期形成的旧规矩，几乎有同于"法"的惯性力量。奄（yǎn）然，气息微弱貌，以此形容毫无生气。　　[6]"俗学便其类例之易寻"以下四句：学识浅陋的士人感到它分类型明显容易查找甚为方便，又喜欢它的议论平和而乐于接受，便互相一致地交口称赞它，而不知在学术源流上找不到与成功之作有相同之处。翕（xī）然，一致，统一，协调。　　[7]"此呕哑嘲哳（zhā）之曲"二句：这就是村俗嘈杂的歌曲，却有万人应和歌唱的道理。呕哑嘲哳，指村俗嘈杂的歌曲。语出白居易《琵琶行》："岂无山歌与村笛，呕哑嘲哳难为听。"属（zhǔ）和万人，有上万人应和歌唱。属和，应和，语出萧统《文选·宋玉对楚王问》："客有歌于郢中者，其始曰下里巴人，国中属而和者数千人。其为阳阿薤露，国中属而和者数百人。其为阳春白雪，国中属而和者数十人。引商刻羽，杂以流徵，国中属而和者不过数人而已。是其曲弥高，其和弥寡。"因为是如同下里巴人这样的村俗嘈杂的歌曲，所以有众多的人应和歌唱。按，本节论述应以"史义"为标准，来评价《通志》《通考》之高下。

【点评】

《答客问》三篇的论述，是对《释通》《申郑》中提出的诸多重要观点的展开。上篇主要论述正史编纂源流中"专门家学"与"集众监修整齐故事"存在质的区别的问题。本篇则重点讨论著述义旨与文献资料二者的区分和联系问题，而篇中围绕这一中心所作的论述，实则牵涉到两千多年学术传统的评价，以及当时学术风尚的一系列关键性命题，对此提出富有哲理性的分析，因而极具理论启示的意义。

譬如，古今书籍汗牛充栋，令人眼花缭乱。读书人所习是本人从事的专业，所读是某一范围的书，平常勤苦之不暇，极少有人去思考琳琅满目的图书按其性质和层次如何区分的问题。而章学诚下了大功夫长期研究，对此给了我们明确的答案："天下有比次之书，有独断之学，有考索之功，三者各有所主，而不能相通。"将浩如烟海的图书作如此区分是有明确目的的，这就是帮助士人认识其从事的专门领域的性质和特点。简言之，比次者，整齐其故事；独断者，别出其心裁；考索者，钩稽其疑难。由此，士人即能明白自己从事的领域责任是什么，而发挥其所长，避免其所短。

再譬如，针对当日因考证学大盛，学者终日埋头于具体问题的考索之中，而不抬头看到书斋以外的天地。章氏痛感于此，因而大力申明："高明者多独断之学，沉潜者尚考索之功，天下之学术，不能不具此二途。譬犹日昼而月夜，暑夏而寒冬，以之推代而成岁功，则有相需之益；以之自封而立畛域，则有两伤之弊。"讲得实在精彩，以昼夜、寒暑推代而成岁功的规律，阐明独断之学与考索之功二种层次与路数不同的学术，若互相补充则有推进学术之效，若互相立门户则有两伤之弊。这一至理名言，实是章学诚总结学术史的经验而得，也是对当时自立门户的不良倾向提出切中要害的忠告。时至今日，对于我们开阔心胸、形成健康学风、广泛地从不同风格的学者身上吸收营养都大有教益！

又再如，比次之书，是资料的纂辑，在学术上诚居于较低的层次。章氏对其价值、特点的论述同样极其精辟。虽然是纂辑现有的史实、档案、簿册等，但并非可以轻视，"然而独断之学，非是不为取裁；考索之功，非是不为按据。如旨酒之不离乎糟粕，嘉禾之不离乎粪土"。但因学术层次、性质不同，故如何为之的方法、要求也不同。简单来说："独断之学、考索之功欲其智，而比次之书欲其愚。"独断之学，要提出观点，创新义例，因此"欲其智"，需要作者发挥灵感、运用哲理思考。比次之书，要保存好第一手资料，让学者检索方便，"故欲其愚"，需要老实巴交下苦功夫，把原始资料实实在在整理好。这些论述，看似平实简略，实则十分深刻、精当、不可移易！上世纪初，陈垣先生利用有关元史的各种史料钩稽、考证元代也里可温教（即元代基督教）之时，经过比勘，即发现当年纂辑者用"笨功夫"整理辑合而成的《元典章》的史料价值，即高于史臣集众编修的《经世大典》。故陈垣言："正为其不经馆阁，备录原文，然后保全者大。《经世大典》即馆阁编纂之书，其礼典只列僧、道二门，并不另著也里可温教；而《元典章》礼部，则于释教、道教之外，另辟也里可温教一门。"（陈垣：《元也里可温教考》）这一典型例证正好说明章氏"比次之书欲其愚"的论断。

　　本篇在运用辩证思维方面也有出色论述，当时士林对于反思学术史和认识当世学风得失存在分歧，其根源实在于不重视思想方法的讨论和训练，而章氏有的放矢地提出论题，弥足珍贵。如，应当怎样看待"义旨"与"文献"的价值？章氏指出，既要重视孔子所讲"好古而敏求之"和他对"文献"的感慨，更要重视孔子关于"即器以明道"、笾豆之事不为琐琐焉的告诫。应当将二者合起来，明确"道"即义旨对于文献的搜集、考证具有指导意义；当然，重视文献考证又是发挥"义旨"、作出"独断"的基础。章氏又进而指出，对于经传之言不能刻板地理解，孤立、片面地对待，"徒执其疑似之说，以争胜于一隅"，而应当"会通其旨"，恰当地理解和运用。"义旨"是要"明道"，要探求自然和社会演变的规则，要解决学术的方向问题，要摆脱历史编纂面临的墨守成规、不求进取的局面。因此这种独断之学，应具有"孤行其意，虽使同侪争之而不疑，举世非之而不顾"的品格，要勇于继承，努力开拓，去体会那种"文字之所不可得而详，绳墨之所不可得而准"那样的境界。对于当时众多学者争相从事的纂辑资料工作，即"比次之功"，章氏也从辩证思维的高度给以准确的界定：它之所以不可轻议，是因为具有"待后人之裁定"的价值；但是如果以为可以"登诸著作之堂"，那不仅不能达到，而且恰恰会失去为后人提供原始资料的价值。

　　本篇所论述的义旨与文献资料二者的关系，独断之学与考索之功二者有相需之益、不能自封畛域，独断之学、考索之功欲其智，比次之功欲其愚等项，都是对传统史学理论体系的出色贡献。在举世冷眼歧视的情况下，章氏坚持特立独行，真正做到"虽使同侪争之而不疑，举世非之而不顾"，这正是其精神可贵之处。

答客问下

客曰：独断之学与考索之功，则既闻命矣[1]。敢问比次之书，先生拟之糟粕与粪土，何谓邪？

【注释】

[1]闻命：受教。上对下之言为"命"，此指有益的教言。按，此节以设问引出对比次之功专作阐发。

章子曰：斯非贬辞也。有璞而后施雕[1]，有质而后运斤，先后轻重之间，其数易明也。夫子未删之《诗》《书》，未定之《易》《礼》《春秋》，皆先王之旧典也。然非夫子之论定[2]，则不可以传之学者矣。李焘谓"左氏将传《春秋》，先聚诸国史记，国别为语，以备《内传》之采摭"[3]。是虽臆度之辞，然古人著书，未有全无所本者。以是知比次之业，不可不议也。比次之道[4]，大约有三：有及时撰集[5]，以待后人之论定者，若刘歆、扬雄之《史记》[6]，班固、陈宗之《汉记》是也；有有志著述[7]，先猎群书，以为薪樵者，若王氏《玉海》[8]，司马《长编》之类是也[9]；有陶冶专家[10]，勒成鸿业者，若迁录仓公技术[11]，固裁刘向《五行》之类是也。夫及时撰集以待论定，则详略去取，精于条理而已。先猎群书，以为薪樵，则辨同考异，慎于覈核而已[12]。陶冶专家，勒成鸿业，则钩玄提要[13]，达于大体而已。比次之业[14]，既有如是之不同，作者之旨，亦有随宜之取辨。而今之学者[15]，以谓天下之道，在乎较量名数之异同，辨别音训之当否，如斯而已矣，是何异观坐井之天，测坳堂之水，而遂欲穷六合之运度，量四海之波涛，以谓可尽哉？

多方举出事例，证明前期的比次之功与最终的独断之学，是原料与精华，也即粪土与嘉禾的关系。

【注释】

[1]"有璞而后施雕"以下四句：有璞玉然后进行雕琢，有对象然后挥动斧头，怎么安排先后轻重，其中的步骤是容易明白的。璞，未经雕琢的玉石。质，匠人施工的对象。运斤，挥动斧头。语出《庄子·徐无鬼》："庄子送葬，过惠子之墓，顾谓从者曰：郢人垩漫其鼻端，若蝇翼，使匠石斫之。匠石运斤成风，听而斫之，尽垩而鼻不伤，郢人立不失容。宋元君闻之，召匠石曰：'尝试为寡人为之。'匠石曰：'臣则尝能斫之。虽然，臣之质死久矣。'自夫子之死也，吾无以为质矣！吾无与言之矣。"　[2]夫子之论定：孔子删定《易》《礼》《春秋》之说，见于《史记·孔子世家》。　　[3]李焘：宋代史学家，因仰慕司马光纂修《资治通鉴》之成功，撰著《续资治通鉴长编》，共七百七十八卷。左氏将传《春秋》，先聚诸国史记，国别为语，以备《内传》之采摭：见于《文献通考·经籍考十》所引："昔左丘明将传《春秋》，乃先采列国之史，国别为语，旋猎其英华，作《春秋》传。而先采集之语，草稿具存，时人共传习之，号曰《国语》。"按，此李焘的说法，与《史通·六家》所言"左丘明既为《春秋》内传，又稽其逸文，纂其别说……别为《春秋》外传《国语》"不同，故章氏称其为"臆度之辞"。《内传》，前人有以此称《左传》，而称《国语》为春秋外传。　　[4]比次之道：纂辑资料的方法。道，指道路、方法。　　[5]"有及时撰集"二句：及时根据史料加以纂辑，以等待后人评论、裁定。　　[6]刘歆、扬雄之《史记》：据《史通·古今正史》载：《史记》成书后，有刘向等十五位学者续写片断篇章，"犹名《史记》"，其中有刘歆、扬雄。　　[7]"有有志著述"以下三句：有著述的志向，先涉猎各种记载，作为将来成功著作的资料。猎，涉猎、广泛采集。薪楢（yǒu），薪柴，指成功著作的材料。　　[8]王氏《玉海》：宋王应麟所编《玉海》。全书分

天文、律历、地理、帝系等二十一部，部下又分二百四十余个子目。辑录古今诗词、历代掌故、诸子百家而成此巨制，为宋代著名类书之一。　　[9]司马《长编》：司马光主持编纂的《资治通鉴长编》。据陈振孙《直斋书录解题》卷四《续通鉴长编》曰："长编云者，司马公之为《通鉴》也，先命其属为丛目，既成，乃修长编，然后删之以为成书。唐长编六百卷，今《通鉴》惟八十卷尔。"[10]"有陶冶专家"二句：对专门性强的著作或资料进行加工，成为成功巨著的组成部分。陶冶，加工制作。　　[11]迁录仓公技术：《史记》有《仓公列传》。仓公是齐太仓长淳于意，他由同郡年七十余岁名医公乘阳庆传授医术，善于治病，脉法尤精。传后附仓公治病医案、处方。章氏此言"迁录仓公技术"，即指《史记·仓公列传》记载仓公医术。技术，此指医术。　　[12]覈核：核查考辨。覈，同"核"。　　[13]"则钩玄提要"二句：应做到提纲挈领，体现大局的道理就可以了。　　[14]"比次之业"以下四句：整理材料的工作，既然有三种不同的类型，纂辑者的旨趣，也应当依据不同情况而分别采取不同的办法。随宜，根据不同情况做变通。　　[15]"而今之学者"以下十句：但是当今学者却认为天下的道理，充其量就是比较、考证名物和数量是否相同，和辨别音韵、训诂是否恰当，这样做就足够了，这种态度与认为坐在屋里观看天井上天空的情形，测量厅堂低洼处水量的大小，靠这个就能够全部探究宇宙上下日月星辰的运转，测算四海波涛的容量认为就能全部做完有什么不同呢？按，此长句讲有关"比次之业"的不同类型和要领，其当世学者所知甚少，并辛辣地讽刺考证家错误地认为名物训诂之类就是天下学问的全部。按，本节论述比次之书有三种类型，纂辑者应根据不同情况确定恰当的旨趣。

夫汉帝春秋[1]，（年寿也。）具于别录；（臣瓒注。）

伏生、文翁之名[2]，征于石刻；高祖之作新丰[3]，详于刘记；（《西京杂记》。）孝武之好微行[4]，著于外传；（《汉武故事》。）而迁、固二书[5]，未见采录，则比次之繁，不妨作者之略也。曹丕让表[6]，详《献帝传》；甄后懿行[7]，盛称《魏书》；哀牢之传[8]，征于计吏；（见《论衡》。）先贤之表[9]，著于黄初；而陈、范二史[10]，不以入编，则比次之私，有待作者之公也。然而经生习业[11]，遂纂典林，辞客探毫，因收韵藻。晚近浇漓之习[12]，取便依检，各为兔园私册，以供陋学之取携，是比次之业，虽欲如糟粕粪土，冀其化朽腐而出神奇，何可得哉？

此两层，概括比次之书与独断之学的关系，确为精当之论。

【注释】

[1]“夫汉帝春秋”二句：《汉书》十二篇《纪》各帝年寿，均在篇中以“臣瓒注”注明。但此言具于别录，则未详所据。臣瓒，西晋学者，曾注《汉书》，撰成《集解音义》。唐代颜师古注《汉书》，屡有征引。　[2]“伏生、文翁之名”二句：汉初学者伏生之名，在《汉书·儒林传》中并未载明，颜师古《注》引“张晏曰：名胜，《伏生碑》云也”。文翁在《汉书·循吏传》中有传，记载他景帝时任蜀郡守，在蜀地大力传播中原文化，设官学，建学宫于成都，招集各县子弟入学，又选聪慧有才干者遣诣京师，受业于博士，“繇是大化蜀地，学于京师者，比齐、鲁焉”。但传中未载明文翁

之名。据《太平御览》引《庐江七贤传》载："文党字仲翁"，其名为党。今所传《文翁碑》系赝品，无文翁名。　　[3]"高祖之作新丰"二句：高祖为其父太公作新丰事，见于《西京杂记》，云高祖定都关中，因太公思归故里，乃于故秦骊邑仿故乡丰地街巷筑城，并迁故旧居此，以娱太公。《西京杂记》原先多以为西汉刘歆撰，故章氏从旧说称之为"刘记"。另外还有晋葛洪和梁吴均两说。清代四库馆臣定为刘歆撰，葛洪辑。近人余嘉锡考证，实为葛洪所撰，托名刘歆，以重其书。原书二卷，后分为六卷，所记多为西汉时期遗闻轶事。　　[4]"孝武之好微行"二句：汉武帝喜欢改换服装外出，《汉武故事》对此有记载，云："（上）常轻服为微行。时丞相公孙弘数谏，弗从。弘谓其子曰：'吾年已八十余，陛下擢为宰相。士犹为知己死，况不世之君乎？今陛下微行不已，社稷必危，吾虽不逮史鱼，冀万一能以尸谏。'因自杀。上闻而悲之，自为诔。"《汉武故事》旧题汉班固撰。宋代晁公武《郡斋读书志》卷九引张柬之《书洞冥记后》，谓出于南朝王俭。记述汉武帝自生于猗兰殿至死葬茂陵的琐闻杂事，与《史记》《汉书》所载有出入。　　[5]"而迁、固二书"以下四句：但司马迁、班固两人的著作，并未见到采用，这说明纂辑一类书记载详细，与有义例的著作记载简略可以并行而不相妨碍。作者，指有义例、有裁断的著作。　　[6]"曹丕让表"二句：据《三国志·魏文帝纪》裴松之《注》引《献帝传》，载录禅代让表诸事。　　[7]"甄后懿行"二句：据陈寿《三国志·文昭甄后传》裴松之《注》引《魏书》，详载甄后贤德懿行。甄后，本为袁绍次子袁熙之妻，后曹丕纳为妃。　　[8]"哀牢之传"二句：据王充《论衡·佚文》记载："杨子山为郡上计吏，见三府为《哀牢传》不能成，归郡作上。孝明奇之，征在兰台。"杨终，字子山，东汉人。哀牢，古代西南地区少数民族。计吏，汉中称郡国送文书之使为计吏。　　[9]"先贤之表"二句：据裴松之《三国志注》引《献帝传》，曹丕受禅时，汉帝下禅诏及册书凡三，丕皆拜表让还玺绶。遂有李伏、司马懿等先后十批人上表劝进，丕皆下令辞之，最后华歆及公卿奏择日设坛，始即位。以上表文，均在裴松之《注》中详载。　[10]"而陈、范二史"以下四句：但是陈寿、范晔两部史著都没有写进这些内容，这就说明出于私家见解的纂辑一类记载，最后需要由更高层次作者出于公正态度加以裁定。　[11]"然而经生习业"以下四句：不过儒生以著录文字为职业，便将这些资料纂辑在书籍之中，文人挥笔写作，因而收入增添辞藻。典林，指书籍。辞客探毫，文人墨客挥笔作文。韵藻，指辞藻丰富。韵，指有韵之文，辞藻的一种。　[12]"晚近浇漓之习"以下八句：到了近世习俗浇薄，一些人为了方便检索，各自编成粗俗的摘抄本，以供学识浅陋者方便携带查找，因此纂辑资料这类事情，虽然想要像为美酒提供糟粕、为嘉禾提供粪土一样，冀图它化腐朽为神奇，难道还能做到吗？浇漓，浇薄，不厚道，轻视礼义。取携，随身携带、查阅。按，本节论述比次之书以丰富的资料为有义例的著作提供参考和采择，同时需要由更具史识的作者以公心力加以裁定。

夫村书俗学[1]，既无良材，则比次之业，难于凭藉者一矣。所征故实[2]，多非本文，而好易字句，漓其本质，以致学者宁习原书，怠窥新录，则比次之业，难于凭藉者二矣。比类相从，本非著作，而汇收故籍[3]，不著所出何书，一似己所独得，使人无从征信，则比次之业，难于凭藉者三矣。传闻异辞^[4]，记载别出，不能兼收并录，以待作者之决择，而私作聪明，自定去取，则比次之业，难于凭藉者四矣。图绘之学^[5]，不入史裁，金石之文，但征目录，后人考核，征信无从，则比次之业，难于凭藉者五矣。专门之书^[6]，已成巨编，不为采录大凡，预防亡逸，而听其孤行，渐致湮没，则比次之业，难于凭藉者六矣。拘牵类例^[7]，取足成书，不于法律之外，多方购备，以俟作者之辨裁，一目之罗，得鸟无日，则比次之业，难于凭藉者七矣。凡此多端，并是古人未及周详，而后学尤所未悉。苟有志于三月聚粮^[8]，则讲习何可不豫？而一世之士^[9]，不知度德量力，咸嚣嚣以作者自命，不肯为是筌蹄囊矢之功程，刘歆所谓"挟恐见破之私意，而无从善服义之公心"者也。术业如何得当^[10]？而著作之道，何由得正乎？

连举七项论述逐层推进，又形成排比句式，文章气势畅达，更有感染力量。

论据坚实，又运用连续反问，表达更加有力。

【注释】

[1]"夫村书俗学"以下四句：乡村私塾的启蒙读物、学问低劣的书籍，内容毫无价值，这是纂辑之书难以取材的第一项。村书，指乡村私塾使用的启蒙读物，如《杂学》《百家姓》之类。

凭藉，依靠、借以采择。 [2]"所征故实"以下四句：书中所征引的记载，大多不是照录原文，而喜欢改换字句，这样就降低了它的价值。故实，史实，原书的记载。漓其本质，失去原味，降低价值。漓，薄，降低。 [3]"而汇收故籍"以下四句：汇辑前人的著作，不标明原先的书名，完全像是本人的成果，使人无法凭信。故籍，前人的著作。不著，不标出。 [4]"传闻异辞"以下六句：传闻的说法不同，同一事件有互相歧异的记载，却不能做到一并收集，以等待后来撰著者经过考辨作出抉择，而自作聪明，主观地作出保留和舍弃。 [5]"图绘之学"以下六句：有关绘图的材料，认为不属于史著范围，而有关铜器铭文和碑刻史料，却只胪列目录，致使后人须作考核时，找不到确切的凭据。 [6]"专门之书"以下六句：对于专门领域的论著，已经有了大型典籍，却不采录大纲要目，以防备亡佚，而让专门著作单独流传，以致渐渐佚失。大凡，大要，概略。湮（yān）没，埋没，消失。 [7]"拘牵类例"以下七句：拘守自己所定的类别、义例，刻板地按照设定范围纂辑成书，不在成法陈规之外，多方面搜求汇集史料，以等待著作者的识别、裁择，这好比是张开只有一个网眼的罗网，是永远捕不到鸟的。法律，指陈规、成法。购备，指搜求、汇集。俟（sì），等待。一目之罗，得鸟无日，语出《淮南子·说山训》："有鸟将来，张罗而待之。得鸟者，罗之一目也。今为一目之罗，则得鸟无日矣。"罗，捕鸟的罗网。目，孔，网眼。 [8]"苟有志于三月聚粮"二句：如果确实有决心为了一个长远目标而先期周密地做好准备工作，那么对于纂辑资料的要领怎么能不预先有准备地做好讲习和实践呢？三月聚粮，语出《庄子·逍遥游》："适千里者，三月聚粮。"此指要做好比次之功，须事先充分地研习如何做的要领。豫，预，预先做好准备。 [9]"而一世之士"以下四句：可是全社会的士人，竟不自问有多高的修养和能力，都吵闹地自认为是精通于著述的人，不愿意为这一长远工程下功夫做好工具的准备和正确起步的工作。度（duó）德量力，语出《左传·隐公十一年》："度德而处之，量力而行之。"谓衡量自己的德行能否服人，估计自己的能力是否胜任。为是，为此事。是，指定代词。筌（quán）蹄，语出《庄子·外物》："筌者，所以在鱼，得鱼而忘筌。蹄者，所以在兔，得兔而忘蹄。"筌是用竹子编织的捕鱼器具，蹄是捕兔的器具。后来用"筌蹄"比喻达到目的的工具和手段。嚆（hāo）矢，响箭，发射时声先箭而到，因以喻事物的初始。　[10]"术业如何得当"以下三句：如果挟持私心，不肯服善，那么专业工作怎么能够做好？著述的事业，又怎么能够沿着正确的方向推进呢？按，本节总结造成比次之业难以凭借的七大缺憾，强调要通过认真反思和讲习，为著述的大工程做好准备工作。

【点评】

本篇集中讨论"比次之业"相关的问题。为什么要用专篇加以讨论呢？这是由于章氏当日所处学术环境的现实需要决定的。就著述层次而言，"比次之业"不像"独断之学"有理论指导意义，在当日又不像考索之功那么盛行，因而人们对它的关注程度很不够，诚如章氏所言，"并是古人未及周详，而后学尤所未悉"。因而极有必要作深入探讨。

突出重点、论述集中、层次清晰，是本篇论证的最大亮点。分为三大层次集中作了剖析。首先论证"比次之业"的价值，在于为有体系、能独断的高层次史著提供丰富资料，以供采择，二者之间的关系就是原料与精华、粪土与嘉禾的关系。章氏又将大量的纂辑之书区分为三种类型：一是，"有及时撰集，以待后人之论定者"。如《东观汉记》等；二是，"有有志著述，先猎群书，以为薪樵者"，如司马光《资治通鉴长编》；三是，"有陶冶专家，勒成鸿业者"，如司马迁《仓公列传》，班固撰《五行志》。其次，论证纂辑资料与最终纂成有体系的著作，二者究竟是何关系？此又可分为两种情况。第一种，是比次之书的丰富材料，可以补充有义旨的高层次史著之简略，如《西京杂记》可以为《史记》《汉书》作补充。第二种情况是，比次之书只是提供了私修著作的视角，最终要等待有义例史著的裁定。如《献帝传》中所载曹丕让表的史料，最终要等范晔《后汉书》的裁定。这些分析都出色地体现出辩证的眼光。再次，针对"比次之业"长期未有整体性反思的成果，章氏总结出其存在亟待改进的七大缺憾，包括"所征故实，多非本文"，"汇收故籍，不著所出何书"，"传闻异辞，记载别出，不能兼收并录"等。显然，纂辑史料之书作为历代载籍的一个重要门类，对其价值、特点以及存在的弊病应如何认识，确实需要进行探讨。章氏对此作系统的总结，多有卓见，这是他在古代史学理论领域所作的又一出色贡献。

　　发挥理论的指导作用，澄清士人的认识误区，针砭不良风气，是本篇论证的又一亮点。如，第二节指出，当时醉心于考证的士人，对于比次之功积累的资料如何提升和发挥作用的问题毫不措意，这是一叶障目，坐井观天："比次之业，既有如是之不同，作者之旨，亦有随宜之取辨。而今之学者，以谓天下之道，在乎较量名数之异同，辨别音训之当否，如斯而已矣，是何异观坐井之天，测坳堂之水，而遂欲穷六合之运度，量四海之波涛，以谓可尽哉？"又如，第三节批评当世士人违背保存有价值的原始资料的要义，将一些浅陋鄙俗的知识摘抄一起的低劣做法："各为兔园私册，以供陋学之取携，是比次之业，虽欲如糟粕粪土，冀其化朽腐而出神奇，何可得哉？"这些议论确能打中当日不良风气的要害。同时篇中又对如何提升学术的层次提出切实有用的办法，如第三节所举七项缺憾，在深入剖析之中，就包含着矫治的办法，并告诫道："苟有志于三月聚粮，则讲习何可不豫？"强调准备好工具和切实做好发端起步的工作。

　　《答客问》三篇的出色成就生动地证明，章氏既重视观点的创新，又重视推动对现实问题的解决，其理论体系把思辨性与实践性二者紧密结合在一起。

史　德

　　开篇即出人意表地提出：史才、史学、史识三者并不完全等同于"史事、史文、史义"这一命题所包含的意义；史识亦不简单地指对材料的抉择，其中还有更深刻的蕴涵，有未发之覆。——由此启发读者体会提出"史德"这一命题的意义所在。

才、学、识三者[1]，得一不易，而兼三尤难，千古多文人而少良史，职是故也[2]。昔者刘氏子玄[3]，盖以是说谓足尽其理矣。虽然[4]，史所贵者义也，而所具者事也，所凭者文也。孟子曰："其事则齐桓、晋文[5]，其文则史，义则夫子自谓窃取之矣。"非识无以断其义[6]，非才无以善其文，非学无以练其事，三者固各有所近也，其中固有似之而非者也。记诵以为学也[7]，辞采以为才也，击断以为识也，非良史之才、学、识也。虽刘氏之所谓才、学、识，犹未足以尽其理也。夫刘氏以谓有学无识[8]，如愚估操金，不解贸化。

推此说以证刘氏之指[9]，不过欲于记诵之间，知所决择，以成文理耳。故曰：古人史取成家，退处士而进奸雄，排死节而饰主阙，亦曰一家之道然也。此犹文士之识，非史识也。能具史识者，必知史德。德者何谓[10]？著书者之心术也。夫秽史者所以自秽[11]，谤书者所以自谤[12]，素行为人所羞[13]，文辞何足取重。魏收之矫诬[14]，沈约之阴恶，读其书者，先不信其人[15]，其患未至于甚也。所患夫心术者[16]，谓其有君子之心，而所养未底于粹也。夫有君子之心，而所养未粹，大贤以下，所不能免也。此而犹患于心术[17]，自非夫子之《春秋》，不足当也。以此责人，不亦难乎？是亦不然也。盖欲为良史者[18]，当慎辨于天人之际，尽其天而不益以人也。尽其天而不益以人[19]，虽未能至，苟允知之，亦足以称著述者之心术矣。而文史之儒，竞言才、学、识，而不知辨心术以议史德，乌乎可哉？

【注释】

[1]"才、学、识三者"以下三句：史才、史学、史识这三项，能够具备其中的一项已经不容易了，而要达到兼有这三项是尤其

困难的。按，"史家三长"说是唐代史学评论家刘知幾首先提出的。"得一不易，而兼三尤难"，这在刘知幾担任史馆编修时人们已有共同看法，见《新唐书·刘知幾传》所载礼部尚书与刘知幾的问答。史才指史家的叙事才能、文采。史学指史家的学问，主要指对知识、史料的掌握和熟悉程度。史识指史家的识见，在义理层面达到的高度。　[2]职是故也：就因为这个原故。职，因为。是，这个，代词，指前面所言"三者，得一不易，而兼三尤难"，故造成历代多文人而缺少优秀的史家。故，原故。　[3]"昔者刘氏子玄"二句：从前刘知幾大概认为这个提法已经完全能够将道理讲明白了。盖以，大概认为。是说，这个论说，这个提法。是，代词。说，论说，提法。谓，以，为，表强调副词。刘氏子玄，见《新唐书》本传："刘子玄名知幾……通览群史，与兄知柔俱以善文词知名……累迁凤阁舍人，兼修国史。中宗时，擢太子率更令……迁秘书少监……始子玄修《武后实录》有所改正，而武三思等不听，自以为见用于时，而志不遂，乃著《史通》内外四十九篇，讥评今古。徐坚读之，叹曰：'为史氏者宜置此坐右也。'"　[4]"虽然"以下四句：虽然如此，不过史书最重要的是义理的运用，而所记载的内容是史事，所凭借的是史文。虽然，表示尽管是这样，不过……。虽，虽然，尽管。然，这样，代词，指上述语句。　[5]"其事则齐桓、晋文"以下三句：见《孟子·离娄下》。　[6]"非识无以断其义"以下五句：如果缺乏史识就不能做到运用义理作出裁断，缺乏史才就不能撰写好文章，缺乏史学就不能熟练地掌握史事；这三项固然与孟子讲的史事、史文、史义含义相近，不过其中确实有看来相似而又不同的内涵需要阐发。按，此句指明，孟子所讲"史义"比起刘知幾的"史识"实则包含有更深的意义。　[7]"记诵以为学也"以下六句：认为默记、背诵大量材料就是学问，文辞优美就是才华，能够作出论定和裁断就是识见，但这些还达不到作为优秀史家所应具备的史才、史学、史识。即使刘知幾所讲的才、学、识，也还未达到能完全讲清楚其中的道理。　[8]"夫刘氏以谓有学无识"以下三句：刘知幾认为有学问而无见识，就像愚笨的商人掌握着资金，却不懂得贸易交换的道理。按，此处刘知幾原话为"夫有学无才，犹愚贾操金"，章学诚误引为"有学无识，如愚估操金。"愚估，愚笨的商人。估，商人，估客。贸化，贸易交换。　[9]"推此说以证刘氏之指"以下十一句：按这一说法加以推论，证明刘知幾的本意，不过是要求对所掌握的史实之中，懂得抉择，使文章更符合条理、逻辑而已。因此他说：古人著史重视自成家学，按照退处士而进奸雄、排死节以饰主阙的原则做处理，这样做也体现成一家之言的道理。这种见解，仍然属于文人的识见，并不是史家的识见。按，刘知幾的原话见《史通·忤时》："古者刊定一史，纂成一家，体统各殊，指归咸别。夫《尚书》之教也，以疏通知远为主。《春秋》之义也，以惩恶劝善为先。《史记》则退处士而进奸雄，《汉书》则抑忠臣而饰主阙，斯并曩时得失之例，良史是非之准，作者言之详矣。"刘氏之指，刘知幾的本意。指，大旨，本意。决择，抉择。以成文理，使文章符合条理、逻辑。饰主阙，掩饰君主的过失。亦曰一家之道然也，也称这样符合自成一家的道理。一家，自成一家。道，道理。然，代词，这，指上述"退处士""排死节"两句。　[10]"德者何谓"二句：史德是指什么呢？是指著史者是否具有公正无私的责任感。　[11]秽史：缺乏公心、记载失实、内容污滥的史书。旧时曾长期以此诬称魏收所撰《魏书》。如《史通·古今正史》："齐天宝二年，敕秘书监魏收博采旧闻，勒成一史……上自道武，下终孝靖，纪传与志，凡百三十卷。收诣齐氏，于魏室多不平……由是世薄其书，号为秽史。"经近世以来学者深入研究，已为之辩诬。　[12]谤书：史书内容对君主诽谤。诽谤即造谣中伤别人。东汉末大权奸王允曾诬称《史记》为"谤书"，乃是无中生有的诋毁。章学诚在本篇末节有深刻的评论。　[13]"素行为人所羞"二句：平常的行为已经被人鄙视，所写的文字又有什么值得重视呢。　[14]"魏收之矫诬"二句：对魏收、沈约的批评，是依据刘知幾的评论而来。《史通·采撰》载："沈氏著书，好诬先代，于晋则故造奇说，在宋则多出谤言，前史所载，已讥其谬矣。""而魏收党附北朝，尤苦南国，承其诡妄，重加诬语。遂云司马睿出于牛金，刘骏上淫路氏，可谓助桀为虐，幸人之灾。寻其生绝胤嗣，死遭割断，盖亦阴过之所致也。""尤苦南国"刘知幾自注："尤苦，谓污蔑之。"南国指南朝。魏收，字伯起，北朝人，历任北魏、东魏、北齐史官，官至尚书右仆射，进爵特进。撰修《魏书》一百三十卷。沈约，字休文，南朝人。历仕宋、齐、梁三朝，齐时校四部图书，迁太子家令。梁时拜尚书仆射，官至尚书令。能诗。撰有《宋书》一百卷。　[15]"先不信其人"二句：首先不相信其为人行事，值得忧虑还不至太甚。其患，指对不具备史德的忧虑。　[16]"所患夫心术者"以下三句：对著者是否具有史德最为忧虑的是，以他的本心要做有教养的人，但他的道德修养并未达到纯粹的程度。谓，以。所养未底于粹，具有的修养未达到纯粹。底，达到。　[17]"此而犹患于心术"以下五句：对这种情况还要忧虑著者的心术，自然除非是像孔子著《春秋》那样，别的人是无法达到的。您拿这个来责备别人，难道不过分吗？此，代词，指"有君子之心，而所养未粹"。不足当，不能达到。当，达到，符合。不亦难乎，难道不是要求太高，无法达到吗？　[18]"盖欲为良史者"以下三句：要成为优秀史家，就应当特别重视客观史实与人事因素二者的关系，尽力做到符合客观史实而不掺杂人事的因素。盖，发语词。慎，谨慎，特别重视。天人之际，客观史实与人事因素二者的关系。　[19]"尽其天而不益以人"以下八句：尽力符合客观史实而不掺杂人事因素，即使不能完全做到，但如果能诚心去实行，也就完全可以称为符合著史者的公正无私了。而撰文著史的儒生，争着讲要具备才、学、识三项，却不明白应当探究从公正无私的高度来讨论史家的道德修养，这难道可以吗？苟，如果。允知，指诚信地去做。允，诚信。称，讲，说。竞言，争着讲。辨心术以议史德，从探究是否公正无私的责任感的高度来讨论史家道德修养。按，本节首次在史家“三长”以外提出“史德”的命题，强调著史应树立公正无私的责任感。

夫是尧、舜而非桀、纣，人皆能言矣[1]。崇王道而斥霸功，又儒者之习故矣[2]。至于善善而恶恶，褒正而嫉邪，凡欲托文辞以不朽者，莫不有是心也。然而心术不可不虑者[3]，则以天与人参，其端甚微，非是区区之明所可恃也。夫史所载者事也，事必藉文而传，故良史莫不工文，而不知文又患于为事役也[4]。盖事不能无得失是非，一有得失是非[5]，则出入予夺相奋摩矣。奋摩不已，而气积焉。事不能无盛衰消息，一有盛衰消息[6]，则往复凭吊生流连矣。流连不已，而情深焉。凡文不足以动人[7]，所以动人者，气也。凡文不足以入人，所以入人者，情也。气积而文昌[8]，情深而文挚；气昌而情挚，天下之至文也。然而其中有天有人，不可不辨也。气得阳

剖析精彩，发人深省。条理明辨，益人神智。排比对偶句式，千锤百炼，结构协调，音节和谐，诚为议论文写作之典范，值得仔细体味。

刚[9]，而情合阴柔。人丽阴阳之间，不能离焉者也。气合于理[10]，天也；气能违理以自用，人也。情本于性，天也；情能汩性以自恣，人也。史之义出于天[11]，而史之文，不能不藉人力以成之。人有阴阳之患，而史文即忤于大道之公，其所感召者微也。夫文非气不立[12]，而气贵于平。人之气，燕居莫不平也。因事生感，而气失则宕，气失则激，气失则骄，毗于阳矣。文非情不深[13]，而情贵于正。人之情，虚置无不正也。因事生感，而情失则流，情失则溺，情失则偏，毗于阴矣。阴阳伏沴之患[14]，乘于血气而入于心知，其中默运潜移，似公而实逞于私，似天而实蔽于人，发为文辞，至于害义而违道，其人犹不自知也。故曰心术不可不慎也。[15]

【注释】

[1] 人皆能言：人人都能这么说。言，动词，说。　[2] 儒者之习故：是儒生经常讲习的话题。习，温习。故，原先的知识、话题。　[3]"然而心术不可不虑者"以下四句：但是史家的道德修养不能不忧虑的原因，则是因为客观史实与人事因素互相掺合，这种迹象甚为细微，并不是凭着一点小聪明就可以区分清楚的。端，端倪，迹象。非……所可恃，并非依靠……能够解决。　[4]不

知文又患于为事役：不明白文辞的表达又要担心受到所记载的事件的影响。此言由于记载事件而使文辞的表达受到影响。役，役使，效力，影响。　　[5]"一有得失是非"以下四句：一有个成与败、对与错，就有赞成与反对、褒扬与贬责。互相奋激纠结，奋激纠结不能止，意气就积聚下来了。得失，指成败。出入，指赞成与反对。予夺，指褒扬与贬责。奋摩，指两种相反的看法互相奋激或纠结。　　[6]"一有盛衰消息"以下四句：一有事件的兴亡起落，著史者就会因为伤感产生连连感慨，感慨不能止，注入的情感就很深了。消息，生灭、盛衰、起落。凭吊，对往事感慨或伤悼。流连，感情依恋，不能停止。焉，表强调助词。　　[7]"凡文不足以动人"以下六句：平淡的文辞不能感动人，之所以能感动人要靠气势。平淡的文辞不能深入人心，之所以能够深入人心，要靠感情的表达。入人，深入人心，使人有真切的体会。　　[8]"气积而文昌"以下六句：气势积蓄而文章畅达，感情深沉而文章真挚感人；气势畅达而感情真挚，是天下文章的极致。但是其中有与客观情况相吻合，有的是人事因素相掺入，这些是不能不辨明的。　　[9]"气得阳刚"以下四句：气是属于阳刚性质的，情是属于阴柔性质的。人附着在阴与阳之间，是不能脱离这二者的。丽，附着。不能离焉，不能脱离这二者。离，脱离。焉，代词，这，指阴、阳二者。　　[10]"气合于理"以下八句：意气同道理相吻合，这属于客观情况；意气违反道理而凭主观行事，这就属于人事因素。感情符合理性，这是属于客观情况；感情埋没理性而恣意发泄，这是人事的因素。自用，凭主观意愿行事。汩（gǔ）性，埋没理性。　　[11]"史之义出于天"以下六句：史著的义理是从客观史实总结出来的，而史著中的文字记载，又不能不凭借史家的工作来撰写。人有因为受阴阳之气影响而产生差错，史文记载就会违背公正的客观道理，这样文字的感召力就微小。阴阳之患，指受到阳刚之气或阴柔之气影响而产生差错。患，指差错、过失。忤（wǔ），违逆，抵触。　[12]"夫文非气不立"以下九句：文章要依靠气势才能出色，而意气最重要的是平和。人的意气，闲居时总是平和的。如果由于遇到事情产生感触，意气失去控制就会起伏跌荡，意气失去控制就会激昂，意气失去控制就会骄傲，这些情况都连接着阳刚之气。燕居，闲居。宕（dàng），放荡，起伏跌荡。毗（pí），连接。　[13]"文非情不深"以下九句：文章如果缺乏感情表达不会深刻，而感情最重要的是正常表达。人的感情，闲暇无事时没有不正常的。因为遇到事情产生感慨，而感情失去控制就会出现偏向，感情失去控制就会沉溺不清醒，感情失去控制就会产生偏激，这些情况都连接着阴柔之气。虚置，指安静居处，无事干扰。流，指情绪流向不正常的方向。溺，沉溺于某事不能自拔。　[14]"阴阳伏沴（lì）之患"以下八句：阴阳二气起伏不和而产生的祸患，顺着血气而进入到人的心智，其中潜移默化，表面公正而实际私心呈现，表面符合客观而实际上被人事因素所蒙蔽，表达出来写成文章，甚至造成损害礼义和违背大道，而作者本人还不知晓。伏沴之患，阴阳二气起伏不和造成的祸患。沴，因气不和而生的灾害。逞于私，因私心起作用而呈现。　[15]按，本节论述因史事的得失或是非，容易影响著史者的"气"和"情"，造成记载有失客观公正，因此必须重视史德。

史著必须赖于文，但片面追求华丽辞藻则适得其反，告诫作者们务必遵循这种辩证关系，否则绝对不能成功。

夫气胜而情偏[1]，犹曰动于天而参于人也。才艺之士[2]，则又溺于文辞，以为观美之具焉，而不知其不可也。史之赖于文也，犹衣之需乎采，食之需乎味也。采之不能无华朴[3]，味之不能无浓淡，势也。华朴争而不能无邪色，浓淡争而不

能无奇味。邪色害目^[4]，奇味爽口，起于华朴浓
淡之争也。文辞有工拙^[5]，而族史方且以是为竞
焉，是舍本而逐末矣。以此为文^[6]，未有见其至
者。以此为史，岂可与闻古人大体乎？

【注释】

[1]"夫气胜而情偏"二句：上述由于意气过盛和感情偏激引
起记载有失公正，这还是属于史实客观变动，引起掺入了人事因
素。动于天，指盛衰得失或善恶是非，都属于史实客观因素的变
动。　[2]"才艺之士"以下四句：爱写文章的人，却又沉溺于文
辞，认为这正是艺术美的体现，而不明白这样做是不对的。观美
之具焉，让人看到艺术美的凭藉。具，凭藉，体现。焉，表强调
语气词。　[3]"采之不能无华朴"以下五句：色彩不能无华丽朴
素的不同，味道不能没有浓淡的不同，这是客观情况。华丽与朴
素相竞争就会出现妖冶的颜色，浓味与淡味相竞争就会出现奇特
的味道。采，同"彩"。华朴，华丽与朴素。　[4]"邪色害目"
二句：妖冶的颜色使人失去正常的辨色力，奇异的味道使人失去
正常的口感。语出《老子》第十二章："五色令人目盲，五音令人
耳聋，五味令人口爽。"王弼注："爽，差失也。"指失去正常味
觉。　[5]"文辞有工拙"以下三句：文辞有精巧和朴拙的差别，
而各种平庸的史著却纷纷竞相使用华丽的辞藻，这是舍本逐末的
做法。族史，众史，指大量的平庸的史书。以是为竞，以追求华
丽辞藻作为竞争的手段。以……为……，表目的结构。是，代词，
指追求华丽辞藻。　[6]"以此为文"以下四句：用堆砌辞藻方法
写文章，没有见到能写出境界极高的文章。用这种方法著史，难
道能够体现出古人成功著史的根本道理吗？其至，达到极致，达

到极高境界。大体，重要的义理，关乎大局的道理。按，本节论述追求华丽辞藻根本不能成功著史。

韩氏愈曰："仁义之人[1]，其言蔼如。"仁者情之普[2]，义者气之遂也。程子尝谓："有《关雎》《麟趾》之意[3]，而后可以行《周官》之法度。"吾则以谓通六艺比兴之旨[4]，而后可以讲春王正月之书。盖言心术贵于养也。史迁百三十篇，《报任安书》所谓"究天人之际，通古今之变，成一家之言"[5]，自序以谓"绍名世，正《易传》，本《诗》《书》《礼》《乐》之际"[6]，其本旨也[7]。所云发愤著书[8]，不过叙述穷愁，而假以为辞耳。后人泥于发愤之说，遂谓百三十篇皆为怨诽所激发，王允亦斥其言为谤书。于是后世论文[9]，以史迁为讥谤之能事，以微文为史职之大权，或从羡慕而仿效为之，是直以乱臣贼子之居心，而妄附《春秋》之笔削，不亦悖乎！今观迁所著书[10]，如《封禅》之惑于鬼神，《平准》之算及商贩，孝武之秕政也。后世观于相如之文，桓宽之论，何尝待史迁而后著哉？《游

章氏用司马迁这两处论述来概括《史记》这部巨著全书的宗旨，这是极高明的见解。

侠》《货殖》诸篇[11]，不能无所感慨，贤者好奇，亦洵有之。余皆经纬古今，折衷六艺，何尝敢于讪上哉？朱子尝言，《离骚》不甚怨君[12]，后人附会有过。吾则以谓史迁未敢谤主，读者之心自不平耳。夫以一身坎轲[13]，怨诽及于君父，且欲以是邀千古之名，此乃愚不安分，名教中之罪人，天理所诛，又何著述之可传乎？夫《骚》与《史》[14]，千古之至文也。其文之所以至者，皆抗怀于三代之英，而经纬乎天人之际者也。所遇皆穷，固不能无感慨。而不学无识者流[15]，且谓诽君谤主，不妨尊为文辞之宗焉，大义何由得明，心术何由得正乎？夫子曰："《诗》可以兴[16]。"说者以谓兴起好善恶恶之心也[17]。好善恶恶之心，惧其似之而非，故贵平日有所养也。《骚》与《史》[18]，皆深于《诗》者也。言婉多风，皆不背于名教，而梏于文者不辨也。故曰必通六艺比兴之旨，而后可以讲春王正月之书。[19]

辨析疑惑，道出真相；辟除谰言，伸张正义。——只有对《史记》有最深刻的理解，才能有此振聋发聩之评论。

【注释】

[1]"仁义之人"二句：语出《韩昌黎集·答李翊书》。   [2]"仁者情之普"二句：仁是感情的扩充，义是元气运行顺畅。气，指元气、精气。古人用"气"来定义构成世界物质性的基本元素。故用"气"的顺遂表示事物运行秩序合理、恰当，这就是"义"。   [3]"有《关雎》《麟趾》之意"二句：语出程颢《答横渠先生论定性书》。《麟趾》指《诗经·周南·麟之趾》，古人称麟是神兽，践踏植物，不伤害小动物，是仁厚敦诚的象征。故程颢说要懂得《诗经·关雎》《麟趾》诗中温良仁厚之心，才能践行《周礼》记载的法规制度。   [4]"吾则以谓通六艺比兴之旨"二句：我却认为先要懂得《诗经》六义运用比兴的手法，然后才可以讨论记载"春王正月"的史书。按，这是强调具备史德要重视长期的修养。章氏在此是以"六艺比兴"来指《诗经》的内容和手法。而"通六艺比兴之旨"，是指要精通《诗经》的宗旨，这就是《礼记·经解》所言："温柔敦厚，《诗》教也。"其意为：必须真正懂得"温柔敦厚"这一《诗经》的宗旨，才能理解古代良史《春秋》《史记》等的内容和实质。六艺，此指《诗经》六义，见于《诗大序》。按，风、雅、颂三项，是指《诗经》内容的分类。赋、比、兴三项是指《诗经》的三种艺术手法；赋为叙事，比是比方，兴是联想。   [5]究天人之际，通古今之变，成一家之言：语出《汉书·司马迁传》中《报任安书》。   [6]绍名世，正《易传》，本《诗》《书》《礼》《乐》之际：语出《史记·太史公自序》。   [7]本旨：根本宗旨。指上引司马迁的两段话，代表了《史记》全书的根本宗旨。   [8]"所云发愤著书"以下六句：司马迁讲到"发愤著书"的话，只不过是抒写他家境贫穷和忧愁，是借用这种说法而已。可是后人却拘泥于"发愤"这一说法，便讲《史记》百三十篇都是由于怨恨诽谤所激发而写，王允竟也贬斥他的论著是"谤书"。

按，又《太史公自序》云："退而深惟曰：'夫《诗》《书》隐约者，欲遂其志之思也。……《诗》三百篇，大抵贤圣发愤之所为作也。此人皆意有所郁结，不得通其道也，故述往事，思来者。'"王允，东汉献帝时权臣，任司徒，后与吕布密谋诛杀董卓。不久，被董卓部将所杀。谢承《后汉书》载："蔡邕在王允坐，闻卓死，有叹息之音。允责邕曰：……便使收付廷尉。……公卿惜邕才，咸共谏允。允曰：'昔武帝不杀司马迁，使作谤书，流于后世。方今国祚中衰，戎马在郊，不可令佞臣执笔在幼主左右，后令吾徒并受谤议。'遂杀邕。"（《三国志·魏书·董卓传》注引）　[9]"于是后世论文"以下七句：于是后世学者评论文章，竟认为司马迁用讥讽诽谤的手法显示他的能力，并且认为以隐晦讽刺笔法记载是史官手中掌握的大权，还有对此羡慕而仿效实行，这简直是拿乱臣贼子的居心，而妄自附会《春秋》著史的笔削手法，这难道不是荒谬做法吗！微文，隐晦讽刺的文章。悖（bèi），谬误，悖谬。　[10]"今观迁所著书"以下七句：现今读司马迁所著的书，像《封禅书》批评武帝沉溺鬼神迷信，《平准书》记载向商人和小贩加重税收，这些都是汉武帝不良的政治措施。后人读了司马相如的文章和桓宽的政论，就明白他们早已讲到了，何须等到有司马迁的书然后才突显出来呢？秕（bǐ）政，不良的政治措施。秕，中空或不饱满的谷粒。相如，司马相如，西汉诗赋家，著有《封禅赋》，批评汉武帝迷信鬼神。桓宽，西汉人，宣帝时为郎，编著有《盐铁论》，详细记载昭帝时盐铁会议上各地贤良、文学与御史大夫桑弘羊的辩论，贤良、文学对武帝时实行的盐铁专卖、均输、平准等政策提出激烈批评。　[11]"《游侠》《货殖》诸篇"以下七句：《游侠列传》《货殖列传》等篇章，不可能不发表感慨，贤人喜欢新奇的材料和论点，确实是有的。而《史记》全书的其余内容都是以宏大气魄构思记载古今大事、总结治国经验，并且贯彻六经的义旨，何尝敢毁谤君主呢？不能无所感慨，司马迁在此两篇中确实有多处对穷士一生郁郁不乐，而豪侠与富者则千里扬名发表感慨，如："鄙人有言曰：'何知仁义，已飨其利者为有德。'""今拘学或抱咫尺之义，久孤于世，岂若卑论侪俗，与世沈浮而取荣名哉！"（《游侠列传》）"渊深而鱼生之，山深而兽往之，人富而仁义附焉。富者得势益彰，失势则客无所之，以而不乐。"（《货殖列传》）贤者好奇，语出《法言·君子》："仲尼多爱，爱义也。子长多爱，爱奇也。"爱奇，指喜欢新奇的题材和议论。洵（xún），诚然，实在。经纬古今，指司马迁《史记》内容囊括古今，价值极高，记载所有大事，出色地对治理国家的经验做了总结。经纬，织物的直线为经，横线为纬，有经线与纬线相交互纺织才能织物。引申为治理。折衷六艺，折衷指中正无偏，把握准确。折衷六艺指准确地贯彻了儒家六经的义旨。　[12]"《离骚》不甚怨君"二句：语出《朱子语类》卷一百三十七："且屈原一书，近偶阅之，从头被人错解了。自古至今，讹谬相传，更无一人能破之者，而又为说以增饰之。看来屈原本是一个忠诚恻怛爱君底人。观他所作《离骚》数篇，尽是归依爱慕不忍舍去怀王之意，所以拳拳反复，不能自已。何尝有一句是骂怀王？亦不见他有偏躁之心，后来没出气处，不奈何方投河殒命。而今人句句尽解做骂怀王，枉屈说了屈原。只是不曾平心看他语意，所以如此。"同书卷一百三十九又云："《楚词》不甚怨君，今被诸家解得都成怨君，不成模样。"　[13] 坎轲：同"坎坷"，道路崎岖不平，形容一生多历磨难，不得志。　[14]"夫《骚》与《史》"以下五句：《离骚》和《史记》，是几千年来著作的典范。他们的文章之所以是典范，原因是都以三代精英人物为榜样坚守高尚的情怀，构思、叙述包括客观世界和人物活动的丰富内容。至文，达到极致的文章，即著作的典范。抗怀，坚守高尚的情怀。三代之英，夏、商、

周三代的精英人物。古人认为三代是人的道德高尚、国家治理极
好的黄金时代。　[15]"而不学无识者流"以下五句:而那些不
愿读书、毫无识见的人,甚至说即使是讲出诽谤君主的话,也不
妨碍尊奉他为文章宗师啊,照这种说法,正大的义理怎样才能得
到彰明,著史的心术怎样做到公正呢?　[16]《诗》可以兴:语
出《论语·阳货》:"子曰:小子何莫学夫《诗》?《诗》可以兴,
可以观,可以群,可以怨。"又《论语·泰伯》:"子曰:兴于《诗》,
立于《礼》,成于《乐》。"　[17]"说者以谓兴起好善恶恶之心也"
以下四句:讲解《诗》的人认为能够激发起爱慕善良憎恨邪恶的
心志。激发起爱慕善良憎恶邪恶的心志,惧怕表面相似而实际并
不相同,因此要重视平时加强自己的修养。　[18]"《骚》与《史》"
以下五句:《离骚》和《史记》的作者都深刻懂得《诗经》"温柔
敦厚"的宗旨,言辞委婉又多含讽喻,都不违背道德规范,但是
那些只会刻板理解字句的人是不能辨明其中道理的。深于《诗》,
对《诗经》有深刻的理解。言婉多风,语言委婉,又多含讽谕、
劝告的意义。风,同"讽",用隐约的言辞劝告。梏(gù),手铐,
引申为禁锢、束缚。　[19]按,本节论述必须通《诗经》"温柔
敦厚"之宗旨才能读懂史著,痛斥称《史记》为"谤书"的荒谬
说法。

【点评】

　　本篇撰成于乾隆五十六年(1791),章氏是年五十四
岁,故同是属于晚年思想成熟时的著作。章氏本人对此
文甚为重视,曾将本文撰成的信息及旨趣所在写信告诉
好友史馀村,信云:"近撰《史德》诸篇,所见较前有进,
与《原道》《原学》诸篇足相表里。而《原道》诸篇,既
不为人所可,此篇亦足下观之可耳,勿示人也。"(《章学

诚遗书》卷九）

　　本篇在章学诚理论体系中占居着重要的地位，因为他精当地提炼出"史德"这一重要论题并且作了深刻的论证，由此出色地丰富了传统史学中关于史家修养的理论，并且提升到了更高的层次。此前，刘知幾有著名的史家三长论，见于他回答监修国史郑惟忠所言："史才须有三长，世无其人，故史才少也。三长谓才也、学也、识也。夫有学而无才，亦犹有良田百顷、黄金满籝，而使愚者营生，终不能致于货殖者矣。如有才而无学，亦犹思兼匠石、巧若公输，而家无楩柟斧斤，终不果成其宫室者矣。犹须好是正直，善恶必书，使骄主贼臣所以知惧。此则为虎傅翼，善无可加，所向无敌者矣。"这里，"学"是指史家具有渊博的知识，熟悉、掌握丰富的史实；"才"是指史家的叙事才能；"识"是指史家对史实的取舍和裁断能力，（章学诚用"记诵以为学也，辞采以为才也，击断以为识也"与此相对应。）尽管刘知幾讲到"犹须好是正直，善恶必书"，但章学诚认为还必须明确地提出"史德"的论题，这个理论才更有价值。因为如他指出的，刘知幾在《史通·忤时》篇中有言，有人评论《史记》"退处士而进奸雄"，评论《汉书》"排死节而饰主阙"，犹可以称"纂成一家"，这样的见解，实属"文士之见"，仅从"知所决择，以成文理"而已，"此犹文士之识，非史识也"。还必须明确树立"史德"，他响亮地提出："能具史识者，必知史德。""欲为良史者，当慎辨于天人之际，尽其天而不益以人也。"所言"心术"，就是史家的道德修养和公正无私的责任感。为了做到公正无私，必

须确实做到史书记载完全符合于客观历史事实，此之为
"尽其天"，而不掺入人事的因素，此之为"不益于人"。
具有这样的高尚的道德和责任感，记载的史实才能取信
于人，传之后世。

　　本篇又进一步论述，真正做到史德高尚还必须长期
历练，不放过细微之处，提高分辨力和自制力。一要防
止因记载对象的得失是非，而意气用事，造成记述失于
公正："夫史所载者事也，事必藉文而传，故良史莫不工
文，而不知文又患于为事役也。盖事不能无得失是非，
一有得失是非，则出入予夺相奋摩矣。奋摩不已，而气
积焉。"二要防止因记载对象的盛衰消息，而感情偏激，
造成记载掺入了人事因素："事不能无盛衰消息，一有盛
衰消息，则往复凭吊生流连矣。流连不已，而情深焉。"
章学诚又提出：防止意气用事和感情偏激确实是对著史
者的重要考验："史之义出于天，而史之文，不能不藉人
力以成之。人有阴阳之患，而史文即忏于大道之公，其
所感召者微也。夫文非气不立，而气贵于平。人之气，
燕居莫不平也。因事生感，而气失则宕，气失则激，气
失则骄，毗于阳矣。"这就必须长期坚持自律，做到学养
纯粹，才能达到不"逞于私"，不"蔽于人"，所记载的
史实完全符合客观实际，"故曰心术不可不慎也"！还有
热衷于堆砌辞藻、"以为观美之具"的做法，更是"舍本
而逐末"，违反"古人大体"，与著成"信史"的目标遥
不可及了。

　　本篇又一亮点是对有人诬称《史记》是谤书的有力
驳斥，围绕这一问题所作的论述不但是对司马迁杰出成

就的有力表彰，而且也推进了对中国史学优良传统的认识，因而具有重要的理论价值。章氏在《书教下》《释通》《说林》等篇对司马迁《史记》"体圆用神""范围千古，牢笼百家"、卓识别裁、开创"通史家风"等成就均有精到评述。在此基础上，本篇进一步提出两段话，揭示出《史记》全书的著述宗旨。一为《报任安书》中所言："究天人之际，通古今之变，成一家之言"。二是《太史公自序》中所言："绍明世，正《易传》，继《春秋》，（此三字为原文所有，章氏引用时未查对原书偶失，今补上）本《诗》《书》《礼》《乐》之际。"前者是司马迁确定的著史目标；后者则是表明他对孔子学说和儒家思想体系的自觉继承。司马迁的论著那么闳肆精深，章氏独独撷取此最为关键的两项，可见其对太史公的成就和精神把握之准确！司马迁记载了中华民族有史以来全部的历史，具有卓越的史识和高尚的史德，后人对他的非议，正是在两个有关客观公正著史和道德修养上，因此章学诚认为必须严肃予以廓清。一是司马迁所言"发愤著史"，章氏指出，这是司马迁表达其本人家境贫穷、但下决心克服种种艰难、将著史大业最终完成，"而假以为辞耳"。但后人却因此而认为"百三十篇皆为怨诽所激发"，这完全是一种误解，必须予以澄清。二是"谤书"的说法，此乃居心叵测的权臣王允对司马迁的诬蔑，必须对其恶毒用意予以揭穿！《三国志·魏书·董卓传》注引谢承《后汉书》云："（王）允曰：'昔武帝不杀司马迁，使作谤书，流于后世。方今国祚中衰，神器不固，不可令佞臣执笔在幼主左右，既无益圣德，复使吾党蒙其讪议。'"

王允是个擅权的大官僚，他所需要的是奴才式的"史官"随意指使，他对司马迁那种"直笔""实录"精神自然极其不满以至害怕，这就是他惧怕被"讪议"的阴险心理。故其所言"谤书"完全是荒谬之论，而且王允的话毋宁说是从反面证明司马迁"不虚美，不隐恶"的实录精神和高尚史德所具有的力量。诚然，司马迁对于武帝政治的阴暗面，如连年征伐造成人民困苦疲惫，财政空虚，奢侈浪费，耽于迷信，"与民争利"等，都据事直书，予以批评，体现了他关心民众的进步思想。而同时，司马迁对武帝的雄才大略、建树功业又是明确赞扬的。如说："明天子在上，兼文武，席卷四海。""汉兴五世，隆在建元，外攘夷狄，内修法度，封禅，改正朔，易服色。作《今上本纪》。"（均见《太史公自序》）都是对武帝功业作高度评价。而司马相如《封禅赋》对武帝耽于迷信的批评，桓宽《盐铁论》中贤良、文学对盐铁专营等的指摘，正证明司马迁的批评乃是当时正直人士的共同看法。更为可贵的是，章氏在贬斥"微文刺讥""谤书"等说法的谬误无据之后，用"经纬古今，折衷六艺"，和"抗怀于三代之英，而经纬乎天人之际"来高度评价司马迁著史的典范意义和不朽精神。前一句，是讲《史记》有雄伟的气魄、卓越的史识和非凡的组织力，撰成通史巨著，囊括古今，同时，贯穿了以孔子学说和儒家六艺的宗旨作为指导；后一句，讲司马迁坚持以三代的崇高精神来激励自己，胸怀磊落，他的著作境界极高，安排有序地记载了自然和人类社会的活动，又蕴含有深刻的哲理。章氏将司马迁与屈原相并提，也是他的卓识，两人都是品德高尚纯粹、对国家民族充满炽烈感情的贤才之士，留下的作品都具有极高的文化价值和思想价值；司马迁还深情写成了《屈原列传》，他以屈原自况。在传中真挚地评价说："屈平正道直行，竭忠尽智以事其君"，所著《离骚》"明道德之广崇，治乱之条贯，靡不毕见。其文约，其辞微，其志洁，其行廉，……推此志也，虽与日月争光可也"。章学诚将两人并提，恰恰符合司马迁本人的心志，也更加凸显出司马迁的巨大贡献。

总之，本篇驳斥了阴险人物与无识者加在司马迁身上的诬枉之词，又正面评价司马迁的杰出成就，可谓为评价史学史上的人物提供了榜样，同时也显示出章学诚本人胸怀志向之高尚！

史篇别录例议

编年纪传[1]，同出《春秋》，二家之书[2]，各有其利与弊，刘知幾论之详矣。古书无多，读者精神易彻[3]，故利易见而弊不甚著。后史江河日广[4]，揽挹不易周详，利故未能遽领，而弊则至于不可胜言。是以治书之法[5]，不可不熟议也[6]。

【注释】

[1]"编年纪传"二句：因为《春秋》是第一部贯穿了著史义旨、有体例要求的史著，后代史书由此发展，故称编年纪传，同出《春秋》。　[2]"二家之书"以下三句：刘知幾论之详矣：刘知幾之论见于《史通·二体》篇论编年体的利弊云："夫《春秋》者，系日月而为次，列世岁以相续，中国外夷，同年并世，莫不备载其事，

形于目前。理尽一言，语无重出。此其所以为长也。至于贤士贞女，高才隽德，事当冲要者，必盱衡而备言；迹在沉冥者，不枉道而详说。……故论其细也，则纤芥无遗；语其粗也，则丘山是弃。此其所以为短也。"又论纪传体的利弊云："《史记》者，纪以包举大端，传以委曲细事，表以谱列年爵，志以总括遗漏，逮于天文、地理、国典、朝章，显隐必该，洪纤靡失。此其所以为长也。若乃同为一事，分在数篇，断续相离，前后屡出，于《高纪》则云语在《项传》，于《项传》则云事具《高纪》。又编次同类不求年月，后生而擢居首帙，先辈而抑归末章，遂使汉之贾谊将楚屈原同列，鲁之曹沫与燕荆轲并编。此其所以为短也。"二家之书，编年、纪传两种体裁的史书。　[3]"读者精神易彻"二句：阅读的人容易透彻理解，因此古代史著的长处容易看到，而短处不很明显。精神，此指智力、理解能力。彻，透彻。著，显著。　[4]"后史江河日广"以下四句：后代史著规模浩大，总括提取不容易做到周密详备，其中长处固然未能立即获得，而积累的弊病却已无法尽举了。江河日广，指规模浩大，蔓延很广。揽挹（yì），总揽提取。揽，总持。挹，汲取。故，固然，毕竟。遽领，立即获得。领，接受，获得。不可胜言，难以尽说。　[5]治书：构思撰著史书。治，编纂。　[6]熟议：仔细而周密地讨论。按，本节为全篇开头，言史书演变积累问题甚多，亟待解决。

此语是章氏长期辨析史书体例而得出的精辟结论，语句至简而内涵丰富深刻。

纪传之书[1]，类例易求而大势难贯。刘知幾谓一事分书，或著事详某传，或标互见某篇，不胜繁琐[2]，以为弊也。不知马、班创例[3]，已不能周，后史相沿，皆其显而易见者耳。倘使通核全书，悉用其例[4]，则不至于纪传互殊，前后矛盾，如校勘诸家所纠举者矣。刘氏不知其弊正由推例未广[5]，顾反以为繁琐，所议未为中其弊也。

【注释】

[1]"纪传之书"二句：纪传体史书，按照所分的几大类去找有关的内容容易做到，但是历史演进的大势却难以贯通显示出来。按，这一警句，一语中的，将千百年来人们习以为常、未曾置疑的严重问题一下子指明，是极重要的理论成果。类例，将史实或人物活动按几个大类区分记载。纪传体史书内容区分的主要大类是：本纪记载帝王活动、军国大事；典志记载天文、地理知识，各种制度和社会情状；列传记载人物活动。表则表列官职设置、官员任免、事件年代起迄、行政区划变迁等。 [2]"不胜繁琐"二句：这种做法十分繁琐，认为这是纪传体的短处。按，刘知幾的批评已见上引《史通·二体》篇中的内容。 [3]"不知马、班创例"二句：不知道司马迁和班固在创立这种体例之时，已经不能做到周密地运用。 [4]通核全书，悉用其例：对全书内容全部加以核对，做到完全运用这一体例。 [5]"刘氏不知其弊正由推例未广"以下三句：刘知幾不明白弊病的造成，正由于未能将这一体例充分推广运用，反倒认为做法本身过于繁琐，他的议论并未真正切中弊病。顾反，相反地。顾，反而，却。中其弊，切中书中的弊病。中，打中，切中。

《春秋》经传不出一人[1]，迁史以下，皆自以纪传为经纬矣。传以详纪[2]，其文别自为篇可也，一篇之中，文辞自相委属，其体乃清。忽著

事详某传，忽标互见某篇，于事虽曰求全^[3]，于
文实为隔阂，前此经传子史，命辞无此例也。夫
以局中之言^[4]，俾人循辞以得事，忽参局外之语，
又复便人核事以参辞，势有未安^[5]，故刘氏以启
其议尔。

【注释】

[1]"《春秋》经传不出一人"以下三句：《春秋》经和三传作
者并非出于同一人，司马迁《史记》以下，却都是由史家本人区
分为"本纪"和"列传"两大部分内容、互相交织著成。《春秋》
经传，《春秋》经由孔子修成，记载史事简略，但地位重要，被
尊为"经"，《左传》《公羊传》《穀梁传》都是对"经"的解释。
古代学者又将这种"经"与"传"的关系推广到理解纪传体史书
"本纪"与"列传"的关系，认为《史记》以下，"本纪"与"列传"
二者，性质等同于"经"与"传"，不同的是两部分作者是同一
人。经纬，指两部分内容互相交织著成。其中还包含一层意思，
"本纪"所载是按年代先后，等于是纵向的"经"，"列传"是对
"本纪"内容的具体展开，等于是横向的"纬"，互相交织而著成
史书。　[2]"传以详纪"以下五句：列传所载内容是对本纪所记
大事的详细展开，它的文辞独立成为一篇更为合适，在一篇之内
文辞本身互相连贯承接，像这样它的文体才显得清爽。传以详纪，
列传的内容是要详载本纪中的大事。以，表目的、作用的连词。
别自为篇，独立成为一篇。委属，连贯承接。清，清爽，无枝蔓
之处。　[3]"于事虽曰求全"以下四句：那种做法虽说对于交代
事件的缘起显得周全，但对于文句却实在显得隔阂，在此之前的

经书、传记、子书、史书，下笔撰文并无这种先例。命辞，下笔撰文。　　[4]"夫以局中之言"以下四句：本来用历史情景中叙述的语言，让读者依照文句去理解史事，却忽然插进历史场景以外的话，又使读者查核别处内容来参照这里的文句。局中之言，特定历史场景中讲的话。　　[5]"势有未安"二句：从情理来说并不妥当，因此刘知幾就此提出了批评意见。势，情势，这里指从情理说。未安，不妥当。启其议，提出批评意见。

　　史家自注之例，或谓始于班氏诸志，其实史迁诸表已有子注矣[1]。表志中有名数[2]，不系属辞，故大书分注，其道易行。纪传自以纯体属辞[3]，例无自注。故历史纪传[4]，凡事涉互详，皆以旁注之义同入正文。习久不察其非，无人敢于纠正。则有委巷小说，流俗传奇，每于篇之将终，必曰："要知后事如何，且听下回分解。"此诚搢绅先生鄙弃弗道者矣。而推原所受[5]，何非事具某篇之作俑欤！

【注释】

[1]其实史迁诸表已有子注：其实《史记》各篇表中已经有注解的文字了。子注，指注解性质的文字，系解释性的，与正文的作用不同。按，此在《史记·十二诸侯年表》中可找到例子。如齐桓公十二年："陈完自陈来奔，田常始此也。"晋献公十二年："太子申生居曲沃，重耳居蒲城，夷吾居屈。骊姬故。"这里附记

的"田常始此也"和"骊姬故"，即为不同于正文的解释性文字，但没有用小字标明，实则是子注性质。　[2]"表志中有名数"以下四句：表志中有的人名和年代数字，并不是正文记载，因此用大字和小字分别表示正文和注释的不同，采取这种办法容易做到。名数，姓名和数字。属辞，语出《礼记·经解》："属辞比事，《春秋》教也。"连缀文辞，此指记述史实的文字。　[3]"纪传自以纯体属辞"二句：本纪和列传部分本来就以单纯的连贯文字记述，按惯例不加自注。自以，原本这样做。纯体，单纯的形式。　[4]"故历史纪传"以下五句：因此史书中的纪传体，凡是遇到同一史事涉及两篇需要作互相补充说明的，就以解释性文字一起写入正文之中，相沿成习，时间长了就不再觉察做法不对，也无人敢于提出纠正。旁注之义，指旁注性质的文字。　[5]"而推原所受"二句：如要追溯到起始所承受的，难道不是"事见某篇"带了坏的先例吗？作俑，原指制作殡葬用的偶像，语出《孟子·梁惠王上》："始作俑者，其无后乎！"此喻首开恶例。

按，此节开头又强调"史以纪事者也"，正扣紧本篇讨论为何要设置"别录"这一中心论旨。

　　史以纪事者也[1]，纪传之史，事同而人隔其篇，犹编年之史，事同而年异其卷也。《左氏》年次正文，忽入详具某年之句，人知无是理也；马、班纪传正文，遽曰详具某人之传[2]，何以异乎？然杜氏之治《左》也[3]，于事之先见者，注曰为某年某事张本；于事之后出者，注曰事见某公某年[4]，乃知子注不入正文[5]，则属辞既无扦格，而核事又易周详，斯无憾矣。马、班未见杜氏治《左》之例[6]，而为是不得已，后人盍亦知所变通欤！

【注释】

[1] "史以纪事者也"以下五句：史书的任务是记载史事，纪传体史书，事件相同而因多人参与就隔开在几篇中记载，这就好像编年体史书，同一事件而跨越数年就隔开在几卷中记载一样。 [2] 遽（jù）：骤然，急。 [3] "然杜氏之治《左》也"以下三句：但杜预为《左传》作注释，如果在事件起始前出现了苗头，就注明"为某年某事张本"。张本，文章中为事态的发展而预设的伏笔。如：《左传·隐公五年》："曲沃庄伯以郑人、邢人伐翼，王使尹氏、武氏助之。翼侯奔随。"杜预注："传具其事，为后晋事张本。" [4] 事见某公某年：《左传》载春秋时期二百四十二年史事，以鲁国十二位国君纪年。十二公分别是隐公、桓公、庄公、闵公、僖公、文公、宣公、成公、襄公、昭公、定公、哀公。 [5] "乃知子注不入正文"以下四句：可知注释不写在正文中，这样篇中辞句既没有抵触阻隔，而且核实史事又容易做到周密详备，这样就没有遗憾了。扞（hàn）格，互相抵触，格格不入。语见《礼记·学记》："发然后禁，则扞格而不胜。" [6] "马、班未见杜氏治《左》之例"以下三句：司马迁和班固未能见到杜预注释《左传》所创立的凡例，而采取这种做法是不得已的，后人对此为何不懂得要有所变通呢？为是不得已，采取这种做法是不得已的。是，代词，指上面讲的"遽曰详具某人之传"的做法。盍亦知所变通，为何不知道有所变通呢？盍，何不。亦，语气词。按，以上四节为本篇第一层次，提出"纪传之书，类例易求而大势难贯"的重要论题，指出因篇目繁多，事同而人隔其篇，造成记载分散、文辞扞格，亟待寻求解决办法。

史以纪事者也[1]，纪传纪年，区分类别，皆期于事有当而已矣。今于纪传之史，取其事见某传互见某篇之类，以其窜入正文，隔阂属辞义例，因而改为子注[2]，洵足正史例矣。而于史之得以称事而无憾[3]，犹未尽也。一朝大事[4]，不过数端；纪传名篇，动逾百十，不特传文互涉，抑且表志载记无不牵连，逐篇散注，不过便人随事依检，至于大纲要领，观者茫然。盖史至纪传而义例愈精，文章愈富，而于事之宗要愈难追求，观者久已患之。故于纪传之史[5]，必当标举事目，大书为纲，而于纪表志传与事连者，各于其类附注篇目于下，定著别录一编，冠于全书之首，俾览者如振衣之得领，张网之挈纲。治纪传之要义[6]，未有加于此也。

强调设立"别录"是为了解决纪传体"大纲要领，观者茫然"的难题，堪称掷地有声。

【注释】

[1]"史以纪事者也"以下四句：史书的任务是记载史事，选择用纪传体或编年体，以及区分史书内部记述的类别，目的都只是希望能够恰当地记载史事而已。区分类别，指纪传体史书以本纪、表、典志、列传这几大类别处理史料。于事有当，能够恰当地记事。　[2]"因而改为子注"二句：因此改变为采取注释的办法，诚然能达到符合规范的史书体例了。足正，足以达到。　[3]"而于史之得以称（chèn）事而无憾"二句：不过对于让史书符合记

载史事的要求而不留下遗憾，却又未完全做到。称事，与客观记载史事的要求相符合。称，适合，相符。　[4]"一朝大事"以下十句：一个朝代的大事，其实只有几桩；但是本纪与列传标有题目的篇章加起来，随便就超过百几十篇，不仅列传的内容互相牵涉，而且与书中的表、志、载记等都有关连，如果仅是在各篇分散加上小注，只不过方便读者就事件作检索，可是对于史事演进的大纲目，大关节点，读者却感到毫无头绪。按，章氏的论述，对于纪传体盛行已有两千年所造成的严重弊病，作出深入分析，主张采取卓有成效的措施实行改革，出色地显示出审视眼光和革除积弊的勇气，在传统史学理论发展上具有重大意义。　[5]"故于纪传之史"以下七句：因此编纂纪传体史书，必须总结并标明重要的历史事件，用大字书写作为史书的纲领，然后对于本纪、表、典志和列传中与大事相关的各篇内容，分别根据类别注明在篇目下面，制定为"别录"一篇，放在全书最前面。定著，制定并突出显示出来。别录，原为西汉成帝时诏令光禄大夫刘向等人为皇家藏书进行核对、编目，每校完一书，由刘向加以编次，写出提要，抄录上报，称为《别录》，性质同后世的书录解题。章氏的改革主张，借用"别录"来称他设想的大事纲目。　[6]"治纪传之要义"二句：研治纪传体史书的关键，没有比这一项更重要了。要义，此指关键问题。

纪传之最古者[1]，如马、班、陈氏，各有心裁家学，分篇命意，不可以常例拘牵，如马之《老庄申韩》，班之《霍金》《元后》，陈之《夏侯诸曹》之类。《春秋》微隐[2]，难以貌求，不有别录以总其纲，则耳目为微文所蔽，而事迹

此三节，将纪传体史书区分为优者、较优者、差者三种情况，讲别录如何分别补充、助力；同时总结了纪传体史书三种类型的不同特点和得失所在，评析中肯，见识过人，因而有重要的理论价值。

亦隐而不章矣。

【注释】

[1]“纪传之最古者”以下八句：纪传体最早的史著，如司马迁《史记》、班固《汉书》、陈寿《三国志》，各有独断的史识、自成一家的著史义例，如何分篇立意，都有自己的寄托，不应该拿通常的义例去刻板要求，像《史记·老子韩非列传》《汉书·霍光金日䃅传》和《元后传》，《三国志》中载夏侯诸曹的篇章，就是这类例证。按，《史记·老子韩非列传》记载内容包括庄子、申不害。老子是春秋时人，其余三人都是战国时人。老子、庄子是道家人物，申不害、韩非是法家人物。司马迁将四人设为合传，不仅记载了先秦道家和法家人物，并且反映了先秦道家与法家二者的关系。霍光、金日䃅两人都是汉武帝晚年重臣，受遗诏同辅昭帝。将两人立为合传，不仅事件多有关联，尤重要的是有利于写出武帝晚年至宣帝初年凡二十年间的政治特点。《元后传》记载王政君是西汉元帝皇后，但不把她放在专记皇后事迹的《外戚传》记载，而是单独立为专传，篇幅甚长，置于记载汉朝历史各篇之末，而在记述新朝历史的《王莽传》之前。其深刻寓意是：以元后的经历为线索，以此作为西汉后期政治危机的集中写照。元帝时她居于皇后高位，而此后成帝、哀帝、平帝均在政治上处于弱势，权力重心乃在元后身上。此六十余年间，因元后庇护，王家兄弟势力盘根错节，所谓“飨国六十余载，群弟世权，更持国柄，五将十侯，卒成新都（王莽篡汉成功建立新朝）”（《元后传》）。借这一篇皇后传记，经班固的巧妙构思，写成西汉逐步走向衰亡的政治史大要。《三国志》卷九（《魏书》九）是一篇合传，记载夏侯惇、夏侯渊、曹仁、曹洪等人事迹，他们都是曹操同乡，出身于谯郡（今安徽亳州），均是曹操起兵时在混乱局面中征战

的勇将，又是曹魏统治集团的骨干人物。陈寿设立这篇合传，即借这些人物的事迹，写出曹操崛起的背景和汉魏之际的军事政治特点。命意，指设置篇目的立意。拘牵，刻板要求。　[2]"《春秋》微隐"以下五句：像这些学习孔子《春秋》运用精微言辞、隐晦的手法，是很难从表面去理解的，假如没有别录来总挈大纲，那么读者的感官就会被精微的言词所遮蔽，而真实的事迹和深刻的涵义就会隐没而不彰显了。《春秋》微隐，指运用《春秋》以精妙文辞、隐晦的手法表达深刻的编纂技巧。难以貌求，指很难从表面的字和形式上的做法去探求。耳目，指通过感官去理解。

纪传之次焉者[1]，如《晋》《隋》《新唐》之书[2]，虽不出于一手，人并效其所长，全书不免牴牾，分篇各有其篇，所谓离之则双美[3]，合之则两伤者，固其道矣。不有别录以总其纲，则同异因分手而殊[4]，而载笔亦歧而难合矣。

【注释】

[1] 纪传之次焉者：纪传体史书质量次一等的。次，质量、水准居于次一等。焉，表示加强语气词。　[2]"如《晋》《隋》《新唐》之书"以下三句：譬如《晋书》《隋书》《新唐书》等史著，尽管不是出于名家一人所撰，但也是参修者各自贡献其所长。按，如唐初修《晋书》，参加纂修者共二十一人，房玄龄、褚遂良、许敬宗三人为监修，其余有令狐德棻、敬播、李淳风、于志宁等。房玄龄以宰相监修国史，修史体例由敬播等拟订。《天文》《律历》《五行》三志，出自淳风之手，他是当时知名的天文、律历专家，

纂修质量备受赞赏。令狐德棻等擅长文学，所撰纪、传被誉为叙事爽洁老劲。按，《晋书》曾被人指责为"好采诡谬碎事"，实则失于苛求，章氏则从全局着眼，将《晋书》与《隋书》《新唐书》一同列为仅次于《史记》《汉书》《三国志》的史书，实则在相当程度上予以肯定，正证明章氏的史识。　[3]"所谓离之则双美"以下三句：所讲分开了双方都获好处，合起来双方都有损失，正是这个道理。固，本来。其，代词，这个。道，道理。　[4]"则同异因分手而殊"二句：则因为分开由众人修纂造成史实有同有异，造成篇中记载互相歧异而不相符合。分手，分开由史臣多人纂修。载笔，指篇中记载的史事。

纪传之最敝者[1]，如《宋》《元》之史，人杂体猥[2]，不可究诘，或一事而数见，或一人而两传，人至千名，卷盈数百。不有别录以总其纲[3]，则手目穷于卷帙之繁，而篇次亦混而难考矣。

【注释】

[1]最敝：质量最差。敝，原意是破坏，此指质量差劣。　[2]"人杂体猥（wěi）"二句：所载人物错杂，体例琐碎，无法探究清楚。按，《宋史》于元顺帝时修成，全书达四百九十六卷之巨。仅列传即有二百五十五卷，载录人物多至两千多人。存在有记载不实，或一人两传、有目无文等弊病。《元史》于明初纂修，为时匆促，全书共一百五十九卷，仅用了三百三十一天，平均每两天修成一卷，致使史实多有缺误，连重要的史料《元朝秘史》也未曾采用，还有一人两传、照抄案牍原文、史实错讹等

舛误。体猥，体例烦杂。体，体例。猥，烦杂。究诘（jié），查究明白。诘，查究。　[3]"不有别录以总其纲"以下三句：如果没有《别录》来提挈史事大纲，读者便会双手和双目都因卷篇的浩繁疲劳不堪，对于篇中记载的史事也互相混淆无法考究明白了。

夫别录不特挈纪传之要，而且救纪传之穷。盖史迁创例^[1]，非不知纪传分篇，事多散著，特其书自成家，详略互见，读者循熟其文，未尝不可因此而识彼也。降而《晋》《隋》，降而《宋》《元》，史家几忘书为纪事而作^[2]，纪表志传将以经纬一朝之事，而直视为科举程式^[3]，胥吏案牍，所谓不得不然之律令而已矣。诚得以事为纲^[4]，而纪表志传之与事相贯者，各注于别录，则详略可以互纠，而繁复可以检省。载笔之士^[5]，或可因是而恍然有悟于马、班之家学欤！

【注释】

[1]"盖史迁创例"以下七句：司马迁创立著史义例，他并非不晓得按照纪、传分篇记载，史事大多分散记述，但是他著史高明，自成一家，详载与略载互相补充，读者反复熟读他的文章，就可以做到通过这一篇而能了解那一篇所载内容。特，但。循熟其文，反复熟读他的文章。　[2]"史家几忘书为纪事而作"二句：史家几乎忘记史书是为了记载史事而撰写，纪、表、志、传四大

类篇章是为了纵横交织来撰成一朝的历史。经纬，纵横交织编纂。　[3]"而直视为科举程式"以下三句：却简直把史书当成科举应试的八股格式和衙门小吏的案卷，所纂辑的未经加工的律令条文堆积罢了。直视为，简直看做。不得不然，不用加工，不需变动，将之纂辑在一起。　[4]"诚得以事为纲"以下五句：果真能做到以大事为纲，而将纪、表、志、传各篇中同它相贯通的内容，分别在别录中注明，那就详与略可以互相补充调剂，而繁琐重复的文字可以查核和删减。诚，如果。与事相贯，同历史大事件互相贯通。互纠，互相补充、调剂。检省，检核和删减。　[5]"载笔之士"二句：纂修史书的学者，也许能够由此而豁然开朗，悟出了司马迁、班固一家之学的精妙吧？载笔之士，从事著述的学者，此指撰史的人。因是，因为这种做法。是，代词，指上述用"别录"的方法。欤（yú），表反诘语气词。

马、班篇叙之法亡[1]，而后史乃于篇首为目录。刘知幾之讥范史也[2]，谓其列传题目全录姓名[3]，历短行于卷中，丛细字于标外，其子孙附出者，注于祖先之下，乃类俗之文案孔目，药草经方。然如刘氏所讥[4]，则必书尽马、班家学，人皆裴、应专攻，然后约举篇名，首尾可挹，则范之繁注，诚多事矣。否则史传浩繁，端绪难究。昔项羽言"书足以记姓名"[5]，言其粗也。今书具而求其姓名[6]，博雅之儒犹且难竟，则别编目录而加以子注，实后史之不得不然者也。

强调用"别录"来提纲挈领，解决史事浩繁、端绪难究的问题，正是关键所在。

【注释】

[1]"马、班篇叙之法亡"二句：司马迁、班固为史著各篇概括撰述义旨的做法失传之后，后代史籍便在各篇之前编写了目录。篇叙，概括各篇撰述义旨的文字。按，司马迁在全书最后一卷《太史公自序》中为全书一百三十篇全部撰写有"篇叙"，如："子羽暴虐，汉行功德；愤发蜀汉，还定三秦；诛籍业帝，天下惟宁，改制易俗。作《高祖本纪》第八。"又如："桀、纣失其道而汤、武作，周失其道而《春秋》作。秦失其政，而陈涉发迹，诸侯作难，风起云蒸，卒亡秦族。天下之端，自涉发难。作《陈涉世家》第十八。"班固继承了司马迁这一传统，在全书末卷《叙论》中也有类似的"篇叙"。亡，指失传，无人继承。　[2]范史：范晔《后汉书》。刘知幾《史通·题目》对《后汉书》题目的处理有讥评。　[3]"谓其列传题目全录姓名"以下七句：语出刘知幾《史通·题目》："至范晔举例，始全录姓名，历短行于卷中，丛细字于标外，其子孙附出者，注于祖先之下，乃类俗之文案孔目，药草经方。"举例，指本人所自订的史例。其"始全录姓名，历短行于卷中，丛细字于标外"的做法，目前通行的中华书局标点本《后汉书》目录中已经编者"重编新目"而看不到原样，只有"其子孙附出者，注于祖先之下"保存下来，如卷二十三《窦融列传》首列窦融，然后分列弟子固，曾孙宪，玄孙章，诸如此类。类俗之文案孔目，习俗见到的文卷档案细目，喻其烦琐。药草经方，指医药验方。经方，原指汉以前的经典方剂。　[4]"然如刘氏所讥"以下七句：然而像刘氏所讥评的，就必须史著都达到司马迁、班固那样的自成一家的水准，士人都像裴骃、应劭这样术业有专功，然后能恰当地提炼篇名，标题前后都有明白的显示，真能达到这种程度，那么像范晔那种繁复的做法就确实不必要了。裴、应，裴骃、应劭，分别是专攻《史记》《汉书》的专家。首尾可捪，指题目提炼得好，前后都能明白显示出意义。捪，汲

取。因文字简练而意义显豁，故容易汲取其意义。诚多事矣，那种办法成为多余的了。 [5] 书足以记姓名：语出《史记·项羽本纪》："项籍（即项羽）少时，学书不成，去学剑，又不成。项梁怒之，籍曰：'书足以记名姓而已。剑一人敌，不足学，学万人敌。'于是项梁乃教籍兵法。"章氏引此语，是要说明光列出姓名用处不大，是谓"言其粗也"，故亟须以"别录"来解决史事头绪纷繁的难题。 [6] "今书具而求其姓名"以下四句：现在书写姓名都已具备而要找出人物与史事的关系，学识渊博的儒生尚且难以弄清楚，那么这种另外编成大事纲目再加上小注的"别录"，实在是后代史家所不能不办到的啊。书具，书写姓名都已具备。求其姓名，指借姓名来探究人物行事。难竟，难以穷究，难以彻底弄清楚。后史，后代史家。不得不然，客观时势要求必须这样做，客观事物发展所需要。

人至数千，卷盈累百，目录子注，可以备寻检而不能得其要领，读之者知所苦也。作史者诚取目录子注之意[1]，而稍从类别区分以为人物之表焉，则列传之繁不胜取，可以从并省者殆过半而犹未已矣。（此说别有专篇。）表以纬之[2]，别录以经之，纪传之末流浸至于横溢，非是经纬以为之堤防焉，未有以善其后也。

【注释】

[1] "作史者诚取目录子注之意"以下四句：著史者如果采用别录的创意，下点功夫按类例区分作出人物表，那么列传纷繁难

以利用的弊病，就可以合并省略超过一半。繁不胜取，繁杂难以利用。从并省者，借以合并省略的。　[2]"表以纬之"以下五句：表作为横向补充的作用，别录作为纵向贯穿的作用，那么纪传体演变到最下等列低陋不堪的种种弊病，如果不用这种办法筑起堤防加以治理，那就没法子收拾了。末流，最下的等列。经纬，此指用表作纬、用别录作经来治理改造。以为之堤防焉，用这种办法筑起堤防来收拾无法忍受的局面。焉，表强调语气词。按，以上七节为本篇第二大层次，论述创设"别录"的目的、方法要领和作用、价值。

纪传苦于篇分[1]，别录联而合之，分者不终散矣；编年苦于年合[2]，别录分而著之，合者不终混矣。盖枉欲矫而直欲揉[3]，归于相济而已矣。

【注释】

[1]"纪传苦于篇分"以下三句：纪传体由于分为各篇记载而造成许多难题，现在用别录将各篇联系起来使内容互相结合，尽管分篇记载而最终结构不致松散了。苦于篇分，由于分篇造成许多难题。苦于，感到困难。不终散矣，最后结构不再松散了。不终，词序倒置，使句式灵活，实为"终于不"。　[2]"编年苦于年合"以下三句：编年体由于将发生在同一年的事件都合在一起记载，现在用别录将不同事件分别显示出来，原来汇集在一起的内容不再混淆了。　[3]"盖枉欲矫而直欲揉"二句：弯曲的要让它变直，笔直的要让它弯曲，目的是达到使两方面互相得益罢了。盖，发语词。揉，使弯曲。归于，最后达到。相济，互相补充，互相得益。

纪传之初 [1]，盖分编年之事实而区之以类者
也。类则事有适从而寻求便易 [2]，故相沿不废，
而纪传一体，遂超编年而为史氏之大宗焉。今之
编年 [3]，则又合纪传之类，从而齐之以年者也。
《春秋》经世 [4]，编年实史之正体，而世以纪传
为大宗，盖取门类分而学者知所伦别耳。既合纪
传为编年 [5]，而徇编年者遂忘其伦别，何以异于
尝酒而忘黍穄欤！

【注释】

[1]"纪传之初"二句：纪传体创立时，原意是将编年体史书
的史实区分为不同的类别来记载。盖，推原之词。区之以类，区
分为不同的类别。　[2]"类则事有适从而寻求便易"以下四句：
区分为类则史事能适当安排而且寻找容易，因此这种体裁一直沿
习下来没有废掉，于是纪传这一体裁便超过编年体成为史部的主
干了。类，区分为不同门类。史氏，史部。大宗，原为宗法制度
下以嫡系长房为"大宗"，地位高出于旁支。引申为主干，占据主
要地位的部分。焉，表强调语气词。　[3]"今之编年"以下三句：
现今的编年体，则又是合并纪传体中不同类别的记载，于是按照
事件发生的年代作集中记载。齐之以年，按照事件发生的年代集
中地记载。齐之，集中，汇集。　[4]"《春秋》经世"以下四句：
孔子修《春秋》宗旨是经邦济世，编年体实际上应作为史学的正
宗体裁，但是世俗却以纪传体为主干，原故只在于区分门类而使
学者晓得不同类别的内容罢了。经世，经邦济世，因为《春秋》

明褒贬、定是非，有干预政治的作用，故言。伦别，类别，同类。　　[5]"既合纪传为编年"以下三句：已经将纪传分类记载的内容合并到编年体按年代记载，而随势采用编年体的学者便忘记它的内容原本区分为不同门类，这种态度与品尝美酒便忘记了粮食、酒麹有什么不同呢！徇，原意是曲从，环绕。此指顺势而为。黍麹（qū），酿酒用的发酵物，用粮食副产品培养微生物制成。

《易》曰："云雷[1]，屯，君子以经纶。"郑氏以"纶"为"论"[2]，言论撰书礼乐施政事[3]，则撰述之事，固取经纬相宣以显其义者也。故散者欲其联而和者欲其节[4]，凡以言乎其经纶也。杜氏之治《左氏春秋》也[5]，《集解》随文以经之，《释例》别类以纶之，《春秋》经世之旨，若杜氏其庶几乎！杜氏生马、班之后，而左氏实为编年之大宗，《集解》之书[6]，盖以编年之法治编年，《释例》之书，则以纪传之意治编年者也。后世注《通鉴》与诠《纲目》者[7]，皆以《集解》为宗，而不知有《释例》之区别，比如有经而无纶，乌能为组织哉？

杜预为何撰成《集解》之后，又撰成《释例》？章氏指出，《集解》是以编年之法治编年，《释例》是以纪传之法治编年，所论确实发人深思。

【注释】

[1]"云雷"以下三句：语出《周易·屯》卦。经纶：此处用作动词。《说文》："经，织从丝也，纶，青丝绶也"，两字连用，即

以治丝喻治国。　[2]郑氏：东汉著名经学家郑玄，因注释《周易》及其他多部儒家经典著名。　[3]"言论撰书礼乐施政事"以下三句：他解释"论"应包括记载礼乐和实施政事两大方面，那么从事著述工作本来应当经纬交错而成织物来彰显它的意义。　[4]"故散者欲其联而和者欲其节"二句：因此分散各篇的要使它发生关联，和合一体的要适当区分节目，大体上要符合经纬治理的意思。　[5]"杜氏之治《左氏春秋》也"以下五句：杜预研治《左传》，《春秋左氏经传集解》随文注释作纵向治理，《春秋释例》这部书则是分类撰述作为横线相交织，孔子《春秋》经邦济世的义旨，像杜预这样研治阐释，应该差不多就达到了吧。《春秋左氏经传集解》，杜预撰著，三十卷，是流传至今最早的一部全面注释《左传》之作，是杜预精心研究而得的成果，被长期作为研读《左传》的重要参考书，影响极为深远。《释例》，《春秋释例》，杜预撰，十五卷，集《左传》诸例及地名、谱第、历数，汇集同类史料，显其异同，从而释之。《四库全书总目》提要云："《春秋》以《左传》为根本，《左传》以杜解为门径，《集解》又以是书为羽翼。"　[6]"《集解》之书"以下四句：《集解》这部书，原本是用编年纵向的方式研治编年体的《左传》，《释例》这部书则是用纪传体区分门类记载的路数来研治编年体的《左传》。　[7]"后世注《通鉴》与诠《纲目》者"以下五句：后代学者注释《资治通鉴》和《通鉴纲目》，都是以《集解》为范本，却不知道有《释例》这样的区分门类作研究的著作，这好比是有纵向丝线而无横向丝线相交织，又怎么能编织成丝缎呢？诠，诠释，解释。宗，尊崇，宗仰。此指以《释例》为范本。区别，此指《春秋释例》是以按类区分的路数研治《左传》，区别即按类区分。有经而无纬，此指有经线而无纬线，不能交织而成丝缎织品。乌能，表反诘连词，怎么能。

杜氏《释例》之书，今不得其全矣，其篇第

之可见者 [1]，乃有《世族》《公子》诸篇，联其属系，则诸表之道，究其始终，则列传之目也。又有《地名》《盟会》之篇 [2]，核其壤域，则书志为部，别以内外，则载记所分也。杜氏未曾求合于纪传 [3]，而攻治既深，其意自近于纪传，殆犹纵经不可无横纬，势自有所必至耳。

【注释】

[1] "其篇第之可见者" 以下六句：其中篇章题目能够见到了，就有《世族》《公子》等篇，联贯其中人物的族属、世系，即体现了编制各类年表的路数，究明其中人物生平事迹的始终，即类似于列传的篇目。联其属系，联贯其中人物的族属，世系。联，联贯，联接。诸表，纪传体史书中有各种表。道，道理，路数。列传之目，列传的篇目。　[2] "又有《地名》《盟会》之篇" 以下五句：还有《地名》《盟会》这些篇章，核实记载它们的位置疆域，即是典志篇目内容的一部分，区分华夏内外的关系，即是纪传体中 "载记" 篇章分内的任务。载记，唐初修《晋书》，将记载与东晋同时的北方少数民族建立的十六国政权始末的篇章设置为十六国《载记》。　[3] "杜氏未曾求合于纪传" 以下五句：杜预并未曾有意寻求编年体的《左传》与纪传体相合之处，但是他专攻研究既然深入，他的发现和体会自然有近于纪传体的地方，这正好比纵向的经线不能没有横向的纬线相交织，只不过客观趋势自然是一定要走到这一步而已。攻治，专攻研治。其意，他的意向、发现。殆，大概，只。

纪传神明 [1]，多得《尚书》之遗，如马、班诸家，折衷六艺成一家言，往往以意命篇，不为常例，后人不达微言，或反以为讥耳。必如元氏《科录》[2]，则流而为类书之摘比，胥吏之簿籍，布密殆如算子，不得法外之微意矣。至如东观以后[3]，集众修书，则又不可无绳准也。是则同一纪传[4]，亦有区分，微言为著书之宗旨，类例为治书之成法，固各有其当也。

【注释】

[1] "纪传神明"以下八句：纪传体史书精妙之处，大多得到《尚书》的遗意，比如《史记》《汉书》等名著，贯彻了六经的精义而成一家之言，往往做到以"史义"为指导设立篇章，不受通常的条例所拘束，后人不理解他们精微的言论，有的甚至反过来讥笑。神明，指马、班名著精妙之处，出神入化。不达微言，不理解他们精微的言论。达，通晓，明白。　[2] "必如元氏《科录》"以下五句：如果要像元氏《科录》那样，就降低到有如类书的摘录排比资料，衙门小吏的案卷，摆布密集几乎同于算盘珠子，这种纂辑方法实在没有学到条例以外精微的义旨。元氏《科录》，北魏宗室元氏所纂通史类史书，意为模仿《史记》贯通古今体裁，撰录百家要事，以类相从，上起伏羲，下迄晋代，凡十四代，共计二百七十卷。《史通·六家》篇将之与梁武帝《通史》一起评论称："况《通史》以降，芜累尤深，遂使学者宁习本书，而怠窥新录。且撰次无几，而残缺遂多，可谓劳而无功，述者所宜深诫也。"按，《科录》撰人原题北魏宗室元晖，经明清学者郭延年、浦起龙考证，引据《北史·魏宗室传》所载，应为元

晖，他是北魏常山王元遵的曾孙，而《史通》误为济阴王元晖业。摘比，摘录排比。法外之微意，刻板的条例之外的精妙意旨。微，精妙。　[3]"至如东观以后"以下三句：至于像东汉初官修《东观汉记》以后，集合多位史臣纂修史书，则又不可以不立标准。绳准，即准绳。标准，指体例要求。绳，原指木匠用的墨线，《汉书·律历志上》："绳者，上下端直，经纬四通也。"引申为标准、规矩。　[4]"是则同一纪传"以下五句：所以同样属于纪传体，情况也有不同，精妙的义理是著史的指导思想，区分门类、确立体例是编纂的有效法则，本来就应当恰当地运用。是则，所以。治书之成法，编纂史书的有效法则。治书，纂修史书。成法，行之有效的规矩、法则。

今为编年而作别录，则如每帝纪年之首，著其后妃、皇子、公主、宗室、勋戚、将相、节镇、卿尹、台谏、侍从、郡县守令之属[1]，区别其名[2]，注其见于某年为始，某年为终，是亦编年之中可寻列传之规模也。其大制作、大典礼、大刑狱、大经营[3]，亦可因事定名[4]，区分品目，注其终始年月，是又编年之中可寻书志之矩则也。至于两国聘盟[5]，两国争战，亦可约举年月，系事隶名，是又于编年之中可寻表历之大端也。如有其事其人不以一帝为终始者[6]，则于其始见也注其终详某帝，于其终也注其始详某帝可

"别录"如何应用于编年体史书？提出三项设计，体现了人物、典志、年代先后三个角度，有理有据，堪称思路缜密。

也。其有更历数朝^[7]，仿其意而推之可也。必以每帝为篇而不总括全代者^[8]，《春秋》分纪十二，传亦从而分焉。林氏诸国兴废^[9]，亦随代而著录，取其近而易核，义较前人为长尔。

【注释】

[1] 著：显著地记载。勋戚：功臣外戚。节镇：节度使和藩镇。唐初沿北周和隋旧制，于重要地区设总管，总揽数州军事，后又掌管民事、财政，嗣后即改称节度使。所辖区内之各州刺史均为其下属，安史乱后权力更大，其时河北及其他一些地区纷纷拥兵自大，形成地方割据势力，也称藩镇。卿尹：古代高级行政长官。秦汉有九卿（奉常、郎中令、卫尉、宗正、太仆、廷尉、典客、治粟内史、少府），隋唐以下设六部尚书。汉代始以都城的行政长官称尹。台谏：唐宋以掌纠弹的御史为台谏，以掌建言的给事中、谏议大夫为谏官。侍从：宋代称大学士至待制为侍从官，因常在君主左右备顾问，故名。郡县守令：指太守、刺史、县令等行政长官。　[2]"区别其名"以下四句：将上面这些重要人物区分各类写出姓名，注明其得号、任官从哪年开始，哪年终结，这样处理也使编年体史书能够寻找到纪传体列传的规模。　[3] 大制作：指颁行重要制度或重大改革措施。大经营：指国家范围内的重要运用。　[4]"亦可因事定名"以下四句：也可以按重要事件加以定名，区分不同类别，注明其起讫年月，这样又可以在编年体中看到纪传体史书典志篇章的规矩法则。　[5]"至于两国聘盟"以下五句：至于两国交聘盟会，两国爆发冲突或战争，也可以简要列举发生的时间，记载事件、标列名称，这样也可以在编

年体中找到纪传体年表的大要。聘盟，交聘、盟会。系事隶名，事件联系起来记载，标列事件名称。表历，年表、历谱。大端，大要。 [6]"如有其事其人不以一帝为终始者"以下三句：如果有的事件或人物活动的起止超过了一位帝王在位范围，便在其开始出现时注明结束在某帝，又在其结束时注明其起始在某帝，作这样适当处理好了。 [7]"其有更历数朝"二句：又有的人物经历了几朝皇帝，那就仿照上面的做法推照办理好了。更历，经历。仿其意，仿照前面的办法。意，意思，此指做法。 [8]"必以每帝为篇而不总括全代者"以下三句：如果一定要按每位皇帝分为一篇，而不是全书包涵整个朝代的话，那么《春秋》是按照鲁国十二君分卷，《左传》也随着分为十二卷。总括全代，整个包括一个朝代。传，指《左传》。 [9]"林氏诸国兴废"以下四句：杜预有关春秋各国的兴衰，也是依随着时代记载，所选择的标准就是书写的文字离得近容易查核，这样做比起别人的办法要好一些而已。林氏，林字误，应改作"杜"。本篇对编年体所发表的议论均以杜预的两部著作举例，"杜"在传抄、刊刻中甚易错为"林"字。随代，随着时代。取其近，选择的标准是书写本人见解的文字同原著的文字相近。义，所体现的道理。此指采取的做法。

编年之史[1]，能径而不能曲，凡人与事之有年可纪有事相触者，虽细如芥子必书；其无言可纪与无事相值者，虽巨如泰山不得载也。《左氏春秋》之记夫子[2]，且不如郑侨、晋胪之详，其势然也。是故以编年之法治纪传则有余[3]，以纪传之例治编年则类例不能无所缺矣。儒林列女之篇[4]，文苑隐逸之类，纪传之所必具，而编年不必皆有其人[5]，别录但当据其有者而著之，不能取其无者而补之，此则一书自有其义例[6]，毋庸强编年以全同于纪传也。

【注释】

[1]"编年之史"以下六句：编年体史书，按年代顺序记载，能径直记事而不能弯曲迂回，凡是人物或事件有年代可记载、有事件相关联的，即使细小得像芥籽也必定载入；那些没有言论可记和没有事件相涉及的，即使像泰山那么巨大也无法记载。按，此是对《史通·二体》下述议论的发挥："至于贤士贞女，高才隽德，事当冲要者，必盱衡而备言；迹在沉冥者，不枉道详说。……故论其细也，则纤芥无遗；语其粗也，则丘山是弃。"径，直。编年体按年代记载，依事件发生的先后单线条记述，故称其径直。相触，互相关联。相值，互相涉及。　[2]"《左氏春秋》之记夫子"以下三句：《左传》记载孔夫子的事迹，就没有像记载郑国子产、晋国羊舌肸那么详细，这是编年体史书的情势决定的。郑侨，即子产，名侨，郑国执政，实行"作丘赋""铸刑鼎"等项改革，《左传》对其活动多有记载。晋肸（xī），晋国大夫羊舌肸，又名叔向、杨肸。先任晋悼公太子的傅，后被晋平公任为太傅、他主张维护旧秩序，曾写信给子产反对他"铸刑鼎"。《左传》记载其言论和活动颇多。势，客观情势。然，如是，这样。　[3]"是故以编年之法治纪传则有余"二句：因此用编年的方法来整理纪传体史书则会出现有安排不了的史料，但是用纪传体的体例来整理编年体史书则有的门类就会有所缺略了。治，整理，指改换史书记载的

体裁结构对史料重加整理、组织，如纪传史书区分门类记载改变为用年代作单线条记载。类例不能无所缺，因编年体史书本是按年代先后记载史事，如有的史料与年代无涉及就缺载。若改为区分门类，就会出现缺略。　[4]"儒林列女之篇"以下三句：像《儒林传》《列女传》这些篇章，《文苑传》《隐逸传》这些类别，都是纪传体史书所必有的。　[5]"而编年不必皆有其人"以下三句：而编年体史书中并不一定有这样的人物，那么设置别录时就只应当根据实有的人物来记载，而不能从别处找出其所无的人物补上去。不能取其无者，不能从别处找出编年体史所没有记载的人物来补上。　[6]"此则一书自有其义例"二句：这就是一部史书各有自己的义例，没有必要让编年体勉强做到完全同于纪传体的体例。按，以上七节为本篇第三大层次，论述如何以"别录"对编年体史书进行整理、补充。

班氏《古今人表》[1]，人皆诟之[2]，其实不可厚非。（别有专论，此不具论。）此非班氏所能自为，疑出汉世《春秋》经师相为授受[3]，意亦刘向《世本》之属也，班氏多传刘学，故裁取以入史耳。史以记事[4]，事皆人之所为，则人名乃史学要删也。项羽未见史迁列传，即曰"书足以记姓名"，由是推之[5]，古人为《春秋》之学者，必有名字之书，《人表》殆其遗也。自名氏之书不得其传[6]，而史策矜其难治，编年纪传交受其累者也。

别录之作，岂得已欤！

【注释】

[1]《古今人表》:《汉书》"表"中最后一篇。将传说时代至汉以前的历史人物，按善恶贤愚分为上上至下下九等。区分等级标准是儒家学说，"上上圣人"列了十四人，有伏羲氏、神农氏、黄帝、少昊、颛顼、帝喾、尧、舜、禹、汤、文王、武王、周公、孔子。上等是智人，可与为善，不可与为恶；下等是愚人，可与为恶，不可与为善。中等人可与为善，也可与为恶（如齐桓公用管仲为相可称霸诸侯，后来竖貂辅佐则发生宫廷内乱）。刘知幾《史通》批评说："班固撰《人表》，以古今为目。寻其所载也，皆自秦而往，非汉之事，古诚有之，今则安在？"（《史通·题目》）"异哉！班氏之《人表》也，区别九品，网罗千载；论世则异时，语姓则他族。自可方以类聚，物以群分，使善恶相从，先后为次。何藉而为表乎？"（《史通·表历》）。 [2]诟（gòu）：即诟病，嘲骂或指斥。 [3]"疑出汉世《春秋》经师相为授受"以下四句：我猜测是汉代《春秋》学的经师所递相传授，或者属于刘向《世本》这一类，班固从多方面传承刘向的学术，因此经他剪裁选用写入史书之中。意，猜测，怀疑。《世本》，古代记载黄帝迄春秋时诸侯大夫的氏姓、世系、居（都邑）、作（制作）等之作。近代以来学者多认为是战国时史官所撰。也有的学者认为是刘向作，如清人全祖望说："《世本》若不误，则刘向不必更作矣。"（《困学纪闻·考史注》）也有人认为刘向是第一位系统整理者。 [4]"史以记事"以下三句：史书是记载史事的，而史事都是人做出来的，那么人名就是史学著作撮要删定的成果。 [5]"由是推之"以下四句：从这个来推论，古人做历史研究，必定有人物姓名的书，《古今人表》大概就是这方面的遗存。《春秋》之学，

指研治史学。因《春秋》是史著的源头，地位最高，故称。　[6]"自名氏之书不得其传"以下五句：自从人物姓名的书没有传下来，造成史书内容紊乱难以研治，这是编年体、纪传体都受到连累的原因啊。"别录"的创作设计，难道是可有可无的吗？史策，史籍。棼（fén），纷乱。……者也，就是这一项啊，以此表示强调原因之所在。岂得已欤，难道不是不得已吗？用反诘句强调事情是客观趋势所决定，不是凭主观意愿而为。

史以记人记事 [1]，而言辞亦未尝不详也。编年之史 [2]，多录诏诰章奏，间及书牍文檄，犹必与事相关，不重翰藻。至于纪传之史，则辞赋杂文，浩如烟海。别录区人与事 [3]，岂于言辞无所取欤！是当摘取篇名，别为凡目，自成一类，殿于诸类之后，以见本末兼该之旨也。

"别录"对辞赋、文章如何处理？

【注释】

[1] "史以记人记事"二句：史书用来记载人物活动和历史事件，然而言论和文章也并非不加详载。言辞，言论和文章。详，详载。　[2] "编年之史"以下五句：编年体史书，大量载录了君主诏令训诰和臣下奏章，有时也载入书信和征讨文告，还都是必定同事件相关联，并不重视文辞。诰（gào），君主训诫臣下的文告。章奏，奏章。间（jiàn）及，有时载入。间，有时，偶然间。及，涉及，载入。书牍，书信。文檄（xí），即檄文，古代官府用以征召、晓喻或声讨的文告。犹，还是，尚且。翰藻，文章。翰，

原意为毛笔，引申为文章。藻，辞藻，此也指文章。　[3]"别录区人与事"以下七句：别录分别对人物和事件作提纲挈领的记载，难道对言论文章无所选择吗？故此应当摘录选用文章篇名，另外编制凡例目录，单独成为一类，放在各类的最后，这样做来体现主次一同兼顾包容的编纂义旨。凡目，凡例、目录。殿于，放在最后。殿，指后军，引申为位置在最后。本末，主次。兼该，兼顾包容。该，通"赅（gāi）"，包容一切，尽备。

"别录"与刘向之书，同名而异用。

　　"别录"之名，仿于刘向[1]，乃是取《七略》之书部[2]，撮其篇目，条其得失，录而奏上之书，以其别于本书，故曰"别录"。今用其名以治纪传编年二家之史[3]，亦曰"别录"，非刘氏之旨也。盖诸家之史[4]，自有篇卷目录冠于其首以标其次第，今为提纲挈领，次于本书目录之后，别为一录，使与本书目录相为经纬，斯谓之"别录"云尔。盖与刘氏之书，同名而异用者也[5]。

【注释】

[1]仿：仿照，仿效。　[2]"乃是取《七略》之书部"以下六句：乃是按照《七略》著录典籍门类，将所校过的每部书提要式写出它的篇章内容，明晰地概括书中的得与失，誊录好上奏朝廷的一部分，为了将它与所校阅的典籍区分开来，因此称为"别录"。《七略》，西汉成帝时刘向、歆父子奉诏总校群书的成果，分为七略，有：辑略、六艺略、诸子略、诗赋略、兵书略、术数略、方技略。

原书失传，《汉书·艺文志》依《七略》分类著录全部典籍，可以见其概略。　[3]"今用其名以治纪传编年二家之史"以下三句：现今用这一名称来研治纪传、编年两种体裁的史书，也称为"别录"，但并不是刘向原先的含意。旨，原旨，原意。　[4]"盖诸家之史"以下七句：各位史家的著作，本身有排列各篇各卷的目录放在全书最前面来标明其先后次序，现在为了提纲挈领，放在原书目录之后，单独作为一录，目的是使它与原书目录形成经纬交织，所以称它为"别录"罢了。　[5]同名而异用：名称相同而作用不同。按，最末三节为本篇附论，说明别录表列人物的作用及如何处理辞赋文章等项。

【点评】

　　本篇撰著的时代背景很值得关注。章学诚撰写的年代是乾隆五十七年（1792），时年五十五岁。而上年又撰有《书教》上中下三篇、《与邵二云论修〈宋史〉书》《为毕制军与钱辛楣宫詹论续鉴书》等文。本篇与《书教》上中下等篇论述的中心相同，都是讨论当时历史编纂面临的困境和如何解决的办法；而《为毕制军与钱辛楣宫詹论续鉴书》中也有与此相关的内容。前后两年撰成的五篇文章都涉及同一论题，而经过时间考验，证明这五篇文章都是传统史学后期探索历史编纂改革方向的珍贵文献。

　　在当时，历史编纂面临着极其严重的困境。由于延续已有二千年之久，因循保守习气蔓延滋长，越往后越发严重，几乎成为"史学之河、淮、洪泽"，泛滥成灾。所以他要大声疾呼，挺身而出，大力救挽。不言而喻，章氏当日所承受的压力是极大的。因为历朝历代修史，都是用纪传体，社会各界早已认为是天经地义、不可改变的事。而乾隆朝编纂《四库全书总目》，经封建皇帝"诏定"二十四史为"正史"，因此更加抬高其地位。难道可以随便批评？但是章学诚却不惧怕压力，他敢于抹去纪传体神圣化的色彩，痛陈其严重积弊，以非凡的勇气和理论创造力，提出具有重要意义的命题，并探索具体的革新方案。本篇的理论价值主要体现在以下三项：

一是提出具有深刻意义的命题，推进传统史学理论建构。章氏在《书教下》中曾说："夫史为记事之书。事万变而不齐，史文屈曲而适如其事，则必因事命篇，不为常例所拘，而后能起讫自如，无一言之或遗而或溢也。"指出史书是为了记事，要恰当真切地记载客观的历史事实，这是属于对历史学目的任务的界定，对于后世纪传纂修者满足于档案摘抄、史料排比有警醒的作用。本篇进一步重申这一论题，云："史以纪事者也，纪传纪年，区分类别，皆期于事有当而已矣。"阐明不管采用何种体裁，都应当以恰当记载客观历史事实为根本目的。尤应注意，本篇的论述又有进一步发展，提出："纪传之书，类例易求而大势难贯。"这一命题表达极其简括，仅用了十三个字，但却道出了盛行达两千年的纪传体最主要的优长和缺陷，并且寓含着今后改革的主要突破点所在。章氏对于司马迁"通古今之变"的命题高度重视，体会至深，认为这是其卓越史识的所在和《史记》取得巨大成功的主要体现，以此作对照，后世史馆纂修缺乏别识心裁和史书成为孤立的事目的困境立即暴露无遗，这就使章学诚对于改革的重点看得更加清楚。本篇又提出，补救纪传体积弊的要领是"以事为纲"，认为"诚得以事为纲，而纪表志传之与事相贯者，各注于别录，则详略可以互纠，而繁复可以检省。载笔之士，或可因是而恍然有得于马、班之家学欤！"正是这种认识，让他找到了如何以大事为纲、借以显示纪传体历史大势的途径。归纳上面所论，章氏得出了三项重要命题："史以纪事"；"纪传之书，类例易求而大势难贯"；"以事为纲"，以提挈纪表志传互相关联各篇——此三项便形成了阐述确立史书的任务是记事和保证体现历史演进的有系统的理论，有力地推进了历史编纂的任务和方法的认识。平心而论，如果缺乏统观全局的高明史识和勇于救治积弊、打破坚冰的精神，是不可能有此理论建树的。

　　二是创造性地设计用"别录"来补充、改造纪传体的方案。方案的提出，目的就是为了解决不能凸显历史大势、分篇记载容易重复、联系不紧密、互相脱节等问题。此前，在《书教下》中已提出了围绕"本纪"而设置各种类型的"传"，去掉"世家""书志"的设想。本篇则作了进一步探索，用"别录"来提纲挈领、分大纲与小注标出、置于全书前面的方案，目的就是为了解决"大纲要领，观者茫然"的严重积弊，为此提出明确的措施："于纪传之史，必当标举事目，大书为纲，而于纪表志传与事连者，各于其类附注篇目于下，定著别录一编，冠于全书之首，俾览者如振衣之得领，张网之挈纲。治纪传之要义，未有加于此也。"大事用大字书写，表示是全书之纲领；与每一大事件相关的篇目依照各个类别（或表、或书志、或列传）——注明在大纲之下。这样就达到了一举两得，既凸显出大事件、大趋势，又纲举目张，将全书分散的各篇联系成为一个整体。

章氏又从大处着眼，将历代正史区分为优者（如《史记》《汉书》《三国志》），较优者（如《晋书》《隋书》《新唐书》等），次等者（如《宋史》《元史》），以是否具有别识心裁、令观者得其要领为主要标准，分别总结其特点和问题所在，并点明制订"别录"加在这些史著之前如何能达到提炼其精华与补救其弊病的作用。读着章氏这些一针见血的评论，其立意之高远、见识之卓越清晰呈现，这种卓识确是历来评论史著者所无。我们仅举其中一项，章氏所言显示马、班、陈氏所特具的"心裁家学，分篇命意，不可以常例拘牵"，举出《老子韩非列传》《霍光金日磾传》《夏侯诸曹传》，确实均为不同凡响的出色篇章，值得读者反复揣摩、效法。此项已在注释中阐释，不再赘述。

三是对如何以"别录"补充、改造编年体作了深入分析和极具启发性的探索。编年体以年代先后为线索记载历史有其优长之处，但以完整记述历史事件和人物活动，以及凸显历史演进大势的要求来衡量，则差距甚大。章氏指出，在编年体大量被采用的时候，构成人类历史全貌的重要构件即事件、人物活动、制度等，是绝对不能忽视的："今之编年，则又合纪传之类，从而齐之以年者也……既合纪传为编年，而徇编年者遂忘其伦别，何以异于尝酒而忘黍麹欤！"他又从分析杜预著《春秋释例》一书的作用得到启发。杜佑著了《春秋左氏经传集解》，为《左传》作了详尽的注释，是对《左传》的纵向研治成果。但杜预对此却不满足，又著了《释例》一书，书中分设有《世族》《公子》《地名》《盟会》等篇，是将《左传》中同类的史实联系起来，其作用等于纪传体中的表、传、典志。这种做法，实则是"以纪传之意治编年者也"。章氏并从哲理高度评论杜预这种做法的意义："杜氏未曾求合于纪传，而攻治既深，其意自近于纪传，殆犹纵经不可无横纬，势自有所必至耳。"

根据上述论证章氏精心擘划，设计了"为编年而作别录"的方案。其要点为：做人的别录，体现列传的作用；制度的别录，体现书志的作用；事件的别录，体现表的作用。当日章氏即将这番设想，向主持纂修《续资治通鉴》的毕沅提出用"别录"加在书前、作为编年体的补充和改造的建议。此见于章氏代毕沅撰写的致钱大昕信中，云："章实斋乃云：'纪传之史，分而不合，当用互注之法以联其散；编年之史，浑灏无门，当用区别之法以清其类。'就求其说，则欲于一帝纪中，略仿会要门目，取后妃、皇子、将相、大臣、方镇、使相、谏官、执事、牧守、令长之属，各为品类，标其所见年月，定著别录一篇，冠于各帝纪首，使人于编年之中隐得纪传班部，以为较涑水《目录》《举要》诸编尤得要领，且欲广其例而上治涑水原书以为编年者法。"(《章学诚遗书·为毕制军与钱辛楣宫詹论续鉴书》) 从信中的这番议论，说明章氏对于将"别录"应用于编年体编纂中的设想重视的程度。章氏要为沿用两千多年的编年体加进"别录"，就是为了使编年史书有一个提纲挈领、反映出历史大势的总目录、总提示。章氏改革历史编纂还有另外的设想，见于《与邵二云论修〈宋史〉书》，此文同样是重要文献。对于同一论题提出了多种设想，说明问题复杂，一时不易找到周全的方案，同时说明章氏探索之深入和使命感之强烈。

《唐书纠谬》书后

校雠攻辨之书[1]，如病之有药石，如官之有纠弹，皆为人所患苦者也。然欲起痼疾而儆官邪[2]，则良医直史，不惮人之患苦而必有以期于当也。疾愈而医者酬[3]，奸摘而弹者赏。惟校雠攻辨之书，洞析幽渺[4]，摧陷廓清[5]，非有绝人之姿[6]，百倍攻苦之力，不能以庶几也。其有功古人而光于后学[7]，不特拯一人之疾，劾一官之邪而已也。而人多不甚悦之[8]，则以气之凌厉，义之精严，不肯稍有假借，虽为前人救偏，往往中后人之隐病，故悦之者鲜也。纵使心服其言[9]，亦必口訾其过，甚或阴剿其说而阳斥其非。甚矣^[10]，人心之偏，而从善服义之公难望之于晚近也。

【注释】

[1]"校雠攻辨之书"以下四句：校勘辨误的书，好像患病而有药物，好像官场中有专任监察举报的官员，都是让别人感到害怕的角色。校雠，即校勘，亦作讐校。《文选·左思·魏都赋》："讐校篆籀。"李善注引《风俗通》："按刘向《别录》：'雠校一人读书，校其上下，得缪误，为校：一人持本，一人读书，若怨家相对，故曰雠。'"药石，治病的药物和砭（biān）石。砭石是我国古代应用的一种最古的医疗工具，即以石块磨制成尖石或石片，亦谓石针。纠弹，督察弹劾，使之矫正。患苦，感到害怕、痛苦。　[2]"然欲起痼疾而儆官邪"以下三句：但是为了救治严重病症和警诫官员不法行为，则高明的医生和正直的监督官员，却不忌惮有人感到害怕痛苦而必定要找到最有效的做法。儆，警戒，惩戒。直史，指正直的御史官员。古代自秦至清，均设御史专司监察。不惮，不畏惧，不害怕。期于当，期望找到最有效的办法。当，恰当，有效。　[3]"疾愈而医者酬"二句：疾病治愈了，医生获得酬谢；奸臣被治罪了，举报的御史得到奖赏。奸摘，指奸臣被治罪。摘，同"谪"，丢官。　[4]洞析幽渺：洞察分析幽隐微渺的问题。　[5]摧陷廓清：谓彻底肃清。唐李汉《韩昌黎集序》："先生于文，摧陷廓清之功，比于武事，可谓雄伟不常者。"[6]"非有绝人之姿"以下三句：如果不具备超越常人的天赋，百倍的攻坚克难的毅力，是不能达到目的的。绝人之姿，指超越常人的天赋。姿，同"资"。指天资，天生的智慧。以，达到。庶几，近似，差不多。此指达到目的。　[7]"其有功古人而光于

后学"以下三句：它有功于古人而且有益于后学，不仅仅是限于救治一人的疾病，检举一个官员的不法行为而已啊。光，光荣，获益。劾（hé），揭发罪状。 [8] "而人多不甚悦之"以下七句：可是人们大多不喜欢它，那是因为校雠攻辨的人气势严厉，义理精确严谨，不肯稍有宽容，虽然是救治前人的偏差，而所指摘的却往往切中后人隐藏的毛病，因此喜欢的人就很少了。气，指气势。义，指义理，逻辑性。假借，宽容，宽假。 [9] "纵使心服其言"以下三句：纵然是内心佩服他的说法，也一定是口头上攻击其过错，甚至是暗地里剿袭他的说法，却在表面上斥责其过错。訾（zī），毁谤非议，攻击。 [10] "甚矣"以下三句：人心的偏狭自私真是太过分了，可见要指望近世的人能有乐于接受别人正确的意见和众人共遵的道理这样的公心，是很难的呀。按，本节讲校雠攻辨之书受到众人的非议攻击，说明近世人们严重地缺乏公心。

吴缜《唐书纠谬》凡二十卷[1]，一曰"以无为有"，二曰"似实而虚"，三曰"书事失实"，四曰"自相违舛"[2]，五曰"年月时世差互"[3]，六曰"官爵姓名谬误"，七曰"世系乡里无法"[4]，八曰"尊敬君亲不严"[5]，九曰"纪表志传不相符合"，十曰"一事两见而异同不完"[6]，十一曰"载述脱误"[7]，十二曰"事状丛复"[8]，十三曰"宜削而反存"，十四曰"当书而反阙"[9]，十五曰"义例不明"，十六曰"先后失序"，十七曰"编次未当"，十八曰"与夺不常"[10]，十九曰"事有可疑"，二十曰"字书非是"。观其贯串全书[11]，用心精密，诚有功于研唐事者。前人比之《箴膏肓》《起废疾》[12]，殆将过之无不及也。而王氏《挥麈录》乃云[13]："缜初登第[14]，因范景仁而请于文忠，愿预官属之末，文忠以其年少轻佻，去之。逮《新书》成，指摘瑕疵，为《纠谬》一书。老为郡守，与《五代史纂误》，俱并刊行。绍兴中[15]，胡仲实为湖州教授[16]，复刻于郡庠[17]，且为《后序》，不知缜著书之本意也。"[18]

将前人的高度评价与《挥麈录》中猜测之词相对比，用"乃云"引出，下笔有力。

【注释】

[1]吴缜：北宋成都人，治平进士，任蜀州知事。嘉祐中，《新唐书》成，甚负时誉，他独指摘其中讹误，著《新唐书纠谬》，并推本其由，历举史馆修书多项失误，如责任不专，课程不立，多采小说而不精择，务因旧文而不推考，刊修者各私其好，校勘者惟务苟容等。尚著有《五代史纂误》。 [2]违舛（chuǎn）：互相矛盾歧误。舛，相违背。 [3]差互：因差错互相对应不上。 [4]世系乡里无法：指记载人物的世系及乡里籍贯缺乏章法。 [5]不严：不严谨，表达敬意不够。 [6]异同不完：记载互有差异，两处都不完整。 [7]载述脱误：记载的事实有缺误。 [8]事状丛复：记载人物的事迹及仕宦经历重复。 [9]当书而反阙：应当记

载的史实反而缺略。 [10]与夺不常：褒贬违反常理。与，褒奖。夺，贬责。 [11]"观其贯串全书"以下三句：从总体考察，作者运用他的史识贯通全书，用心精密，确实是有功于研究唐史的著作。 [12]《箴膏肓》：东汉郑玄撰，一卷。郑玄又有《起废疾》一卷，《发墨守》一卷。初，何休好公羊学，著《公羊墨守》《左氏膏肓》《穀梁废疾》，发挥公羊学说，批评《左传》学和《穀梁》学。郑玄即作此而攻何休。原本久佚，后人据诸书中所引用，辑有《箴膏肓》二十余条，《起废疾》四十余条。 [13]《挥麈录》：宋代笔记。作者王明清，宋汝阴（今安徽阜阳）人，曾官朝请大夫。是书共二十卷，其《前录》《后录》《三录》记北宋末、南宋初朝廷掌故，《余话》兼及诗文之类。 [14]"缜初登第"二句：吴缜刚中进士，托景仁向欧阳修推荐自己。范景仁，北宋官员，即范镇，曾任知谏院。欧阳修、宋祁主修《新唐书》，景仁也参预其事。文忠，为欧阳修谥号。 [15]绍兴：南宋高宗年号（1131—1162）。 [16]教授：宋代在各路的州、县均设教授，掌学校课试等事。 [17]郡庠：郡学。庠，古代学校名。按，胡仲实在湖州教授任上为《新唐书纠谬》再次刊行，故称"复刻于郡庠"。 [18]按，本节概括《纠谬》主要内容和学术价值，点明《挥麈录》所载吴缜著书夹杂私人意气之说，实不足为据。

夫书亦问其理之当否[1]，著书者之何所感发，岂与刻书作序之意相入哉！夫子感获麟而作《春秋》[2]，后世习《春秋》者，岂复搜讨麟之毛角与夫子之如何兴感哉！晁公武曰："缜不能属文[3]，多误有所诋诃[4]，如《张九龄传》云：'武对于吴缜个人而言，是其专长未能得到施用。而对于欧公史局而言，是未能鼓励勇于建言和敢于任事的精神，因此必然造成附会阿好之风气，使编纂大局蒙受损失。章氏善于运用辩证分析，洞察问题的实质，目光如炬！

惠妃陷太子瑛事，九龄奏之，故卒九龄相而太子得不废。'缜以谓时九龄已相[5]，而太子竟以废死，以为《新书》似实而虚。按史文谓终九龄在相位日，太子得不废也。岂谓卒以九龄为相[6]，太子终无患乎？"是说良允[7]。然二十篇书，隶四百余事[8]，偶因一事失检，而遂谓多有误诋，毋乃刻欤[9]？观其《自序》与进书之表，颇识文章体要[10]，史氏鸿裁，而竟因一言之失，谓其不能属文，何恶之甚邪[11]！盖欧公为当代文宗，史学非所深造，学者多喜美疢之护[12]，不容一言有所诋诃，况于专著一书，攻击不遗余力者哉！至于载笔之任[13]，自宜心术端醇，缜以年少轻佻，欧公拒之，当矣[14]。然主裁史局[15]，譬之大匠度材，宋楠栋梁，毋枉其质。负才如缜[16]，即其苦心精核，岂易多得！不必能持大体[17]，而付以检讨之职，责其覆审之功，自能经纪裕如，必有出于当日史局诸人之上，何欧公计不出于此耶？且其所谓年少轻佻，亦恐言议之间[18]，英锋铦锷，有为欧公所不能御者，因而以年少轻佻目之，未必他有所不可也。嗟乎！秉局修书[19]，有如此之才而不用[20]，则十五年之扰扰，所与趋跄而从事者，概可知矣。后人无欧公之学与文，而叨居前辈[21]，见后生知识高出于己[22]，即思排抑挫折，惟恐力之不至，挟恐见破之私，日甚一日，所由来矣。其所成就[23]，又安敢望《唐书》哉！

【注释】

[1]"夫书亦问其理之当否"以下三句：评价一部书的价值，应当考察书中阐述的道理是否恰当，著者表达了怎样的感受，难道要查问与刻书者所写序言的意见相符合吗？夫，发语词。亦问，应问。相入，相符合。　[2]"夫子感获麟而作《春秋》"以下三句：孔子因感慨猎获麟兽而著成《春秋》，后代研习《春秋》的人，难道要回去寻找麟兽的毛角和追究孔子当年如何发生感慨吗？按，《春秋·哀公十四年》载："春，西狩获麟。"孔子修《春秋》即止于此年。按照《公羊传》的解释，是寄托着孔子拨乱反正、"为后王立法"的撰著意图。《公羊传》终卷哀公十四年传云："春，西狩获麟。何以书？记异也。……麟者，仁兽也，有王者则至，无王者则不至。"意思是，《春秋》终于此年，是孔子的精心安排。因为"西狩获麟"是王者出现的瑞应，因此著《春秋》"以俟后圣"，寄托拨乱反正的目的。　[3]属文：撰写文章。　[4]多误有所诋诃（dǐ hē）：许多地方错误地加以责骂。诋，毁谤，诬蔑。诃，呵责。　[5]"缜以谓时九龄已相"以下三句：吴缜据以说张九龄已经担任宰相，但太子瑛却被废掉而死，认为《新唐书》所载看似实在而实际上却凭空无据。　[6]"岂谓卒以九龄为相"二

句：难道说结果因为张九龄担任宰相，太子最终也没有祸患吗？卒，结果。以，由于，凭借。 [7]是说良允：晁公武这一说法甚为允当。是，代词，这。 [8]隶：涉及，附属。 [9]毋乃刻歃（yú）：难道不是太苛刻吗？毋乃，难道。歃，表反诘语气词。 [10]"颇识文章体要"二句：很懂得撰写文章的体裁体例的精要和史家编纂上的宏伟体制。体要，精要，做到具体而概括。 [11]何恶之甚邪：为什么对他这样极度厌恶呀！恶之甚，倒装结构。恶，厌恶，憎恨。 [12]"学者多喜美疢（chèn）之护"二句：学者大多喜欢表面顺从实际有害的奉承话，而不允许有一句贬责的话。美疢，表面顺从、实际害人。 [13]"至于载笔之任"二句：至于担负修纂的重任，自然应当是达到心术端正醇厚的人。 [14]当矣：是恰当的。矣，表坚决的肯定。 [15]"然主裁史局"以下四句：可是主持史馆纂修工作，又好比建筑师计量木材用料，什么可用作椽子，什么可用作栋梁，都要做到因材施用，不枉费它的材质。度（duó）材，对木材计算使用。棁桷（máng jué），大木为棁，小木为桷。桷，即椽子。毋枉，不枉费屈就，即因使用不当而浪费。质，材质，木材的大小、质地。 [16]"负才如缜"以下三句：像吴缜这样自负有才能的人，能够达到这样刻苦用心、精审准确，难道是容易得到的吗？ [17]"不必能持大体"以下六句：他不一定能够把握纂修大局，但交给他检讨审核的职务，明确要求他做覆审的工作，自然能够计划恰当、胜任从容，肯定能取得超出当日史馆各位人员的成绩，为什么欧阳先生不考虑这个决定呢？不必，不一定，犹言并不需要。持，把握，掌控。大体，大局，即史馆总体性工作。经纪，计划安排，调度。裕如，从容胜任，有充分能力。计不出于此，不考虑作这样的决定，倒装句。 [18]"亦恐言议之间"以下五句：恐怕也是言谈议论之间，言词锋利、不委婉，有使欧阳先生感到不能接受的地方，因此认为他年少轻佻、不稳重，未必其他有什么不合适的地方。英锋铦锷（xiān è），言年轻气锐，言词锋利。指或许吴缜年轻有见解，讲话不委婉。铦，锋利。锷，剑刃。　[19]秉局修书：主持馆局，纂修史书。秉，主持，执掌。　[20]"有如此之才而不用"以下四句：像这样有才华、有见识的人不加任用，那么十五年纷乱繁杂的修史工作中，那些跟随俯仰、附会从事的人是怎样的工作状态，大概也能知晓了。十五年，欧阳修主持史馆纂修《新唐书》历时约十五年。由于《旧唐书》颇受时论讥议，宋仁宗因命欧阳修、宋祁重修。编纂时间约始于仁宗庆历四年（1044），至嘉祐五年（1060）成书。扰扰，纷乱貌。趋跄，原指行步快慢有节奏。语出《诗·齐风·猗嗟》。此指史馆中众多的人都跟随俯仰、附会从事，不敢负责任地讲出独到见解。　[21]忝居（tiǎn jū）前辈：不知羞愧地自居前辈。忝，辱，有愧于。　[22]"见后生知识高出于己"以下六句：看到后生知识才能超过自己，就设法排斥压制，只怕不用尽全力，怀着恐怕败露的私心，一日比一日更加厉害，这种情形由来已久了。挟恐见破之私，语出《汉书·刘歆传》："犹欲保残守缺，挟恐见破之私意，而无从善服义之公心。"　[23]"其所成就"二句：这样的人的成就，又怎么敢比得上《新唐书》呢！按，本节围绕吴缜的成就与际遇，总结学术史上的经验教训，并有力针砭当世不良学术风气。

【点评】

本篇是对吴缜《新唐书纠谬》一书的价值加以评价，并对此书的际遇发表感慨，但并不限于就事论事，而是广泛联系社会风尚、衡量史著的标准、鉴别人才和史馆如何用人的经验教训等项加以评说，不仅立意高远，目光锐利，分析透彻，而且层次分明而又笔势纵横跌宕、波澜起伏，文辞意韵深远。诚为史学评论之名作，学术随笔之上品，值得仔细品味。

从学术价值和社会价值言，章学诚将校雠攻辨之书譬为治病之药石、官场中专司监察之御史。而且这种著作要从林林总总的史实、人物、年代中找出其记载的歧误，从纷繁的内容中总结出体例上和逻辑上的规律性现象，要撰成受人重视的著作，更是戛戛其难。因此章氏评价说："校雠攻辨之书，如病之有药石，如官之有纠弹，皆为人所患苦者也。然欲起痼疾而儆官邪，则良医直史，不惮人之患苦而必有以期于当也。疾愈而医者酬，奸摘而弹者赏。惟校雠攻辨之书，洞析幽渺，摧陷廓清，非有绝人之姿，百倍攻苦之力，不能以庶几也。其有功古人而光于后学，不特拯一人之疾，劾一官之邪而已也。"但恰恰是这样一项对提高史书编纂质量和对于形成士林中严谨、切实、健康风气都是大有功劳的事业，却往往不得后人好评，反而横遭訾议，甚至"阴剿其说而阳斥其非"，这岂非学术之大不公，并且暴露出人心之大缺陷！我们今天研读这一经典名篇，不特深深佩服章氏眼光之犀利和分析问题之切中要害，同时尤为佩服他出于公心而大声疾呼。这又清楚地显示出本篇具有重要的现实意义，为了学术的进步必须形成健康的批评之风，对于评价学术成果，应秉持实事求是、坦诚公正的态度，对于成绩予以充分肯定，而对于缺陷和讹误之处，也应负责任地提出批评，而不能回避迁就。一味讲好话，对于确实存在的问题避而不谈，不但无法推动学术的进步，而且会助长庸俗吹捧的风气，建设积极进取的健康学风的目标也会落空。

就如何评价一部史著的得失优绌言，章氏在本篇中提出了三条重要的原则。一是要把握著作之全体，因此他特意将《新唐书纠谬》全书二十卷的标目全部列出，启发人们应当综观全书内容，才能作出全面、恰当的褒贬。二是必须根据该书的内容来做评价，而不能只根据关于著作背景介绍或别人所写的序言为依据，由此章氏明确提出了如下原则："夫书亦问其理之当否，著书者之何所感发，岂与刻书作序之意相入哉！"这犹如若要评价《春秋》的价值，必须深入研究《春秋》内容本身，而不能把精力放在"复搜讨麟之毛角与夫子之如何兴感"之类。三是切忌以偏概全，甚至攻其一点不计其余。晁公武著《郡斋读书志》，对文献目录学做出了贡献，但他对《纠谬》一书评价显然失当，原因即在于，他仅从吴缜对《新唐书·张九龄传》所载太子瑛一事言"故卒九龄相而太子得不废"一句理解有误，仅凭此孤证，即得出"缜不能属文，多误有所诋诃"的结论，对于吴缜著书的价值和治史态度、表述才能等作了全面否定，其论实属严重失误。故章氏肯定晁公武指出的这条例证所言"良允"，而对其所持结论给以有力反驳："然二十篇书，隶四百余事，偶因一事失检，而遂谓多有误诋，毋乃刻钦？观其《自序》与进书之表，颇识文章体要，史氏鸿裁，而竟因一言之失，谓其不能属文，何恶之甚邪！"评价一位史家学术成就的高低，务必做到全面衡量，切忌孤立片面立论，否则将造成严重失当，章氏所作分析的确很有启示意义。

　　就总结学术史上的经验教训言，章氏所论也堪称具有特识。由于他精于中国史学的演进，对于历史编纂如何达到成功尤有全局性认识，因此所论切中肯綮。如其所言，对于一位学者若只说奉承阿好之词，使之长期认识不到不足之处，结果是害了他。对于修纂《新唐书》这样的大工程，更需要有像吴缜这样敢于诤言进谏的人。如章氏所云，吴缜的才华虽然不能把握史馆全局，主编欧阳修因其少年轻佻而拒之，固然恰当。但若能安排他负检讨校勘之责，按其能力和认真严谨的态度，那将能为这部史书减少失误、更臻完善做出贡献。有这样的人才立在欧阳主编面前，却未能得到任用，这难道不是主编决策不应有的一项失误！章氏由此推想十五年史馆纷纷扰扰之中，定是附会奉迎的习气占了上风，并由此发出深深感慨：那些对于有见解、有棱角的青年才俊处处压挤、不遗余力的人，如果让他们主持历史编纂工程，"其所成就，又安敢望《唐书》哉！"章氏在篇末发出如此感慨，更加意味深长。

《郑学斋记》书后

戴东原云："郑学微而始以郑氏名学[1]。"其说洵然[2]，时文兴而文辞始有古文之名[3]，同一理也。戴君说经不尽主郑氏说[4]，而其《与任幼植书》，则戒以轻畔康成，人皆疑之，不知其皆是也。大约学者于古[5]，未能深究其所以然，必当墨守师说。及其学之既成，会通于群经与诸儒治经之言，而有以灼见前人之说之不可以据[6]，于是始得古人大体而进窥天地之纯。故学于郑而不敢尽由于郑[7]，乃谨严之至，好古之至，非蔑古也。乃世之学者，喜言墨守，墨守固专家之习业[8]，然以墨守为至诣，则害于道矣。昔人谓

此论研治古代学术必经两个阶段，一是深究古人学说之所以然，打下坚牢基础，二是真正探得古人之说之不可以据之处，而勇于创立新说。所论至为精当。

"宁道周、孔误，勿言马、郑非"[9]，墨守之弊，必至乎此。墨守而愚，犹可言也；墨守而黠[10]，不可言矣。愚者循名记数[11]，不敢稍失，犹可谅其愚也；黠者不复需学[12]，但袭成说，以谓吾有所受者也。

【注释】

[1] 郑学微而始以郑氏名学：戴震所撰《郑学斋记》（收在《戴震文集》卷十一）中有云："故废郑学，乃后名郑学以相别异。"章学诚此句即是对上述文句的概括。郑氏，郑玄，字康成，东汉著名古文经学家，学问博通，遍注儒家经典。至清代郑玄经学仍有很高的地位，"十三经"中的《诗经》有郑笺、三《礼》用郑注，《周易》《尚书》《春秋》则有郑注辑本。　[2] 洵（xún）然：确实地。　[3] 时文：科举应试之文为"时文"（明清指八股文）。与之相对，称秦汉文章（及继承这种风格者）为"古文"。　[4]"戴君说经不尽主郑氏说"以下五句：戴震君解释儒家经典并不完全遵从郑玄说法，但他在《与任幼植书》这封信中，却告诫他不要轻率地违背郑玄的解释，人们都对戴震君所持的观点感到怀疑，而不明白戴君的看法都是对的。任幼植，即任大椿，乾隆年间学者，江苏兴化人。与章学诚同学古文于朱筠，曾任礼部主事，后为四库馆编修。著有《小学钩沉》等。轻畔，轻率地违背。畔，违背，抛弃。　[5]"大约学者于古"以下三句：大体上讲，学者对于古代学术，在未能深刻究明其所以然的道理以前，一定要固守经师的解释。于古，对于古代学术。墨守，指固守前代学者的解释。语出《后汉书·郑玄传》："时任城何休好《公羊》学，遂

著《公羊墨守》。"李贤注："言《公羊》义理深远,不可驳难,如墨翟之守城也。"以后多用于固执不知改变之意。此指信从师说不加怀疑。　[6]"而有以灼见前人之说之不可以据"二句:而有根据地看准了前人的说法不可凭信,于是开始能把握古代学术的重要义理,并且进而认识到客观事物的本来面貌。灼见,明白透彻认识到,即有充分根据而看准了。古人大体,指古代学术(或古代圣贤)有关大局的道理。天地之纯,客观世界的本源,指排除了主观看法的影响或歪曲。按,"得古人大体而进窥天地之纯"是章学诚提出的重要命题,指达到了学术的极高境界,而以此称道戴震,足见他对戴震学术的高度评价,虽然对戴的不足有批评,却又多次郑重其事地称扬其成就。　[7]"故学于郑而不敢尽由于郑"以下四句:因此学习了郑玄学术而又防止完全因袭他,这是态度谨严到极点,尊重古代学术到极点,完全不是蔑视古人。尽由于郑,完全因袭于郑,完全照搬郑学。好古,喜爱古学,敬重古代学术。　[8]"墨守固专家之习业"以下三句:信从师说固然是专门领域学者传习的工作,但如果认为固守师说是做学问最高境界,那就为害治学的正道了。　[9]宁道周、孔误,勿言马、郑非:宁可讲圣人周公、孔子的错误,也不敢讲经师马融、郑玄有不对的地方。这是因刻板地拘守经师见解达到极点而造成的荒唐现象。　[10]"墨守而黠(xiá)"二句:拘守成就而且为人狡猾,这种人就很低劣了。黠,狡黠,狡猾。　[11]"愚者循名记数"以下三句:愚笨的人按照经书和传注上的名称、数字来记忆、核查知识,不敢有一点差失,还可以原谅他的愚笨。循,依照。名,名称,指经书和笺注上涉及的各种事物的名称。数,指数字及经传上有关的技术、事物变化。按,"循名记数,不敢稍失"是概括一种拘守、刻板、不求变通的学风。　[12]"黠者不复需学"以下三句:狡黠的人不再学习新知识，只是要因袭经师成说，认为我的知识都是有所承受而来的呀。按，后一种人拘守成就，不思进取，而又装潢门面，以自己有所承受来吓唬别人，极不老实，有害学术的进步，所以低劣可憎。按，本节称扬戴震"说经不尽主郑说"的正确态度，并倡言学者在刻苦钻研、会通众说的基础上，勇于提出治学之正途。

盖折衷诸儒[1]，郑所得者十常七八，黠者既名郑学[2]，即不劳施为，常安坐而得十之七八也。夫安坐而得十之七八[3]，不如自求心得者之什一二矣，而犹自矜其七八，故曰德之贼也。惟墨守者流[4]，非愚则黠，于是有志之士，以谓学当求其是，不可泥于古所云矣。

有志之士，治学务必探求真是。反对浅尝辄止、盲目自信，尤要反对拘守古人成说、又恬然向别人夸耀卖弄的人，这种人是孔子所斥责的"德之贼"！

【注释】

[1]"盖折衷诸儒"二句：郑玄综合众位经师的解释然后求得正解，他研经所得的结果往往十之七八是正确的。折衷，取正的意思。语出《史记·孔子世家·赞》："言六艺者折中（衷）于夫子。"谓儒家以孔子学说为准则。此指在综合众说的基础上作出正解。　[2]"黠者既名郑学"以下三句：狡黠的人既然自称研治郑学，即便他不下苦功夫，也往往能够得到这十之七八。　[3]"夫安坐而得十之七八"以下四句：安闲不出力就能得到十之七八的正确答案，哪能比上靠自己刻苦研读获得十之一二心得的人呀。却反过来拿这十之七八相夸耀，因此说这种人是残害道德的人。德之贼，残害道德的人。语出《论语·阳货》："乡原（愿），德之贼也。"朱熹《论语集注》："乡愿，乡人之愿者也。盖其同流合污以媚于

世，故在乡人之中，独以愿称。夫子以其似德非德，而反乱乎德，故以为德之贼而深恶之。"　[4]"惟墨守者流"以下五句：正因为主张固守成说的人，不是愚笨就是狡黠者，因此有志气的学者确立了志向，认为治学应当准确求得其真是，一定不能刻板地拘守古人的说法。泥（nì）于古所云，拘泥于古人的成说。泥，拘泥，拘执。

　　夫是者[1]，天下之公允也；然不求于古而惟心所安[2]，则人各有心，略相似也，是尧舜而非桀纣，亦咸所喻也。依傍名义[3]，采取前言，折中过与不及，参以三占从二，人皆可与知能，因而自信于心，以谓学即在是，则六经束高阁，而五尺之童皆可抵掌而谈学术矣。任氏锐思好学，非荒经蔑古者也[4]，然未能深有得于古人而遽疑郑学[5]，此戴君之所以深惧也，故又以为戒耳。然墨守之愚及墨守之黠[6]，与夫愚心自是而不为墨守者，各执似是之非以诘戴君，戴君将反无辞以解。故曰："非好学深思[7]，心知其意，难为浅见寡闻者道也。"

【注释】

　　[1]"夫是者"二句：正确的东西，是天下人都赞成的。　[2]"然不求于古而惟心所安"以下五句：但是如果不探求古代学术成果

而只要求心里赞成，那么人们心里的感受总是大体相似的，肯定尧、舜的功绩而贬斥桀、纣的罪恶，也是大家所能明白的。按，前面强调治学不能拘泥于古人之成说，这里则进了一层，讲研治学术不能不重视古代学者的见解。咸，都，共同。　[3]"依傍名义"以下九句：如果依照事物的名义，摘取前人的说法，协调过头的和不足的意见，再参照少数服从多数的原则，人人都有思考判断能力，因此都充满自信，认为研治学问的结果找到了；如果是这样，那么六经可以弃置不用，而五尺孩童也能够轻松地击掌谈学术了。依傍名义，只依据名义、概念讨论而不看实质。依傍，依靠。可与知能，能够具备知识能力。可与，能够具有。与，具有。束之高阁，谓弃置不用。语出《晋书·庾翼传》："京兆杜乂，陈郡殷浩，并才名冠世，而（庾）翼弗之重也；每语人曰：'此辈宜束之高阁，俟天下太平，然后议其任耳。'"抵掌而谈，指谈得很融洽。语出《战国策·秦策一》："见说赵王于华屋之下，抵掌而谈。"抵掌，击掌。　[4]荒经蔑古：舍弃经典不学，蔑视古学。　[5]"然未能深有得于古人而遽疑郑学"以下三句：但是他未能从研治古学中有深刻的收获，而轻率地怀疑郑玄的论断，这是戴震君深为忧虑的原因，因此又对他提出告诫而已。　[6]"然墨守之愚及墨守之黠"以下四句：然而假如拘守成说，只会死记硬背的人，态度狡黠、夸耀自己有学问的人，和不愿钻研、盲目自信的人，他们各自用似是而非的话去反问戴震君，那时戴君将反而找不到恰当的话对他们作解释了。愚心自是而不为墨守者，并不拘守成说但不钻研学术、自以为是的人。　[7]"非好学深思"以下三句：见《史记·五帝本纪·赞》："非好学深思，心知其意，固难为浅见寡闻道也。"按，上两节论述研治学术应当树立勇于探求真是、不泥于古的精神，反对不钻研经典而盲目自信，尤要反对猎取古人的现成结论而向别人夸耀，这种人是"德之贼"！

【点评】

本篇作于乾隆五十五年（1790），章学诚时年五十三岁。《郑学斋记》是《戴震文集》一篇文章，中心是论述如何正确对待郑玄经学成就的问题。《戴震文集》中又有《与任孝廉幼植书》，是戴氏写给任大椿请教有关礼学著作如何理解的复信，告诫他不要"轻畔康成"。大椿与学诚是朋友，曾经一起在朱筠处受教，因有这样一层关系，这封信也很引起章氏关注。

如何正确对待古代学者的成就？如何通过大家的努力共同营造良好的学术风气？这是章学诚长期关注、探讨的问题。本篇突出的启发意义，即在于他从具体的事例，上升到如何促进学术发展的带普遍意义的原则和规律加以阐发。章氏总结研治古代学术必经两个阶段。前一阶段是"未能深究其所以然，必当墨守师说"。这是打下牢固基础阶段，所以必须用功读书，熟悉前人著作，掌握其丰富的成果，研求的方法，评价的标准，所有精要之点，而且要态度忠实，丝毫不能打折扣。章氏称此为"墨守师说"，要想最后达到超越前人，先要成为熟悉这一领域各方面成果的真正行家。然后才能达到第二阶段，这就是勇于提出创造性见解，"及其学之既成，会通于群经与诸儒治经之言，而有以灼见前人之说之不可以据，于是始得古人大体而进窥天地之纯"。由于凭藉丰厚，钻研极深，达到综合诸家，融汇贯通，因此能够看出问题之所在，提出确有根据的本人新见，如此得出的新成果，便是对学术的推进。这是所有学识渊博，治学方法得当，具备远见卓识的大学者，之所以取得成功的共同秘诀，舍此别无他途。

　　同时章氏又总结了在研治学术上未能找到正确方向、未能得出真知灼见者的三种类型。一是"墨守而愚"，这种人没有什么虚假的做法，但只会拘守前人成说，只会"循名记数，不敢稍失"，永远停留于资料的整理纂辑层面，不会作联系分析，不会贯通上下，发现实质性问题，缺乏创造精神。二是"愚而黠"，这种人极不老实，有哗众取宠之心，而无实事求是之意，譬如研治郑氏的礼学，只求将郑氏的成果记熟了，但不思进取，不由此发现新问题、提出新见解，而是拿郑氏学术成果作为炫耀自己的资本，装腔作势，藉以吓人。这种人最为可恶，只会败坏学术风气、断送学术进境，所以章氏借用孔子的话，斥之为"德之贼"！三是"愚心自是而不为墨守者"，这种人习惯于从定义出发，杂取前人的若干言论，不深入钻研、不作逻辑严密思考，就轻率发言，学无根柢，似是而非。故章氏批评说："以谓学即在是，则六经束高阁，而五尺之童皆可抵掌而谈学术矣。"学术要取得进展，必须廓清这三种不良倾向，力求形成勤奋、扎实、进取、创新的学风。章氏所论，是从本人长期涵泳于学术而得，也是总结学术史上的成败得失而得，所言鞭辟入里。

　　本篇又一亮点是对戴震学术作了中肯的评价。戴震为考证学大家，熟悉郑学、尊重郑学，但他又不拘守郑玄之说，而能加以超越，提出独到见解。如章氏在本篇中所论，戴氏说经并不尽主郑玄之说，而在致任大椿信中，却告诫他不能轻率否定郑玄的见解，这种情况在当时学界中使许多人感到疑惑，但章氏却郑重其事地站出来说，戴氏不同地方的言论看似自相矛盾，其实都是正确的，这是善于学习、尊重前人而又勇于超越前人的最好例证。并高度评价说，戴氏所达到的"有以灼见前人之说之不可以据，于是始得古人大体而进窥天地之纯"。"学于郑而不敢尽由于郑，乃谨严之至，好古之至，非蔑古也"。这种态度，与章氏在《〈朱陆〉篇书后》中，推崇戴氏《原善》诸篇，乃是戴学之精华，所言完全一致。章对戴确有所批评，学术见解有歧异之处，但他却能一再如此高度地推崇，实在难能可贵！章氏在《与史氏诸表侄论策对书》中曾对表侄们讲了本人于丁酉年应顺天乡试的经历，当时明知考官的见解与自己不同，却在试卷上如实讲出平素的主张，结果当然只中了"副榜"。但他并不后悔，当别人问他为何"明知故犯"时，他回答说："仆之生平，不能作违心之论"，"生平惟此'不欺'二字，差可信于师友间也"。实事求是，出以公心，不怕触犯众议，不畏时趋，敢于讲出真知灼见。这又是本篇给我们极有益的启示，也是章氏成为一代杰出学者的关键。

与邵二云论学

二月初旬，亳州一书奉寄[1]，屈指又匝月矣[2]。仆于二月之杪[3]，方得离亳，今三月望[4]，始抵武昌。襄阳馆未成，制府即令武昌择一公馆[5]，在省编摩[6]，于仆计亦较便也[7]。移家一事，已详徐村书中[8]，可便省之[9]。古人朋友之道[10]，久不相见，则考订学业有无长益，见解有无商质，不仅述寒温，溯离合[11]，甚或嗟贫而叹老[12]，相与作楚囚之泣也[13]。足下今年四十有八[14]，仆则五十又过三矣。古人五十无闻，谓不足畏，所谓闻者[15]，不仅远近称述，知其能文善学而已也，盖必实有可据于己，性命

此论交友之道，入情入理，亲切有味。

休戚其中，如公输之巧，师旷之聪，举其事即可知其为人，如旷以聪闻，输以巧闻，乃可谓之闻也。足下与仆自都门初遇之日[16]，皆自以为稍出流俗，荏苒二十年矣[17]，不幸名过其实，薄有文学之名，称者固未必深知，假有真知者出，未□我辈之可闻果何物哉！夫子曰："朝闻道[18]，夕死可矣。"夫必朝闻而可夕死，甚言不闻道者为枉生也[19]。世儒言道[20]，不知即事物而求所以然，故诵法圣人之言，以谓圣人别有一道在我辈日用事为之外耳。故宋人讥韩昌黎氏[21]，以谓因文见道，不知韩子未至于孔、孟者，义方敬直之功，存心养性之学，不能无间然耳。若以因文见道为韩子之弊[22]，是离学问文章以言道，恐韩子所不屑也。子夏曰："小道必有可观[23]，致远恐泥。"盖指技曲术业而言也[24]。我辈平日既以文学为业[25]，而究所成就，乃与技曲术业无甚悬殊，则文章学问不任受过，学而不思，学中无进境也。

求道于人伦日用之外，是千百年来世儒认识论的极大误区，因此障碍学人对于客观事物真理性的探讨。章氏信中似偶然论及，却打中要害。

【注释】

[1] 亳（bó）州：今安徽亳州市。章学诚于乾隆五十三年（1788）冬，从河南归德（今商丘市）到亳州。次年应知州裴振

之聘请，主修《亳州志》（此年间，曾到安徽太平等地小住、写作）。至乾隆五十五年（1790）二月，《亳州志》纂成。二月末，经好友周震荣介绍，自荐到武昌帮助总督毕沅纂修《史籍考》，本人离开亳州移居武昌。此后年余，其家眷仍居于亳州。　[2] 匝（zā）：一整月。绕一周为一匝。　[3] 仆：本人谦称。二月之杪（miǎo）：二月末。杪，原意为树木的末梢，引申为年月季节的末尾。　[4] 望：农历每月十五日月亮正圆，称为望日。与朔日（初一）相对。　[5] 制府：指湖广总督毕沅，总督称制府或制军、制台。毕沅时任湖广总督，驻武昌。毕沅一生好学，学识渊博，除延请学者纂修《续资治通鉴》《湖北通志》《史籍考》，还校注《山海经》《晋书·地理志》，著有《关中金石记》《中州金石记》《山左金石志》。《史籍考》是分类纂辑的大型史学资料书，由章学诚发凡起例、设计纲目，系仿朱彝尊《经义考》而作，分制度、纪传、编年、史学、稗史、星历、谱牒、地理、故事、目录、传记、小说十二部，五十七目。因得毕沅赞成并资助，开局纂修。至嘉庆元年（1796）完成十之八九，惜因失去毕沅支持而中辍。次年借浙江巡抚谢启昆、学使阮元之力，于杭州继续纂修，章氏晚年精力乃尽于是书，但未完成，稿亦散失。　[6] 在省编摩：（《史籍考》）在省城武昌开局纂修（原先曾议在襄阳开馆未果）。编摩，纂修切磋。摩，指研究切磋。　[7] 于仆计亦较便也：从我本人考虑也更方便些。　[8] 徐村：即史致光，章学诚的好友。浙江山阴（今绍兴）人，乾隆五十二年（1787）状元，官至福建巡抚、云南总督。晚年调京职，授都察院左都御史，旋乞病告归。　[9] 可便省（xǐng）之：可在方便时阅读。省，省阅，阅读。　[10] "古人朋友之道"以下四句：古人朋友相处的道理，如过一段时间未见面，就要检查学业上有无进步，见解上有无互相需要讨论质正的地方。　[11] 溯离合：追溯以往聚散的情景。　[12] 嗟（jiē）

贫：嗟叹困穷。　　[13] 楚囚：本指楚人之被俘者，用以譬喻处境窘迫的人。语出《左传》成公九年："楚子重侵陈以救郑。晋侯观于军府，见钟仪，问之曰：'南冠而絷者，谁也？'有司对曰：'郑人所献楚囚也。'"　　[14] 足下：敬辞，称对方。古人下对上或同辈相称都用"足下"，后专用对同辈的敬称。　　[15] "所谓闻者"以下十一句：所谓享有名誉，不只是远近的人都表扬他，知道他能写文章善于学习而已，而必须是本人学力精深，确有可资凭借，人生价值、喜忧祸福都寄托其中，如公输般的技巧过人，师旷的善辨乐音，一提到这个范围的事便知道这是他的特长，好比师旷以听觉特别敏锐出名，公输般以制造技巧过人出名，达到这样才可以说享有名誉呀。可据于己，本人可以作有力的凭借。休戚，喜乐与忧怨，福与祸。公输，公输般，即公输班、公输盘、鲁班，春秋时鲁国人，古代著名的建筑工匠，旧时建筑工匠尊为祖师。曾创造攻城的云梯和磨粉的砣，又相传发明木作工具。师旷，春秋时晋国乐师。目盲，善弹琴，辨音能力特强。晋平公铸大钟，众乐师听后都认为音律准确，独师旷不以为然。他的判断，后来为另一著名乐师涓所证实。　　[16] 都门初遇：章学诚与邵晋涵于乾隆三十六年（1771）一起应考，在北京相识。　　[17] 荏苒（rěn rǎn）：时间渐渐过去。　　[18] "朝闻道"二句：语出《论语·里仁》。朱熹《论语集注》："道者，事物当然之理。苟得闻之，则生顺死安，无复遗恨矣。朝夕，所以甚言其时之近。"这个"道"，是指有关人生价值和客观世界真相的根本道理，所以只要能懂得了，即使很短时间死去，也不遗憾。朝与夕，形容时间很短。　　[19] 甚言不闻道者为枉生也：这是极其强调如果不获得"道"，这一辈子就毫无意义了。　　[20] "世儒言道"以下四句：可是世俗儒生讲起"道"，却不懂得应当通过事物去探求它所以然的道理，因此熟读圣人的书、希望从中取法时，竟认为圣人另外有一套道理存在于人们日常生活之外罢了。诵法，熟读并从中求教取法。 [21]"故宋人讥韩昌黎氏"以下六句：因此宋代理学家讥笑韩愈，贬低韩愈提出的"因文见道"的命题，却不懂得韩愈比起孔子、孟子存在差距的地方，只是在于按照事物规矩庄敬地正直行事的功夫，和修心养性提高自己的学问，还存在着差别而已。义方，指行事应当遵守的规矩法则。语出《左传》隐公三年："石碏谏曰：'臣闻爱子，教之以义方，弗纳于邪。'"敬直，庄敬地按照正确方向努力。间然，两物之间有距离。 [22]"若以因文见道为韩子之弊"以下三句：如果认为提出"因文见道"的命题是韩愈的错处，那是离开学问文章来讲探求"道"。恐怕要被韩愈轻视。 [23]"小道必有可观"二句：语出《论语·子张》。意谓：小的技艺也一定有它可取之处，但如果长久地专注它，就会妨碍认识大道理。致远，长久地执着于此。泥（nì），阻滞，妨碍。 [24]盖指技曲术业而言也：称"小道"是指局部技艺、专门业务而讲的。盖，发语词。曲，局部。《礼记·中庸》："其次致曲。"郑玄注："犹小小之事也。" [25]"我辈平日既以文学为业"以下六句：我们朋友辈平日选定了以写文章为专业，但论其究竟，我们已有的成就却与技艺小道、专门职业并无多大差别，如作认真反思，则撰写文章、讲论学问是不用承担过错的，弊病在于停留在知识层面不去探索哲理问题，故而造成学问中的关键之处没有创获。按，本节论述朋友之间应注重互相砥砺、切磋学术见解，反思以往的大毛病是在哲理上少有创获。

向挚友提出诤言：这部书在知识上、考证上已有推进，那么在哲理上、规律性认识上能否有创获呢？

足下《尔雅正义》[1]，功赅而力勤[2]，识清而裁密，仆谓是亦足不朽矣。抑性命休戚之故[3]，亦有可喻者乎？《尔雅》字义，犹云近正，近正之义，犹世俗云官常说话，使人易解。足下既疏《尔雅》[4]，则于古今言语能通达矣。以足下之学[5]，岂特解释人言，竟无自得于言者乎？君家念鲁先生有言[6]："文章有关世道[7]，不可不作；文采未极，亦不妨作。"仆非能文者也，服膺先生遗言[8]，不敢无所撰著[9]，足下亦许以为且可矣。

【注释】

[1]《尔雅正义》：《尔雅》是我国最早的解释词义的专著，由汉初学者缀辑周、汉诸书旧文，递相增益而成。今本十九篇，有《释诂》《释言》《释训》《释器》《释宫》等，是考证词义和古代各种名物的重要资料。《十三经注疏》中所收为晋郭璞注、宋邢昺疏本，是"十三经"之一种。邵晋涵在前人基础上又作进一步整理、考订，作《尔雅正义》一书，内容较为详密，颇受学者肯定。　[2]"功赅而力勤"以下三句：布局体例赅博而且用力精勤，识见明晰且又裁断邃密，我认为这部书是足以传世不朽了。　[3]"抑性命休戚之故"二句：然而有关人生价值、喜忧祸福的原故，是否也能够总结出有启发性的道理呢？可喻者，能够晓喻、有启发性的观点。　[4]疏：为注作注，称为疏。"正义"就是疏。　[5]"以足下之学"以下三句：按照您具有的学识，难道只限于解释别人的话，却没有在语言方面自得之见吗？特，只，仅。竟，表转折，却、竟然。　[6]念鲁先生：即邵廷采，邵晋涵的族祖父，浙江余姚人。是终老乡里的学者，主讲姚江书院十七年。曾受业于黄宗羲，传其文献之学，又重经世，穷居乡里而志在天下。著有《宋遗民所知录》《明遗民所知录》《东南纪事》《西

南纪事》《思复堂文集》。章学诚对其思想及学术评价甚高,并多次向邵晋涵强调。　[7]"文章有关世道"以下四句:只要能提出对于社会有益的见解,即使文采未达到极好,也应当写出来。不妨,此为委婉的说法,实际意义是应当写作。　[8]服膺:衷心信服。　[9]"不敢无所撰著"二句:我不敢不将治学所得写成论著,您也加以肯定,认为尚且不错。许,肯定,称许。按,本节指出《尔雅正义》是一部足以传世之作,希望作者还须得到有益于人生和社会的哲理上的创获。

章氏对朋友肝胆相照,坦言邵氏尚未善于作理论上的概括,"闻道之日犹有所待也",鼓励他为此努力。

足下于文[1],漫不留意,立言宗旨,未见有所发明,此非足下有疏于学,恐于闻道之日犹有待也。足下博综十倍于仆[2],用力之勤亦十倍于仆,而闻见之择执[3],博综之要领,尚未见其一言蔽而万绪该也。足下于斯,岂得无意乎?《宋史》之愿[4],大车尘冥,仆亦有志而内顾枵然,将资于足下而为之耳。足下如能自成一史,仆则当如二谢、司马诸家之《后汉》[5],王隐、虞预诸家之《晋书》[6],亦备一家之学。如其未能[7],则愿与足下共功。其中立言宗旨[8],不俟而合,亦较欧、宋《新唐》必有差胜者矣。岁月不居[9],节序川逝,足下京师困于应酬,仆亦江湖疲于奔走,然仆能撰著于车尘马足之间,足下岂不可伏篑于经折传单之际[10]？此言并示馀村，策以及时勉学[11]，无使白首无成，负其灵秀之钟[12]，而与世俗之人归趣不相远也，如何如何！不宣[13]。

【注释】

[1]"足下于文"以下六句：您对于写文章，一向漫不经心，对于提炼出观点、确立著述目标，没见过有独到创新之处，这并不是因为您不勤学习，而恐怕是把握治学最重要的道理还有相当距离。　[2]博综：掌握丰富材料又能加以组织。　[3]"而闻见之择执"以下三句：但是对于所闻所见如何加以抉择，对于掌握的丰富材料如何提炼出要领，从这些方面讲则未能做到用一句精警的语言便能将多方面内容涵盖起来。按，这是要求具有远见卓识、洞察事物本质和具有高度概括能力才能达到的境界。如章学诚所总结的："故道者……皆其事势自然，渐形渐著，不得已而出之"，"学于圣人，斯为贤人。学于贤人，斯为君子。学于众人，斯为圣人。"（《原道上》）"学与功力，实相似而不同。……指功力以谓学，是犹指秫黍以谓酒也。"（《博约中》）要达到这样的高度，方能语此！由此也可证明《文史通义》一书的高度价值。择执，抉择，裁断。万绪该，将复杂的头绪都涵盖其中。该，通"赅"，兼备，完具，将多方面内容涵盖其中。　[4]"《宋史》之愿"以下四句：您撰著《宋史》的愿望工程浩繁而尚未有清晰的规划，我本人也有这样的志向但是心中无数，期望藉助于您来进行而已。大车尘冥，喻其工程浩大而未有清晰的设计。语出《诗经·小雅·无将大车》："无将大车，祇自尘兮。……无将大车，

维尘冥冥。"大车即牛车，平地拉、载物多。前人谓此诗是驾车者所作。此处章氏喻新修《宋史》极有意义但任务艰巨，至今未有清晰的规划，有如处于浓浓尘雾之中。将，拉，推。朱熹《诗集传》云："将，扶进也。大车，平地任载之车，驾牛者也。……此亦行役劳苦而忧思者之作。言将大车则尘污之，思百忧则病及之矣。"冥冥，昏晦，因尘土飞扬而昏暗无光。内顾枵（xiāo）然，省视本人情况，感到空虚。比喻其对设想中的《宋史》心中无数。枵，空虚。   [5]二谢、司马诸家之《后汉》：魏晋南北朝时期有多位史家撰修后汉史著作，其中纪传体有谢承、谢沈（此二家称为"二谢"）、司马彪。   [6]王隐、虞预诸家之《晋书》：魏晋南北朝时期有多位史家撰修晋史，其中纪传体有十一家，以王隐、虞预二家最有名。   [7]"如其未能"二句：如果不能两人各修一部宋史，则愿意与您共同努力合修一部著作。共功，共同努力，臻其成功。   [8]"其中立言宗旨"以下三句：其中两个人的主要观点、著史目的，将会不谋而合，将会比起欧阳修、宋祁两人所修的《新唐书》更要好些。按，《新唐书》的纂修，始于北宋庆历中，宋仁宗下诏重修《唐书》，以宋祁等为刊修官，但迁延十年未就。至和元年（1054），命欧阳修撰修，由他负责本纪十卷、志五十卷、表十五卷，共计六十五卷，宋祁专修列传，计一百五十卷。至嘉祐五年（1060）全书完成，共历十七年。欧宋两人共同纂成一史，是史学史上一段佳话。侔（móu），通"牟"，谋取，求。差胜，略胜一筹。   [9]岁月不居：岁月不停留，与后面言季节时序像流水一样逝去，是有意重复时光飞逝，应十分珍惜，努力做事。不居，不停留。   [10]伏箧于经折传单之际：在忙碌馆阁纂修工作中埋头读书撰文。按，当时邵晋涵任四库馆纂修官，主要撰写史部提要，还参加朝廷所设其他馆阁的纂修工作，故章氏以伏箧于经折传单之际作比喻，希望他能像自己一样，在忙碌中读书著文，提出创见。伏箧，低头于书本和写作。箧，小书箱，此指读书、撰文。经折，旧时折叠成长方形的小簿本，用于记事备忘。传单，通知单，因事务有关于各部门，需要传单通知，以免延误。　[11]策以及时勉学：鞭策他抓紧时间勤奋读书写作。策，鞭策。　[12]"负其灵秀之钟"二句：辜负了他天资的聪慧，而成为胸怀志趣同世俗人士相差不远的人。　[13]不宣：不尽言。旧时常用作书信末尾用语。魏泰《东轩笔录》卷十七："近世书问，自尊与卑即曰不具，自卑上尊即曰不备，朋友交驰即曰不宣，三字义皆同，而例无轻重之说，不知何人，世莫敢乱，亦可怪也。"按，本节言邵二云长于博综文献，但期望他能提挈要领，在哲理上更有创获，并鼓励他在忙碌中抓紧时间撰写有价值的论著。

【点评】

本篇选自《章学诚遗书》。邵晋涵是章学诚一生的好友，《章学诚遗书》中现共有章学诚致邵晋涵书信十一通，殊为珍贵，本书特从《文史通义·外篇三》中选出三篇。

章学诚于乾隆三十六年（1771）到北京应试初识邵晋涵，两人一见便深感学问旨趣相投，从此结为深交。此信中学诚对其推心置腹，感情真挚深厚，语言亲切有味。又由于两人都是对史学深有造诣的学者，章氏在信中表达了其一系列深刻的学术见解。以上两项相交织，本篇所体现的章学诚作为饱受传统思想精华熏陶极具进取精神的正直学者的交友之道，在今天对我们仍然很有启发意义，简要而言约有三项。

一是互相砥砺，完善人格。诚如篇中所言，学者交友之道，重在切磋学问，提高境界，不徒作日常之寒暄、互发嗟叹之感慨。应当通过切磋、质询，衡量"学中有无进境"。尤应互相砥砺，树立远大目标，不求虚名，而要真正成为某一领域具有卓识的专家，能够提出对社会、学术有重要意义的新见新说。由此章氏对于"闻名"作了精辟的诠释："所谓闻者，不仅远近称述，知其能文善学而已也，盖必实有可据于己，性命休戚其中，如公输之巧，师旷之聪，举其事即可知其为人，如旷以聪闻，输以巧闻，乃可谓之闻也。"高尚的追求和强烈的使命意识，跃然纸上！为此，必须树立时不我待、发奋进取的精神。他再次对道学家所言迂腐玄虚的"道"提出严肃的批评，而坚持"道"在日用事物之中的观点，以自己的学问为社会、为人生做出贡献。

二是肝胆相照，赠以诤言。作为多年知己，章学诚关注并充分理解邵晋涵的学术工作。他高度评价其《尔雅正义》的学术成就，称扬其"功赅而力勤，识清而裁密"，足以不朽。同时章氏又向知己好友提出诤言：这部书在文献整理和考证上已有推进，那么在哲理上、在语言演进规律上能不能提出独到的见解呢？直率地提出其不足是："恐于闻道之日犹有待也"，"而闻见之择执，博综之要领，尚未见其一言蔽而万绪该也"。诚恳地希望他能够发扬其族祖父邵廷采的精神，要做有关世道、有益社会的学术探索，这是更有意义的方面，鼓励他朝着这个方向努力。

三是矢志同心，协力建树。章邵二人对于宋史极有兴趣，早有夙愿要重修《宋史》。之所以未获实质性的进展，是因为对于著作的宏纲和体例设计尚未有清晰的方案、要求。章氏甚为虚心，自陈缺乏总体把握，"仆亦有志而内顾枵然"，而希望凭借邵氏提出框架设计而作出具体努力。章氏对此极为重视，一直作为本人努力的目标，极希望能通过两人的合作而有所成就，实现长久的愿望。因此在信中提出两种方案，一是两人同修成一部史著，故殷切希望邵晋涵能够提出总体设计，本人配合他从事编纂；他对此甚为乐观，认为由于两人志趣相投，在立言宗旨上不谋而合，撰成之后一定会比欧阳修、宋祁同修《新唐书》更胜一筹。又一方案是各修一部，章氏认为彼此分头努力，最后完成的著作，将如修撰后汉史的谢承、谢沈，或如修撰晋史的王隐、虞预两家，各自做出贡献。总起来说，篇中所论述的这三项，无论是互相砥砺追求高尚目标，或出于至诚提出诤言，或提出协力完成著述计划，都是学者交友之大端，极为深刻而又极有启发意义，堪称为古代学者的真诚友谊增添了一段佳话。

章氏凡所撰著必苦心经营，求其志趣之超越，析理之恰当，以及篇章结构、修辞炼字臻于完美，对于寄给朋辈的书信同样如此，精警语句俯拾皆是。本篇同样出色。如言："古人朋友之道，久不相见，则考订学业有无长益，见解有无商质，不仅述寒温，溯离合，甚或嗟贫而叹老，相与作楚囚之泣也。""足下于文，漫不留意，立言宗旨，未见有所发明，此非足下有疏于学，恐于闻道之日犹有待也。……足下于斯，岂得无意乎？""岁月不居，节序川逝，足下京师困于应酬，仆亦江湖疲于奔走，然仆能撰著于车尘马足之间，足下岂不可伏箧于经折传单之际？""无使白首无成，负其灵秀之钟，而与世俗之人归趣不相远也。"议论均鞭辟入里，而又生动有味、对称和谐，极具语言之美，读之益人神智，值得再三品味。

484

与邵二云论修《宋史》书

足下今生五十年矣，中间得过日多^[1]，约略前后自记生平所欲为者^[2]，度其精神血气尚可为者有几？盖前此少壮^[3]，或身可有为，未可遽思空言以垂后世。后此精力衰颓^[4]，又恐人事有不可知，是以约计吾徒著述之事，多在五十六十之年，且阅涉至是不为不多，中间亦宜有所卓也。

所言至为精要。五十岁至六十岁之间，确是学识积累上、阅历上、精力上之最佳时期。从事著述者对此务必格外珍惜！

【注释】

[1] 得过日多：过得有收获的日子，指孩童及求学时代以后所过有收获的日子。　[2]"约略前后自记生平所欲为者"二句：回顾一下自己生平前后曾经有过的打算，此后精力劲头所许可能办成的还有哪几件事情呢？约略，此指回顾，估量。度（duó），计量，约计。　[3]"盖前此少壮"以下三句：在此之前正当年青力壮，

或者正负担着重要的事，有的设想当时做不到，需要先是作些准备等待日后完成。遽思空言，急于先作设想。遽，急于。以垂后世，而等日后去实现。垂，留待以后。　[4]"后此精力衰颓"以下六句：在此之后精神气力衰减了，又担心人生之事会有难以预测的，因此估计咱们撰写论著的事情，主要靠五十至六十岁这段时间，而且到这个年龄阅历经验已为不少了，因此这时候确实应当有所成就啊。衰颓，衰减，衰弱。人事有所不知，指健康情况有时难以预测。阅涉，阅历经验。涉，涉猎，指人生经验。卓，特出，突出的成就。按，本节与邵氏共勉趁着精力学识经验正佳之时，抓紧实现计划做出成绩。

足下《宋史》之愿，大车尘冥，恐为之未必遽成；就使成书，亦必足下自出一家之指[1]，仆亦无从过而问矣。近撰《书教》之篇，所见较前似有进境，与《方志三书》之议[2]，同出新著，前已附致其文于足下矣。其以圆神、方智定史学之两大宗门[3]，而撰述之书不可律以记注一成之法[4]。又迁书所创纪传之法，本自圆神，后世袭用纪传成法不知变通，而史才、史识、史学，转为史例拘牵[5]，愈袭愈舛，以致圆不可神，方不可智。如《宋》《元》二史之溃败决裂，不可救挽，实为史学之河、淮、洪泽[6]，逆河入海之会，于此而不为回狂障隳之功，则滔滔者何所底止！夫

《书教》上中下共六千余字，章学诚将其大旨浓缩成此三百余字，令人叹服！如何切实提高概括能力？此为最好的学习范例。

《通鉴》为史节之最粗[7]，而《纪事本末》又为《通鉴》之纲纪奴仆[8]，仆尝以为此不足为史学，而止可为史纂、史钞者也。然神奇可化臭腐，臭腐亦复化为神奇，《纪事本末》本无深意，而因事命题，不为成法，则引而伸之，扩而充之，遂觉体圆用神，《尚书》神圣制作，数千年来可仰望而不可接者，至此可以仰追[9]。岂非穷变通久自有其会[10]，纪传流弊至于极尽，而天诱仆衷，为从此百千年后史学开蚕丛乎！今仍纪传之体而参本末之法，增图谱之例而删书志之名，发凡起例，别具《圆通》之篇，推论甚精[11]，造次难尽，须俟脱稿，便当续上奉郢质也。但古人云："载之空言[12]，不如见之实事。"仆思自以义例撰述一书，以明所著之非虚语，因择诸史之所宜致功者，莫如赵宋一代之书[13]，而体例既于班、马殊科[14]，则于足下之所欲为者，不嫌同工异曲。惟是经纶一代[15]，思虑难周，惟于南北三百余年，挈要提纲，足下于所夙究心者，指示一二，略如袁枢《纪事》之有题目，虽不必尽似之，亦贵得其概而有以变通之也[16]。昔东汉诸家[17]，

"仍纪传之体而参本末之法"，乃是章氏总结史学演进经验之结晶，为后世历史编纂提出改革方向，已为历史所证实。

著述之事，反复切磋，虚心求教，念念在兹，正说明章氏执着的追求。

今存惟范；典午群史，唐修仅传。盖班、马家学失传之初[18]，一史而屏起争趋，一代而攻者数家，各尽所长以自表见，传不传则听于其际与数。此虽不如世业专家[19]，犹胜后人之拘守绳尺，不复成家学也。前人攻《宋史》者，如柯氏之《新编》[20]，邵氏之《宏简录》[21]，陈氏之《通鉴续编》[22]，其效略可睹矣。仆于此役，未必遽为柯、邵之流，恐如郑氏之《通志》，例有余而质不足以副耳[23]。然足下进而教之，或竟免于大戾[24]，未可知也。足下亦宜自力[25]。次公传家学否？念念，不宣。[26]

【注释】

[1] 自出一家之指：体现本人有系统的宗旨。指，同"旨"，著述宗旨。　[2]《方志三书》：即《方志立三书议》，为章氏论方志学的名篇，撰于乾隆五十七年（1792）。主旨为主张纂修方志应设立"志""掌故""文征"三项内容，其论云："凡欲经纪一方之文献，必立三家之学，而始可以通古人之遗意也。仿纪传正史之体而作志，仿律令典例之体而作掌故，仿《文选》《文苑》之体而作文征。三书相辅而行，缺一不可；合而为一，尤不可也。"　[3] 其以圆神、方智定史学之两大宗门：《书教》篇中提出"圆而神"和"方以智"是史著的两大类型。见《书教下》："撰述欲其圆而神，记注欲其方以智也。夫智以藏往，神以知来，记

注欲往事之不忘，撰述欲来者之兴起，故记注藏往似智，而撰述知来拟神也。藏往欲其赅备无遗，故体有一定，而其德为方；知来欲其决择去取，故例不拘常，而其德为圆。"宗门，类型，大类。   [4]而撰述之书不可律以记注一成之法：然而撰述一类史著不应当拿记注类史书格式化的体例、方法去要求它。按，章氏此言是强调撰述之书以高明的史识作统帅，重视灵活变化，而记注之书的体例则有一定要求，具有格式化特点。   [5]"转为史例拘牵"以下四句：反而被撰著体例所局限束缚，越沿袭会错乱越多，以致论"圆而神"则不能灵活变通，论"方以智"则体例设计不能做到载录丰富的知识。   [6]"实为史学之河、淮、洪泽"以下四句：实际上已成为史书编纂的大洪水、大灾难，如果在这个时候不做出力挽狂澜的努力，则滔滔洪水何时能够挡住！按，当时黄河仍南流夺淮入海口，加上洪泽湖一带地势低洼。一遇洪水期，即黄河、淮河和低洼处湖水一起泛滥，而海水又倒灌，由此酿成大灾难。故章氏以"史学之河、淮、洪泽，逆河入海之会"，形容后代正史纂修者缺乏史识和别裁能力，拘守成例，越沿袭而错乱越严重，因此非大力改革不可！回狂障隳（huī），挽回狂澜，挡住崩塌之势。隳，毁坏。   [7]史节：史籍节抄，指因史籍篇幅过大或记载冗繁而加以删节。按，《资治通鉴》将自战国起至五代末一千三百六十二年史纂修成一书，记载系统，体例严密，而成一部伟大著作。章氏对其成就并不理解，因为它取材于自《史记》起至《旧五代史》而指为"史节"，实属不当。   [8]纲纪奴仆：又是提炼其纲领，又是辅助阅读《通鉴》。按，南宋袁枢爱读《通鉴》而又苦其浩博，因而区分事目，以一事为一篇，自为标题，详其本末。始于《三家分晋》，终于《周世宗征淮南》，共二百三十九篇，剪裁颇为精密，并创立了新的著史体裁，后世史家对此高度重视并纷纷效法。章氏此处既言"纲纪"，又称"奴仆"，显然自相矛盾。　[9]仰追：仰望目标努力追赶。　[10]"岂非穷变通久自有其会"以下四句：这难道不是《易经》所说"穷则变，变则通，通则久"的规律导致出现的机遇，纪传体沿用而产生的积弊已到了极点，于是上苍诱发我心中的智慧，为从今以后史学的发展开拓新路吗？自有其会，事物发展自然出现的机遇。会，交汇而出现的机会。诱，诱发，诱导。衷，心中智慧。蚕丛，譬喻开山，开创的始祖。蚕丛原相传为蜀人先祖，教人蚕桑。《太平御览》卷一六六汉扬雄《蜀王本纪》："蜀之先称王者，有蚕丛、折权、鱼凫、开明。是时椎髻左衽，不晓文字，未有礼乐。从开明以上至蚕丛，凡四千岁。"故李白《蜀道难》云："蚕丛及鱼凫，开国何茫然？"　[11]"推论甚精"以下四句：篇中推论、分析甚是精要，仓促之间难以讲清楚，须要等待完成之后，我就会寄上请您指正。按，《圆通》之篇本为章氏所重视的论著，惜未写成。造次，仓促，匆忙。俟（sì），等待。郢质，错误之处请予指正。典故出自《韩非子·外储说》，称郢（音yǐng，楚国都）人修国书给燕（yān）相，因夜晚书写，谓持烛者"举烛"，误写在信中，结果引起燕国人误解为"举贤"之意。故有郢书燕说（yǐng shū yān shuō）的成语，郢书即书写错误之意。质，质正，指出错误。　[12]"载之空言"二句：语出《史记·太史公自序》："子曰：'我欲载之空言，不如见之于行事之深切著明也。'"　[13]赵宋一代之书：指计划著成的《宋史》。　[14]"而体例既于班、马殊科"以下三句：而我设想的体例既然与司马迁、班固的书不同类，那么就与您计划要撰著的书正好是从不同途径达到同一目的。科，类，科目，系列。异曲同工，语出韩愈《进学解》："子云、相如，同工异曲。"子云即扬雄，和司马相如同为汉代著名词赋家。引申为所做的虽不同，效果却一样。　[15]"惟是经纶（lún）一代"以下六句：只是为一代史著构思大纲要目，我的思考难以周全，只有请您对这南北三百余年的史事，如何做到提纲挈领，将您素常研究的收获，给我作些指示启发。经纶一代，构建、组织一朝史事。经纶，原意为整理丝缕，此指经营、构建、组织。南北三百余年，北宋（960—1127）共历167年；南宋（1127—1279），共历152年。南北宋共历319年。夙（sù），素常，长久以来。 [16]贵得其概而有以变通之：重要的是掌握了大纲概要，然后在此基础上加以变通。得其概，指如袁枢《本末》所提炼的大事目反映了历史演进的大纲概要。 [17]"昔东汉诸家"以下四句：先前东汉史有多家撰述，如今只有范晔《后汉书》留传下来；原先纂修晋史也有多家，则只有唐初官修《晋书》得到流传。典午，指司马氏。语出《三国志·谯周传》："典午忽兮。"暗指司马昭将卒。按，典、司都有掌管之意，午，生肖为马，"典午"隐指"司马"。典午群史喻晋史。 [18]"盖班、马家学失传之初"以下五句：司马迁、班固具有别识心裁的史著得不到继承之后，纂修一朝历史的有多部相竞争，围绕一代史事研治者有多位史家，都是尽力发挥所长来显示自身的优点，最后能不能流传则听任于际遇和运气。屏起，像屏风一样立起来，譬喻同修一代史事的有许多家。表见，表现，显示。际与数，际遇和运气。数，旧时指气数，即命运，运气。 [19]"此虽不如世业专家"以下三句：这虽然比不上像司马迁、班固那样世代相传的专家之学，却胜过后人刻板地死守条例，不再有家学的特点。绳尺，木匠用的墨线和尺，指刻板地沿用旧规例。 [20]柯氏之《新编》：明代学者柯维骐改修宋史，成《宋史新编》，共二百卷。 [21]邵氏之《宏简录》：明代学者邵经邦改修宋史之作，附以辽、金史事，共二百五十四卷。 [22]《通鉴续编》：明代学者陈桱所撰，共二十四卷。前两卷补充远古史事及契丹在唐、五代时事。后二十二卷皆记载宋代史事，起自太祖，迄于昰、昺二王。　　[23]例有余而质不足以副耳：体例上成就突出，而内容上不能相称罢了。　　[24]免于大戾（lì）：避免出现大错。戾，罪，引申为大错。　　[25]自力：自己努力。　　[26]按，本节概述《书教》三篇著述宗旨，响亮地提出"仍纪传之体而参本末之法"作为史书编纂改革的方向，并表示愿同与邵晋涵分头改编，互相切磋。

【点评】

本篇作于乾隆五十七年（1792），章学诚时年五十五岁。他因与邵晋涵讨论纂修《宋史》的设想，而评论了历史编纂学史上的重大问题，提出了著史的新方案，因而在学术史上产生了重大、深远的影响，被现代史家评价为"提出了历史编纂改革的方向"（白寿彝：《谈史书的编撰》，《史学史研究》1981年第3期）。

章氏论述纪传体本来是著史的极佳体裁，"本自圆神，后世袭用纪传成法不知变通，而史才、史识、史学，转为史例拘牵，愈袭愈舛，以致圆不可神，方不可智"。而如《宋》《元》二史，则简直如洪水横溢，酿成大灾难！如此激烈的批评，堪称足以振聋发聩。我们将同时代学者赵翼《廿二史札记》和《四库全书总目》提要的议论作一比较，即可看得分明。前者考察、评论了二十四部正史，但并未针砭拘守成例造成的严重积弊。后者更体现了乾隆时期考证学大本营的典型见解，几乎对各部史书的提要都局限于讨论版本有何不同，史实有无缺漏，后人有何补充之类，极少有从史识高下、编纂得失作评论的。章氏的卓识，是来自对传统学术实事求是精神的继承，对司马迁创立的优良传统的发扬，更是由于其革新意识和使命精神所激发而产生的。他称自己提出的解决办法是"天诱仆衷，为从此百千年后史学开蚕丛"，是恰如其分完全正确！当时周围人对他不理解，他却有如此自信，对以后历史编纂的前途充满信心，令人肃然起敬！

尤应重视的是，章学诚"仍纪传之体而参本末之法"这一重要改革设想的提出，乃是辩证思维的结晶。因为在一般人看来，纪传体与本末体二者是完全不相干的。是辩证思维的智慧，让他跨越了表面上似乎不可逾越的障碍，而能洞察到：纪传体正史至后期虽然弊病丛集，但主要病根是纂修者缺乏别识心裁、死板拘守史例、体现不出史实之间的联系，而《史记》开创的这种体裁囊括宏富、诸体配合等优点则是必须继承的；后起的纪事本末体因事命篇、记载线索清楚、灵活变化的优点正好拿来救治纪传体的严重积弊。章氏提出的革新方案，恰好实现了历史编纂内在的逻辑依归，纪传体"类例易求而大势难贯"的大缺陷可以解决，而其囊括客观历史广阔图景、多种体裁各自发挥作用而又互相依存的巨大优点能够继承和发挥，两种体裁各发挥其长，历史编纂由此重开新局。章氏经过长期探索的大难题至此迎刃而解。"仍纪传之体而参本末之法"是东方民族辩证思维获得的硕果，彰显了极具创造活力的中国作风、中国气派。其后，20世纪之初梁启超、章太炎探索以新综合体来设计新编中国通史的方案，至上个世纪末由白寿彝担任总主编、成功地纂修完成的大型《中国通史》，一再生动地证明了章学诚提出的改革方向的深远影响力。

与邵二云书

自到河南，三度致书，想俱邀鉴矣[1]。春气渐舒，足下比日作何消遣[2]？所商《史籍考》事，亦有所以教正之耶？望不吝也。朱少白前已有札致之[3]，近日常过从论文否？家正甫孝廉所为《后海御寇始末》，其文亦曾举示足下否[4]？后起之士[5]，能为古文词者，绝无其人，则竹头木屑之伪学误之也。然吾辈引人为文[6]，而不免使之轻视学问，则与前数十年时文名士同其弊矣。故以学问为铜[7]，文章为釜，而要知炊黍芼羹之用，所为道也。风尚所趋[8]，但知聚铜，不解铸釜，其下焉者，则沙砾粪土，亦曰聚之而已。故

对友人感情极真挚醇厚，有切望对学问深入切磋、予正惠正者，有期盼在京友人经常讨论古文辞如何写作者，有叮嘱青年才俊多向有成就的学者勤于请益者。

"竹头木屑之伪学误之"，所言极有感情色彩，是对烦琐学风的有力针砭。"其下焉者"，以"焉"这一表强调的虚词予以贬责，同样有极好的表达效果。

俗士难与庄语[9]，吾党如馀村、逄之、正甫暨朱少白[10]，不可不时时策之[11]。

【注释】

[1]邀鉴：承蒙您阅读了。书信中表示敬重对方的话。鉴，阅读。　[2]比日作何消遣：近日怎么打发时光的。指近来忙些什么事？　[3]朱少白前已有札致之：日前我已写信给朱少白，您和他近日有无经常来往讨论读书写文章的事呢？朱少白，即朱锡庚，朱筠之子。札，信札。　[4]举示足下否：把文稿拿来向您请教了吗？按，章氏此信写给邵晋涵，而信中接连问及在北京的几位朋友，表明其对友谊之重视，对朋友惦念之深。　[5]"后起之士"以下四句：后起的青年学子，能够写作古代散文的，已经找不到了，这都是琐屑考证这类无用的假学问致害的呀。古文词，指以战国秦汉间如诸子、贾谊、司马迁等人为典范撰写的文章，即古代散文，前与侈丽的骈体文、后与科举八股文相对。竹头木屑，语出《晋书·陶侃传》："时造船，木屑及竹头，悉令举掌之，咸不解所以。后正会积雪始晴，听事前余雪犹湿，于是以屑布地。及桓温伐蜀，又以侃所贮竹头作丁（钉）装船。"后常以此典故比喻可以利用之废物。章氏此处乃活用，将琐屑饾饤、襞绩补苴的烦琐考证比作无用之物。　[6]"然吾辈引人为文"以下三句：然而我们这些人指导别人学写古文，却又不免致使他们轻视搜集史料、积累知识，这同几十年以前那些八股文高手带来的弊病正好相同呀。　[7]"故以学问为铜"以下四句：所以通过反思即可明白，正确的做法是，将史实、知识的积累作为冶炼的铜矿石，将文章著作作为锅和鼎，而要懂得如何加工制作，蒸煮烹调成为美味食物，则要靠具有史识、掌握理论。釜（fǔ），原为古代炊器，

圆底、敛口。此指蒸炒食物的锅、鼎。炊黍芼（mào）羹，蒸煮饭食、烹调菜肴。芼羹，指烹调杂有肉和菜的带汤的食品。语出《礼记·内则》："芼羹。"郑玄注："芼。菜也。"孔颖达疏："按公食大夫礼，三牲皆有芼者，牛藿、羊苦、豕薇也，是芼乃为菜也，用菜杂肉为羹。"　[8]"风尚所趋"以下六句：按照目前学风的趋向，却只晓得聚集矿石原料，而不懂得将它铸成对生产、生活有用的器物，而其中那些最为下等的这一类呀，那就只顾将沙石瓦块泥土也都说是好东西贮积起来罢了。铸釜，指经过冶炼铸成有用的锅、鼎一类器物。批评只将矿石贮集起来，这样的知识无益于世用。　[9]俗士难与庄语：见识庸俗的人很难对他讲深刻、庄重的话。庄语，严正的议论。语出《庄子·天下》："以天下为沉浊，不可与庄语。"王先谦集解："庄语，犹正论。"　[10]馀村：即史致光。逢之：章宗源，长于典籍辑佚，尤以《隋书经籍志》最为用力。正甫：未详，大约是章氏子侄辈。　[11]策之：警策他，勉励他。

【点评】

本篇写于乾隆五十三年（1788）。此篇是短简，但言简意赅，且韵味深长，良可吟咏。首先是章氏对友谊之挚笃。他身在河南，困顿潦倒，但对于在北京的诸位朋友却怀念关心，有殷切期盼对著述切磋请教者，有关心其学业识见是否长进者，有叮嘱晚辈务必多向有名望学者请教者。而更大的愿望，是这些志同道合者能发挥群体之力，对当世学术多有贡献，对矫正学风流弊发挥作用。虽然其本人处境困难，却有如此宽阔的胸怀、真挚的感情、高远的目标，确是难能可贵。

再者，是章氏在篇中提出的对当世学风偏向的见解，主张明确，分析深刻，目标坚实，贯彻着辩证分析的智慧，可与书中其他篇章相发明，令读者获得更多的启发。他毫不客气地批评沉溺于琐屑考证的迂腐学风，称之为"竹头木屑之伪学"，又言"风尚所趋，但知聚铜，不解铸釜，其下焉者，则沙砾粪土，亦曰聚之而已"。同时又诚恳地反思他和周围好友"引人为文，而不免使之轻视学问，则与前数十年时文名士同其弊矣"的失误，因此告诫人们在警惕被迂腐学风裹挟之余，要重视搜集史料、积累知识。而尤有启发意义的是，他将学、才、识三者的关系作了生动的譬喻："故以学问为铜，文章为釜，而要知炊黍芼羹之用，所为道也。"引导人们牢记"道"即高明的史识、对事物规律性的掌握，乃是起到统帅、熔炼、制作、提升的作用，由此形成健实、正确的良好学术风尚。

家书一

出门惘惘有离别意[1]，三数日即已如常。肩舆行春光熳烂中[2]，亦且可消遣。途中日制一文，多有可观，惜不得钞胥就录之也[3]。文章学问之事，即景多所会心，笔墨既便，随处札录，夜店罢餐[4]，稍润饰之。其深远者[5]，别为著作，其有切于学者用功之事，则为尔辈言之。此非一日所记，亦非专意为文，随得即书，故于先后次第未尝庸心[6]，尔辈可以意会，或自作一番编排，置之座右，以时展玩可也[7]。天下至理，多自从容不逼处得之，矜心欲有所为[8]，往往不如初志。故尔辈于学问文章未有领略，当使平日此心时体

凡此皆治学箴言。乃章氏总结生平成功经验所得，极为精要，年青学者用心践行，必有明效大验！

对所写札记经常阅读、思考，让有关的知识变成本人所消化、所占有的，尤其在义理方面不断思索，加深理解，提高分析能力和思想境界。又画龙点睛："此心如活水泉源"，与"则如山径之茅塞"——多么鲜明的对比，多么生动形象的语句！由于精心修辞，而更具有警省的力量，使人深记不忘。

究于义理，则触境会心，自有妙绪来会，即泛览观书，亦自得神解超悟矣[9]。朱子所谓常使义理浇洗其心[10]，即此意也。但札记之功，必不可少，如不札记，则无穷妙绪[11]，皆如雨珠落大海矣。或仿祖父日记而去其人事闲文[12]，或仿我之日草而不必责成篇章[13]，俱无不可。和尚虽有先生功课，但其心最动，一切坏事，皆从动处得来，其患不小。今自馆课之外[14]，强使习静，静中有所见解，即笔于书，不论时学古学[15]，有理无理，逐日务要有所笔记，或亦治病之一法欤！每日用一香线工夫为此[16]，余则不尔责也[17]。即如和尚逐日责令记功课簿[18]，原为用过之功不弃置也，然彼竟如胥吏造文案簿，一登簿册，不复措意，则与不登簿者何异！今使日逐以所读之书与文[19]，作何领会，札而记之，则不致于漫不经心。且其所记虽甚平常，毕竟要从义理讨论一番，则文字亦必易于长进，何惮而不为乎[20]！札记之功，日逐可以自省，此心如活水泉源，愈汲愈新，置而不用，则如山径之茅塞矣。

【注释】

[1]惘惘：心中若有所失貌。语出韩愈《送殷员外序》："出门惘惘有离别可怜之色。"　[2]肩舆：轿子。　[3]钞胥就录之：让负责誊写的小吏抄录下来。钞胥，专任誊写的小吏。　[4]夜店罢餐：在旅店住宿晚饭之后。　[5]"其深远者"二句：其中意义深刻的，另外修改成为论著。　[6]庸心：用心。　[7]以时展玩：过一段时间打开阅读体味。展玩，展开欣赏，阅读体味。　[8]"矜心欲有所为"二句：刻意想要做到的，往往达不到早先的愿望。矜心，心情庄重，用心慎重，指刻意想要达到。　[9]自得神解超悟：自然能得到精妙的理解、超常的领悟。　[10]常使义理浇洗其心：语出朱熹《四书集注·中庸》篇："人之洗濯其心以去恶，如沐浴其身以去垢。"　[11]妙绪：精妙的思路、灵感。　[12]人事闲文：人事往来无关紧要的文字。　[13]或仿我之日草而不必责成篇章：或者仿效我每日随意笔记而不要求写成完整的篇章。　[14]馆课：私塾课程。　[15]"不论时学古学"以下四句：不论是当今学问或古代学术，带理论性或不带理论性，每日一定要将阅读的内容或感想写下来，大概也是医治毛病的一种方法啊！时学，当今学问。有理无理，指所写的文字有无理论性。欤，表感叹语气。　[16]一香线工夫：即一柱香工夫，约一小时。　[17]不尔责：不责成你，不要求你。倒装结构，将"尔"提前，强调责成的对象。　[18]"即如和尚逐日责令记功课簿"以下六句：就像和尚一样，每日责成他在功课簿上写下阅读内容或感想，原意是下功夫读过的东西不要随后就丢掉了，可是他竟然像衙门小吏登记案卷，一登录了就不再考虑它，那么与不作登录的人又有什么不同呢？逐日，每日。　[19]日逐：每日。语出五代后周王仁裕《开元天宝遗事》上《销恨花》："帝与贵妃日逐宴于树下。"　[20]何惮而不为乎：为什么怕费力而不去做呢！

【点评】

《章学诚遗书》中共有七篇《家书》，这里选录了其中一至六篇。其写作时间均在乾隆五十五年（1790），这一年作者离开安徽亳州前往武昌。这些家书对于了解章氏生平经历、学术主张、教育思想和性格特点等项均有重要价值。家书真切地透露出，章氏对于子女既有作为父亲应有的严格要求，更是性格宽厚、循循善诱的老师和朋友，他与子女推心置腹，极有兴致地谈自己的生平经历、与学者的交往、学术渊源和治学经验，以及对当世学风的看法和对未来的愿景。每一项谈起来无不意蕴深刻、亲切有味，尤其在有关青年人如何成长方面，更有大量精辟的见解和方法论的启示。

本篇集中论述青年学子打牢知识基础和掌握正确治学方法的要领。如他现身说法，讲为何要做到"随处札录"。于旅途上也要在"夜店罢餐"之后记下所思所感，不敢懈怠，因为许多有价值的论著就是在此随时笔记中提出论点、写出部分草稿的。尤其是，往往于从容之中得到精髓，于闲暇中获得灵感；"天下至理，多自从容不逼处得之，矜心欲有所为，往往不如初志"。难道不正讲出学者从事理论创造带规律性的现象吗？特别是对于青年学子而言，更须牢记并践行多写札记，"札记之功，必不可少"。随时记下读书所获和思考问题的点滴心得，这是积累思想、积累智慧的有效途径。如章氏一针见血指出的："如不札记，则无穷妙绪，皆如雨珠落大海矣。"

章氏对青年人真正是望之深而责之切，关于札记究竟要写什么，对所记的东西为什么要时时拿出来翻阅，

从中提升自己的认识和更加深入掌握有关智识，使自己
的理论思维能力不断锻炼和提高？除了提高理论修养外，
对于提高文字驾驭能力又有什么作用？诸如此类，无不
谆谆嘱咐，语重心长，细致入微。如若真能按篇中的指
导去做，必定是"此心如活水泉源，愈汲愈新"。相反，
如果不懂方法，或表面懂了而不实行、不坚持，那就如
章氏所言，"如山径之茅塞矣"！学问的长进，理论水平
的提升，一概都无从谈起。由兹而言，成败得失之关键，
正在于此。

家书二

古人重家学[1]，盖意之所在，有非语言文字所能尽者。《汉书》未就而班固卒[2]，诏其女弟就东观成之，当宪宗时，朝多文士，岂其才学尽出班姬下哉[3]？家学所存[4]，他人莫能与也。大儒如马融[5]，岂犹不解《汉书》文义，必从班姬受读。此可知家学之重矣。后世文章艺曲[6]，一人擅长，风流辄被数辈，所谓弓冶箕裘，其来有自，苟非天弃之材，不致遽失其似者也。吾于史学，盖有天授，自信发凡起例，多为后世开山，而人乃拟吾于刘知幾，不知刘言史法，吾言史意[7]，刘议馆局纂修[8]，吾议一家著述，截然两途，不相入也。至论学问文章，与一时通人全不相合[9]。盖时人以补苴襞绩见长，考订名物为务，小学音画为名，吾于数者皆非所长，而甚知爱重[10]，咨于善者而取法之，不强其所不能，必欲自为著述以趋时尚，此吾善自度也。时人不知其意而强为者[11]，以谓舍此无以自立，故无论真伪是非[12]，途径皆出于一。吾之所为，则举世所不为者也。如古文辞，近虽为之者鲜，前人尚有为者，至于史学义例[13]，校雠心法，则皆前人从未言及，亦未有可以标著之名。爱我如刘端临[14]，见翁学士询吾学业究何门路[15]，刘则答以不知，盖端临深知此中甘苦[16]，难为他人言也。故吾最为一时通人所弃置而弗道，而吾于心未尝有憾[17]，且未尝不知诸通人所得，亦自不易，不敢以时趋之中不无伪托，而并其真有得者亦忽之也。但反而自顾，知己落落[18]，不过数人，又不与吾同道。每念古人开辟之境[19]，虽不知殁身之后，历若干世而道始大行，而当其及身[20]，亦必有子弟门人为之左右前后而道始不孤。今吾不为世人所知，馀村、虎脂又牵官

对当世考证大家有充分的肯定，对考证学风的泛滥有清醒的分析和抉择，对本人的治学宗旨、"史学义例校雠心法"有充分的自信。而这一切的根基，乃在于几十年刻苦的用功和思考，在于对问题的辩证分析和客观衡量。

守[21]，恐未能遂卒其业[22]，尔辈于斯[23]，独无意乎？

【注释】

[1]"古人重家学"以下三句：古人重视家学的传授，是因为学术宗旨的体现，常常不是语言文字所能完全表达出来的。盖，此为发语词。意，指著述的宗旨、寄托的义理。所在，蕴含，体现。　[2]"《汉书》未就而班固卒"二句：班固在基本完成《汉书》后不久即随军出征，后又含冤入狱，"其八表及天文志未及竟而卒，和帝诏昭就东观藏书阁踵而成之"。"时《汉书》始出，多未能通者，同郡马融伏于阁下，从昭受读。"（《后汉书·列女传·曹世叔妻》）　[3]班姬：班固之妹班昭。嫁同郡曹寿（字世叔）。她除对《汉书》有续作及对马融授读外，又因有"博学高才"之誉，常出入宫廷，皇后及诸贵人师事之，尊称为"大家"。著有《东征赋》《女诫》等。　[4]"家学所存"二句：家学所蕴涵的内容，别人是不能具备的。存，包涵，承受。与，具备，掌握。　[5]马融：字季长，东汉著名经学家。安帝时为校书郎中，于东观典校秘书。学识渊博，注《尚书》《诗》《三礼》等多部经典。学生常有千数，卢植、郑玄皆出其门。　[6]"后世文章艺曲"以下七句：后代文章才能或技艺戏曲本领，如果一人有了专长，他的才艺便会荫护几代人，这叫做父兄技艺必定被子弟所继承，这是自有渊源的，假若不是天生愚笨的人，是不至于骤然失去先世相似的专长的呀。艺曲，技艺、戏曲一类本领。风流，指才艺，本领。辄被数辈，就能荫护几代人。辄，就，即。被，覆盖，荫护。弓冶箕裘，指父兄世业为子弟所继承。语出《礼记·学记》："良冶之子，必学为裘；良弓之子，必学为箕。"孔颖达疏："言善冶之家，

其子弟见其父兄世业鈎（陶）铸金铁，使之柔合，以补治破器皆
令全好，故此子弟仍能学为袍裘，补续兽皮，片片相合，以至完
全也……善为弓之家，使干角挠屈调和成其弓，故其子弟亦睹其
父兄世业，仍学取柳和软挠之成箕也。"良冶、良弓，指善于冶
金和造弓的人。意思是儿子往往继承父业，后因以"箕裘"比喻
祖先的事业。 [7]刘言史法，吾言史意：章学诚总结刘知幾与他
两人之间在评论史学上旨趣和重点的差别，称刘重点在论著史的
义例、方法，而他评论的重点则在史家的别识心裁、义理的运用、
史识的高低。按，《史通》中有多篇论述著史的体例、方法，如《本
纪》《世家》《列传》《表历》《书志》《论赞》《序例》等。《序例》
篇云："史之有例，犹国之有法。国无法，则上下靡定；史无例，
则是非莫准。" [8]"刘议馆局纂修"以下四句：《史通》中《忤时》
《辨职》等篇对设馆监修制度有尖锐的批评，如，《忤时》中云："顷
史官注记，多取禀监修，杨令公则云'必须直词'，宗尚书则云
'宜多隐恶'。十羊九牧，其令难行；一国三公，适从何在？"《辨
职》篇云："凡居斯职者，必恩幸贵臣，凡庸贱品，饱食安步，坐
啸画诺，若斯而已矣。夫人既不知善之为善，则亦不知恶之为恶。
故凡所引进，皆非其才。"而章学诚在《文史通义》中，则提出
一系列有关"史义"的重要命题，并加以深刻论述，如"六经皆
史"；"撰述"与"记注"；"圆而神"与"方以智"；家学渊源；"通
史家风"；"仍纪传之体而参本末之法"等，倡导对历史编纂的改
革。故认为两人治学的路数完全不同，互相不能包容。相入，彼
此包容、符合。 [9]通人：学识渊博贯通古今的人。 [10]"而
其知爱重"以下五句：但是我很懂得自爱自重，我向考证名家询
问其成功的地方而采取效法，又不勉强做我不能做的事，为了追
逐时髦风气而一定跟着别人撰写同类著作，我这样做是善于恰当
衡量自己的能力。咨于善者，询问擅长于这套学问的人。咨，询

问。自度（duó），衡量自己。　[11]时人不知其意：世俗人士不明白考证的要领。意，宗旨，要领，诀窍。　[12]"故无论真伪是非"二句：因此无论拿出来的成果是真货还是赝品，是正确还是错误，所有人的路数都是一样出于考证。　[13]"至于史学义例"以下四句：至于有关历史编纂宗旨、体例源流变化，辨章学术的理论总结，这些都是前人所未曾讲到过，我自己也暂未找到恰当的概括来加以定义。史学义例，即探讨史书编纂宗旨和体例运用的演变。校雠心法，从义理层面对史书体裁、体例前后演变加以对比、总结。按，章氏对此撰有《校雠通义》，是有关学术史的著作，即其所强调的"辨章学术，考镜源流"。与乾嘉学者从事文献校勘考证之学不同。标著之名，提炼出精当的话加以定义。标著，以最精当的话概括其本质。　[14]刘端临：即刘台拱，乾嘉时期文献学者。举人出身，任丹徒县训导，故章氏称之为教谕。研究经学、天文、律吕等学问。　[15]翁学士：即翁方纲，号覃溪，清朝学者。乾隆进士，历任内阁学士、广东等省学政、鸿胪寺卿等。精于经学考据，又长金石之学，著有《两汉金石记》《复初斋全集》等。　[16]"盖端临深知此中甘苦"二句：因为刘端临深刻地知道我的学术路数之中的甘苦，很难为别人讲明白呀。　[17]"而吾于心未尝有憾"以下五句：然而我在内心中未曾对此感到遗憾，并且深知各位学识渊博的考证大家获得的成果，也自然是不容易的，不敢由于风气盛行之中有的是假托，就因此将真正的有价值的也忽视了啊。　[18]落落：稀少。　[19]开辟之境：创辟新事业新境界的那番景象。　[20]"而当其及身"二句：而当他在世，也一定有子弟和学生们在他的周围翼戴响应，因而导致学说传播开来。道始不孤，有价值的学说一定有人赞成、响应。语出《论语·里仁》："德不孤，必有邻。"原意是品德高尚的人不会孤单，必定有志同道合者和他做朋友。朱熹《论语集注》：

"邻，犹亲也。德不孤立，必以类应，故有德者，必有其类从之，如居之有邻也。"章氏以此比喻新创的学说或新开辟领域有人赞成、传播。   [21]又牵官守：忙于官府事务。守，职守。   [22]遂卒其业：顺利地实现创立新学说的事业。   [23]"尔辈于斯"二句：你们兄弟们对这项事业，难道能不重视吗？独，难道，岂。无意，指不重视。

【点评】

本篇主要论述章氏的学术际遇、学术追求，论述他在极其艰难无助的情况下的坚守，故此篇对于研究章氏的生平和思想有重要价值。

当乾隆时期，学术风气极盛，学者众多，著述林立。正当考证学风主宰一切、人人趋之若鹜之时，章学诚却是逆于时趋者，也是一位艰难独行的探索者。这是乾隆时期形成的社会环境与章学诚个人追求互相碰撞、交织而成的独特学术景观，前之所无，后之罕见。从社会环境言，考证之学如日中天，但它脱离现实需要的严重积弊实则已经形成，为社会计，也为学术计，亟须有人站出来讲出真相，提出警示！而从章氏本人言，在考证能力方面他确不具备，但长于义理层面的发挥、运用辩证思维的探索，并且不怕孤立，不惧压力，因而成为学术史上一位十分坚毅、高尚的特立独行者，他的主张和实践影响深远，预示着学术方向行将发生转变。此信中讲得极真切，如言本人对于当时盛行的辑佚整理、考订歧误、小学音韵等都不擅长，但不勉强自身之所不能，不盲目追逐时趋。而重视坚持本人特识，发挥本人专长。

对于所确立的治学宗旨有充分的自信："吾于史学，盖有天授，自信发凡起例，多为后世开山。""吾之所为，则举世所不为者也""至于史学义例，校雠心法，则皆前人从未言及"。章氏将当时醉心于考证学的学者区分为两类，一类是不问本人资质、兴趣是否适合而盲目奔赴者，其所为所见并无真价值；一类是确有成就的考证家，章氏对之充分尊重，虚心地询问、取法，并云："未尝不知诸通人所得，亦自不易，不敢以时趋之中不无伪托，而并其真有得者亦忽之也。"面对生活的困顿、周围人物的排斥、歧视，他坦然处之，"未尝有憾"，坚持自己的学术追求，大声疾呼，真诚希望士林人物作出理性的抉择、认识烦琐考证的严重积弊，共同营造健实致用的良好学风。同时他每每以"古人开辟之境"自比，渴求与志同道合的友人及子弟、学生共同努力，更期望于后世的知音。

家书三

子女之生，必肖父母[1]，虽甚不似[2]，而必有至肖者存，此至理也。学问文章[3]，亦有然者。吾于古文辞，全不似尔祖父，然祖父生平极重邵思复文[4]，吾实景仰邵氏而愧未能及者也。盖马、班之史，韩、欧之文，程、朱之理，陆、王之学，萃合以成一子之书，自有宋欧、曾以还[5]，未有若是之立言者也，而其名不出于乡党[6]，祖父独深爱之。吾由是定所趋向[7]，其讨论修饰，得之于朱先生，则后起之功也，而根底则出邵氏，亦庭训也。吾于史学[8]，贵其著述成家，不取方圆求备，有同类纂。祖父尝辨《史记索隐》谓"十二

章学诚之成为一个特立独行者，最早的引路人就是其父亲，从其景仰名不出乡里的邵廷采，到指导他对《左传》改编，到启发他如何欣赏前人的佳篇妙句，父亲一直对他启发引导，使他受益终生！

本纪法十二月，十表法十干"诸语，斥其支离附会。吾时年未弱冠[9]，即觉邓氏《函史》上下篇卷[10]，分配阴阳老少为非，特未能遽笔为说耳[11]。又十五六岁时，尝取《左传》删节事实，祖父见之，乃谓编年之书仍用编年删节[12]，无所取裁，曷用纪传之体分其所合？吾于是力究纪传之史而辨析体例，遂若天授神诣[13]，竟成绝业，祖父当时亦诧为教吾之时，初意不及此也，而不知有开于先[14]，固如是尔。吾读古人文字，高明有余[15]，沈潜不足，故于训诂考质，多所忽略，而神解精识[16]，乃能窥及前人所未到处。初亦见祖父评点古人诗文，授读学徒，多辟村塾传本胶执训诂[17]，不究古人立言宗旨。犹记二十岁时，购得吴注《庾开府集》[18]，有"春水望桃花"句，吴注引《月令章句》云[19]："三月桃花水下。"祖父抹去其注而评于下曰："望桃花于春水之中，神思何其绵邈！"吾彼时便觉有会[20]，回视吴注，意味索然矣。自后观书，遂能别出意见，不为训诂牢笼[21]，虽时有卤莽之弊，而古人大体，乃实有所窥。尔辈于祖父评点

充满美感和动感、启发人想像的文字，与刻板的考证，二者实在是天地之别。

诸书，曷细观之？

【注释】

[1] 肖（xiào）：相似。　[2] "虽甚不似"二句：即使很不像，也必定有与父母极相像的地方。虽，即使。　[3] "学问文章"二句：在读书治学、撰写文章方面，也是这样。然，如是，这样。　[4] 邵思复：即邵廷采，著有《思复堂文集》。　[5] "自有宋欧、曾以还"二句：从宋代欧阳修、曾巩以来，没有像邵氏这样著书立说的。曾，曾巩，字子固，北宋文学家、史学家，为唐宋八大家之一。嘉祐进士，在史馆任职，编校史籍。历知齐、襄、洪诸州，后任中书舍人，典修《五朝国史》。著有《隆平集》《元丰类稿》。　[6] 乡党：指乡里。按，相传周制以五百家为党，一万五千二百家为乡。　[7] "吾由是定所趋向"以下六句：由于受到祖父深爱邵廷采文章的影响，我从此确定了读书做学问的方向，而讨论求教、切磋提升，得到朱筠先生的指导，那是后来才有的功效，而从根底来讲则是学习邵氏得来的，也是父亲训导的结果。朱先生，朱筠，章学诚一生奉为恩师的著名学者，清代顺天大兴（今属北京）人，号笥河。乾隆进士，官至翰林院侍读学士，历充福建乡试正考官、安徽学政等职。宏奖人才，主持风会，一时绩学之士，多出其门。乾隆时建议从《永乐大典》中采辑佚书，由此而有开四库馆之议。其学博闻宏览，藏书数万卷，碑版文字千卷。说经宗汉儒，诸史百家皆考证同异，又精金石文字之学。著有《十三经文字同异》（未完）、《笥河文集》。庭训，父亲的训诫。　[8] "吾于史学"以下四句：我有关史学的根本主张，重视的是要以义例贯串全书，而不赞成拘守旧规矩，面面俱到，不会灵活运用，那等于是类书纂辑。方圆，指规矩、成例。语出《孟子·离娄上》："离娄之明，公输子之巧，不以规矩，不能成方

员。"类纂，将同一类的材料排比纂辑在一起，而缺乏以义理作统帅。　[9]弱冠（guān），泛指男子二十左右的年纪。古代男子二十岁行冠礼，即成年礼，戴上帽子以示成年，但体未壮，还比较年少，故称"弱"，"弱冠"即由此而来。　[10]邓氏：即明代学者邓元锡，嘉靖举人，以后潜心著述逾三十年。所撰《函史》上编八十卷，下编二十一卷。上编有类于《通志》纪传部分，但名目甚多，自远古至商为表，自周以下，正统称为纪，偏霸列国称为志，宰相之传称为谟，儒者之传称为述。下编凡天官等共分二十一门，而有三门称为书，九门称为志。名称上形形色色，实则根据不足，故章学诚尚未弱冠即予讥议。　[11]遽笔为说：立即将想法写下来明确提出主张。遽笔，立即写下来。笔，作动词用。为说，提出主张。　[12]"乃谓编年之书仍用编年删节"以下三句：却说《左传》本是编年体裁，又按照编年体来删简，不好处理，为什么不用纪传体的体裁，将《左传》合在一起的记载区分开来编纂呢？无所取裁，体现不出改编的宗旨，不好处理。分其所合，其是代词，指《左传》。编年体按照年代先后，将同时发生的事件都放在一起记载。故学诚父亲启发他将这些内容按照纪、表、志、列传的不同要求区分开来从事编纂，成为一种新体裁的史著。　[13]"遂若天授神诣"二句：便似乎是天生的本领、冥冥之中得到指引，我竟然完成了这件前人未曾做过的事。神诣，似乎有神意的指引。诣，前往，指引。　[14]"而不知有开于先"二句：而不明白原先所开导的道理，本来就是这样的路数而已。尔，语气词，而已。　[15]"高明有余"二句：高明与沈潜指为学的两种特点。语出《尚书·洪范》："沈潜刚克，高明柔克。"伪孔传："沈潜谓地，虽柔亦有刚。""高明谓天，言天为刚德，亦有柔克，不干四时。"章氏借用这两个对立的概念，说明他读书治学偏重义理上的分析、发挥，而对于搜集材料、严密考证方面有欠缺。下文言"考质"，即指考证。　　[16]"而神解精识"二句：而领悟极深，见解精到，因此能探求到前人所未讲到的地方。　　[17]"多辟村塾传本胶执训诂"二句：常常驳斥乡村塾师沿用的课本固守陈旧的解释，却不能探究到古人观点内涵而造成的错误说法。辟，屏除，驳斥。　　[18]《庾开府集》：南北朝文学家庾信的诗文集。庾信原善于宫体诗，文章清丽，初仕南朝梁，奉使西魏，被留不放还。西魏亡，仕北周，官至骠骑大将军，开府仪同三司。故称"庾开府"。晚年思念故国，诗文风格转为沉郁。《庾开府集》清代有吴兆宜注本。　　[19]《月令》：《礼记》中的一篇，记述每年农历十二个月的时令及朝廷祭祀礼仪、职务法令等，并将其归纳在五行相生的系统中。　　[20]"吾彼时便觉有会"以下三句：我在那时便觉得很有体会，回过头来看吴氏的注文，觉得一点兴味也没有了。有会，有体会感悟。索然，零落，全无。　　[21]不为训诂牢笼：不被训诂学家一字一义的解释所束缚。牢笼，以牢房、囚笼比喻对思想的束缚、禁锢。

【点评】

　　章氏一生从事哲理探讨和史学义例的辨析总结，所提出的新观点，皆为他人之从未言及。如此勇于探求"自得之学"而又能够取得卓著的成就，在当年对于章氏本人审视其学术道路显然极有意义，而在今天对于青年学者的成长尤其具有指导性价值。人处于社会环境之中，是很容易受到世人流行的价值观的影响而随波逐流的。试想，当乾嘉时期考证学如日中天之时，士人谁不争相奔赴，而将排比、纂辑、考证之学视为学问的极致，甚至是学问的全部呢？章氏却不盲目跟着风气跑，而能树立自己的目标，顶住周围巨大的压力，坚毅地开拓前进。他之所以能够这样做，一个根本性原因，即其父章镳治学宗旨的长期而深入的影响和谆谆教诲。章镳对于声誉不出乡里的邵廷采却以特有的眼光，评价为"盖马、班之史，韩、欧之文，程、朱之理，陆、王之学，萃合以成一子之书，自有宋欧、曾以还，未有若是之立言者也"。别人皆不重视而其父独特别地敬佩，别人皆未识思复堂文之价值而其父独称道其非凡的造诣。这就使章学诚认识"自得之学"的可贵，给了他摆脱世俗见解、敢于特立独行的勇气。正如他所言："吾由是定所趋向，其讨论修饰，得之于朱先生，则后起之功也，而根底则出邵氏，亦庭训也。"父亲又启发他如果仍用编年体改编《左传》，是"无所取裁"，必须换用纪传体裁来尝试，"分其所合"。这同样使章学诚深受触动："吾于是力究纪传之史而辨析体例，遂若天授神诣，竟成绝业，祖父当时亦诧为教吾之时，初意不及此也。"而从此读书，他更注重义理的发挥，体例的灵活运用，"故于训诂考质，多所忽略，而神解精识，乃能窥及前人所未到处"。而父亲对庾开府名句抹去旧注，作重新评点，更以鲜活的例子，告诉他如何摆脱经注家一字一句笺注的刻板理解，展示了从思想意境美学韵味体会的巨大魅力。这些庭训，使章学诚从治学应确立高远的目标，重视总结史学的源流变迁，和对典籍创造性阐释等重大问题上明确了努力方向，从此读书治学处处获得源头活水，几十年受益，终成名家。

家书四

夫学贵专门[1]，识须坚定，皆是卓然自立，不可稍有游移者也。至功力所施[2]，须与精神意趣相为浃洽，所谓乐则能生，不乐则不生也。昨年过镇江[3]，访刘端临教谕，自言颇用力于制数而未能有得[4]，吾劝之以易意以求。夫用功不同[5]，同期于道，学以致道，犹荷担以趋远程也，数休其力而屡易其肩[6]，然后力有余而程可致也。攻习之余[7]，必静思以求其天倪，数休其力之谓也。求于制数[8]，更端而究于文辞，反覆而穷于义理，循环不已，终期有得，屡易其肩之谓也。夫一尺之棰[9]，日取其半，则终身用之不穷；

深刻阐发以"性""情"为基础、因材施教的教育思想，可由此而形成研究章氏思想学说新的学术增长点。

挑担赶路，看似最平常不过，不想其中竟有深刻的哲理。

专意一节^[10]，无所变计，趣固易穷，而力亦易见绌也。但功力屡变无方^[11]，而学识坚定不易，亦犹行远路者，施折惟其所便，而所至之方，则未出门而先定者矣。

【注释】

[1]"夫学贵专门"以下四句：治学所贵在专门，而目标必须坚定，都是靠这两项才能做到特出地挺立于学坛，这是不能丝毫出现动摇偏差的呀。识，识见，这里指目标。皆是，本应言"皆因是而"，省略"因""而"二字，用意在让是（即"学贵专门"和"识须坚定"这两项）更加突出，加强表达效果。是，代词，指"学贵专门"和"识须坚定"两项。卓然，特出地。　[2]"至功力所施"以下四句：至于功夫应当下在哪里，则必须同本人的禀赋、爱好互相和洽，这就是有了爱好就能产生良好效果、失去兴趣则无效果的道理。所施，所下的地方。精神意趣，指禀性天赋和兴趣爱好。浃洽，和洽，融洽。乐则能生，语出张载《学大原》上："乐则生矣。学至于乐，则自不已，故进也。"　[3]昨年：去年。　[4]"自言颇用力于制数而未能有得"二句：他自己讲对考证下了很大功夫但未能有进展，我劝他换个思路再探求。制数，指考证，因考证涉及许多有关制度和度数、数字问题。下文即将制数与文辞、义理三者并提。易意以求，换个思路探究。倒装句式，实际上是"吾以易意以求劝之"。　[5]"夫用功不同"以下四句：用功的对象、方式不同，而同样期望能够掌握"道"，通过读书、学习以掌握道，就好比是挑着担子去奔远处的目的地啊。　[6]"数休其力而屡易其肩"二句：中间频繁更换双肩而多

次休息体力，然后有足够的体力将全程走完。致，达到。　[7]"攻习之余"以下三句：用功钻研的空隙，一定要静下心来仔细探求事物本来的差别，这也是多次休息体力的意思。天倪，事物本来的差别。语出《庄子·齐物论》："和之以天倪。"郭象注："天倪者，自然之分也。"　[8]"求于制数"以下六句：为了求得考证的进展，更换一下探究文辞，再反覆苦心钻研义理，一次次循环地下功夫，最终希望得到收获，这也是频繁休息的意思呀。更端，另一事，再换一次。语出《礼记·曲礼》上："君子问更端则起而对。"　[9]"夫一尺之棰"以下三句：语出《庄子·天下》："一尺之棰，日取其半，万世不竭。"　[10]"专意一节"以下四句：如果只专注一小节，没有什么变换手法，那么兴趣本来就容易丧失，而体力也容易减退。见绌（chù），显示不足，显示衰退。　[11]"但功力屡变无方"以下六句：只是下功夫的地方或对象是变换不固定，而治学的志向、目的地，却是未有出门之前便已确定了呀。前一"方"，意为准则、确定。后一"方"，意为地方、方位。

【点评】

　　本篇讲学习如何有主动性和创造性，论题极重要，论点很明确，阐释深刻而生动。章氏提出两个论题，一是专攻领域的选择与禀赋爱好的关系，二是目标坚定与途径、方法多样的关系。文章开头即明确提出论点：学贵专门，识须坚定，这是卓然自立、安身立命的根本，不可稍有游移；而用功对象的选择，则必须与本人的气质禀赋和兴趣爱好相符合。这是以"性""情"为基础、因材施教的教育观，是《文史通义》全书理论创造的核心命题之一。与现代教育思想完全吻合，在当时极具超前性。人的气质禀赋不同，兴趣爱好各别。从禀赋言，有的适合学理工，有的适合学文史；从兴趣爱好言有的爱动，有的爱静。都应按其才智爱好让其得到发展，如果相反而行，就会事倍功半，甚至一无所成。章氏引了宋儒张载"乐则生矣。学至于乐，则自不已，故进也"的话为论据，并加以发挥，云："不乐则不生也"，如果失去兴趣，又哪来的主动性和创造性？为了读书有成效，治学有灵感，章氏又提出目标应当坚定而方法、途径应当多样的命题。对此，他以入情入理、生动形象的例子进行论证。一是即近取譬，举出他与学术好友刘台拱的谈话，针对好友从事考证而长久未获进展，而"劝之以易意以求"，尝试变换一种思路和方法，"更端而究于文辞，反覆而穷于义理，循环不已，终期有得"。又用日常生活中挑担赶路作例证，"数休其力而屡易其肩，然后力有余而程可致也"。结合到本人的体会，告诫后辈应恰当掌握读书治学的节奏，不能一直将弦绷得太紧，往往是能从休息间隙获得灵感："攻习之余，必静思以求其天倪，数休其力之谓也。""天倪"是事物本身的差别处，这样的似乎几微难以捕捉之处，一旦被你勘破了，问题就得迎刃而解！章氏的举证和分析处处体现出对辩证法的恰当运用，从多方面论述"欲速则不达""为了更好的一跃，必先后退几步""一尺之棰，日取其半，则终身用之不穷；专意一节，无所变计，趣固易穷，而力亦易见绌也"。最后回应开篇提出的论题，"学贵专门，识须坚定"，明确得出结论："功力屡变无方，而学识坚定不易"，"施折惟其所便，而所至之方，则未出门而先定者矣"。

短短一篇书简，却讲出读书治学的重要道理，分析深入，举证丰富，很有说服力，笔法看似自由放纵，实则结构严密，十分耐人寻味。与全书其他篇章相关内容结合起来，章氏提出的以"性""情"为中心的教育观，其中包涵着宝贵的现代价值，读者对此用心研究，足可成为一个新的学术增长点。

家书五

讲宋儒为学之流弊切中要害，对其守陋之处和当今困窘之境批评至为尖锐。然而恰恰在这种情形之下，却敢于独自发声，指出宋学太不讲乃是今日之弊，应重视其精华所在，认真总结。——由此又可见章氏见识之不凡，目光之深远。

宋儒之学，自是三代以后讲求诚正治平正路[1]，第其流弊[2]，则于学问文章、经济事功之外，别见有所谓"道"耳[3]。以"道"名学，而外轻经济事功，内轻学问文章，则守陋自是，枵腹空谈性天[4]，无怪通儒耻言宋学矣。然风气之盛[5]，则村荒学究，皆可抵掌而升讲席；风气之衰，虽朱、程大贤，犹见议于末学矣。君子学以持世[6]，不宜以风气为重轻。宋学流弊，诚如前人所讥，今日之患[7]，又坐宋学太不讲也。往在京师，与邵先生言及此事，邵深谓然。廿一史中[8]，《宋史》最为芜烂，邵欲别作《宋史》。吾谓别作《宋史》成一家言，必有命意所在，邵言即以维持宋学为志[9]。吾谓维持宋学[10]，最忌凿空立说，诚以班、马之业而明程、朱之道，君家念鲁志也，宜善成之。然邵长于学[11]，吾善于裁，如不可以合力为书，则当各成一家，略如东汉之有二谢、司马诸书，亦盛事也，但恐不易易耳。尔辈此时讲求文辞[12]，亦不宜略去宋学，但不可堕入理障，蹈前人之流弊耳。五子遗书[13]，诸家语录，其中精言名理，可以补经传之缺，而意义亦警如周、秦诸子者，往往有之，以其辞太无文[14]，是以学者厌之，以此见文之不可以已也。但当摘其警策[15]，不妨千百之中存其十一，不特有益身心，即行文之助，亦不少也。

【注释】

[1]诚正治平：即讲求诚意、正心、治国、平天下，指儒家倡导的由提高自己人格修养到施展治国才华的道路和人生价值观。语出《礼记·大学》："物格而后知至，知至而后意诚，意诚而后心正，心正而后身修，身修而后家齐，家齐而后国治，国治而后天下平。"　[2]第：但。　[3]别见有所谓"道"：再另外凭空见到所谓"道"。耳：而已，用在这里表示其流弊正在于此，起强调作用，用法灵活。　[4]枵（xiāo）腹空谈性天：腹内空空，却

高谈"人性""天理"一类命题。枵腹，指腹中空虚，毫无真才实学。 [5]"然风气之盛"以下六句：但是在风气盛行时，偏僻乡村浅陋的读书人也可以登上讲台大讲宋学；而等到风气衰落时，即使是朱熹、二程兄弟这样的大理学家，也要受到没有学识的人的讥议了。按，章氏用这一对偶句，简洁而生动地指明清代理学已经衰颓，名声扫地了。 [6]"君子学以持世"二句：有道德修养的人治学是为了秉持社会和学术的正道，不应该被一时流行的风尚所左右。持世，秉持社会和学术方向端正。 [7]"今日之患"二句：今天令人担心的问题，却又是由于太不重视宋学了。患，令人忧患之事。坐，由于。 [8]廿一史：明代于宋代所称十七史（《史记》《汉书》《后汉书》《三国志》《晋书》《宋书》《南齐书》《梁书》《陈书》《魏书》《北齐书》《周书》《南史》《北史》《隋书》《新唐书》《新五代史》共十七部）之外，加《宋史》《辽史》《金史》《元史》合称二十一史。 [9]维持宋学为志：仍然以尊奉宋学为宗旨。按，这是邵晋涵在当时的看法。维持，指仍然保持以前宋学受尊奉的地位。为志，以此为宗旨。 [10]"吾谓维持宋学"以下五句：我说如果要讲尊奉宋学，首先必需防止围绕"心""性"一类概念凭空发议论，而确实应当以司马迁、班固如实记载历史变迁的体裁和方法，来明白记载二程、朱熹等理学家的学说和变迁，这正是您的族祖父邵廷采先生的志向，我们应该重视继承和完成。马、班之业，司马迁、班固以实录精神记载历史盛衰的著史体裁和方法。宜善成之，应当重视并做好工作将它完成。善，重视并努力做好。 [11]"然邵长于学"二句：邵晋涵的长处是知识丰富、掌握大量史料，我的优势是善于运用史识、做出裁断。 [12]"尔辈此时讲求文辞"以下四句：你们兄弟辈当前正努力提高写作文风健实的古代散文的能力，也不应当将宋学忽略不讲，但是不可以坠进纠缠于文字、概念而不能获知真道理。理障，原为佛家称执于邪见而见理不真。语出《圆觉经》上："云何二障？一者理障，碍正知见；二者事障，续诸生死。"　[13]五子遗书：即五子之书，指北宋五位理学家（包括周敦颐、程颢、程颐、张载、邵雍）的遗著。　[14]"以其辞太无文"以下三句：但因为这些语录的辞句太缺乏文采，所以遭到学者讨厌，以此也证明下功夫修饰文辞是不能忽视的呀。无文，缺乏文采。　[15]"但当摘其警策"二句：应当摘录其中精警而对人有深刻启发的语句，可以是在一千句中存其十、一百句中存其一。但，不过，只是。警策，精炼扼要而含意深切动人的文句。语出陆机《文赋》："立片言而居要，乃一篇之警策。"

【点评】

本篇重点讨论如何对待理学的问题，由此显示章氏高出于当时士林人物的特识。理学在进入清代以后，虽然封建朝廷依旧大力提倡，但事实上早已形成无法挽回的衰颓之势。此正如梁启超所言："晚明王学极盛而敝之后，学者习于'束书不观，游谈无根'，理学家不复能系社会之信仰。"（《清代学术概论》）章太炎则评论云："清世，理学之言竭而无余华。"（《章太炎全集·清儒》）至章学诚生活的乾隆时期，理学的弊病更加暴露，声誉更加低下。如姚莹所言："当朝大老，皆以考博为事，无复有潜心理学者，至有称诵宋、元、明以来儒者，则相与诽笑。"（《中复堂全集·复黄又园书》）甚至书坊也不再刻理学家著作了："习理学者日少，至书贾不售理学之诸书。"（《啸亭续录·理学盛衰》）

由此可见，章氏在篇中所言正是当日情形的真实写照："以'道'名学，而外轻经济事功，内轻学问文章，则守陋自是，枵腹空谈性天，无怪通儒耻言宋学矣。"因此，在当时学术环境下，如何恰当评价宋明理学这一文化遗产，乃是对于研究者历史见识和分析能力的巨大考验，本篇中所论各点，恰恰证明章氏能够以历史的、发展变化的辩证观点立论，达到了难得的高度。这些基本观点包括：（一）肯定理学是儒学演进的一个重要阶段，"自是三代以后讲求诚正治平正路"。而其严重流弊则在于："于学问文章、经济事功之外，别见有所谓'道'耳。"（二）虽然理学在今日已经颓波不可复返，甚至被通儒公开耻笑，但有识之士不能为这种风气所左右，而应该对其价值有清醒的估计，认识到当今根本不讲宋学，乃是大可忧虑之事。这是多余的烦恼吗？非也。理学家讲理在事外当然错误，但研究任何事物，都不能不重视"理"。而当考证学极盛之时，如果不重视义理层面的问题，治学便失去方向！必须防止一种倾向掩盖另一种倾向，才能保证学术沿着正确方向发展。（三）当今提出承认理学的价值，不能是不加分析地"维持宋学"，而是应有正确的态度和方法，即如章氏所言："最忌凿空立说，诚以班、马之业而明程、朱之道"，根据历史事实及其演变来评判其功过是非。（四）后学者对理学，务必"不可堕入理障，蹈前人之流弊"，应真正提挈出理学家言论、著作中精警之处，以有益于身心，且能作为行文之助。

这篇短简，从其思想价值来说诚为乾隆末年学者如何评论宋学的重要文献。章氏的卓识都是针对当日学坛实际情况有的放矢而发，而我们今天读来，仍然对于如何以符合历史主义的态度辩证地看待文化遗产具有深刻的启示意义。

家书六

人之才质[1]，万变不同，已成之才，推其何以至是，因而思所效法，道亦近矣，然有不可据者，不容以不察也。观前辈自述生平得力[2]，其自矜者，多故为高深，如戴东原言"一夕而悟古文之道，明日信笔而书，便出《左》《国》《史》《汉》之上"。此犹戴君近古[3]，使人一望知其荒谬，不足患也。使彼真能古文[4]，而措语稍近情理，岂不为所惑欤！其有意主劝诱来学而言之太易者[5]，亦须分别观之。惟圣贤教人，亦有至平近者，如孟子教曹交[6]，即于徐行疾行求尧、舜之道矣[7]。有自讳初习之陋而以后之所得一似生

重视向成功者学习、效法，但因青年人的才质不同而前辈们的本人特点和治学路径各异，发表言论的出发点有别，所以对其自述生平得力之处的言论，应有鉴别地吸收。

知之者[8]，如都门有先达擅时文名[9]，其先实学墨裁而后取法先正，因绝口不言前业，虽固亦无伤，未免使后学之已误所趋者，不知其道尚可变也。又有天姿之高不尽由于学力[10]，而意之所主自足成家，惟嫌天姿不足为训，遂举生平所得，强归功于所主之说，而不知其所以得者不在此也，是又不可不因人而别其言也。

【注释】

[1]"人之才质"以下八句：人的才能、质性，在成长过程中会出现极多的变化，拿已经成功的人才做样板，推究他是如何能达到这样，因而思量怎么效法他，这样离成功的道路就近了；可是也有不能作为依据的，这就不能不认真地体察了。 [2]"观前辈自述生平得力"以下三句：综观前辈学者自述生平治学得力的地方，那些自己夸耀的，大多是故意讲得高深莫测。 [3]"此犹戴君近古"以下三句：这里好一点的是戴震君时代离得比较近，使人一眼便看出他讲的谬误不可信，不用担心有严重效果。 [4]"使彼真能古文"以下三句：假如他真把古文写得好，而话语的措词稍稍合情理一些，那么别人岂不就受他迷惑吗？措语，措辞。惑，迷惑。欤，表反诘语气词。 [5]"其有意主劝诱来学而言之太易者"二句：其中有的人用意是为了鼓励诱导后学却又讲得太过容易的，对这些话也应当有分别地对待。意主，用意在于。劝诱来学，鼓励、诱导后学。 [6]曹交：见于《孟子·告子下》。赵歧注：曹君之弟。 [7]即于徐行疾行求尧、舜之道矣：就从慢走为老人让路和急走争在老人前面两种情况打比

方，来教人学习尧、舜的方法呀。《告子下》中云："徐行后长者，谓之弟（悌），疾行先长者谓之不弟（悌）。夫徐行者，岂人所不能哉？所不为也。"此言从为老人让路和与老人争路这两种情况，就可以找到学习尧、舜，提高修养的方法。悌，敬老尊长的美德。　　[8] 有自讳初习之陋而以后之所得一似生知之者：有的是自己隐讳开始学习时的浅陋，而将后面学到的本领说成是完全像是天生就具有的。陋，陋拙，寒酸。一似，完全像是。　　[9] "如都门有先达擅时文名"以下六句：譬如京城有一位有名望的前辈以擅长写应试的八股文著名，他先前实际上是学习试场上的墨卷，而后来向前代贤臣学习良法，于是根本不讲先前所做的事，虽然这样做也不算什么毛病，但未免使后辈中有人已经选错路径，不明白如今努力的方向还可以改变。都门，京城。先达，有声誉、有地位的前辈。墨裁，此指从试场流传出来的墨卷。取法，采取，效法。先正，前代贤臣。前业，先前做的事。误所趋，跟着走错路。　　[10] "又有天姿之高不尽由于学力"以下七句：还有的人天赋甚高，并不全是由于用功学习，而专意在一个领域自然成功为行家，只是他觉得凭天赋成功不值得别人效法，于是便将生平的成绩，勉强归功于在一个领域努力，却不明白他之所以成功原因并不在这里，由此说明应当根据不同的人来甄别他讲的话是否可靠。意之所主，指专注在一个领域努力。强，勉强。因人，依据不同的人。别其言，鉴别他的话可靠的程度。别，鉴别，甄别。按，本节论述后学应效法前辈走过的成功之路，但因其各人性格特点和治学路径各异，故尤须"因人而别其言"。

　　如吾所得[1]，亦不自解。二十岁以前，性绝駑滞[2]，读书日不过三二百言，犹不能久识[3]；学为文字[4]，虚字多不当理。廿一二岁，骎骎向长[5]，纵览群书，于经训未见领会[6]，而史部之书，乍接于目，便似夙所攻习然者，其中利病得失，随口能举，举而辄当。人皆谓吾得力《史通》，其实吾见《史通》已廿八岁矣。廿三四时所笔记者，今虽亡失，然论诸史于纪表志传之外更当立图[7]，列传于《儒林》《文苑》之外更当立史官传，此皆当日之旧论也。惟当时见书不多[8]，故立说鲜所征引耳，其识之卓绝[9]，则有至今不能易者，但悔向来不察，往往以此概人，不能皆合。每见少年十五六时，文理粗通，或读书多而能识，便觉远胜于吾，不免深为期望[10]，欲其十倍增益，而不知廿岁以后，不但不能胜吾，且远逊吾者甚多。乃知吾之廿岁后与廿岁前不类出于一人[11]，自是吾所独异，非凡人生过廿岁，皆可一日而千里也。[12]

対青年人取得进步内心的欣喜，所寄托希望之殷切，跃然纸上，令人感动！

【注释】

[1]"如吾所得"二句：像我对本人所取得的收获，自己也不明白其中究竟。自解，自己解释清楚，自己明白其中究竟。 [2]性绝騃（ái）滞：性情十分呆笨。騃滞，笨，不灵活。 [3]不能久识：时间长就记不住。 [4]"学为文字"二句：学习写文章，使

用虚字往往不恰当。不当理，不恰当，不合理。　[5] 骎（qīn）
骎向长：快速成长。骎骎，原指马速行貌。语出《诗经·小雅·四
牡》："载骤骎骎。"毛传：骎骎，骤貌。　[6]"于经训未见领会"
以下七句：在经书训诂方面未见有新鲜看法，但对史部著作，一
经读到，便像是早就用心研究过一样，其中的高下优劣，随口
就能指出来，指出来便很恰当。乍接于目，刚刚读到。乍，刚，
初。似夙（sù）所攻习然者，好似先前就用心研究过那样。夙所
攻习，早经下功夫研究过。夙，早，昔日。然，表比拟语气，那
样。　[7]"然论诸史于纪表志传之外更当立图"以下三句：但是
提出各部史书在纪、表、志、传之外还应当设立图谱，列传部分
在《儒林传》《文苑传》之外更应该设立史官传，这些都是我当
日早已提出的观点呀。　[8]"惟当时见书不多"二句：只是当时
读的书还不多，因此只提出观点而少有旁征博引而已。鲜（xiǎn），
少，不多。　[9]"其识之卓绝"以下五句：其中见识特出，超越
常人之处，即有到今日仍然不能改易的，只是后悔我一向观察不
深入，常常拿我这种情况来概括别人，实际有许多都不一样。概
人，概括、涵盖别人，以为都是一样。　[10]"不免深为期望"
二句：就免不了在他身上寄托深深的期望，很盼望他能十倍成
长。　[11]"乃知吾之廿岁后与廿岁前不类出于一人"二句：由
此我才知道我在二十岁之前和之后不类似同一个人，这种情况只
是我与众不同。　[12] 按，本节回顾本人二十岁才得开窍、并疾
速进步的独特经历，以及对于史学的天生热爱和独得颖悟。

　　汝弟兄廿岁前之所业[1]，较吾当日皆似胜
之，廿岁后不能如吾，则所谓胜吾者不足喜也。
至吾十五六岁虽甚骏滞[2]，而识趣则不离乎纸

章氏为总结培养人才的规律，审视自己成长的特点，由此而成为构建其独特教育观的重要来源。这也成为乾嘉学术史的独特景观。结束一句，"知人之所具才质，不可一例限也"，直接照应本篇开头"人之才质，万变不同"，一封示儿辈的家书，章法、结构竟有如此之谨严！诚为书信之上品，从中更透露出其罕见的学者志识情怀。

笔[3]，性情则已近于史学。塾课余暇，私取《左》《国》诸书，分为纪表志传，作《东周书》，几及百卷，则儿戏之事，亦近来童子所鲜有者[4]，岂以是故遂不妨于开悟稍晚邪！故吾近日教人用功，不为高论异说，知人之所具才质[5]，不可一例限也，惟归其要于识趣，则自阅历之言，差觉信而有征，尔辈宜自辨之。

【注释】

[1] 所业：学习的情况。　[2] 至：连词。说到，引起下文。　[3]"而识趣则不离乎纸笔"二句：而我的志识兴趣已离不开读书写字，悟性、灵感已经寄托在史学。　[4]"亦近来童子所鲜有者"二句：这种情况也是近来孩子们所少有的事，难道就是由于这个原故便不妨碍开窍比别人稍为迟些吗？　[5]"知人之所具才质"以下六句：懂得人的才能质性，不能拿统一的标准来限制，要紧的是根据他的志识、兴趣来指导，这种观点是我总结亲身经历得来，大体上觉得是有事实证明的实在话，你们兄弟们应当自己加以辨明。一例限，按统一的标准来要求、限制。一，统一。归其要，归结起来要紧之处。自阅历之言，从亲身经历中得出的话。自，从。差，尚，略，大体上。信而有征，有事实根据而可信。征，征验，证据。按，本节强调人的学习、提高，必须以发挥本身的识趣、性情为基础。

【点评】

如何让青年学子找到学习的门径、尽快成才，这是章氏长期思考的问题。但他不故作高论异说，使听者无法比照，无从入手。本篇即推心置腹地结合眼前的事例，更根据切身经历而得的体会加以论述，讲得餍心切理，让读者通过亲切有味的例证获得有益的启示。

首节讲从成功者自言其治学体验来获益，这是很有效的。但他善意地提醒说，由于青年人本身才质各有差别，同时成功人士的讲述因各人的性格特点、治学途径、谈话的主观动机等项各有不同，如有人爱故作高论，有人不愿讲早年走过的弯路，有的因好心劝诱后学而不讲学习的艰苦，又有的本因天资过人取得成就而故意不讲天资的重要。此各种情况都是章氏所遇到过的，因此他真诚地劝导青年人要对成功者的自述"亦须分别观之"，"不可不因人而别其言也"。二节进而坦言自己切身体会。称其二十岁前后的读书经历有两大特点，一是小时极为呆笨，"二十岁以前，性绝驽滞，读书日不过三二百言，犹不能久识；学为文字，虚字多不当理"。二是二十岁以后飞速进步，并且对于史学很有天赋，青年时自己提出的观点，此后数十年间即在此基础上继续提高，而未改变方向。因而他总结说："乃知吾之廿岁后与廿岁前不类出于一人，自是吾所独异。"三节加以总结，指出从其本人幼年表现的读书兴趣和独到见识，对于一生的进境竟有如此重大影响，这正证明："人之所具才质，不可一例限也，惟归其要于识趣，则自阅历之言，差觉信而有征。"

综上所述，此篇所论如何成才的道理，放在当日士林中人不问本身的禀赋、爱好而盲目地追逐时趋这种背景来考察，章氏之论确是符合于人的天性发展的真知灼见。这一重要观点在《文史通义》书中有很好的阐发，如《通说》《清漳书院留别条训》等篇中都有发挥，同样突出地显示章氏治学的理性精神和独具的卓识。

主要参考文献

章学诚遗书　嘉业堂刊本　1922 年版（原题《章氏遗书》）　文物出版社 1985 年影印本

文史通义大梁本　清道光十二年（1832）开封刻本

文史通义注　叶长青注　无锡国学专修学校 1935 年原刊本　华东师范大学出版社 2012 年版

文史通义　古籍出版社 1956 年版

文史通义校注　叶瑛校注　中华书局 1985 年版

文史通义新编　仓修良编　上海古籍出版社 1993 年版

文史通义新编新注　仓修良编注　浙江古籍出版社 2005 年版

章学诚评传　仓修良、叶建华著　南京大学出版社 2002 年版

清代学术概论　梁启超著　商务印书馆 1921 年版

中国历史研究法　梁启超著　商务印书馆 1924 年版

中国近三百年学术史　梁启超著　中华书局《饮冰室合集》1936

年刊本

　　章实斋先生年谱　胡适著　商务印书馆 1922 年版　商务印书馆 1931 年再版（经姚名达补订）

　　中国近三百年学术史　钱穆著　商务印书馆 1937 年版

　　推十书增补全本　刘咸炘著　上海科学技术文献出版社 2009 年影印本

　　中国思想通史（第五卷）　侯外庐著　人民出版社 1956 年版

　　中国史学史（第一册）　白寿彝著　上海人民出版社 1986 年版

　　中国史学史（六卷本）　白寿彝主编　上海人民出版社 2006 年版

　　中国史学史稿　刘节著　中州书画社 1982 年版

　　史学丛考　柴德赓著　中华书局 1982 年版

　　中国古代史学批评纵横　瞿林东著　中华书局 1994 年版

　　中国史学史纲　瞿林东著　北京出版社 1999 年版

　　清代学术文化史论　王俊义、黄爱平著　台湾文津出版社 1999 年版

　　论戴震与章学诚：清代中期学术思想史研究　余英时著　生活·读书·新知三联书店 2005 年版

　　清代学术源流　陈祖武著　北京师范大学出版社 2012 年版

　　中国历史编纂学史（第一卷）　陈其泰著　国家图书馆出版社 2018 年版

　　中国史学史研究任务的商榷　白寿彝撰　《人民日报》1964 年 2 月 29 日

　　谈史书的编撰　白寿彝撰　《史学史研究》1981 年第 3 期

　　说六通　白寿彝撰　《史学史研究》1983 年第 4 期

　　近三百年历史编撰上的一种重要趋势——自马骕至梁启超对新综合体的探索　陈其泰撰　《史学史研究》1984 年第 2 期

　　《文史通义》: 传统史学后期的理论探索　陈其泰撰　《史学史研究》

1988 年第 3 期

论章学诚对历史哲学的探索　陈其泰撰　《中国史研究》2009 年第 4 期

历史编纂的理论自觉:《史通》《文史通义》比较研究略论　陈其泰撰　《人文杂志》2010 年第 3 期

论章学诚在思想史上的地位　陈其泰撰　《光明日报》2013 年 8 月 22 日,《新华文摘》2013 年第 22 期

章学诚:开阔的学术视野　陈其泰撰　《江海学刊》2015 年第 2 期

《中华传统文化百部经典》已出版图书

书　名	解读人	出版时间
周易	余敦康	2017 年 9 月
尚书	钱宗武	2017 年 9 月
诗经（节选）	李　山	2017 年 9 月
论语	钱　逊	2017 年 9 月
孟子	梁　涛	2017 年 9 月
老子	王中江	2017 年 9 月
庄子	陈鼓应	2017 年 9 月
管子（节选）	孙中原	2017 年 9 月
孙子兵法	黄朴民	2017 年 9 月
史记（节选）	张大可	2017 年 9 月
传习录	吴　震	2018 年 11 月
墨子（节选）	姜宝昌	2018 年 12 月
韩非子（节选）	张　觉	2018 年 12 月
左传（节选）	郭　丹	2018 年 12 月
吕氏春秋（节选）	张双棣	2018 年 12 月
荀子（节选）	廖名春	2019 年 6 月
楚辞	赵逵夫	2019 年 6 月
论衡（节选）	邵毅平	2019 年 6 月
史通（节选）	王嘉川	2019 年 6 月
贞观政要	谢保成	2019 年 6 月
战国策（节选）	何　晋	2019 年 12 月
黄帝内经（节选）	柳长华	2019 年 12 月
春秋繁露（节选）	周桂钿	2019 年 12 月
九章算术	郭书春	2019 年 12 月
齐民要术（节选）	惠富平	2019 年 12 月
杜甫集（节选）	张忠纲	2019 年 12 月
韩愈集（节选）	孙昌武	2019 年 12 月
王安石集（节选）	刘成国	2019 年 12 月
西厢记	张燕瑾	2019 年 12 月

书　　名	解读人	出版时间
聊斋志异（节选）	马瑞芳	2019 年 12 月
礼记（节选）	郭齐勇	2020 年 12 月
国语（节选）	沈长云	2020 年 12 月
抱朴子（节选）	张松辉	2020 年 12 月
陶渊明集	袁行霈	2020 年 12 月
坛经	洪修平	2020 年 12 月
李白集（节选）	郁贤皓	2020 年 12 月
柳宗元集（节选）	尹占华	2020 年 12 月
辛弃疾集（节选）	王兆鹏	2020 年 12 月
本草纲目（节选）	张瑞贤	2020 年 12 月
曲律	叶长海	2020 年 12 月
孝经	汪受宽	2021 年 6 月
淮南子（节选）	陈　静	2021 年 6 月
太平经（节选）	罗　炽	2021 年 6 月
曹操集	刘运好	2021 年 6 月
世说新语（节选）	王能宪	2021 年 6 月
欧阳修集（节选）	洪本健	2021 年 6 月
梦溪笔谈（节选）	张富祥	2021 年 6 月
牡丹亭	周育德	2021 年 6 月
日知录（节选）	黄　珅	2021 年 6 月
儒林外史（节选）	李汉秋	2021 年 6 月
商君书	蒋重跃	2022 年 6 月
新书	方向东	2022 年 6 月
伤寒论	刘力红	2022 年 6 月
水经注（节选）	李晓杰	2022 年 6 月
王维集（节选）	陈铁民	2022 年 6 月
元好问集（节选）	狄宝心	2022 年 6 月
赵氏孤儿	董上德	2022 年 6 月
王祯农书（节选）	孙显斌	2022 年 6 月
三国演义（节选）	关四平	2022 年 6 月
文史通义（节选）	陈其泰	2022 年 6 月

书　名	解读人	出版时间
汉书（节选）	许殿才	2022 年 12 月
周易略例	王锦民	2022 年 12 月
后汉书（节选）	王承略	2022 年 12 月
通典（节选）	杜文玉	2022 年 12 月
资治通鉴（节选）	张国刚	2022 年 12 月
张载集（节选）	林乐昌	2022 年 12 月
苏轼集（节选）	周裕锴	2022 年 12 月
陆游集（节选）	欧明俊	2022 年 12 月
徐霞客游记（节选）	赵伯陶	2022 年 12 月
桃花扇	谢雍君	2022 年 12 月
法言	韩敬、梁涛	2023 年 12 月
颜氏家训	杨世文	2023 年 12 月
大唐西域记（节选）	王邦维	2023 年 12 月
法书要录（节选） 历代名画记	祝　帅	2023 年 12 月
耶律楚材集（节选）	刘　晓	2023 年 12 月
水浒传（节选）	黄　霖	2023 年 12 月
西游记（节选）	刘勇强	2023 年 12 月
乐律全书（节选）	李　玫	2023 年 12 月
读通鉴论（节选）	向燕南	2023 年 12 月
孟子字义疏证	徐道彬	2023 年 12 月
嵇康集	崔富章	2024 年 12 月
白居易集（节选）	陈才智	2024 年 12 月
李清照集（节选）	诸葛忆兵	2024 年 12 月
近思录	查洪德	2024 年 12 月
林则徐集	杨国桢	2024 年 12 月